Enhanced Eighth Edition

INTERACTION
LANGUE ET CULTURE

Susan St. Onge
Christopher Newport University

Ronald St. Onge
College of William and Mary

HEINLE
CENGAGE Learning

Australia • Brazil • Japan • Korea • Mexico • Singapore • Spain • United Kingdom • United States

HEINLE
CENGAGE Learning™

Interaction: Langue et culture, **Enhanced Eighth Edition**
Susan St. Onge, Ronald St. Onge

Editor in Chief: PJ Boardman

Publisher: Beth Kramer

Acquisitions Editor: Nicole Morinon

Senior Content Project Manager: Esther Marshall

Assistant Editor: Kimberly Meurillon

Editorial Assistant: Timothy Deer

Marketing Manager: Mary Jo Prinaris

Marketing Coordinator: Janine Enos

Marketing Communications Manager: Glenn McGibbon

Senior Media Editor: Morgen Murphy

Associate Media Editor: Katie Latour

Senior Print Buyer: Elizabeth Donaghey

Senior Art Director: Linda Jurras

Text Designer: Alisa Aronson

Senior Rights Acquisitions Specialist, Images: Jennifer Meyer Dare

Photo Researcher: Christina Micek and PrePressPMG

Rights Acquisition Specialist, Media: Mandy Groszko

Media Researcher: Julie Low

Permissions Editor: Sylvie Pittet

Cover Designer: Maria Ilardi

Production Service and Compositor: PreMediaGlobal

Cover image: Collection: National Geographic, photograph by Raul Touzon, RM

For product information and technology assistance, contact us at **Cengage Learning Academic Resource Center, 1-800-423-0563**

For permission to use material from this text or product, submit all requests online at **cengage.com/permissions**
Further permissions questions can be e-mailed to **permissionrequest@cengage.com**

Library of Congress Control Number: 2009936345

Student Edition:

ISBN-13: 978-0-495-91636-9

ISBN-10: 0-495-91636-6

Heinle
20 Channel Center Street
Boston, MA 02210
USA

Cengage Learning products are represented in Canada by Nelson Education, Ltd.

For your course and learning solutions, visit **www.cengage.com**

Purchase any of our products at your local college store or at our preferred online store **www.cengagebrain.com**

Printed in Canada
2 3 4 5 6 7 14 13 12

Table des matières

To the Student

Dear Student,

By learning a new language, you have taken a giant step toward increasing your awareness of the world, one that will alter your way of viewing other cultures and will allow you to experience many aspects of your own life differently.

You have begun an exciting and valuable experience. Perhaps you are already aware of the importance of the French language throughout the world. Did you know, for example, that in recent international job listings distributed by the United States State Department, more employers preferred that job candidates possess a knowledge of French than of any other language? The French, for example, are among the world leaders in aerospace, telecommunications, satellite, electronic, and defense technology. France has a rich history in international politics, art, and literature. Culturally, it continues to garner attention, often in the world of fashion, film, and food.

Many of you may one day have the opportunity to visit a French-speaking country. Your experiences will be more enriching and rewarding if you can interact with others and better understand their culture. In helping you with this endeavor, *Interaction,* **Eighth Edition,** offers unparalleled support for the study of language, culture, and literature at the intermediate level. This edition offers a broad range of cultural and literary content, as well as concise, yet thorough, grammar explanations. Numerous language learning technologies—including a new online environment with audio and video-enhanced activities, a lively new video, guided Internet activities, and your essential partner to learning, the workbook/lab manual, now with more practice than ever!

Bonne chance!

Acknowledgments

We would like to thank those users and reviewers of *Interaction* who read the manuscript in its various stages, and who offered invaluable comments, suggestions and advice:

Reviewers

Eileen Angelini, *Canisius College*
Lynne Barnes, *Colorado State University*
Debbie Bell, *University of Georgia*
Edith Benkov, *San Diego State University*
Carole Bergin, *Harvard University*
Paul Brown, *Clark Atlanta University*
Rosalie Cheatham, *University of Arkansas—Little Rock*
Eddy Cuisinier, *Western Kentucky University*
Amy de Graff, *Randolph-Macon College*
Eric du Plessis, *Radford University*
Catherine Dunand, *Northeastern University*
Dominique Duvert, *Ohio University—Athens*
Florence Echtman, *Bryn Mawr College*
Zoe Erotopoulos, *Fairfield University*
Mary Ellen Faughnan-Kenien, *Onondaga Community College*
Julia Flanagan-Schmidt, *Diablo Valley College*
Catherine Fraley, *University of Evansville*
Carolyn Gascoigne, *University Nebraska Omaha*
Christine Gaudry-Hudson, *Millersville University*
Gérard Gouvernet, *Late of the State University of New York—Geneseo*
Luc Guglielmi, *Kennesaw State University*

Mary Hall, *McLennan Community College*
Carol Hofmann, *University of Southern California*
Eilene Hoft-March , *Lawrence University*
Amy Hubbell, *Kansas State University*
Andrea Javel, *Boston College*
Christa Jones, *University of Nebraska—Kearney*
Elizabeth Lang, *American University*
Ruth Larson, *Texas A&M University*
Kathryn Lauten, *Butler University*
Marie Level, *Baylor University*
Chantel Maher, *Palomar College*
Sharla Martin, *University of Texas—Arlington*
Laurent P. Monye, *Clark Atlanta University*
Christine Moritz, *University of Northern Colorado*
Keith Moser, *Mississippi State University*
Laurelin Muir, *North Salem High School*
Dewey S. Pascale, *Kutztown University*
Scooter Pegram, *Indiana University—Northwest*
Helene Perriguey-Keene, *La Causerie Francaise*
Simone Pilon, *Franklin College*
Scott Powers, *University of Mary Washington*
Joseph Price, *Texas Tech University*
Leslie A. Sconduto, *Bradley University*

Lisa Signori, *College of Charleston*
Robert Skinner, *Oral Roberts University*
Lori Slaber, *Henry Ford Community College*
David Uber, *Baylor University*
E. Richard Van Vliet, *State University of New York—Geneseo*
Lifongo Vetinde, *Lawrence University*
Françoise Vionnet-Bracher, *Texas A&M University*
Dr. Anna Weaver, *Mercer University—Macon*
Alissa Webel, *Georgetown University*
Rita Winandy, *Southern Methodist University*
Deidre Wolownick, *American River College*
Keri Yousif, *Indiana State University*

Supplements Authors

Scott M. Powers, *The University of Mary Washington*—Companion Website Cultural Activities

Rosalie Cheatham, *University of Arkansas at Little Rock*—Testing Program

Trina Whitaker, *University of Minnesota*—Companion Website Self-correcting Quizzes

Lara Mangiafico—Sample Syllabi and Lesson Plans

Cécile Hoene—Native Reader

A very special thanks goes to Jocelyne Brant and Mayanne Wright without whose diligence and innovation the accompanying Student Activities Manual would not have been realized.

We would also like to extend a very special thanks to Julie Huntington for her dedicated work on the cultural content updates in the core textbook.

In addition, we would like to extend thanks Kelle Truby, for her enthusiastic work on the Interaction cinéma film research and activity creation.

Much appreciation for their enthusiasm, dedication and support goes to the editorial and production staff at Heinle, Cengage, without whose vision, support, commitment and skills this project would not have been possible and, in particular; Nicole Morinon, Esther Marshall, Tiffany Kayes, Mary Jo Prinaris, Kimberly Meurillon, Timothy Deer, Mandy Groszko, Julie Lowe, Martha Hall, Peter Schott, Linda Jurras, Dan Saabye, Morgen Murphy and Katie Latour.

Thanks also to the freelancers who worked on the book: Sev Champeny, native reader and proofreader; Nicole Zuckerman and Gowri Vasanthkumar, project managers on behalf of Pre-PressPMG; Sylvie Pittet, text permissions editor, and Megan Lessard, image permissions coordinator.

Chapitre 1

Le commerce et la consommation

Cultural Focus
❖ French Consumer Habits
❖ Eating Habits

Readings

Contemporary Cultural *Frères humains, devenez végétariens!*

Literary Philippe Delerm: *Le croissant du trottoir* (extrait)

Structures

I The Present Tense of Regular **-er** Verbs

Stem-Changing **-er** Verbs

The Imperative

The Irregular Verbs **être, avoir, faire, aller**

II Nouns

Articles

III **Voilà** and **il y a**

Functions

Stating Preferences

Giving Orders and Directions

Expressing Intentions

iLrn

Une rue d'Antibes, un jour de marché

Un peu de culture contemporaine

La zone euro

En 2002, douze pays de l'Union européenne mettent en circulation les billets et pièces en euros (€). C'est une innovation importante qui donne, pour la première fois, une unité monétaire et symbolique à plus de 300 millions de citoyens européens.

- La zone euro comprend, en 2009, l'Allemagne, l'Autriche, la Belgique, Chypre, l'Espagne, la Finlande, la France, la Grèce, l'Irlande, l'Italie, le Luxembourg, Malte, les Pays-Bas, la Slovaquie, la Slovénie et le Portugal. Les autres pays fondateurs de l'U.E., c'est-à-dire la Grande-Bretagne, le Danemark et la Suède, n'ont pas adopté l'euro. D'autres pays d'Europe centrale et orientale ne répondent pas encore aux critères d'adhésion mais ont l'intention de participer le plus tôt possible à la zone. La Bulgarie, la Hongrie, la Lituanie, la Pologne, la République tchèque et la Roumanie sont donc, pour l'instant, membres du marché unique européen sans être membres de la zone euro.

- Les billets de banque en euros sont absolument identiques dans tous les pays de la zone. Les pièces en euros et centimes d'euro ont un côté commun, partout le même, et un côté spécifique qui utilise des symboles nationaux (en France, par exemple, on retrouve les fameuses effigies de Marianne et de la Semeuse). Mais on peut utiliser ces pièces dans tous les pays participant à la monnaie unique.

Compréhension

1. Est-ce que tous les pays de l'Union européenne utilisent l'euro?
2. Où se trouvent les nouveaux pays membres de l'Union européenne sur le continent européen?

Réflexion

A. A votre avis, s'il y a une circulation plus libre des personnes et des biens à l'intérieur du marché unique européen, comment cette liberté se manifeste-t-elle dans la vie quotidienne des résidents de ces pays? Quelles sont les répercussions sur les prix et sur la variété des marchandises, par exemple?

B. Comment s'appelle le traité semblable qui existe entre les pays du continent nord-américain? Que pensez-vous de ce traité?

C. Sur les billets en euros, on trouve les thèmes suivants: le porche (la protection au-dessus de la porte d'entrée d'un édifice), la fenêtre et le pont. Quelles notions symboliques sont représentées par ces images?

Petites et grandes surfaces

Le monde du commerce en France est en constante mutation depuis quelques années. Le prix est une préoccupation majeure pour la plupart des clients, et les changements d'attitudes des consommateurs ont un effet considérable sur la manière de vendre et d'acheter en France.

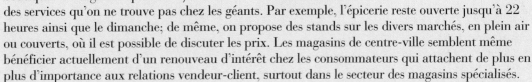

- En 1963, le premier hypermarché, un *Carrefour*, ouvre ses portes près de Paris. Depuis ce temps, le nombre de *grandes surfaces* (supermarchés, hypermarchés et maxidiscomptes) ne cesse d'augmenter.

- Pour maintenir leur clientèle, les *petites surfaces* (petits commerces de quartier, boutiques et magasins spécialisés) offrent des services qu'on ne trouve pas chez les géants. Par exemple, l'épicerie reste ouverte jusqu'à 22 heures ainsi que le dimanche; de même, on propose des stands sur les divers marchés, en plein air ou couverts, où il est possible de discuter les prix. Les magasins de centre-ville semblent même bénéficier actuellement d'un renouveau d'intérêt chez les consommateurs qui attachent de plus en plus d'importance aux relations vendeur-client, surtout dans le secteur des magasins spécialisés.

- Plusieurs secteurs bénéficient aussi d'une protection gouvernementale: les médicaments sont vendus uniquement dans les pharmacies; le prix des livres neufs est strictement réglementé, même dans les grandes librairies comme la FNAC.

- La législation actuelle en France semble indiquer une volonté du gouvernement d'éviter une situation où les petits commerces vont un jour disparaître. Certaines lois (lois Raffarin, par exemple) limitent la création de grandes surfaces et sont destinées à la protection des relations commerciales et à la promotion du commerce et de l'artisanat.

Compréhension

1. Donnez quelques exemples de *grandes surfaces* et de *petites surfaces*. Quels sont certains équivalents de ces magasins dans votre région?

2. Quelle est l'importance historique de *Carrefour*?

3. Les grandes surfaces changent le monde du commerce en France. Donnez au moins deux exemples de ce phénomène.

4. Quels sont certains avantages des petits commerces de proximité?

5. Que fait le gouvernement pour assurer la protection des petits commerces?

Réflexion

A. Dans la vie quotidienne, quels sont les petits commerces que vous avez l'habitude de fréquenter? Expliquez pourquoi vous y allez. Est-ce toujours le prix qui guide votre choix entre les petites et les grandes surfaces?

B. A votre avis, le gouvernement doit-il intervenir dans la vie commerciale d'un pays? Que pensez-vous des lois qui protègent les petits commerces en France?

*Pour des activités culturelles supplémentaires, rendez-vous sur le site Web d'***Interaction***
www.cengage.com/french/interaction*

Vocabulaire actif

 CD1, Track 2
To access the audio recordings, visit
www.cengage.com/french/interaction

LES ACTIVITÉS

acheter to buy
acheter quelque chose sur un coup de tête to buy something on impulse
aimer bien to like
apporter to bring
avoir besoin de to need
coûter to cost
emporter to take away
à _____ take out
éprouver to feel
faire des courses to run errands
faire des économies to save money
faire son marché to go grocery shopping
oublier to forget
payer to pay
_____ en espèces (en liquide) to pay cash
porter to carry

LES PRODUITS

Les fruits et légumes

un abricot apricot
des cerises (f pl) cherries
des champignons (m pl) mushrooms
un chou-fleur cauliflower
une courgette zucchini
des fraises (f pl) strawberries
des *haricots¹ (m pl) beans
un légume vegetable
un oignon onion
une pêche peach
des petits pois (m pl) peas
une poire pear
un poivron pepper
une pomme apple
une pomme de terre potato
de la salade lettuce

La boulangerie / La pâtisserie

un gâteau cake
du pain bread
une pâtisserie pastry

Les produits de base

du café coffee
de l'eau (f) water
de la farine flour
de l'huile (f) oil
la nourriture food
des pâtes (f pl) pasta
du thon tuna
du vin wine

Les produits laitiers

du beurre butter
du fromage cheese
du bleu blue cheese
du chèvre goat cheese
du gruyère Swiss cheese
du lait milk
un yaourt yogurt

Les viandes / Les volailles

du bœuf beef
une côte de porc pork chop
du jambon ham
du poulet chicken
de la viande meat

LES CARACTÉRISTIQUES

alimentaire nutritive, related to food
épais(se) thick
exploité(e) managed
frais, fraîche fresh
instantané(e) instant
mal entretenu(e) messy
nature plain
parfumé(e) flavored
rôti(e) roasted
surgelé(e) frozen
vestimentaire clothes related

¹The asterisk preceding the **h** indicates that it is aspirated. There is no elision or liaison with an aspirated **h**.

Exercices de vocabulaire

A. Complétez les phrases suivantes sur la consommation en France par une expression appropriée de la liste suivante.

Expressions: faire des courses, épicerie, mondialisation, marchés, à emporter, rayon, cabas, charcuterie

1. En France, on peut acheter un plat chinois _____ pour le manger chez soi.
2. Le week-end, on va souvent dans plusieurs magasins pour _____.
3. En France, certains jours de la semaine, il y a des _____ en plein air où on peut acheter des fruits et des légumes frais.
4. On achète du jambon, des salades composées, du pâté dans une _____.
5. La présence en Europe des filiales de McDonald est un exemple de la _____ du commerce.
6. On achète des produits en boîte, des pâtes, de la farine, de l'huile dans une _____.
7. Quand on achète ses produits alimentaires dans plusieurs petits commerces, on a souvent besoin d'un gros _____ pour porter ses achats.
8. Pour faire du shopping dans un grand magasin, il faut chercher le _____ des vêtements pour hommes ou pour femmes.

LES MAGASINS

un **achat** purchase
des **aliments** (m pl) food
une **allée** aisle
l'**artisanat** (m) crafts
une **boucherie** butcher shop
une **boulangerie** bakery
un **cabas** tote bag, handbasket
la **caisse** cash register
une **carte bancaire** cash card
un **centre commercial** shopping center, mall
une **chaîne** chain (store)
une **charcuterie** delicatessen
un **chariot** shopping cart
un **choix** choice
le **commerce** business
_____ **de détail** retail business
_____ **de proximité** neighborhood store
le **consommateur** / la **consommatrice** consumer

la **consommation** buying, consumption
une **crémerie** dairy store
la **devanture** storefront
en ligne online
l'**entrée** (f) **libre** free access
une **épicerie** grocery store
un **filet** mesh bag
une **filiale** branch store
une **grande surface** very large suburban store
l'**habillement** (m) clothing
l'**hyperchoix** (m) huge selection
un **hypermarché** supermarket, large discount store
la **livraison** delivery
_____ **à domicile** home delivery
un **magasin d'habillement** clothes store
le **marchandage** bargaining
un **marché** open-air market
un **maxidiscompte** superdiscount
la **mode** fashion

la **mondialisation** globalization
un **panier** basket
un **parking** parking lot
une **pièce** coin
un **prix** price
un **produit** product
une **promotion** special offer
des **provisions** (f pl) groceries
la **publicité** advertising, advertisement
un **rayon** department in a store
un **repas** meal
un **sac** sack
un **supermarché** supermarket
un **traiteur** caterer, delicatessen

LES COMMERÇANTS

un **boucher** / une **bouchère** butcher
un **boulanger** / une **boulangère** baker
un **caissier** / une **caissière** cashier
un **charcutier** / une **charcutière** delicatessen owner
un **épicier** / une **épicière** grocer
un **marchand** / une **marchande** merchant
un **pâtissier** / une **pâtissière** pastry chef; pastry shopkeeper
un **petit commerçant** small shopkeeper

B. Vous allez à l'hypermarché avec votre colocataire. En utilisant les expressions indiquées, posez les questions suivantes à votre colocataire joué(e) par un(e) camarade de classe.

Expressions: sacs, caisse, nature, parking, chariot, promotion

1. —Où est-ce que nous mettons la voiture?
   —Il y a un petit _____ devant le Carrefour.

2. —Comment est-ce qu'on va porter les achats?
   —On paie un euro pour avoir un _____.

3. —Tu préfères quel parfum de yaourt?
   —Je préfère le yaourt _____.

4. —Pourquoi est-ce que ces fraises coûtent si peu cher?
   —Parce qu'il y a une très bonne _____.

5. —Où est-ce que nous payons nos achats?
   —A la _____.

6. —Et pour porter nos achats jusqu'à la voiture?
   —La caissière va nous donner des petits _____ en plastique.

Lexique personnel

LES PRÉFÉRENCES ET LES ACHATS

A Pour chacun des sujets suivants, dressez une liste personnelle de mots.

1. des plats que vous adorez
2. des plats que vous détestez
3. des plats que vous mangez au restaurant de l'université
4. des achats que vous faites souvent au centre commercial
5. des achats que vous faites souvent dans les petits commerces de proximité

B En utilisant le vocabulaire du chapitre et votre lexique personnel, complétez les phrases suivantes. Ensuite, posez une question appropriée à un(e) camarade de classe pour déterminer ses préférences.

MODELE J'aime la *pizza.*
        Tu aimes la pizza?

1. J'aime bien le (la, l', les)...
2. Je déteste le (la, l', les)...
3. Je mange souvent du (de la, de l', des)...
4. Je ne mange jamais de (d')...
5. Au centre commercial, j'achète souvent un (une, du, de la, de l', des)...
6. Dans les petits commerces près de chez moi, j'achète souvent un (une, du, de la, de l', des)...

Structures I

The Present Tense of Regular *-er* Verbs

To form the present tense of regular **-er** verbs, drop the **-er** ending of the infinitive and add the appropriate endings to the remaining stem: **-e, -es, -e, -ons, -ez, -ent.**

infinitive: **chercher** *to look for*	stem: **cherch-**
je cherche	*I look for*
tu cherches	*you look for*
il / elle / on cherche	*he / she / one looks for*
nous cherchons	*we look for*
vous cherchez	*you look for*
ils / elles cherchent	*they look for*

The present-tense form in French has three English equivalents, including two that contain more than one verb form; for example, **j'oublie** means *I forget, I am forgetting, I do forget.*

To make a present-tense form negative, place **ne** before the verb and **pas** after it.

Tu oublies ton argent?   Non, je **n'**oublie **pas** mon argent.

- Note that the pronoun **on** is used quite frequently in French. **On** is the equivalent of the English indefinite subject *one*, and in informal conversation it can be the equivalent of *we*, *they*, or *people*. **On** always takes a third-person singular verb form.

En France, **on** achète souvent le   *In France, **one** often buys (**people** often buy)*
pain à la boulangerie.   *bread at the bakery.*

On va au supermarché ce soir?   *Shall **we** go to the supermarket tonight?*

RAPPEL!

Remember that **tu** and **vous** both mean *you*. The **tu** form is considered to be familiar and is used to address one person—a family member, a close friend, a small child—or an animal. When addressing only one person, the **vous** form is formal and is used with strangers, acquaintances, or other adults that one does not know well. The **vous** form is also used to address two or more people, formal or not.

The distinction between **tu** and **vous** is often puzzling to the English speaker. It may help to keep in mind that the rules governing the use of **vous** and **tu** are usually unwritten social codes. For example, French students almost universally use **tu** with each other, and they might be permitted to **tutoyer** a young instructor, but they would certainly say **vous** to most professors. Colleagues in an office or members of any kind of group (professional, social, or other) often democratically use **tu** with each other, but will **vouvoyer** the boss or other individuals perceived to be in authority. The safest policy is to use **vous** with all adults until they suggest: **On se tutoie?**

1 Un groupe d'étudiants français va préparer un repas pour quelques amis. Complétez les phrases suivantes en employant la forme convenable du verbe entre parenthèses.

1. Nous _____ un repas qui ne coûte pas trop cher, n'est-ce pas? (préparer)
2. Christophe, tu _____ des jus de fruits et du vin? (apporter)
3. Vous _____ manger du bœuf ou du poulet? (désirer)
4. Attention, il y a peut-être des personnes qui sont végétariennes et qui ne _____ pas de viande. (manger)
5. Et plusieurs membres du groupe n' _____ pas manger de fromage. (aimer)
6. Moi, j' _____ la quiche et les végétariens _____ de la quiche, non? (aimer, manger)
7. Et toi? Qu'est-ce que tu _____ pour le repas? (préparer)

 2 Vous parlez à Lucienne Kasongo, une étudiante du Congo qui passe l'année dans votre université. Utilisez le pronom **on** et les verbes de la liste suivante pour expliquer à Lucienne quelques habitudes des gens de votre pays.

Verbes: aimer, commander... au restaurant, détester, dîner, bien manger, parler au téléphone, passer du temps à, voyager, ???

INTERACTIONS

Mes préférences. La nourriture est souvent liée à nos activités et à notre personnalité. En petits groupes, chaque étudiant(e) doit indiquer ce qu'il / elle aime manger dans les circonstances suivantes. Comparez vos réponses.

Quand je suis pressé(e)...   Quand j'ai besoin d'énergie...

Quand je suis fatigué(e)...   Pour fêter mon anniversaire...

Quand je prépare un examen...   Quand... ???

Stem-Changing *-er* Verbs

Some **-er** verbs require spelling changes in the stem of certain persons for pronunciation purposes. The principal types of stem-changing **-er** verbs are summarized as follows.[2]

é → è	l → ll	y → i	g → ge
préférer *to prefer*	**appeler** *to call*	**payer** *to pay*	**manger** *to eat*
je préf**è**re	j'appe**ll**e	je paie	je mange
tu préf**è**res	tu appe**ll**es	tu paies	tu manges
il / elle / on préf**è**re	il / elle / on appe**ll**e	il / elle / on paie	il / elle / on mange
nous préférons	nous appelons	nous payons	nous mang**e**ons
vous préférez	vous appelez	vous payez	vous mangez
ils / elles préf**è**rent	ils / elles appe**ll**ent	ils / elles paient	ils / elles mangent

e → è	t → tt	c → ç	
acheter *to buy*	**jeter** *to throw*	**commencer** *to start*	
j'ach**è**te	je je**tt**e	je commence	
tu ach**è**tes	tu je**tt**es	tu commences	
il / elle / on ach**è**te	il / elle / on je**tt**e	il / elle / on commence	
nous achetons	nous jetons	nous commen**ç**ons	
vous achetez	vous jetez	vous commencez	
ils / elles ach**è**tent	ils / elles je**tt**ent	ils / elles commencent	

[2]See *Appendix B* for further details on stem-changing verbs.

3 Employez les éléments suivants pour poser des questions à vos camarades de classe.

1. tu / manger / souvent au restaurant?
2. tu / aimer / dîner au restaurant universitaire?
3. tu / acheter / beaucoup de DVD ou de CD?
4. tu / préférer / faire tes devoirs chez toi ou sur le campus?
5. tu / espérer / voyager cet été? Si oui, où?
6. tu / payer / tes études toi-même?

4 Employez les éléments suivants pour décrire votre situation personnelle.

1. mes copains et moi / nous / préférer...
2. mes parents / (ne pas) payer / mes études à l'université
3. je / ne pas manger / souvent...
4. l'année prochaine / ma famille et moi / nous / commencer...
5. mon (ma) meilleur(e) ami(e) / s'appeler...
6. il (elle) / acheter / souvent...
7. chez moi / nous / manger / souvent...
8. je / payer / cher...

Note culturelle

Le marché Kermel

Le marché Kermel de Dakar, c'est un labyrinthe impressionnant de stands en plein air où l'on vend une grande variété de produits, y compris des fleurs, des fruits, des vêtements, des tissus, des tableaux et des sculptures. On y trouve des Sénégalais qui font leurs achats quotidiens et des touristes qui cherchent des souvenirs du Sénégal.

Pour faire des achats au marché Kermel, il faut savoir marchander, car il n'y a pas de prix fixes. Il n'y a pas d'étiquettes non plus. Comment, alors, déterminer le prix?

Si vous vous intéressez à un certain objet, il faut demander le prix au commerçant. Mais, avant de demander le prix, c'est une bonne idée de lui dire un simple «Bonjour», «Ça va?» ou «Nan ga def?» pour établir un rapport agréable. Typiquement, le premier prix que le commerçant vous offre n'est pas le bon prix. C'est, plutôt, un prix élevé, parfois deux, trois ou même quatre fois la valeur de l'objet. Alors, il faut demander au commerçant de baisser le prix. Normalement, à ce moment-là, le commerçant vous demande de lui suggérer un meilleur prix. Mais attention! Ce n'est pas le moment de lui révéler le prix que vous êtes prêts à payer. Il faut lui offrir un petit prix, typiquement un quart ou un tiers de son premier montant. Ensuite, le commerçant baisse le prix, mais juste un peu. C'est toujours plus cher que votre prix idéal? Si vous n'êtes pas satisfait du prix proposé, c'est à vous d'augmenter un peu votre offre. Le marchandage, ce processus de baisser et d'augmenter le prix, continue jusqu'au moment où vous déterminez un prix qui vous plaît et qui convient au commerçant.

Astuces

- Pour obtenir un bon prix, il faut être prêt à abandonner l'objet que vous désirez. Si le vendeur sait que vous voulez vraiment acheter un objet, il a moins tendance à vous faire un prix intéressant.
- Parfois vous pouvez échanger d'autres produits (comme les jeans, les baskets, les lunettes de soleil, les parfums et l'électronique grand public) contre les objets que vous désirez obtenir.
- En marchandant, restez décontractés et amusez-vous. Parfois, un sourire, de la patience et de la persistance sont les meilleurs outils pour obtenir un bon prix.
- Ne soyez pas découragés si vous ne réussissez pas à obtenir «le prix local». Après tout, le bon prix, c'est le prix que vous voulez bien payer.

Compréhension

1. Que peut-on acheter au marché Kermel?
2. Donnez une définition du terme *marchander* tout en expliquant le processus.
3. Quelles stratégies psychologiques peut-on utiliser pour négocier un bon prix?

Réflexion

Imaginez que vous êtes au marché Kermel et que vous voyez un beau tableau que vous désirez acheter. Vous êtes prêts à marchander! Avec un(e) partenaire, jouez les rôles du vendeur et du client, tout en respectant les règles et les astuces du marchandage.

The Imperative

The imperative forms of a verb are used to give commands, directions, or instructions. There are three imperative forms in French: the familiar (**tu** form), a collective imperative (**nous** form), and the formal or plural (**vous** form). To create the imperative of a regular **-er** verb, simply remove the subject pronoun from the present-tense form. The remaining verb form is the imperative.

parle	*speak (familiar)*
parlons	*let's speak (collective)*
parlez	*speak (formal or plural)*

- Note that the **s** ending is dropped in the second-person singular form of regular **-er** verbs, but the **s** is retained when the affirmative command is followed by **y** or **en: achètes-en; penses-y.**

To make a command negative, place **ne** before the imperative form of the verb and **pas** after it.

> Yves, **ne mange pas** trop de chocolat!
> **N'oublions pas** le vin pour notre soirée!
> Roger et Marie, **n'achetez pas** de pâtisseries!

5 Vous accompagnez les membres du Cercle français au supermarché où vous achetez des provisions pour un repas de fête. Complétez les phrases suivantes par la forme impérative convenable des verbes entre parenthèses.

1. Peter et Jan, _____ du fromage. (acheter)
2. Mark, _____ un bon vin, s'il te plaît. (chercher)
3. Michelle et Nicole, _____ ces paquets au chariot. (apporter)
4. Sylvia, _____ des champignons. (trouver)
5. Shawn, _____ assez de poulet pour vingt personnes. (acheter)
6. Ensuite, _____ tous ensemble pour faire la cuisine. (rentrer)

INTERACTIONS

Les petits problèmes de la vie quotidienne. Mettez-vous en petits groupes. A tour de rôle, chacun des membres expose un problème ou un dilemme qu'il / elle a. Les autres membres du groupe suggèrent des solutions en utilisant l'impératif.

MODELE *Je n'ai pas assez de provisions dans mon appartement.*
Alors, achète des provisions à l'épicerie à côté du campus.

The Irregular Verbs *être, avoir, faire, aller*

Review the present-tense conjugations and the imperative forms of the following commonly used irregular verbs.

être *to be*	**faire** *to do, to make*
je **suis**	je **fais**
tu **es**	tu **fais**
il / elle / on **est**	il / elle / on **fait**
nous **sommes**	nous **faisons**
vous **êtes**	vous **faites**
ils / elles **sont**	ils / elles **font**
Imperative: **sois, soyons, soyez**	Imperative: **fais, faisons, faites**

avoir *to have*	**aller** *to go*
j'**ai**	je **vais**
tu **as**	tu **vas**
il / elle / on **a**	il / elle / on **va**
nous **avons**	nous **allons**
vous **avez**	vous **allez**
ils / elles **ont**	ils / elles **vont**
Imperative: **aie, ayons, ayez**	Imperative: **va³, allons, allez**

[3] The imperative form **va** takes an **s** when followed by **y: vas-y.**

6 Posez les questions suivantes à des camarades de classe en ajoutant la forme appropriée des verbes entre parenthèses.

1. Tu _____ en première année à l'université? (être)
2. Tu _____ du sport? (faire)
3. Tes profs _____ plutôt sévères ou sympas? (être)
4. Tu _____ souvent à la bibliothèque municipale? (aller)
5. Tu _____ des camarades de chambre? (avoir)
6. Tes amis _____ étudiants dans cette université? (être)
7. Ton (Ta) meilleur(e) ami(e) _____ plutôt bavard(e) ou réservé(e)? (être)
8. Tes amis et toi, vous _____ souvent à des soirées? (aller)

7 Tout le monde a des problèmes à l'occasion. Formulez une réaction à chacune des phrases suivantes en employant l'impératif (à la forme affirmative ou négative) des verbes indiqués ou d'un verbe de votre choix.

Verbes: acheter, aller, chercher, faire, manger, travailler, ???

1. Je n'ai rien à faire le week-end prochain.
2. Je déteste la cuisine du restaurant universitaire.
3. J'ai besoin de gagner un peu d'argent.
4. Il n'y a rien à manger dans mon appartement.
5. Je désire acheter des nouveaux CD.
6. Je n'ai rien à porter à la soirée du week-end prochain.
7. Je désire quelque chose d'intéressant à faire ce soir.
8. ???

Aller and faire with Infinitives

Aller + Infinitive

A form of **aller** followed by the infinitive of another verb is one way to speak about the future in French. This construction refers to the near future and corresponds to the English *to be going to* + infinitive.[4]

[4]For more information on **aller** + infinitive, see *Chapitre 10.*

Je vais acheter du lait.	*I am going to buy some milk.*
Il ne va pas **déjeuner** à la maison demain.	*He isn't going to eat lunch at home tomorrow.*
Ils vont aimer le vin.	*They are going to like the wine.*
Vous allez rester ici.	*You are going to stay here.*

Faire + Infinitive

A form of **faire** followed by an infinitive expresses the concept *to have something done.*

Nous faisons préparer un repas spécial.	*We are having a special meal prepared.*
Je fais essuyer la table.	*I'm having the table wiped.*

- Note the differences in word order between French and English. In French, the infinitive immediately follows the form of **faire.**

8 Employez **aller** + l'infinitif pour indiquer ce que les personnes suivantes vont faire demain.

1. Je...
2. Mes amis...
3. Mon professeur...
4. Les étudiants de français...
5. Mes copains et moi, nous...
6. Et toi (nom d'un[e] camarade de classe), tu... ?

9 Jim, Sébastien et leurs amis préparent une soirée élégante. Ils font faire certaines choses par d'autres personnes. Complétez chaque phrase par la forme appropriée du verbe **faire.**

1. On _____ préparer des hors-d'œuvre.
2. Ils _____ imprimer les invitations.
3. Nous _____ décorer la salle.
4. Tu _____ apporter plusieurs plats différents.
5. Je vais _____ préparer un gâteau pour l'occasion.

INTERACTIONS

La semaine prochaine. Mettez-vous en petits groupes. A tour de rôle, décrivez trois activités que vous pensez faire pendant la semaine et trois projets que vous avez pour le week-end. Indiquez si vous allez faire ces activités avec quelqu'un ou seul(e). Ensuite, les autres membres du groupe posent des questions pour avoir des renseignements supplémentaires.

MODELE   —*Le week-end prochain, mon camarade de chambre et moi, nous allons dîner ensemble pour fêter son anniversaire.*
—*Où est-ce que vous allez dîner?*

SYNTHESE

A. Marie, Sophie et Béatrice partagent *(share)* un appartement. Marie raconte à Louise les activités et les habitudes des trois copines. Complétez chaque phrase de Marie par la forme convenable du verbe indiqué.

1. Nous _____ toutes les trois nos études dans la même université. (faire)
2. On _____ très souvent des CD. (écouter)
3. Nous _____ la télé pendant le week-end. (regarder)
4. On _____ quelquefois au cinéma. (aller)
5. Moi, j' _____ habiter longtemps avec elles. (espérer)
6. On _____ les courses au supermarché. (faire)
7. Nous _____ presque toujours à l'appartement. (manger)
8. Demain, elles _____ au marché pour acheter des fruits. (aller)
9. Béatrice _____ le café instantané, mais Sophie _____ toujours du café moulu *(ground)*. (préférer, acheter)
10. Elles _____ toujours des courses à faire. (avoir)

B. Répondez aux questions en donnant quelques informations supplémentaires.

1. Est-ce que vous aimez la cuisine au restaurant universitaire?
2. Est-ce que vous étudiez souvent à la bibliothèque?
3. Est-ce que vous dînez souvent au restaurant? Si oui, qu'est-ce que vous aimez manger? Sinon, pourquoi?
4. Est-ce que vous allez souvent au cinéma?
5. D'habitude, qu'est-ce que vous faites le samedi soir?
6. Est-ce que vous regardez beaucoup la télé?
7. Est-ce que vous écoutez souvent des CD?
8. Est-ce que vous jouez à des jeux vidéo?
9. Est-ce que vous faites de petites excursions pendant le week-end?
10. Est-ce que vous rentrez chez vous souvent pendant le semestre?

INTERACTIONS

Les habitudes alimentaires. Selon les statistiques ci-dessous publiées récemment, décrivez en quoi les habitudes alimentaires des Français ont changé durant les trente dernières années. Leur consommation de certains aliments a-t-elle augmenté ou diminué? Donnez des exemples de ces aliments. Ensuite, comparez les préférences des Français avec celles des Américains. Est-ce que les habitudes des deux groupes sont semblables ou différentes? De quels aliments est-ce que vous mangez beaucoup ou très peu?

Un an de nourriture		
Évolution des quantités consommées de certains aliments (en kg ou litres par an)		
	1970	**2003**
Pain	80,6	54,1
Pommes de terre	95,6	69,0
Légumes frais	70,4	86,3
Bœuf	15,6	14,7
Volailles	14,2	21,4
Œufs	11,5	14,3
Poissons, coquillages, crustacés	9,9	13,0
Lait frais	95,2	60,2
Fromage	13,8	17,8
Yaourts	8,6	21,4
Huile alimentaire	8,1	9,7
Sucre	20,4	6,9
Vins courants	95,6	32,2
Vins AOC	8,0	24,2
Bière	41,4	31,0
Eaux minérales et de source	39,9	160,0

INSEE

L'héritage culturel

La Galerie Vivienne, à Paris

Boutiques de commerçants et galeries marchandes

En France, la période de la Régence (1715–1723) marque une étape importante dans l'évolution du commerce.

Avant le dix-huitième siècle, le modèle médiéval du commerce existe toujours:

- les boutiques des commerçants sont souvent petites, sombres, sales et en mauvais état;
- il y a seulement quelques articles près de la façade du magasin;
- certaines rues regroupent plusieurs boutiques du même type comme les drapiers qui vendent le tissu, les orfèvres qui fabriquent des objets en métaux précieux et les cordonniers qui réparent les chaussures.

Au dix-huitième siècle, les pratiques commerciales se transforment:

- les divers commerces sont disséminés un peu partout dans les villes;
- les premières boutiques de luxe ouvrent leurs portes à Paris où elles sont situées rue Saint-Honoré dans des passages couverts consacrés au commerce de détail;
- la *Galerie Vivienne*, établie en 1823, attire une clientèle riche (ou qui désire l'être).

Cette pratique consiste à rassembler plusieurs petits commerces sous un même toit. Elle annonce déjà les centres commerciaux modernes.

Les grands magasins

Les Galeries Lafayette, à Paris

Pendant la deuxième moitié du dix-neuvième siècle, la grande innovation dans le commerce parisien est la création des *grands magasins*.

- *Le Bon Marché* ouvre ses portes en 1852 et offre à ses clients une entrée libre, une marchandise accessible, des prix fixes, la possibilité de ramener des articles, la livraison à domicile et une bibliothèque libre-service.
- Les *Galeries Lafayette* sont fondées en 1894. À partir de 1916, des filiales sont établies dans d'autres grandes villes de France. Elles créent ainsi la première chaîne destinée à répondre aux besoins d'une classe moyenne devenue de plus en plus importante.

Compréhension

1. Avant le dix-huitième siècle, l'ambiance des boutiques est-elle plutôt plaisante ou désagréable? Pourquoi?

2. Vrai ou faux? Après le dix-huitième siècle, les vitrines des magasins vont avoir une plus grande importance. Expliquez.

3. Faites une description de la *Galerie Vivienne* à Paris (photo précédente). En quoi est-ce que la *Galerie* constitue, effectivement, le premier centre commercial?

4. A quelle époque est né le concept du «grand magasin»?

5. Quels aspects des grands magasins sont innovateurs à l'époque de leur création?

6. Corrigez cette phrase: Les *Galeries Lafayette* sont le plus ancien des grands magasins à Paris.

7. L'arrivée des *Galeries Lafayette* dans d'autres villes marque le début de quel phénomène?

8. Donnez des exemples de grands magasins dans votre pays.

Réflexion

A. Selon vous, quelle motivation est à l'origine de la création des galeries marchandes comme la *Galerie Vivienne*? A votre avis, qu'est-ce que l'apparition des galeries marchandes révèle au sujet de la société parisienne de cette époque (ses goûts, l'économie, etc.)?

B. Qui sont les nouveaux clients? Quelle évolution sociale explique le succès de ce nouveau type de magasin?

C. Faites une description des *Galeries Lafayette* (à l'aide de la photo). Faites une recherche sur le site Internet des *Galeries Lafayette*. Qu'est-ce que ce site nous apprend au sujet de l'histoire du magasin?

Structures II

Nouns

All French nouns are either masculine or feminine, and there is no fixed rule for determining the gender. You should develop the habit of consulting a dictionary when you are not sure of the gender of a noun.

The plural of most nouns is formed by adding **s** to the singular.

le marché	les marchés
la pêche	les pêches
l'abricot *(m)*	les abricots

Nouns ending in **s, x,** or **z** in the singular do not change in the plural.

le repas	les repas
le prix	les prix
le nez	les nez

Some nouns have irregular plural forms. Some common irregular plurals are listed below. Note that most of these nouns are masculine.[5]

Singular Ending	Plural Ending	Examples	
-eau	-eaux	le cout**eau**	les cout**eaux**
-eu	-eux	le f**eu**	les f**eux**
-al	-aux	l'anim**al** (m)	les anim**aux**
-ou	-oux	le bij**ou**	les bij**oux**

A few nouns have very different forms in the plural.

l'œil (m)   les yeux   madame   mesdames
monsieur   messieurs   mademoiselle   mesdemoiselles

The plural of a family name is indicated in French by the use of the plural definite article, but no **s** is added to the proper name itself.

les Dupont   les Martin

1 Vous rentrez d'un voyage en France et vous essayez d'expliquer à votre classe de français certaines habitudes des Français. Complétez chaque phrase par le pluriel d'un des noms suivants. Faites les accords nécessaires.

Noms: achat, cabas, charcuterie, fruit, gâteau, légume, magasin, morceau, prix, produit, repas, supermarché

1. Dans la cuisine française, il y a beaucoup de plats où on trouve de petits _____ de viande et des légumes avec une sauce.
2. On prend trois _____ par jour: le petit déjeuner, le déjeuner et le dîner.
3. Pour faire le marché une fois par semaine, les _____ sont très pratiques—et les _____ y sont avantageux.
4. Mais la qualité des _____ est souvent meilleure dans les petits _____ de proximité.
5. Dans un marché en plein air, on peut acheter des _____ et des _____.
6. Dans une pâtisserie, on peut acheter des _____ extraordinaires, pour un anniversaire, par exemple.
7. Dans les _____ en France, il y a toutes sortes de salades composées.
8. Quand elles fréquentent les petits commerces, les vieilles dames ont souvent des _____ pour emporter leurs _____ à la maison.

2 Avec un(e) partenaire, complétez chaque phrase par un nom au pluriel. Qu'avez-vous découvert sur votre partenaire selon ses réponses?

1. J'adore les...
2. Je déteste les...
3. Chez moi, il y a des...
4. Dans ma chambre, j'ai des...
5. Dans ma famille, on préfère les...
6. Mes légumes préférés sont les...
7. Mes fruits préférés sont les...
8. ???

Articles

The Indefinite Article

The indefinite articles **un, une,** and **des** accompany nouns used in a nonspecific sense and correspond to the English *a, an,* and *some.*

	Singular	Plural
Masculine	**un** rayon	**des** rayons
Feminine	**une** pomme	**des** pommes

After most negative constructions, the indefinite articles **un, une,** and **des** become **de.**

—As-tu **un** billet de vingt euros?
—Non, je n'ai pas **de** billet de vingt euros.

—Mais tu vas acheter **une** bouteille de vin ou non?
—Non, pas aujourd'hui, je n'achète pas **de** bouteille de vin.

However, the article does not change after the verb **être** when used negatively.

—Ce magasin-là, c'est **une** boucherie?
—Non, ce n'est pas **une** boucherie; c'est une charcuterie.

—Et voilà **des** artichauts!
—Non, ce ne sont pas **des** artichauts; ce sont des poivrons.

 3 Voici une conversation entre un groupe de copains français qui vont au café avec leur ami américain. Complétez leur conversation par la forme convenable de l'article indéfini (**un, une, des**) ou **de.**

JACK: Salut les amis! Choisissons _____ table à côté de la fenêtre.

CHARLES: D'accord. Maryse, tu veux _____ bière ou _____ jus de fruit?

MARYSE: Je vais prendre _____ jus de fruit et _____ frites.

CHARLES: Jack, je suppose que tu vas prendre _____ coca *(m)* light.

JACK: Non, je vais prendre _____ Orangina *(m).*

CHARLES: Garçon, _____ express *(m),* s'il vous plaît.

LE GARÇON: On a envie de manger _____ sandwichs?

SYLVIE: Pas _____ sandwich pour moi. Tout simplement _____ tasse de thé. Et bien sûr _____ dessert!

The Definite Article

The forms of the definite article **le, la, l',** and **les** correspond to the English word *the.*

	Singular	Plural
Masculine	**le** marché	**les** marchés
Feminine	**la** pâtisserie	**les** pâtisseries
Masculine or Feminine	**l'**hélicoptère	**les** hélicoptères
	l'épicerie	**les** épiceries

The form **l'** is used before both masculine and feminine nouns that begin with a vowel or a mute **h**.[6]

[6] A few French words contain an aspirated **h** and take the definite article **le** or **la: le *héros, le *haricot, le *hors-d'œuvre, le *homard, la *honte, le *huit.** Other exception: **le onze.**

When the definite articles **le** or **les** are preceded by **à** or **de,** the following contractions are made.

à + le → au	Je vais aller **au** marché.
à + les → aux	Il donne le panier **aux** enfants.
de + le → du	Je parle **du** marché.
de + les → des	Elles sont contentes **des** fruits du marché.

There is no contraction with **la** or **l'.**

Elle va **à l'**épicerie.   Elle parle **de la** charcuterie d'à côté.

The definite article is normally used to refer to specific persons or things.

—Où vas-tu?   —*Where are you going?*
—Je vais à **la** boulangerie.   —*I'm going to **the** bakery.*
—N'oublie pas **le** filet et n'oublie   —*Don't forget **the** grocery bag and*
pas non plus **les** croissants pour   *don't forget **the** croissants for breakfast*
le petit déjeuner.   *either.*

[7] For other uses of the definite article, see *Appendix A*.

The definite article in French has some uses that do not parallel English usage.[7] For example, the definite article is used when speaking of a thing or things in general, in an abstract sense, or as a whole.

La viande coûte cher.   *Meat is expensive.*

Les Français apprécient le progrès.   *French people appreciate progress.*

Les traditions sont importantes   *Tradition is important in France.*
en France.

The definite article accompanies nouns that follow the verbs from the following list, in both affirmative and negative forms, because such nouns are being used in a general sense.

adorer	J'**adore la** salade.
aimer (mieux)	Ils **n'aiment pas le** vin.
apprécier	Il **apprécie les** marchés français.
détester	Elle **déteste les** champignons.
préférer	Nous **préférons les** supermarchés.

4 Voici une conversation entre Christine et Jacques. Complétez le dialogue en utilisant la forme correcte de l'article défini (**le, la, l', les**) et faites les contractions avec **à** ou **de** si nécessaire.

JACQUES: Christine, tu vas (à) _____ marché?

CHRISTINE: Salut, Jacques. Oui, je fais _____ marché de la semaine.

JACQUES: Ah, et _____ provisions coûtent cher, non?

CHRISTINE: En effet. C'est pourquoi je préfère _____ supermarché. Mais j'aime certains aspects (de) _____ magasins du quartier aussi. J'aime _____ légumes frais et j'adore parler (à) _____ charcutier.

JACQUES: Tu parles (de) _____ charcutier là-bas, au coin de la rue? Il est gentil, mais je n'aime pas _____ salades composées qu'il y a dans son magasin. Je vais souvent (à) _____ rayon charcuterie (de) _____ supermarché. _____ viande est très bonne à Carrefour.

CHRISTINE: Ah! Les goûts et les couleurs... C'est _____ vie, non?

Note culturelle

Les petits commerces de quartier

Un petit commerce de quartier

Un grand nombre de petits commerçants se défendent actuellement pour assurer leur survie. On peut souvent lire sur les sacs plastiques qui proviennent de leurs boutiques un cri de guerre: «Les commerces de proximité—c'est la vie du quartier». En 1996, le gouvernement vient au secours des petits commerçants et interdit, dans certaines circonstances, la création de grandes surfaces et les ventes à perte. C'est un premier pas important pour empêcher la désertification des centres-villes. Mais peut-on compter sur la politique pour modifier les rapports entre les entreprises et les consommateurs?

Il est vrai que les produits coûtent souvent moins cher au supermarché que chez les petits commerçants, et actuellement 40% des dépenses sont effectuées dans les grandes surfaces, mais on n'aime pas toujours faire la queue aux caisses des hypermarchés et on apprécie les avantages des petits commerces tels que la proximité, les services, la qualité des produits et surtout les petites attentions des marchands, leurs «Bonjour, monsieur», «Merci, mademoiselle. Bonne journée!», ainsi que les recommandations professionnelles de l'épicier, du boulanger ou du libraire. Si la plupart des Français approuvent les progrès de la technologie et si les achats sur Internet ont augmenté récemment de plus de 50% (surtout achats de DVD, vêtements, billets de train et d'avion, appareils électroniques), ils désirent conserver certains modes de vie traditionnels. Devant la grande mutation technologique et la mondialisation de la société, on cherche un équilibre de vie. La consommation est une dimension de l'existence quotidienne où il est encore possible de dire non à l'indifférence et à l'aspect impersonnel d'un magasin gigantesque, à l'«hyperchoix» ou à la publicité qui incite à consommer toujours plus. Mais ce n'est pas toujours facile. Et les réponses à la question du rapport qualité-prix restent toujours très personnelles. Le client est encore roi!

Compréhension

1. Expliquez comment l'intervention gouvernementale aide les petits commerces de proximité.

2. Quels sont certains avantages et désavantages des petits commerces?

Réflexion

A. Quelle sorte de consommateur / consommatrice êtes-vous? Avez-vous l'impression que les Français ont des habitudes de consommation très différentes de celles que vous observez dans votre propre société? Justifiez votre réponse par des références au texte ou par vos propres observations.

B. Faites deux listes pour présenter les avantages et les inconvénients des grandes surfaces et des petits et moyens commerces du point de vue du consommateur. Ensuite, discutez de vos idées en groupe.

C. A votre avis, les commerces de proximité sont-ils condamnés à disparaître un jour? Imaginez que vous êtes un(e) petit(e) commerçant(e). Que faites-vous pour éviter la catastrophe? L'Etat doit-il intervenir pour sauver ce secteur? Comment peut-on assurer un meilleur équilibre entre le commerçant et le client?

The Partitive

The partitive is formed with **de** + the definite article. It corresponds to the English words *some* or *any*.

Masculine Noun	J'achète **du** lait.
Feminine Noun	Il commande **de la** viande.
Vowel Sound or Mute **h**	Demandez **de l'**eau.

This construction is called the partitive because it refers to *part* of a whole. In English, we often omit the words *some* or *any*, even when they are implied. In French, you must use the partitive whenever the sense of the sentence limits the quantity to which you are referring. To see if you need to use the partitive, ask yourself: Do I mean all of the concept referred to or only part of it?

J'achète **du** lait.	*I'm buying (**some**) milk.* (Not all the milk in the store.)
Il commande **de la** viande.	*He orders (**some**) meat.* (Not all of it.)
Demande **de l'**eau, s'il te plaît.	*Ask for (**some**) water, please.* (Only part of all the water available.)

RAPPEL!

Note that **des** is considered to be an indefinite article when it is the plural of **un / une** and denotes things that can be singled out and counted: **Il a une pomme. / Il a *des* pommes.** The same form **des** is a true partitive article when it denotes things that cannot be counted: **Il mange *des* épinards (spinach).** This distinction is purely grammatical, however, and does not change the basic rules governing the use of the plural article **des**.

In the negative, **de** (**d'**) is used.

Il achète **du** vin.	Il n'achète pas **de** vin.
Je mange **de la** viande.	Je ne mange pas **de** viande.
Jetez **de l'**eau sur le feu.	Ne jetez pas **d'**eau sur le feu.

De (**d'**) is also used with a plural adjective that precedes a noun, especially in written French.

Ils ont **des** amis.	Ils ont **de** bons amis.
Elle choisit **des** hôtels chers.	Elle choisit **de** grands hôtels.
Elle achète **des** fruits.	Elle achète **d'**excellents fruits.

Most expressions of quantity use only **de** (**d'**) before a noun. Here are some widely used expressions of quantity.

assez de *enough*	Tu as **assez de** café?
pas mal de *quite a few*	Il y a **pas mal de** clients dans le magasin.
beaucoup de *a lot, many, much*	Elle fait **beaucoup d'**achats.
peu de *few*	Il y a **peu de** magasins ouverts le dimanche en France.
un peu de *a little*	Achetez **un peu de** fromage.
trop de *too much*	J'ai **trop de** courses à faire.
tant de *so much*	N'achète pas **tant de** vin.
moins de *fewer, less*	Achetons **moins de** fruits.
une bouteille de *a bottle of*	Il apporte **une bouteille de** vin.
un verre de *a glass of*	Il désire **un verre d'**eau.
une tasse de *a cup of*	Je commande **une tasse de** café.
un kilo de *a kilo of*	Je vais acheter **un kilo de** viande.
un morceau de *a piece of*	Tu manges **un morceau de** gâteau?
une tranche de *a slice of*	Je vais manger **une tranche de** jambon.
une boîte de *a can of*	Va chercher **une boîte de** petits pois.

RAPPEL!

des → de (d')	Negative →	Il n'a **pas de (d')** { pommes. / épinards.
	Quantity →	Il a **beaucoup de (d')** { pommes. / épinards.
	Preceding Adjective →	Il a de { **bonnes** pommes. / **bons** épinards.

The expressions **la plupart** *(most)* and **bien** *(many)* are exceptions and always take **des** before a plural noun.

> **La plupart des** gens aiment le vin.
> **Bien des** étudiants étudient à la bibliothèque.

Some verbal expressions use only **de** before a noun, such as **manquer de** *(to lack)* and **changer de** *(to change)*.

> Nous **manquons de** fruits à la maison.   *We are out of fruit at home.*
> On n'aime pas **changer de** boulangerie.   *People don't like to change bakeries.*

Expressions such as **avoir besoin de** *(to need)* and **se passer de** *(to do without)* use **de** alone when they are followed by a noun used in the partitive sense.

> Tu as **de l'**argent pour faire les courses?
> Non, **j'ai besoin d'**argent.

When these expressions are followed by a singular noun used in a particular, non-partitive sense, the indefinite article is retained because of its numerical value.

> Tu as deux cabas. Tu peux m'en prêter un?
> Oui, je peux **me passer d'un** cabas aujourd'hui. *(numerical value)*

BUT:

> Je vais **me passer du** filet rouge. *(definite article: specific item)*
> Généralement, **je me passe de** filet. *(general sense: any item of a kind)*

5 Virginie et Laura déjeunent dans un petit restaurant près du boulevard St-Michel. Complétez leurs remarques par la forme appropriée des éléments entre parenthèses.

1. Il y a beaucoup _____ clients dans le restaurant. (de / des)
2. Demande s'il y a _____ place pour deux. (de / de la)
3. Moi, je vais commander _____ poulet. (du / de)
4. Mais moi, je ne mange pas _____ viande. (de la / de)
5. Tu prends _____ vin, toi? (du / de)
6. Commandons une demi-bouteille _____ rouge, d'accord? (du / de)
7. Très bien et je vais prendre _____ eau aussi. (de l' / d')
8. A la fin du repas, je vais demander _____ fromage. (du / de)
9. Moi, non, je vais commander _____ fraises. (des / de)
10. Très bien. Ils ont _____ excellentes fraises ici. (des / d')
11. Une tasse _____ café pour moi aussi. (du / de)
12. On mange bien ici, et on dépense peu _____ argent! (d' / de l')

6 Employez les éléments indiqués pour poser des questions à vos camarades de classe. Faites attention à l'emploi des articles.

1. tu / acheter / beaucoup / vêtements?
2. tu / aimer / films d'aventure / ou / films d'amour?
3. tu / avoir / voiture?
4. tu / manger / souvent / hamburgers?
5. tu / apprécier / cuisine française?
6. tu / avoir / frères / ou / sœurs?
7. tu / préférer / bière / ou / coca / avec / pizza?
8. tu / avoir besoin / argent?
9. tu / changer souvent / vêtements pendant la journée?
10. tu / faire / sport?

RAPPEL!

Certain uses of articles in French parallel English usage. When you use *a* or *an* in English, the indefinite article **un** or **une** is usually appropriate in French. If English usage specifies *the*, the definite article **le, la, l'**, or **les** is used in French.

J'apporte **un** cabas.	*I am bringing **a** tote bag.*
Nous allons à **la** boulangerie.	*We are going to **the** bakery.*

Particular attention should be paid to cases where French and English uses of articles may not be parallel:

- English often omits the article altogether. In French, however, nouns are usually not used without articles.
- In French, the definite article may accompany both a noun used in a general sense and a noun used in a specific sense.
- If the concepts of *some* or *any* are either stated or implied in English, the partitive must be used in French.

Compare the following examples:

GENERAL SENSE	**La** viande coûte cher.	*Meat is expensive.*
SPECIFIC SENSE	**La** viande que vous achetez coûte cher.	***The** meat that you're buying is expensive.*
PARTITIVE SENSE	J'achète **de la** viande.	*I'm buying **(some)** meat.*

Be careful not to use the definite article when the context of the sentence limits the quantity being referred to and calls for the partitive. To say something like **As-tu *le* coca?** would be very confusing to a French speaker. Either you would be referring to the entire concept of Coca-Cola, which is impossible in the context of *Do you have . . . ?* or you would be referring to some specific Coca-Cola that had been previously discussed, as in **As-tu le coca (que nous allons servir à la soirée)?** The notion of *Do you have (any) Coke?* requires the partitive in French: **As-tu *du* coca?**

Note culturelle

Le bouillon d'awara

Le bouillon d'awara est un plat important en Guyane française. Préparé surtout pendant la saison des fêtes catholiques du printemps (entre Pâques et la Pentecôte), le bouillon d'awara porte des significations culturelles riches et variées. L'ingrédient principal, la pâte d'awara, consiste en la pulpe huileuse de couleur orangée des graines d'awara. Cultivée exclusivement en Guyane française, l'awara est aussi un grand symbole alimentaire, fortement lié aux conceptions de l'identité culturelle guyanaise. La grande variété d'ingrédients reflète la diversité linguistique et culturelle de cette région.

Pour préparer le bouillon d'awara, il faut du temps, du savoir-faire, de la patience et beaucoup d'ingrédients. Véritable méli-mélo de viandes, de poissons, de légumes et d'herbes, on y ajoute une longue liste d'aliments pendant un ou deux jours. Normalement, la veille, on commence par tremper des portions égales de viandes y compris le jambon cru salé, le lard fumé, le bœuf salé, la gueule et la queue de cochon. C'est aussi le moment de penser à faire rôtir ou à fricasser un poulet entier selon son goût. Très tôt le lendemain, on fait bouillir et mijoter *(simmer)* la pâte d'awara, typiquement pendant une heure. Ensuite, on met les viandes marinées et des piments frais dans la marmite. Pendant que ce mélange mijote, on peut commencer à couper les légumes (y compris le chou vert, le concombre long, le concombre piquant et les haricots verts) et à hacher les herbes. Quand les légumes sont prêts, on peut les jeter dans la marmite. Là, il faut aussi décider si on veut y ajouter de l'aubergine.

Êtes-vous prêts à déguster? Dommage, parce que la préparation n'est pas encore terminée! Les légumes dans la marmite, il faut laisser mijoter le bouillon encore une ou deux heures. Ensuite, il faut ajouter au mélange le poulet et des portions de morue salée *(salt cod)*, de poisson et de crevettes et laisser le tout mijoter une ou deux heures de plus. Au moment où la sauce devient onctueuse et veloutée, on sait que le bouillon d'awara est enfin prêt, et on peut le servir avec du riz. Pour bien déguster le bouillon d'awara, il faut inviter au repas beaucoup de membres de sa famille, des amis et des voisins. Si c'est possible, on met la table en plein air, à la campagne ou même sur la plage.

Pour les Guyanais, le bouillon d'awara est un plat populaire qui signale la fin de la période du Carême *(Lent)*. On se régale en le mangeant. Néanmoins, selon les contes populaires, la recette n'existe pas pour plaire à la personne qui mange ce plat. Les Guyanais racontent l'histoire d'un étranger qui tombe amoureux d'une Guyanaise. Or, les parents de la fille s'opposent à leur union. Pour essayer de faire chasser l'homme de la Guyane, la mère ordonne à sa fille de rassembler tous les ingrédients disponibles et de les mélanger dans une marmite. Elle lui explique qu'il faut surtout ajouter de la pâte d'awara au mélange. La fille obéissante prépare le bouillon d'awara et le sert à son bien aimé. A la grande déception des parents, le jeune homme aime beaucoup le repas et il demande même les restes! Grâce à son appréciation du bouillon d'awara, l'homme reste en Guyane pour toujours. C'est pourquoi, de nos jours, on dit que la personne qui mange de ce plat et qui l'aime va toujours rester en Guyane ou bien revenir en Guyane un jour.

Compréhension

1. Pourquoi le bouillon d'awara est-il considéré comme un grand plat régional guyanais?
2. Quels ingrédients met-on typiquement dans le bouillon d'awara?
3. Racontez brièvement le conte qui explique les origines de la recette.
4. Si vous ne connaissez pas l'awara, utilisez un moteur de recherche francophone (www.google.fr) pour savoir ce que c'est.

Réflexion

A. Pouvez-vous identifier un plat national ou régional qui représente votre propre culture? Lequel? Expliquez comment ce plat reflète vos valeurs culturelles.

B. Imaginez que vous allez préparer votre propre version du bouillon d'awara. Choisissez les ingrédients que vous désirez ajouter à votre soupe. Indiquez tous les ingrédients que vous utilisez ainsi que leurs quantités (par exemple, 500 g de crevettes, un poulet entier, deux piments, une cuillère à café de sel, etc.). Ensuite, préparez une brève description de la préparation de votre propre bouillon d'awara.

SYNTHESE

A. Michael rentre aux Etats-Unis après une année à Paris. Il raconte à ses camarades de classe comment on fait les courses en France. Complétez les phrases de Michael en ajoutant la forme convenable des articles (définis, indéfinis ou partitifs).

1. Certains Français n'aiment pas _____ hypermarchés; ils préfèrent _____ commerces de proximité.
2. Ils préfèrent acheter _____ provisions tous les jours.
3. Dans _____ épicerie, ils achètent _____ boîtes de conserve, _____ farine, _____ vin et _____ produits alimentaires, mais pas _____ viande.
4. Ils vont dans _____ boulangerie pour acheter _____ pain et _____ pâtisseries.
5. Les Français utilisent de plus en plus _____ aliments surgelés.
6. Dans _____ charcuterie, on trouve _____ porc, _____ plats préparés et _____ salades composées.
7. Moi, personnellement, j'aime bien _____ supermarché; _____ supermarchés français ressemblent beaucoup aux supermarchés américains.
8. Mais même au supermarché, on a besoin d' _____ chariot ou d' _____ panier.
9. On n'a pas _____ sacs en papier; il y a _____ petits sacs en plastique.
10. _____ viande et _____ produits surgelés coûtent cher en France, mais les Français achètent peu _____ produits de luxe surgelés.
11. Au marché, on trouve _____ bons légumes frais et _____ fruits superbes. J'adore _____ marchés en plein air, peut-être parce que nous, aux Etats-Unis, on n'a pas beaucoup _____ marchés.
12. Surtout, les Français n'aiment pas se passer _____ pain, et ils hésitent souvent à changer _____ boulangerie, parce qu'ils préfèrent _____ croissants et _____ baguettes d'un certain boulanger.

Un marché en plein air

B. Vous essayez de donner à Mme Lenoir une idée de certaines préférences alimentaires de votre pays. Complétez les déclarations suivantes pour donner une image de vos habitudes alimentaires.

1. Le week-end, d'habitude, je mange…
2. En général, j'aime la viande, mais je ne mange pas…
3. Quand je fais les courses, j'achète normalement…
4. Franchement, je déteste…
5. Mais, j'adore…
6. Au déjeuner, je mange souvent…
7. Chez nous, on prépare très souvent…
8. Pour un repas de fête, j'aime bien préparer…

C. Un(e) amie(e) du Sénégal vous pose des questions sur votre vie de tous les jours. Répondez à ses questions.

1. Achetez-vous les provisions de la semaine le samedi?
2. Préparez-vous du café tous les matins?
3. Aimez-vous le café ou le thé?
4. Faites-vous beaucoup de courses pendant la semaine?
5. Achetez-vous souvent des pâtisseries françaises?
6. Y a-t-il un marché en plein air près de chez vous?
7. Préférez-vous payer en espèces ou par carte bancaire?
8. Faites-vous certains achats tous les jours?

POUR S'EXPRIMER

CD1, Track 3

A l'écoute

Mise en scène

Ecoutez d'abord les conversations «Au café» et «A l'hypermarché» qui se trouvent sur le CD sous le titre «Faire les courses». Ensuite, complétez les activités qui suivent.

Contexte: Nous sommes à Rennes, une ville universitaire de Bretagne. Véronique, Sébastien et Isabelle prennent un pot au café avec un copain américain, Jim. Ecoutons leur conversation.

Avant d'écouter

1. Où allez-vous normalement pour retrouver vos copains?
2. Est-ce que vous faites quelquefois un pique-nique? Où allez-vous? Qu'est-ce que vous apportez au pique-nique?
3. Qu'est-ce que vous achetez d'habitude à l'hypermarché, au centre commercial, dans les petits magasins du quartier?

Compréhension

1. A votre avis, quelles sont les trois questions essentielles du dialogue? Expliquez pourquoi.
2. Quels articles y a-t-il dans le chariot de Jim et d'Isabelle quand ils arrivent à la caisse? Faites la liste des provisions qu'ils achètent.

3. Ecoutez attentivement les propos échangés entre Isabelle et Sébastien. Jouez le rôle de Sébastien en imitant son intonation. Quelle sorte de personnalité a-t-il, à votre avis? Isabelle est-elle d'accord avec vous? Dites pourquoi.

4. Identifiez dans le dialogue cinq mots ou expressions qui ne font pas encore partie de votre vocabulaire français (par exemple: un diabolo-menthe). Expliquez quels aspects du dialogue facilitent leur compréhension.

A vous la parole

Voici quelques expressions utiles pour réagir à une déclaration ou à une suggestion. Imaginez que vous préparez un pique-nique avec un groupe d'amis français. Lisez les remarques de vos ami(e)s et répondez à chacune avec une des expressions suivantes en justifiant votre réaction.

Réactions positives	Réactions marquant l'indifférence	Réactions négatives
Formidable!	Ça m'est égal.	Zut!
Sensationnel!	C'est sans importance.	C'est dommage!
Fantastique!	Tant pis!	C'est affreux!
Chouette!	Pas question!	Oh non! C'est pas possible!
Mais si... !	Je m'en fiche.	
Pas de problème!		
Super!		

MODELE   *—On va jouer au football après le pique-nique.*
           —Super! J'adore jouer au football.
    ou *—Oh non! C'est pas possible! Tout le monde n'aime pas jouer au football.*

1. Allons faire un pique-nique demain.
2. Nous allons apporter du vin, du pain et du fromage.
3. Magali va apporter un lecteur de CD.
4. Tu vas acheter des fruits et des pâtisseries.
5. Marc va amener son gros chien.
6. Je vais inviter plus de vingt personnes.
7. On va aussi inviter notre prof de français.
8. Tout le monde va aller au parc à bicyclette.
9. Il ne va pas y avoir de bière.
10. Il va peut-être pleuvoir demain.

Situations orales

A. Vous allez inviter des étudiants étrangers qui passent l'année dans votre université à un repas typiquement américain. En groupes, parlez des plats que vous allez préparer et des provisions nécessaires à la préparation des plats. Ensuite, comparez les réponses des différents groupes pour composer un seul menu.

B. Vous êtes en France et vous allez au café. Un(e) étudiant(e) va jouer le rôle du serveur / de la serveuse et il / elle va prendre les commandes des différents groupes.

Note culturelle

Le cabas

Le cabas est l'avenir de l'homme. Ou plutôt de la planète, salie par des montagnes de sacs plastiques (17 milliards chaque année rien qu'en France). Or ces sacs mettent entre cent et quatre cents ans pour se dégrader. Pour les remplacer, il y a bien les sacs en papier. Fausse bonne idée: leur production consomme trois fois plus d'eau et génère l'émission de gaz toxiques... Reste le bon vieux cabas, candidat le plus écologique et proposé par la plupart des grands distributeurs à un prix n'excédant pas 2 euros.

Source: Adapté de «Cabas», *Nouvel Observateur*, No 2077, 26 août–1er septembre 2004

Compréhension

1. Pourquoi est-ce une mauvaise idée d'utiliser des sacs plastiques?
2. Avez-vous l'impression que ce sont les sacs plastiques ou les sacs en papier qu'on utilise le plus souvent en France?

Réflexion

A. Le cabas n'est pas une idée nouvelle. Mais relativement peu de gens l'utilisent actuellement. Comment peut-on encourager les gens à revenir au cabas? Inventez une campagne de publicité pour le cabas!
B. Est-ce qu'il y a des chances de retrouver le cabas en usage général dans quelques années? Pourquoi?

Structures III

Voilà and *il y a*

Both **voilà** and **il y a** mean *there is*, *there are*, but the two constructions are used in different senses.

Voilà is used to point out or indicate something. It is the verbal equivalent of gesturing with your hand to show something to someone.

> Regardez, **voilà** les Dupont. Les **voilà** déjà?
> **Voilà** les fruits que vous cherchez.

Il y a simply states the existence or presence of something.

> **Il y a** un marchand de fruits par ici. **Il y a** des marchés couverts en France.

Note that both constructions are invariable, even when they are the equivalents of *there are*.

1 Vous allez au restaurant universitaire avec votre amie canadienne, Martine Paradis. Utilisez **voilà** ou **il y a** pour compléter la conversation suivante.

Vous: Ah, regarde Martine, _____ mes copains qui déjeunent ensemble.

Martine: Est-ce que / qu' _____ de la place près d'eux?

Vous: Oui, regarde, _____ justement deux places. Qu'est-ce que / qu'_____ au menu aujourd'hui?

Martine: _____ du poulet et de la pizza. Ah, mais, _____ deux plats que je n'aime vraiment pas.

Vous: C'est dommage, mais _____ aussi des sandwichs. Achetons des sandwichs et sortons.

2 Complétez par **voilà** ou **il y a** les phrases suivantes qui racontent une scène typique en cours de français.

1. Dans mon cours de français, _____ (nombre) étudiants.
2. Attention! _____ le prof. Il arrive.
3. _____ une petite interrogation aujourd'hui?
4. _____ beaucoup de questions dans l'interro?
5. Oh là là, _____ une interro vraiment difficile.
6. Eh bien, _____: l'interrogation est terminée.

INTERACTIONS

Activité 1: Une consommation qui respecte l'environnement. L'hyper-marché Monoprix offre à ses clients des conseils «pour consommer durable». Lisez l'extrait de la brochure publiée par Monoprix, puis répondez aux questions.

1. Qu'est-ce que la loi interdit en 2010?
2. Qu'est-ce qu'on doit utiliser pour porter ses achats?
3. Qui peut utiliser la «Caisse Nature»?
4. Quel service Monoprix offre-t-il aux clients pour diminuer la pollution?
5. Qu'est-ce qu'on peut apporter à Monoprix pour être recyclé ou retraité? Quel est le sens du mot «retraité»?

6. En petits groupes, discutez de ces mesures proposées par Monoprix. Lesquelles vous semblent pratiques? Réalistes? Etes-vous en faveur de toutes ces mesures? Y en a-t-il quelques-unes qui existent déjà dans des magasins près de chez vous?

Activité 2. Lisez le petit article qui suit sur la restauration rapide, puis répondez aux questions.

La restauration rapide est en progression

Le fast-food anglo-saxon a connu en 2005 une forte croissance (9% en valeur) et représentait 47% des dépenses de restauration rapide effectuées dans des chaînes. L'accroissement du nombre de ces restaurants se poursuit: On en comptait 1 412 au début 2006, dont 1 060 McDonald et 315 Quick. La part des hamburgers reste cependant limitée; les Français consomment environ huit fois plus de sandwichs.

La restauration rapide à la «française» connaît aussi une croissance soutenue: 7% en valeur en 2005. Les chaînes comptent au total 1 508 unités (dont 281 Paul et 256 Brioche dorée) et représentent 14% des dépenses. Les cafétérias des grandes surfaces sont en revanche moins fréquentées (214 Casinos, 191 Flunch…); elles ne représentent plus que 12% des dépenses…

La restauration rapide a globalement perdu le caractère innovant et «branché» qu'elle a eu pendant des années. Elle est de plus en plus concurrencée par le développement du grignotage… 2 milliards de repas «sur le pouce» sont ainsi pris chaque année, avec une tendance à un grignotage plus sain.

Source: Gérard Mermet, *Francoscopie 2007*, ©Larousse, 2007, pp. 176–177

1. Décrivez la situation du fast-food anglo-saxon en France actuellement.
2. Les Français mangent-ils plus souvent ou moins souvent dans cette sorte de restaurant?
3. Quelle est la chaîne la plus importante en France?
4. Qu'est-ce les Français mangent beaucoup, au lieu des hamburgers?
5. A votre avis, qu'est-ce qu'on sert dans la chaîne française La Brioche dorée? Qu'est-ce qui explique la croissance de ces chaînes?
7. Quels restaurants sont moins fréquentés actuellement en France?
8. En quoi les attitudes des Français changent-elles envers la restauration rapide? Si les Français font un grignotage «plus sain», qu'est-ce qu'ils mangent peut-être sur le pouce? Que mangent les Américains quand ils grignotent?

Situations écrites

A. Votre classe fait un échange de lettres avec des jeunes en Guadeloupe. Vos correspondants guadeloupéens vous écrivent que les jeunes Nord-Américains ont beaucoup d'argent à dépenser et qu'ils consomment beaucoup. Pour répondre à vos correspondants, décrivez vos habitudes de consommation. Qu'est-ce que vous achetez régulièrement? Combien est-ce que vous dépensez, en moyenne, pour les vêtements, les CD, les jeux vidéo, les autres articles de luxe, y compris votre téléphone portable?

B. Vous passez l'été prochain en France chez les Perz. Madame Perz vous écrit pour savoir ce que vous mangez ou ne mangez pas. Répondez-lui par une courte lettre pour lui expliquer vos préférences. Vous pouvez aussi lui dire que vous voulez préparer un repas typiquement nord-américain pour sa famille. Indiquez dans votre lettre quelle sorte de repas vous désirez préparer et faites une liste des ingrédients dont vous pensez avoir besoin.

A lire

Texte de culture contemporaine

Sujets de réflexion

1. Avez-vous l'impression que les sociétés occidentales consomment plus ou moins de viande que d'autres sociétés? Justifiez votre réponse avec des exemples.
2. Connaissez-vous des végétariens? Pour quelles raisons une personne est-elle végétarienne?

Guide de lecture

Il y a un manque global de céréales. Dans certains pays, les gens ne peuvent pas s'acheter de quoi manger et ils souffrent de faim. Le prix de la nourriture ne cesse d'augmenter partout dans le monde. En Italie, il y a des manifestations contre l'augmentation du prix des pâtes. Aux Etats-Unis, certains des hypermarchés limitent la quantité de riz qu'on peut acheter. D'où viennent ces problèmes? De la modernisation en Chine et en Inde? Pas totalement. De la croissance de la population mondiale? Pas encore. Non, une partie signifiante de ces crises vient... des vaches! Et des personnes qui mangent de la viande.

1. De quoi a-t-on besoin pour élever des vaches?
2. Dans la lecture «Frères humains, devenez végétariens!», vous allez souligner les éléments de vocabulaire qui, pour vous, semblent avoir un rapport avec le bétail *(livestock)*.

Frères humains, devenez végétariens!

is sinking
livestock

Avec 1,4 milliard de vaches, notre planète croule° en effet littéralement sous le bétail°: le poids cumulé de tous ces ruminants est supérieur à celui de toute la population humaine avec ses 6 milliards d'habitants! Et c'est de pire en pire. La production de viande a été multipliée par cinq depuis les années 1950... Et devrait encore
5 doubler sur les vingt années à venir.

panic

De quoi affoler° les experts en alimentation, qui se demandent bien comment la terre pourra nourrir les 3 milliards d'humains supplémentaires de ces prochaines décennies. A l'ère de l'élevage industriel, nos bêtes accaparent à elles toutes seules 60% de la production mondiale de cérérales... Un volume qui suffirait amplement à
10 nourrir les 850 millions d'êtres humains souffrant de malnutrition...

squat on, take up

Au total, l'élevage et la production des aliments pour le bétail squattent° 78% des terres agricoles mondiales, soit 30% de toute la surface du globe, trois fois plus qu'en 1960...

meat   Le plus insensé? C'est que toute cette bidoche° est en priorité destiné à 0,1% de
15 la population de la planète, l'infime petite minorité des riches de ce monde. Notre
consommation de viande est passée de 30 kilos par personne et par an en 1919 à
recommended   plus de 100 kilos aujourd'hui. C'est trois fois plus que la quantité préconisée° par
les organismes de santé. Non seulement notre régime carnivore affame la planète,
upsurge   mais il nous tue aussi par la recrudescence° des maladies de «biens nourris»: acci-
20 dents cardio-vasculaires, diabète, obésité…

       Et pour ne rien arranger, il contribue au réchauffement climatique… L'élevage est
greenhouse gases responsable de 18% des émissions des gaz à effet de serre°. Soit plus que le secteur
manure   des transports! Avec leurs flatulences chargées de méthane, leurs tonnes de fumier°
laughing gas (nitrous gorgé de gaz hilarant°, le fameux NO_2, également des plus nocifs, sans compter les
oxide) 25 émissions d'ammoniac synonymes de pluies acides et leurs déjections qui polluent
ground water /   les nappes phréatiques°, nos charmants bovins° sont des périls verts à quatre pattes.
bovines (cows)   L'extension de leurs pâturages fait des ravages. En Amérique centrale,
pinched (stolen) 20% des zones sylvestres ont déjà été ratiboisées°. Et c'est encore pire au Brésil,
où 38% de l'Amazonie ont été sacrifiés pour les bovins.
soy 30   Une déforestation qui s'accélère avec les immenses plantations de soja° destinées
à nourrir nos vaches, toujours elles.

Source: Doun Bui, «Frères humains, devenez végétariens!», *Le Nouvel Observateur*,
No. 2270, 8–14 mai, 2008, p. 11

Après la lecture

1. Résumez en quoi l'élevage des vaches contribue au manque de céréales.
   Dégagez du texte des statistiques qui vous surprennent peut-être.

2. A qui est destinée toute cette viande? Quels problèmes de santé sont provoqués
   par la consommation de trop de viande?

3. En quoi l'élevage des vaches contribue-t-il au réchauffement climatique?

4. Combien de fois par semaine vous et vos amis, mangez-vous de la viande,
   surtout du bœuf? Est-ce qu'il vous serait facile de vous passer de bœuf?
   Expliquez votre réponse.

Texte littéraire

Sujets de réflexion

1. La vie est composée de quelques instants rares qui donnent des plaisirs minuscules mais profonds. Trouvez, dans votre vie, des exemples d'odeurs, de goûts, de sensations que vous conservez affectueusement.

2. Y a-t-il certains moments de la journée que vous préférez à d'autres? Pourquoi?

3. Y a-t-il un petit magasin, une boutique que vous aimez fréquenter, où vous allez souvent avec plaisir? Qu'est-ce qui lui donne son charme?

A propos de l'auteur...

Philippe Delerm *est né en 1950 et, après ses études, il devient professeur de lettres. Il a déjà publié dix livres lorsque* La Première Gorgée de bière et autres plaisirs minuscules *paraît en 1997. Ce petit ouvrage de moins de cent pages connaît tout de suite un succès phénoménal. L'auteur fixe sur le papier une série de trente-quatre courts tableaux où l'on retrouve les plaisirs des moments fugitifs de la vie quotidienne qu'on ne prend jamais le temps de savourer. Dans cet extrait, intitulé* Le croissant du trottoir, *Philippe Delerm porte son attention sur un aliment sans grande signification apparente, l'humble croissant que l'on consomme sur un trottoir en sortant d'une boulangerie un matin d'hiver.*

Guide de lecture

1. Vous observez une personne qui savoure une bière (ou une autre boisson délicieuse!). Quel rituel semble diriger ses gestes? Quelle nourriture ou boisson prenez-vous personnellement pour vous procurer un instant de plaisir?

2. Dans le premier paragraphe du texte, certains détails permettent de préciser le moment et le lieu de l'action. Où et à quel instant se passe cette scène? Faites une liste de cinq expressions qui indiquent l'heure et le temps.

La Première Gorgée de bière
Le croissant du trottoir

On s'est réveillé le premier. Avec une prudence de guetteur° indien on s'est habillé, faufilé° de pièce en pièce. On a ouvert et refermé la porte de l'entrée avec une méticulosité d'horloger°. Voilà. On est dehors, dans le bleu du matin ourlé° de rose: un mariage de mauvais goût s'il n'y avait le froid pour tout purifier. On souffle un
5 nuage de fumée à chaque expiration: on existe, libre et léger sur le trottoir du petit matin. Tant mieux si la boulangerie est un peu loin. Kerouac mains dans les poches, on a tout devancé°: chaque pas est une fête. On se surprend à marcher sur le bord° du trottoir comme on faisait enfant, comme si c'était la marge° qui comptait, le bord des choses. C'est du temps pur, cette maraude° que l'on chipe° au jour quand
10 tous…. quand tous les autres dorment.

Presque tous. Là-bas, il faut bien sûr la lumière chaude de la boulangerie—c'est du néon, en fait, mais l'idée de chaleur lui donne un reflet d'ambre. Il faut ce qu'il

scout
crept
watchmaker / edged

left behind / edge
margin
pilfering / pinch (fam)

vapor
enjoyment

dawn

shaped
undershirt

stuck
soft

oven

is fading

faut de buée° sur la vitre quand on s'approche, et l'enjouement° de ce
15 bonjour que la boulangère réserve aux seuls premiers clients—complicité de l'aube°.

—Cinq croissants, une baguette moulée° pas trop cuite!
20 Le boulanger en maillot de corps° fariné se montre au fond de la boutique, et vous salue comme on salue les braves à l'heure du combat.

On se retrouve dans la rue. On le
25 sent bien: la marche du retour ne sera pas la même. Le trottoir est moins libre, un peu embourgeoisé par cette baguette coincée° sous un coude, par ce paquet de croissants tenu de l'autre main.

Mais on prend un croissant dans le sac. La pâte est tiède, presque molle°. Cette petite
30 gourmandise dans le froid, tout en marchant: c'est comme si le matin d'hiver se faisait croissant de l'intérieur, comme si l'on devenait soi-même four°, maison, refuge. On avance plus doucement, tout imprégné de blond pour traverser le bleu, le gris, le rose qui s'éteint°. Le jour commence, et le meilleur est déjà pris.

Source: Philippe Delerm, "Le croissant du trottoir" in *La Première gorgée de bière et autres plaisirs minuscules* © Editions Gallimard, www.gallimard.fr

Après la lecture

1. Le croissant se mange d'habitude le matin. Selon vous, pour le narrateur, acheter ses croissants au supermarché, emballés dans un sac plastique, donne-t-il la même satisfaction que de les acheter à la boulangerie? Suggérez pourquoi.

2. Résumez les activités et l'état d'esprit du narrateur dans le premier paragraphe. Pourquoi dit-il qu'il se sent «libre et léger sur le trottoir du petit matin»?

3. Quelle image de la boulangerie Delerm donne-t-il? Le mot «chaleur» est utilisé au deuxième paragraphe. Donnez au moins deux ou trois exemples qui illustrent l'effet ou la cause de cette chaleur.

4. Que fait le personnel de la boulangerie pour établir le contact humain avec les clients? En quoi ce moment de la journée est-il différent du reste de la journée?

5. Dans quelle mesure la rue est-elle différente au moment où le narrateur sort de la boulangerie? Le croissant qu'on mange devient symbolique de quelque chose. Expliquez.

Pour mieux lire

1. L'ambiance de la ville ou du village est suggérée dans ce tableau. Quels sont les éléments du texte qui caractérisent la situation urbaine?

2. On peut même parler d'un style «impressionniste» chez Philippe Delerm. Relevez dans le texte les allusions à la couleur et à la lumière. Quels rapports existent entre les sensations et les sentiments?

3. A votre avis, quelles phrases du dernier paragraphe résument le plus parfaitement l'importance et le symbolisme du petit croissant?

LIENS CULTURELS

1. Dans la vie quotidienne, nous adoptons certains rythmes personnels qui gouvernent nos activités au cours de la journée. Est-il vrai que nous perdons la possibilité de créer ces rythmes pour nous-mêmes? Quels moments vous permettent de conserver un rythme personnel? Trouvez un instant de petit bonheur dans votre vie qui offre des plaisirs comme celui du croissant de Philippe Delerm.

2. Comment imaginez-vous l'avenir du commerce? Va-t-on éliminer les petits commerces, comme la boulangerie décrite par Philippe Delerm? Quel rôle va jouer la technologie dans le commerce? Va-t-on diminuer le nombre de grandes surfaces? Quelle va être l'attitude des gens vis-à-vis de la consommation? Y a-t-il déjà dans la société des signes qui indiquent une nouvelle orientation?

EXPANSION

A. Dans le domaine de l'habillement aujourd'hui, vos achats sont-ils surtout influencés par la mode ou par vos habitudes? Quelles différences vous distinguent des consommateurs des siècles passés? Est-ce que c'est la catégorie sociale des consommateurs ou un système de valeurs qui détermine les magasins où ils font leurs achats? Qui achète où?

B. Quels sont les petits commerces traditionnels dans le domaine de l'alimentation? Parmi ces petites surfaces, quels magasins mènent une existence précaire aujourd'hui, à votre avis? Y a-t-il certains commerces alimentaires de proximité qui vont se maintenir encore longtemps en France? Expliquez pourquoi.

C. De nos jours, les promotions et la publicité sont indispensables au commerce. A quelles réactions, à quels sentiments des consommateurs est-ce que la publicité s'adresse surtout? Sommes-nous influencés par le rêve ou le réalisme? Par le bon sens ou par le désir d'impressionner notre entourage? Est-ce qu'on peut dire la même chose au sujet des clients de la *Galerie Vivienne* et des *Galeries Lafayette*?

Chapitre 2

Modes de vie

Cultural Focus
❖ Living Situations in France and the Francophone World, Past and Present
❖ Lifestyles of Young People in France Today

Readings
Contemporary Cultural *Techno-Logis, Eco-Logis, Ego-Logis*

Literary Annie Ernaux: *Les Armoires vides* (extrait)

Structures
I Regular **-ir** Verbs
Regular **-re** Verbs
Negation
Basic Question Patterns

II Reflexive and Reciprocal Verbs
Irregular **-oir** Verbs

III Idioms with **être** and **avoir**
Depuis + Present Tense

Functions
Describing Daily Routines

Describing States and Conditions

Asking and Answering Questions

iLrn

Le moderne s'harmonise souvent avec l'ancien dans le paysage urbain et rural en France.

Un peu de culture contemporaine

Qui habite où?

- Environ 45% de la population française vit en appartement. Comparé à d'autres pays de l'Union européenne, moins de personnes habitent un appartement en Irlande (6%), au Royaume-Uni et en Belgique (20%); mais le nombre augmente en Italie, en Espagne et en Allemagne (40%).

- Les ménages français, dans leur majorité, se déclarent satisfaits de leurs conditions de logement. Mais on déplore le plus souvent le manque d'espace (la surface moyenne des appartements est de 66 mètres carrés [approx. 710 pieds carrés] et des maisons individuelles, 103 mètres carrés [approx. 1 108 pieds carrés]), le bruit et l'insécurité. On habite plus souvent une maison individuelle si on a plus de 40 ans, des enfants et des revenus plus élevés que les personnes qui vivent en appartement.

Compréhension

1. Un logement typique en France (maison ou appartement) est-il plus grand ou moins grand que le logement que vous habitez maintenant? Expliquez.
2. Chez les voisins européens des Français, qui habite le plus souvent une maison individuelle? Et un appartement?
3. Les conditions de logement sont plutôt satisfaisantes en France, mais certains problèmes existent. De quoi est-ce qu'on se plaint d'habitude?

Réflexion

A. Dans le contexte de la vie quotidienne en Amérique du Nord, quelles sortes de personnes habitent une maison individuelle? Qui vit généralement en appartement? Quelles raisons pouvez-vous donner pour expliquer vos constatations?

B. La surface moyenne d'un appartement et d'une maison en France vous semble-t-elle relativement petite, grande ou normale? Sur quels critères fondez-vous votre jugement? A votre avis, combien de personnes peuvent vivre confortablement dans un appartement correspondant à la surface moyenne des appartements français?

Sarcelles: une cité de banlieue (Boileau et Labourdette, architectes)

Sarcelles: logements sociaux des années 50 près de Paris

A l'origine, on appelle *banlieue* l'ensemble des petites municipalités, villages ou communes, qui entourent une grande ville. Aujourd'hui, le mot désigne souvent des cités ou des ensembles isolés d'immeubles construits dans la périphérie des villes après 1950. Les résidents de ces cités ont souvent des revenus modestes. On y trouve aussi beaucoup de familles d'immigrés. En général, le chômage y est élevé, et les résidents—surtout les jeunes—se sentent marginalisés et coupés de la population active. Sarcelles, dans la banlieue située juste au nord de Paris, est un exemple de ces grands ensembles typiques de l'urbanisme des cités des années 1950 et 1960.

Compréhension

1. Quelle sorte de logements se trouve souvent dans les cités de banlieue en France? Qui habite ce type de logement?
2. Quels problèmes sociaux sont souvent liés aux cités de banlieue?

Réflexion

A. Que signifie actuellement le mot *banlieue* en France? Expliquez l'évolution du mot.
B. Quelle est votre réaction à la photo de Sarcelles?
C. Que désigne le mot *banlieue* dans le contexte de votre propre culture? Qui habite les banlieues chez vous? Le mot *banlieue* correspond-il aux mêmes réalités en France et dans votre culture?

Place de Catalogne: logements sociaux (Ricardo Bofill, architecte)

La place de Catalogne représente un bon exemple du style néo-classique de Ricardo Bofill à l'époque actuelle.

Les municipalités sont propriétaires d'un nombre important de logements collectifs, le contraire de maisons individuelles. En France, environ 3,5 millions de ces appartements sont des habitations à loyer modéré (HLM), c'est-à-dire réservés aux gens qui ont de petits revenus, et près de 20% des ménages français habitent un de ces logements sociaux. L'architecte catalan Ricardo Bofill considère que les Français ont une certaine nostalgie pour les formes et les matériaux classiques (colonnes, pierre, etc.). Il les emploie donc dans la construction de ses HLM, même si les colonnes sont aujourd'hui en verre et le béton est utilisé pour imiter la pierre.

Compréhension

1. A quoi correspond le sigle *(acronym)* HLM? A quel secteur de la population ces résidences sont-elles destinées?
2. Quelle sorte de logements est-ce que l'architecte Ricardo Bofill crée place de Catalogne à Paris? Donnez certains éléments du style souvent utilisé par Bofill.

Réflexion

A. Comparé à Sarcelles, est-ce que le logement social de la place de Catalogne représente une progression, une régression ou peut-être ni l'une ni l'autre? Expliquez votre point de vue.
B. En quoi le concept du logement social en France diffère-t-il du logement social aux Etats-Unis?

 *Pour des activités culturelles supplémentaires, rendez-vous sur le site Web d'***Interaction*** www.cengage.com/french/interaction*

Vocabulaire actif CD1, Track 4

MODES DE VIE

Le logement
la banlieue suburbs
un campagnard country dweller
la campagne countryside
à la _____ in the country
un citadin / une citadine city dweller
une cité-dortoir bedroom community
un(e) colocataire roommate
le foyer home, hearth
un grand ensemble apartment complex
une HLM (habitation à loyer modéré) subsidized housing
un immeuble collectif multi-family dwelling
un(e) locataire renter
un logement social public housing
louer to rent
une maison individuelle single family house
un ménage household
un(e) propriétaire owner
le rez-de-chaussée ground floor

Les problèmes sociaux
le cambriolage breaking and entering
le chômage unemployment
la délinquance delinquency
l'insécurité (f) lack of safety
le vol robbery

La technologie
un clip music video
le courrier électronique e-mail
le fax (le télécopieur) fax machine
le fax (la télécopie) fax
les informations (f pl) news
le Web World Wide Web

LES ACTIVITÉS QUOTIDIENNES

Les activités personnelles
se coiffer to fix one's hair
se coucher to go to bed
se dépêcher to hurry
se détendre to relax
s'en aller to leave
être de retour to be back
être en retard to be late
s'habiller to get dressed
se laver to wash oneself
se lever to get up
se peigner to comb one's hair
se raser to shave

Exercices de vocabulaire

A. Choisissez une expression de la liste suivante pour compléter les phrases qui définissent les activités décrites. Utilisez la forme convenable du verbe.

Expressions: avoir faim, avoir le trac, avoir raison, avoir sommeil, se coiffer, se coucher, se détendre, être en retard, s'habiller, se laver, se lever, rentrer

1. Votre colocataire met des jeans et un pullover pour aller au match de football. Il _____ pour aller au match.

2. Vous avez pris le petit déjeuner à huit heures et il est maintenant deux heures de l'après-midi. Vous _____.

3. Votre copain, pour ne pas être stressé à cause des examens, joue au basket. Il veut _____.

4. Après votre dernier cours, vous retournez à votre résidence. Vous _____.

5. Un étudiant arrive à neuf heures vingt à son cours de neuf heures. Il _____.

6. Vous êtes fatigué(e) et vous assistez à une conférence *(lecture)* très ennuyeuse. Vous _____.

7. Le réveil *(alarm)* sonne à sept heures du matin. On va _____.

8. On aime prendre sa douche le matin. On aime _____ le matin.

9. Vous êtes très agité(e) avant de faire une présentation. Vous _____.

10. Vos colocataires ont fini tous leurs devoirs et il est une heure du matin. Ils vont _____.

11. Une étudiante fait sa toilette avant de sortir le samedi soir. Elle va _____.

12. Votre prof de maths pose une question très difficile et vous donnez la bonne réponse. Vous _____.

rentrer to come home
se réveiller to wake up

Les conditions
avoir besoin de to need
avoir envie de to feel like
avoir faim to be hungry
avoir l'air to seem
avoir le trac to be afraid; to be nervous
avoir mal à... to have an ache
avoir peur to be afraid
avoir raison to be right
avoir sommeil to be sleepy

Les activités scolaires
bachoter to prepare for an exam
bouquiner to read (coll.)[1]
se débrouiller to manage
être reçu(e) to pass
passer un examen to take an exam
présenter sa candidature to be a candidate
rater (un examen) to fail (an exam)
recevoir to receive
_____ un diplôme to graduate

redoubler to repeat (a year)
réussir à to succeed; to pass (an exam)

Les expressions scolaires
le baccalauréat (le bac) diploma based on a series of exams taken at the end of secondary education
le bachotage studying for an exam (coll.)
un boulot job
    du boulot work (coll.)
un bouquin book (coll.)
une carrière career

un cours course, class
un devoir written assignment
un diplôme diploma
une dissertation an essay
un exposé classroom presentation
la fac the university (coll.)
la faculté university division
le lycée last three years of secondary school
la première second year of lycée
la seconde first year of lycée
la terminale last year of lycée

[1]coll. = colloquial

B. Emma et Christophe discutent des possibilités de logement pour l'année scolaire. Recréez leur conversation en complétant chaque phrase par une expression de la liste suivante.

Expressions: maison individuelle, insécurité, grands ensembles, propriétaire, banlieue, rez-de-chaussée, locataires

CHRISTOPHE: Tu sais, Emma, je ne veux pas tellement habiter dans un de ces _____ où il y a beaucoup d'appartements.

EMMA: Et moi, je refuse d'habiter dans un appartement au _____ où il y a plus de danger de cambriolage. Je ne peux pas vivre dans l'_____.

CHRISTOPHE: Je voudrais trouver un petit appartement où le _____ habite dans le même bâtiment.

EMMA: Est-ce que nous ne pouvons pas chercher une jolie petite _____ loin du centre?

CHRISTOPHE: Pas vraiment. Et puis, comme _____, nous ne sommes pas obligés d'entretenir (keep up) la maison ou le jardin. En plus, je ne veux pas habiter dans la _____ loin du centre-ville.

C. Votre copine Camille vous envoie des IM qui parlent de sa vie d'étudiante en France. Reformulez ses idées en employant des synonymes pour remplacer les expressions soulignées.

—Je suis très heureuse d'être reçue à l'examen de fin d'études secondaires.

—Maintenant, je suis à l'université.

—Je dois lire beaucoup.

—En plus, j'ai un petit emploi à mi-temps.

—J'étudie beaucoup parce que je ne veux pas ne pas être reçue à mes examens.

—Surtout, je ne veux pas être obligée de refaire une année universitaire.

—Je pense terminer mes études dans deux ans.

Lexique personnel

A Pour chacun des sujets suivants, dressez une liste personnelle de mots.

1. les membres de votre famille
2. les types d'habitation de votre quartier
3. vos activités en famille

 B Employez les éléments suivants pour poser des questions à un(e) camarade de classe. Ensuite, répondez vous-même à chaque question en utilisant le vocabulaire du chapitre et votre lexique personnel.

1. ta famille / habiter / un appartement ou une maison individuelle?
2. combien de chambres à coucher / il y a / dans cette maison ou cet appartement? / combien de salles de bain?
3. tu / avoir / une famille nombreuse *(large)*?
4. tu / avoir / des frères et sœurs?
   ils (elles) / être / étudiant(e)s?
   ils (elles) / travailler?
5. à quelle heure / ta famille / dîner / d'habitude? / vous / dîner toujours / tous ensemble?
6. ta famille / regarder / souvent la télévision? / à quelle heure?

Structures I

Regular *-ir* Verbs

To form the present tense of regular **-ir** verbs, drop the **-ir** ending of the infinitive and add the appropriate endings to the remaining stem: **-is, -is, -it, -issons, -issez, -issent.**

finir *to finish*	
je fin**is**	nous fin**issons**
tu fin**is**	vous fin**issez**
il / elle / on fin**it**	ils / elles fin**issent**

The Imperative

To form the imperative of a regular **-ir** verb, simply use the present tense **tu, nous,** or **vous** form and omit the subject pronoun.

Finis ton travail, Bruno. *(familiar)*

Finissons notre boulot. *(collective)*

Finissez le devoir pour demain. *(formal or plural)*

- Note the **-iss-** infix that appears in the plural forms of all regular **-ir** verbs. Following is a list of some regular **-ir** verbs.

bâtir	to build
choisir	to choose
finir	to finish
grandir	to grow up
nourrir	to nourish, to feed
obéir	to obey
punir	to punish
réfléchir	to think
remplir	to fill
réussir (à)	to succeed (in), to pass

1 Pour pouvoir faire des projets avec des amis, vous devez trouver le moment où tout le monde est libre. Utilisez la forme correcte du verbe **finir** pour compléter les phrases suivantes.

1. Mon amie _____ son travail vers cinq heures.
2. Mes colocataires _____ les cours à quatre heures.
3. Tu _____ tes devoirs à sept heures?
4. Nous _____ de dîner vers six heures.
5. Vous _____ de travailler à six heures?
6. Moi, je _____ de travailler à six heures.

 2 Répondez aux questions suivantes ou posez-les à un(e) camarade de classe.

1. Choisissez-vous vos cours chaque semestre?
2. Remplissez-vous beaucoup de fiches *(forms)* au début du semestre?
3. Réussissez-vous à tous vos examens?
4. Finissez-vous toujours tous vos devoirs?
5. Obéissez-vous à vos professeurs?
6. Réfléchissez-vous déjà à votre avenir?

Regular *-re* Verbs

To form the present tense of regular **-re** verbs, drop the **-re** ending of the infinitive and add the appropriate endings to the remaining stem: **-s, -s, –, -ons, -ez, -ent.**

répondre *to answer*	
je répond**s**	nous répond**ons**
tu répond**s**	vous répond**ez**
il / elle / on répond	ils / elles répond**ent**

- Note that the **il / elle / on** form adds no ending to the basic stem.

The Imperative

Réponds à ton père, Bruno. *(familiar)*
Répondons au professeur. *(collective)*
Répondez aux questions. *(formal or plural)*

Following is a list of some regular **-re** verbs.

attendre	*to wait for*	perdre	*to lose*
dépendre	*to depend*	rendre	*to give back*
descendre	*to go down*	répondre	*to answer*
entendre	*to hear*	vendre	*to sell*

3 Utilisez la forme appropriée des verbes indiqués pour décrire quelques aspects de la vie des jeunes.

1. Nous _____ toujours aux questions de nos parents. (répondre)
2. Mon copain _____ sa voiture. (vendre)
3. Il y a des étudiants qui ne _____ jamais leurs devoirs. (rendre)
4. Tu _____ le réveil? Lève-toi! (entendre)
5. Vous _____ votre temps à bavarder au téléphone. (perdre)
6. J'_____ mes amis devant le cinéma. (attendre)
7. On _____ la rue à pied pour aller en ville. (descendre)
8. Est-ce que je suis content(e) de ma vie? Ça _____ des jours. (dépendre)

4 Répondez aux questions suivantes ou posez-les à un(e) voisin(e).

1. Attendez-vous avec impatience la fin du semestre?
2. Rendez-vous souvent des livres à la bibliothèque?
3. Est-ce que votre professeur répond toujours aux questions des étudiants?
4. Est-ce que vos amis descendent souvent en ville?
5. Est-ce que les étudiants vendent leurs bouquins à la fin du semestre?

5 Vous êtes président(e) du Cercle français de l'université et vous organisez la première réunion de l'année. Vous dressez une liste de sujets à présenter lors de la réunion. Utilisez **l'impératif** des verbes indiqués pour vous adresser au groupe.

MODELE dire aux autres étudiants de réfléchir à l'avenir du club
       Réfléchissez à l'avenir du club.

1. proposer au groupe de choisir un projet intéressant
2. proposer au groupe de vendre des pâtisseries françaises
3. dire à tous les membres de remplir les fiches
4. dire à une des personnes de répondre aux lettres
5. dire à une des personnes de ne pas perdre l'argent du club
6. dire à une des personnes d'attendre la prochaine réunion
7. proposer au groupe de finir la réunion
8. proposer au groupe de descendre au café

Travaillons un peu plus sur le nouveau projet et retrouvons-nous au club demain soir.

INTERACTIONS

Lisez l'extrait d'une brochure créée par le ministère délégué à la recherche et aux nouvelles technologies qui essaie d'inciter les Français à se servir de l'ordinateur et d'Internet à la maison. Ensuite, répondez aux questions.

1. Quelles sortes de document peut-on créer en utilisant l'ordinateur à la maison? Qu'est-ce qu'on peut faire de ces documents?

2. Comment est-ce que l'ordinateur peut aider dans le domaine des finances personnelles?

3. Pourquoi l'ordinateur est-il surtout avantageux pour les jeunes?

4. En petits groupes, discutez de l'emploi que vous faites de l'ordinateur à la maison. Comparez les réponses des différents groupes. Combien de vos camarades de classe utilisent souvent l'ordinateur et Internet à la maison? Pour quoi faire? Y a-t-il des camarades de classe qui n'emploient pas souvent ou pas du tout l'ordinateur et Internet chez eux? Pour quelles raisons?

L'ordinateur à la maison,
Indispensable pour toute la famille!

Travailler, étudier ou s'amuser, l'ordinateur propose une multitude d'activités pour tous. Avec un ordinateur à la maison, chacun avance à son rythme et l'utilise selon ses envies ou ses besoins.

Créer et imprimer des documents ou du courrier, rien de plus facile avec un ordinateur!
• taper une lettre
• mettre en forme son CV
• créer ses propres documents, les illustrer par des couleurs, des graphiques ou des images
• envoyer directement un document par courrier électronique

Gérer ses comptes
La plupart des ordinateurs sont livrés avec des programmes permettant de tenir les dépenses de la famille en toute simplicité. Pratique pour suivre son budget!

Voir et classer ses photos de famille ou de vacances
• transférer directement sur l'écran de l'ordinateur les clichés pris à partir d'un appareil photo numérique
• créer un album ou encore envoyer les meilleures photos à ses amis via Internet

Apprendre ou se cultiver avec des CD Roms éducatifs
Les enfants, comme les plus grands, apprennent en s'amusant ou suivent des programmes d'accompagnement scolaire adaptés à leur niveau.

Jouer
• piloter un bolide sur un circuit
• jouer aux cartes ou aux échecs
• incarner un personnage dans un monde imaginaire... Il existe un large choix de jeux, adaptés à chaque profil ou chaque niveau de joueur.

Negation

Basic Negative Constructions

To form a basic negative construction, place **ne** before the conjugated verb and **pas** (or another negative expression) after the conjugated verb.

The most common negative expressions are summarized below.

Negative		Positive
ne... pas (du tout)	*not (at all)*	≠ *a positive sentence*
Il **ne** fume **pas** (du tout).		Il fume.
ne... plus	*no longer*	≠ encore, toujours *(still)*
Elle **ne** travaille **plus** ici.		Elle travaille encore (toujours) ici.
ne... jamais	*never*	≠ quelquefois, souvent, toujours *(always)*
Ils **ne** s'ennuient **jamais**.		Ils s'ennuient toujours.
ne... rien	*nothing*	≠ quelque chose, tout
Nous **n'**achetons **rien**.		Nous achetons quelque chose.
ne... personne	*no one*	≠ quelqu'un, tout le monde
Il **n'**aime **personne**.		Il aime tout le monde.
ne... pas encore	*not yet*	≠ *a positive sentence*, déjà
Je **n'**ai pas **encore** de congé.		J'ai (déjà) un congé.
ne... ni... ni...	*neither . . . nor . . .*	≠ ... et... ... ou...
Elle **n'**a **ni** sœurs **ni** frères.		Elle a des sœurs et des frères.
ne... que	*only*	≠ *a positive sentence*
Il **n'**a **que** quelques euros sur lui.		Il a beaucoup d'euros sur lui.
ne... nulle part	*nowhere*	≠ partout *(everywhere)*, quelque part *(somewhere)*
On **ne** va **nulle part** ensemble.		On va partout ensemble.

Most negative expressions are adverbs, which explains why they are placed directly after the conjugated verb. However, **rien** and **personne** are pronouns that may be used as the subject or object in a sentence. In such cases, these negatives are placed in the normal subject or object position. **Ne** is still placed before the verb.

Je **ne** vois **rien.**   **Rien** n'arrive ici.

Il **n'**aime **personne.**   **Personne ne** va à ce concert.

- Note that **ne... ni... ni...** and **ne... que** do not follow the pattern of other negative expressions. Instead of always following the conjugated verb, **ni** and **que** are placed before the word they modify.

  Le vendredi soir, je **ne** regarde **que** le journal d'habitude.

  Elle **n'**achète **ni** CD **ni** cassettes.

RAPPEL!

1. English usage prohibits a double negative. Although there may be several negative concepts in a thought group in English, only one of them is expressed negatively.

   No one ever buys **anything** at that store **anymore.**

   In French, each negative concept is expressed by the appropriate negative expression placed in its normal location. When there is more than one negative following a verb, the negative adverbs will precede the negative pronouns. Remember to place **ne** before the verb.

   Personne n'achète **plus jamais rien** dans ce magasin.

2. Remember also to omit **pas** when using any other negative expression.

Uses of Articles in Negative Constructions

- After most negative expressions, the indefinite and partitive articles become **de,** but the definite article is retained.

  Il boit **de la** bière.   Il **ne** boit **pas de** bière.

  Elle achète **des** meubles.   Elle **n'**achète **pas de** meubles.

  Elle adore **les** chats.   Elle **n'**adore **pas les** chats.

- With **ne... ni... ni...,** a partitive or indefinite article will be dropped completely, but a definite article will be retained.

  Il boit **de la** bière et du vin.   Il **ne** boit **ni** bière **ni** vin.

  J'ai **une** moto et **un** vélo.   Je **n'**ai **ni** moto **ni** vélo.

  BUT:

  Il **n'**aime **ni** la bière **ni** le vin.

- After **ne... que,** a definite article and a partitive will be retained. The partitive is retained because this construction does not negate the noun; it simply qualifies the noun.

  Nous **ne** fréquentons **que** les   *We go only to the local cafés.*
  cafés du quartier.

  Il **ne** boit **que** de la bière.   *He drinks only beer.*

  Je **n'**apporte **que** des fruits.   *I'm bringing only fruit.*

- Remember also that after **être** used negatively, all articles, including the partitive, will be retained, because the concept is not being negated, only qualified.

Ce **n'est pas de la** bière;   *That's **not** beer, that's apple juice.*
    c'est du jus de pomme.

Other Uses of the Negative

- In negative questions, both **ne** and the appropriate negative expression assume their normal positions. In response to a negative question, **si** is used instead of **oui** if the answer is affirmative.

N'allez-vous **pas** à la soirée?   Non, je ne vais pas à la soirée.

Vous **n'**allez **pas** à la soirée?   **Si,** je vais à la soirée.

- With reflexive verbs (see page 54), **ne** is placed before the reflexive pronoun.

—Tu t'amuses à la soirée?

—Non, je **ne** m'amuse **pas** tellement. Je **ne** m'entends **pas** avec ce groupe.

- An infinitive may be made negative by placing both elements of the negative expression before the infinitive.

Il préfère **ne pas** partir.

Nous désirons **ne plus** faire de soirées chez nous.

Essayez de **ne jamais** aller là-bas.

6 Vous êtes de très mauvaise humeur. Réagissez aux commentaires de votre colocataire en disant le contraire de ce qu'il / elle dit.

1. Nous faisons **quelque chose** d'intéressant aujourd'hui. (ne... rien)
2. **Tout le monde** va s'amuser à la soirée chez nos copains. (personne... ne)
3. On s'amuse **toujours** chez Jean-Claude. (ne... jamais)
4. Pour le déjeuner, je voudrais **de la** pizza et **du** coca. (ne... ni... ni)
5. Tu as besoin de **quelque chose** pour te détendre. (ne... rien)
6. On va **quelque part** ce soir? (ne... nulle part)
7. Mais alors! Aujourd'hui, tu critiques **tout.** (ne... rien)
8. Tu es **toujours** de mauvaise humeur. (ne... jamais)

7 Répondez aux questions suivantes ou posez-les à un(e) camarade de classe.

1. Est-ce que vous êtes toujours élève dans le secondaire? *(no longer)*
2. Qui parle japonais dans cette classe? *(nobody)*
3. Mangez-vous souvent du pâté de foie gras de canard? *(never)*
4. Est-ce que vous fumez? *(not at all)*
5. Avez-vous quelque chose d'intéressant à faire ce soir? *(nothing)*
6. Avez-vous le temps et l'argent de voyager cet été? *(neither . . . nor)*
7. Est-ce que vos amis fréquentent toujours ce club? *(never / any more)*
8. Avez-vous un boulot à mi-temps? *(not yet)*
9. Est-ce que votre ami(e) végétarien(ne) mange du bœuf et du porc? *(neither . . . nor)*
10. Est-ce que vous allez retrouver quelqu'un à la bibliothèque ce soir? *(nobody)*

On va à des soirées pour se détendre et s'amuser.

8 Déborah et Richard parlent d'une fête imminente. Déborah n'est pas d'accord avec les commentaires critiques de Richard. Complétez ses réponses en utilisant les expressions négatives appropriées.

1. RICHARD: Margot invite **encore** des personnes ennuyeuses.

   DEBORAH: Mais non, _____.

2. RICHARD: Margot sert **toujours** de la pizza et du coca à ses invités.

   DEBORAH: Mais non, _____.

3. RICHARD: **Tout le monde** s'ennuie chez elle.

   DEBORAH: Au contraire, _____.

4. RICHARD: **Quelque chose** de désagréable arrive **toujours** pendant ses fêtes.

   DEBORAH: Mais non, _____.

5. RICHARD: Et on est **toujours** obligé d'apporter quelque chose à la soirée.

   DEBORAH: Au contraire, _____.

6. RICHARD: Il y a **toujours quelqu'un** d'ennuyeux chez Margot.

   DEBORAH: Ce n'est pas vrai, _____.

7. RICHARD: On passe **encore** des CD démodés.

   DEBORAH: Mais écoute, _____.

8. RICHARD: **Tout le monde** part **toujours** trop tôt.

   DEBORAH: Mais qu'est-ce que tu racontes? _____.

9 Vous êtes parfois mélancolique. Complétez les phrases suivantes avec vos idées personnelles.

1. Je ne suis plus...   5. Rien ne...
2. Personne ne...   6. Je n'ai plus...
3. Je ne suis jamais...   7. Je n'aime ni... ni...
4. Je ne vais jamais...   8. Je ne suis ni... ni...

INTERACTIONS

Sondage sur les loisirs. En petits groupes, préparez un sondage. A tour de rôle, utilisez les éléments indiqués pour poser une ou deux questions aux membres du groupe, puis notez les réponses. Ensuite, faites une description générale des loisirs des membres de votre groupe en spécifiant la fréquence des activités (**régulièrement, tous les jours, pas souvent, rarement, plus, pas du tout, jamais**).

lire un quotidien   regarder la télévision

lire un hebdomadaire d'information   lire des livres (romans, biographies...)

lire une revue scientifique   sortir (aller au restaurant, au cinéma,

écouter les informations à la radio   au musée, assister à des matchs...)

Note culturelle

Citadins ou campagnards

En 1850, 75% de la population française est rurale. Au début du vingt et unième siècle, la France est à 77% urbaine. Pourtant, depuis quelques années, on assiste aussi à un nouveau phénomène: l'exode urbain.

A partir des années 90, il y a une érosion de la population urbaine, notamment dans la région parisienne, mais aussi dans les villes de plus de 200 000 habitants vers les régions rurales. On appelle ce phénomène la «rurbanisation» et ceux qui composent cette nouvelle population les «néo-ruraux». Cependant, beaucoup de ces personnes qui quittent la ville pour s'installer à la campagne veulent connaître les plaisirs d'un milieu rural à condition de pouvoir rester en liaison avec le reste du monde par la communication électronique (ordinateur personnel, courrier électronique, Internet, messageries, fax, etc.), d'avoir des grandes surfaces à proximité et d'avoir accès aux services administratifs décentralisés.

La grande majorité des Français habitent, donc, en zone urbaine, c'est-à-dire dans des communes de plus de 2 000 habitants. Il y a toujours moins de maisons individuelles dans les moyennes et les grandes villes que d'appartements. Les Français sont-ils, dans l'ensemble, plutôt propriétaires ou locataires? Depuis plus de 20 ans, 55% sont propriétaires de leur habitation principale.

Compréhension

1. Qu'est-ce que le phénomène de «rurbanisation»?
2. La majorité de la population actuelle en France est-elle rurale ou urbaine?
3. De plus en plus de Français quittent les villes pour aller habiter où?
4. Dans la grande majorité, les Français habitent-ils en appartement? Expliquez votre réponse.

Réflexion

A. On parle de deux types d'exode: l'exode rural et l'exode urbain. Quelles raisons pouvez-vous trouver pour expliquer ces deux phénomènes? Comparez votre liste à celles de vos camarades de classe.

B. Vivez-vous en ville, en banlieue ou à la campagne? Appartenez-vous au groupe des néo-ruraux? Habitez-vous en appartement ou dans une maison individuelle? En quoi la vie d'un citadin est-elle différente de celle d'un habitant de la campagne?

Basic Question Patterns

To transform a declarative statement into a question for which a *yes* or *no* answer is expected, the following techniques are used. These transformations apply to all simple tenses.

Est-ce que

The simplest and most common way to ask a question is to place **est-ce que** at the beginning of the sentence. Using **est-ce que** requires no change in word order.

DECLARATIVE SENTENCE	QUESTION
Vous restez à la maison.	**Est-ce que** vous restez à la maison?
Les enfants font un pique-nique.	**Est-ce que** les enfants font un pique-nique?
Jean va finir ses devoirs.	**Est-ce que** Jean va finir ses devoirs?

RAPPEL!

Est-ce que cannot be directly translated into English. Think of it as a single unit that transforms statements into questions, much like a question mark.

 10 Pour apprendre quelque chose de nouveau sur vos camarades de classe, employez les éléments suivants et la forme **est-ce que** pour composer des questions.

1. tu / habiter / dans une résidence universitaire?
2. tu / déjeuner / toujours à la cafétéria?
3. tu / avoir / beaucoup de cours chaque semestre?
4. en général, tu / aimer bien / tes cours?
5. tu / aller / souvent à des soirées?

Inversion

When the subject of a sentence is a pronoun, a question may also be formed by inverting the subject and verb.

DECLARATIVE SENTENCE	QUESTION
Vous restez à la maison.	**Restez-vous** à la maison?
Il va au marché.	**Va-t-il** au marché?[1]
Nous allons réussir à l'examen.	**Allons-nous** réussir à l'examen?

When the subject of the sentence is a noun, the noun subject itself cannot be inverted. However, a pronoun that agrees in gender and number with the preceding noun subject can be inserted directly after the verb to form the question.

DECLARATIVE SENTENCE	QUESTION
Les enfants restent à la maison.	**Les enfants restent-ils** à la maison?
Jean va au marché.	**Jean va-t-il** au marché?

N'est-ce pas? or non?

Placed directly after a declarative sentence, **n'est-ce pas** or **non** may be used to form a question when confirmation of the statement is anticipated. **N'est-ce pas?** and **non?** are the equivalents of the English expressions *isn't that right?, aren't they?, doesn't he?*, etc.

DECLARATIVE SENTENCE	QUESTION	
Vous restez ici.	Vous restez ici, **n'est-ce pas / non?**	*You're staying here, aren't you?*
Les enfants font un pique-nique.	Les enfants font un pique-nique, **n'est-ce pas / non?**	*The children are having a picnic, aren't they?*

[1]Note that, for pronunciation purposes, a **-t-** is inserted between third-person singular verbs that end in a vowel and their subject pronoun, as in **Va-t-il...?** and **Écoute-t-elle?**

RAPPEL!

In everyday conversation, questions are often formed by using intonation—that is, a rising tone of voice. Because this is the simplest way of asking a question, it is the pattern that is most often heard in popular speech. Although a very useful form in informal conversation, it is rarely encountered in written language or in formal situations.

Vous restez ici.	Vous restez ici?
Les enfants font un pique-nique.	Les enfants font un pique-nique?
Jean finit ses devoirs.	Jean finit ses devoirs?

11 Pour chacune des phrases suivantes, posez la question supplémentaire indiquée en utilisant l'inversion.

MODELE Mes parents habitent près d'ici.
(avoir / une maison individuelle ou un appartement)
—*Ont-ils une maison individuelle ou un appartement?*

1. Mon frère gagne un bon salaire. (travailler / beaucoup)
2. Mes colocataires sont ennuyeux. (parler / beaucoup)
3. J'aime mes sœurs. (être / gentils)
4. Mon prof de français est super. (rendre vite / les devoirs)
5. En cours de français mes camarades de classe et moi, nous nous amusons. (parler souvent / français)
6. Demain, j'ai un examen en cours d'histoire. (étudier / beaucoup)
7. Mon meilleur ami est étudiant. (aller / à cette université)
8. J'ai une amie dans une autre université. (aller recevoir son diplôme / bientôt)
9. Mes colocataires et moi, nous dînons souvent ensemble. (dîner / au restaurant universitaire)
10. J'ai un semestre très difficile. (avoir / beaucoup de cours)

12 Qui sont vos camarades de classe? Interviewez vos voisins en associant de façon logique les verbes et les éléments indiqués. Employez toutes les formes interrogatives. Ecoutez la réponse de la personne, puis posez une autre question ou faites une remarque.

MODELE —*Tu as des frères et des sœurs?*   —*Est-elle étudiante?*
—*Oui, j'ai une sœur.*   —*Non, elle est médecin.*

acheter	être	un appartement	étudiant(e)
aimer	finir	du boulot	des frères et des sœurs
avoir	habiter	des CD	raisonnable
choisir	parler	une chaîne stéréo	en ville
dîner	???	des copains	???
		tes devoirs	

INTERACTIONS

Vous cherchez un(e) colocataire. En petits groupes, employez les expressions suivantes et posez des questions à des «candidats». Choisissez une personne avec qui vous pouvez habiter et expliquez votre choix.

Expressions utiles: aimer les animaux de compagnie, aimer faire la cuisine, aimer faire le marché, aller à l'université, avoir un animal domestique, fumer, travailler beaucoup, parler souvent au téléphone, ???

L'héritage culturel

Le vieux Paris

A Paris, beaucoup d'immeubles datent d'avant 1900. Depuis la révolution industrielle au dix-neuvième siècle, bon nombre de familles rurales quittent leur province natale pour s'installer dans la capitale. La population de Paris augmente rapidement, et les ruraux deviennent souvent des commerçants. Dans la plupart des quartiers où vivent ces gens, les rez-de-chaussée sont occupés par des commerces. Le propriétaire du magasin et sa famille habitent généralement au premier étage, au-dessus du magasin. Les autres étages sont occupés par des locataires. Le tableau de Michel Delacroix montre bien ce Paris de la Belle Epoque (1900–1914).

Vieux Paris, de Michel Delacroix (né en 1933) *(Michel Delacroix, "Vieux Paris", © 2005 Axelle Fine Arts, Ltd. All Rights Reserved.)*

Compréhension

1. Durant quelles années se déroule la Belle Epoque?

2. A quel moment est-ce que beaucoup de Français quittent la campagne pour s'installer à Paris?

3. Le tableau de Delacroix s'appelle *Vieux Paris.* A votre avis, y a-t-il une uniformité architecturale dans les bâtiments? Et dans leur dimension? Et dans les matériaux de construction?

4. Dans beaucoup de ces bâtiments, que retrouve-t-on au rez-de-chaussée, au premier étage et aux étages supérieurs?

Réflexion

Imaginez la vie quotidienne des résidents du quartier représenté sur le tableau de Delacroix vers l'année 1900. Qui habite dans les appartements? Que font les résidents pendant la journée?

Le Paris du baron Haussmann

Entre 1853 et 1870, pendant le Second Empire, un administrateur français, le baron Eugène Haussmann, entreprend un immense projet de démolition et de construction qui transforme la ville de Paris. Ses Grands Boulevards deviennent les artères de grande circulation qu'ils sont encore aujourd'hui. Les règlements imposés à la construction des nouveaux immeubles (nombre limité d'étages, façades en pierre, balcons en fer forgé...) sont rigoureux. Les bâtiments sont d'une architecture remarquablement symétrique et donnent à la ville son caractère unique. D'autres villes françaises, comme Lyon et Marseille, imitent bientôt les travaux d'urbanisation et les méthodes du baron Haussmann.

De nos jours, dans ce pays où on aime *les vieilles pierres,* on préfère souvent réhabiliter au lieu de démolir, pour conserver un lien matériel avec le passé.

Immeuble d'habitation de l'époque du baron Haussmann

Compréhension

1. Quels nouveaux éléments architecturaux remarque-t-on dans les bâtiments de Paris construits pendant les travaux du baron Haussmann?

2. Quelle impression visuelle la rénovation haussmannienne de Paris laisse-t-elle sur nous, même aujourd'hui?

Réflexion

A. Faites une recherche sur le baron Haussmann en bibliothèque ou sur Internet. Sur les ordres de quel personnage historique Haussmann a-t-il effectué ses travaux à Paris? Quelles sortes de justification donne-t-on pour expliquer le désir de moderniser la capitale?

B. Quelles sont vos préférences en matière d'architecture urbaine? Préférez-vous une certaine uniformité comme dans le Paris du baron Haussmann ou aimez-vous plutôt une architecture éclectique?

Structures II

Reflexive and Reciprocal Verbs

A reflexive verb is always accompanied by a reflexive pronoun that refers to the subject of the verb and indicates that the subject is performing an action on or for itself. The reflexive pronoun is placed after the subject and directly before the verb.

se réveiller *to wake (oneself) up*	
je **me** réveille	nous **nous** réveillons
tu **te** réveilles	vous **vous** réveillez
il / elle / on **se** réveille	ils / elles **se** réveillent

[2] Most of these verbs are regular **-er** verbs, although you may see verbs of other conjugations used reflexively. The fact that a verb is reflexive does not alter its normal conjugation: **se lever** is conjugated like **lever.**

Following is a list of some of the more common reflexive verbs.[2]

s'arrêter *to stop*	**se fâcher** *to become angry*	**se moquer de** *to make fun of*
se brosser *to brush*	**s'habiller** *to get dressed*	**se peigner** *to comb*
se coucher *to go to bed*	**se laver** *to wash*	**se raser** *to shave*
se détendre *to relax*	**se lever** *to get up*	**se reposer** *to rest*

The pronouns **me, te,** and **se** drop the **e** before verb forms beginning with a vowel or a mute **h.**

Elles **s'**habillent élégamment.   Je **m'**arrête à la charcuterie.

To form the negative of a reflexive verb, place **ne** before the reflexive pronoun and **pas** (or another appropriate negative expression) after the verb.

Je **ne** me réveille **pas** tôt.   Vous **ne** vous réveillez **jamais** vite.

If a reflexive verb is used in the infinitive form following a conjugated verb, the reflexive pronoun is placed before the infinitive and must agree in person and number with the subject of the conjugated verb.

Je désire **me reposer.**   **Nous** allons **nous dépêcher.**
Tu ne dois pas **te fâcher.**   **Vous** savez **vous débrouiller.**
Anne adore **s'amuser.**   **Mes frères** détestent **se réveiller** tôt.

To form an affirmative command, place the reflexive pronoun after the verb form and attach the pronoun to the verb by a hyphen.

Dépêche-toi. *(familiar)*   **Réveillez-vous.** *(formal or plural)*
Reposons-nous. *(collective)*

- Note that the pronoun **te** changes to the stressed form **toi** when in this final position. Remember to drop the final **s** on the familiar imperative of reflexive verbs that end in **-er.**

In a negative command, the reflexive pronoun will precede the verb form. **Ne** is placed before the reflexive pronoun and **pas** after the verb form.

Ne te moque pas de ta sœur, Bruno!   **Ne vous couchez pas** si tard, les
Ne nous levons pas si tôt demain!   enfants!

For reflexive verbs, the simplest way to form a question is to use **est-ce que.** To use inversion with reflexive verbs, invert only the subject pronoun. The reflexive pronoun remains in its normal position before the verb.

Est-ce que tu t'amuses?   **T'amuses-tu?**
Est-ce qu'elle se repose?   **Se repose-t-elle?**

Inversion poses no special problem when the subject of a reflexive verb is a noun. Insert the appropriate extra subject pronoun after the verb form, as outlined above.

Les enfants se couchent-ils?   **Jean se lave-t-il?**

Reciprocal verbs are identical in structure to reflexive verbs. When a verb is used reciprocally, the reflexive pronoun indicates that two or more persons are performing actions on or for each other rather than on or for themselves.

Nous nous voyons souvent.   *We see each other often.*
Vous vous regardez.   *You look at each other.*
Ils s'aiment beaucoup.   *They like each other a lot.*

Because two or more persons must be involved in reciprocal actions, only the plural forms (**nous, vous, ils, elles**) of verbs may be used reciprocally. For emphasis, or to avoid confusion, the construction **l'un(e) l'autre** or **les un(e)s les autres** may be added after the verb.

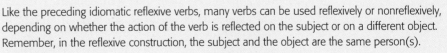

REFLEXIVE	RECIPROCAL
Ils se regardent.	**Ils se regardent les uns les autres.**
They look at themselves.	*They all look at one another.*
Elles se voient.	**Elles se voient l'une l'autre.**
They see themselves.	*They both see each other.*

Certain verbs change meaning when used reflexively. Following is a partial list of such reflexive verbs.

aller *to go*	**s'en aller** *to go away*
amuser *to amuse*	**s'amuser** *to have a good time*
débrouiller *to straighten out*	**se débrouiller** *to get by, to manage*
demander *to ask*	**se demander** *to wonder*
dépêcher *to send quickly*	**se dépêcher** *to hurry*
ennuyer *to bother*	**s'ennuyer** *to get bored*
entendre *to hear*	**s'entendre** *to get along*
habituer *to familiarize*	**s'habituer à** *to get used to*
inquiéter *to disturb*	**s'inquiéter (de)** *to worry (about)*
rendre compte *to account for*	**se rendre compte de** *to realize*
tromper *to deceive*	**se tromper** *to be wrong*

RAPPEL!

Like the preceding idiomatic reflexive verbs, many verbs can be used reflexively or nonreflexively, depending on whether the action of the verb is reflected on the subject or on a different object. Remember, in the reflexive construction, the subject and the object are the same person(s).

REFLEXIVE	NONREFLEXIVE
Il s'amuse.	Il **amuse** son frère.
He has a good time.	*He amuses his brother.*
Vous vous arrêtez.	Vous **arrêtez** la voiture.
You stop.	*You stop the car.*
Elles se couchent.	Elles **couchent** les enfants.
They go to bed.	*They put the children to bed.*

1 Vous envoyez un message électronique à votre correspondant(e) au Maroc pour décrire votre vie de tous les jours. Complétez les phrases suivantes en utilisant la forme appropriée des verbes indiqués.

1. Je _____ normalement à _____ heures. (se lever)
2. Ensuite, je _____ et je _____. (se coiffer, s'habiller)
3. Mon (Ma) colocataire _____ avant moi. Alors je dois souvent _____ pour ne pas être en retard. (se laver, se dépêcher)
4. Normalement, on _____ vers onze heures. (se coucher)
5. Le week-end, je _____ plus tard, mais je _____ le dimanche. (se coucher, se reposer)
6. Mes amis et moi, nous _____ souvent au cinéma le samedi soir. (se retrouver)
7. Tous les étudiants _____ beaucoup aux soirées pendant le week-end. (s'amuser)
8. Et toi, est-ce que tu _____ avec tes copains? (s'amuser)

2 En employant des verbes de la liste suivante, décrivez ce que les personnes font dans les situations indiquées.

Verbes: se dépêcher, se fâcher, s'ennuyer, s'habiller bien, se tromper, se coucher, se reposer, se réveiller tôt

1. Votre camarade de chambre et vous rentrez à la résidence après avoir joué au foot pendant trois heures.
2. Vous vous levez tard et il vous faut aller en cours à neuf heures.
3. Votre copine a un rendez-vous pour aller à un concert.
4. Vos amis rentrent à la résidence à une heure du matin.
5. Vous êtes candidat(e) à un poste et l'entretien a lieu à huit heures du matin.
6. Vous n'avez rien à faire.
7. Votre camarade de classe vous donne la mauvaise date pour l'examen.
8. Vous rentrez et votre colocataire n'a rien fait pour nettoyer la chambre.

3 Composez une réaction à chacune des situations indiquées en employant un verbe logique à l'impératif.

Verbes: s'amuser, se coucher, se débrouiller, se dépêcher, se lever, se reposer

1. Il est trois heures du matin et vos colocataires jouent de la musique très fort.
2. Votre copain a un cours à neuf heures. Il est neuf heures moins le quart et il est toujours au lit.
3. Votre copine a passé trois examens en un seul jour et elle est très fatiguée.
4. Vos amis sortent pour aller à un concert.
5. Une camarade de classe est sur le point *(about)* d'arriver en retard pour le cours de français.
6. Vous offrez à votre ami de l'aider à faire ses devoirs de maths mais il refuse.

4 Décrivez les relations entre les personnes indiquées en employant les verbes entre parenthèses dans des phrases affirmatives ou négatives.

MODÈLE Emma et Christophe qui sont fiancés (s'aimer / se disputer / s'entendre)
    Ils s'aiment.

1. vos amis qui sont étudiants dans d'autres universités et vous (s'écrire / se téléphoner / s'envoyer des IM)

2. votre sœur / frère qui habite toujours chez vos parents et vous (s'entendre bien / se disputer / s'envoyer des messages électroniques)
3. deux copains qui sont dans la même classe (se parler / s'aider / s'écrire)
4. deux personnes qui partagent une chambre et qui ne sont jamais d'accord (s'entendre bien / se disputer souvent / s'aider)
5. votre petit(e) ami(e) avec qui vous ne sortez plus et vous (se téléphoner / s'envoyer des messages électroniques / se disputer)

INTERACTIONS

Les week-ends des étudiants. Décrivez votre emploi du temps pendant la semaine, puis expliquez en quoi vos activités changent pendant le week-end. Comparez vos habitudes avec celles de vos camarades de classe. Quelles sont les activités les plus populaires?

Le week-end, on a besoin de se détendre.

SYNTHESE

A. Posez les questions suivantes à des camarades de classe.
1. A quelle heure est-ce que tu te couches normalement? Et ton / ta colocataire?
2. A quelle heure est-ce que tu te lèves pendant le week-end?
3. Qu'est-ce que tu fais pour te détendre?
4. Est-ce que tu te reposes le soir? Et tes amis?
5. Avec qui est-ce que tu te fâches quelquefois?
6. Dans quelles circonstances est-ce que tu t'ennuies?
7. Comment est-ce que tu t'habilles normalement?
8. Avec qui est-ce que tu t'amuses beaucoup?
9. Avec qui est-ce que tu te disputes quelquefois?
10. Est-ce que vous vous téléphonez souvent, tes parents et toi?

B. Une étudiante canadienne prépare un article sur les habitudes des étudiants américains. Vous acceptez de lui parler de vos habitudes. Complétez chaque phrase par un verbe pronominal réfléchi ou réciproque approprié.
1. Si je n'ai pas de devoirs à faire le soir, je...
2. Si je ne finis pas mes devoirs avant le cours, je...
3. Avant de préparer une dissertation difficile, je...
4. Après avoir passé un examen difficile, je...
5. Quand un cours n'est pas très intéressant, je...
6. Si je rate un examen, je...

INTERACTIONS

Votre mode de vie. Khadija, votre correspondante au Cameroun, veut savoir comment vous vivez. En groupes de trois ou quatre personnes, composez des phrases qui décrivent le mode de vie d'une famille typique en Amérique du Nord. Comparez vos réponses avec celles des autres groupes pour en faire une seule réponse.

Note culturelle

Les HLM

Parmi les locataires en France, il faut aussi signaler le nombre de personnes habitant en HLM (habitations à loyer modéré). La France possède plus de 3,5 millions de ce type d'habitations dont la très grande majorité ont été construites depuis 1948. Il s'agit, pour la plupart, d'immeubles collectifs où le nombre de familles d'immigrés et de ménages avec des enfants est important, surtout en banlieue. Les cités, ces ensembles de résidences HLM situés le plus souvent à l'extérieur des villes, représentent aujourd'hui une source d'inquiétude pour leurs habitants. Les jeunes des cités se sentent fréquemment oubliés par la société. En effet, dans les familles d'origine étrangère, où les conditions de vie et les résultats scolaires sont nettement moins favorables que pour les autres enfants, le nombre de jeunes au chômage est deux fois plus élevé que dans la population générale.

Les statistiques montrent aussi que c'est dans les cités HLM de banlieue que la délinquance se manifeste le plus souvent et qu'on enregistre un nombre inquiétant d'infractions à la loi. Et, même si la France occupe une position moyenne par rapport à la délinquance chez ses voisins de l'Union européenne, la présence «des populations à risques», surtout dans les cités du territoire français, préoccupe bon nombre de Français. Pour envisager une solution, certains préfèrent avoir recours à l'ordre et à la répression, d'autres sont favorables à une politique de prévention et de dialogue. Ce qui est sûr, c'est que chacun se sent impliqué par la question de la sécurité.

Compréhension

1. Les HLM sont-elles des résidences pour des familles aisées? Expliquez votre réponse.

2. En général, qui habite en HLM? Identifiez quelques problèmes qui existent dans l'ensemble des HLM.

3. Actuellement, quel problème domine le climat social pour beaucoup de Français?

Réflexion

Expliquez la notion d'habitation à loyer modéré en France. Qui habite ces logements? Est-ce que les HLM sont toujours situées dans des cités de banlieue? Comment peut-on comprendre certains des problèmes sociaux actuels qui se manifestent dans les cités situées à l'extérieur des villes?

Irregular *-oir* Verbs

vouloir *to want*	**pouvoir** *to be able*
je **veux**	je **peux**
tu **veux**	tu **peux**
il / elle / on **veut**	il / elle / on **peut**
nous **voulons**	nous **pouvons**
vous **voulez**	vous **pouvez**
ils / elles **veulent**	ils / elles **peuvent**

voir *to see*	**recevoir** *to receive*
je **vois**	je **reçois**
tu **vois**	tu **reçois**
il / elle / on **voit**	il / elle / on **reçoit**
nous **voyons**	nous **recevons**
vous **voyez**	vous **recevez**
ils / elles **voient**	ils / elles **reçoivent**

devoir *to have to; to owe*	**savoir** *to know*
je **dois**	je **sais**
tu **dois**	tu **sais**
il / elle / on **doit**	il / elle / on **sait**
nous **devons**	nous **savons**
vous **devez**	vous **savez**
ils / elles **doivent**	ils / elles **savent**

- Note that the verb **devoir** has two different meanings. When it means *to owe*, it is followed by a direct object, usually indicating a sum: **Je dois cinq dollars à mes parents.** When **devoir** means *to have to*, it is an auxiliary verb and is followed by the infinitive form of a main verb.

Je **dois faire mes devoirs** maintenant.	*I **have to do my homework** now.*
Vous **devez vous reposer** un peu.	*You **have to rest** a little.*
Elles **doivent répondre** aux questions.	*They **must answer** the questions.*

Je dois faire tous mes devoirs avant de sortir.

The verbs **falloir, valoir mieux,** and **pleuvoir** are all impersonal verbs that are conjugated only in the **il** form but may be used in any tense.

falloir *to have to; to be necessary*	**il faut**
valoir mieux *to be better*	**il vaut mieux**
pleuvoir *to rain*	**il pleut**

- Note that **falloir** and **valoir mieux** are followed by the infinitive of another verb.

Il faut répondre.	*It is necessary to answer.*
Il vaut mieux rentrer.	*It's better to go home.*

Used in this way, **falloir** has the same basic meaning as **devoir,** but **devoir** is conjugated in all persons. **Falloir** is considered to be more general and somewhat stronger in its statement of necessity.

Il faut rentrer.	*It is necessary to go home.*
Je dois rentrer.	*I have to go home.*

Falloir and **devoir** are interchangeable when **il faut** is used with the appropriate indirect object pronoun to make the statement of necessity more personal, although **il me faut** is considered to be more formal.

Il me faut rentrer.	**Je dois** rentrer.

The expression **valoir la peine** means *to be worth the trouble.* Its subject will always be a thing, not a person, and it is used only in the third-person singular or plural.

Ce travail vaut la peine.	**Les études valent la peine.**

 5 Vous travaillez dans un hôtel qui accueille beaucoup de touristes francophones. Un client vous demande de l'aider. Complétez le dialogue en utilisant la forme appropriée des verbes indiqués.

CLIENT: Bonjour, monsieur / mademoiselle. Est-ce que vous _____ (pouvoir) me rendre un service?

VOUS: Oui, je _____ (vouloir) bien vous aider, monsieur. Qu'est-ce que vous _____ (vouloir)?

CLIENT: Eh bien, je _____ (devoir) réserver une chambre d'hôtel à Los Angeles. Mes enfants _____ (voir) toute la publicité pour le parc d'attractions là-bas, et ils _____ (vouloir) y aller. Est-ce que vous _____ (pouvoir) téléphoner à l'hôtel de ma part?

VOUS: Bien sûr, monsieur. Je _____ (pouvoir) très bien faire cette commission, mais je ne _____ (savoir) pas les détails de votre séjour à Los Angeles.

CLIENT: Je _____ (pouvoir) vous les donner tout de suite. Il s'agit de l'Hôtel Méridien qui _____ (recevoir) beaucoup de touristes francophones. Nous _____ (devoir) arriver à Los Angeles demain et nous _____ (vouloir) y passer trois nuits si l'hôtel _____ (pouvoir) nous proposer un tarif raisonnable.

6 Les personnes suivantes peuvent faire exactement ce qu'elles veulent le week-end prochain. Employez le verbe **vouloir** plus un infinitif pour indiquer les préférences des personnes en question.

1. Nous...
2. Mes camarades de chambre...
3. Mon ami(e)...
4. Monsieur / Madame _____ (nom de votre prof de français), vous...
5. Moi, je...

7 Nous sommes obligés de faire toutes sortes de choses dans la vie. Parlez de ces nécessités et complétez chaque début de phrase en utilisant une expression d'obligation (**devoir, il faut, il vaut mieux).**

1. En cours de français...
2. Pendant le week-end...
3. Pour être heureux dans la vie...
4. Pendant l'été...
5. Pour avoir de bons copains...
6. Pour bien s'entendre avec les membres de sa famille...
7. Pour réussir dans la vie...
8. Le soir...

INTERACTIONS

Pendant le week-end. On est toujours tiraillé *(torn)* entre ce qu'on veut faire et ce qu'on doit faire. En petits groupes, posez deux questions à vos camarades de classe sur ce qu'ils veulent faire pendant le week-end et deux questions sur ce qu'ils doivent faire. Quels souhaits et quelles obligations sont semblables?

POUR S'EXPRIMER

A l'écoute
Mise en scène

Ecoutez d'abord la conversation entre les membres de la famille Dumont, puis parlez de votre propre vie quotidienne.

Contexte: Nous allons maintenant faire la connaissance de la famille Dumont. Pierre est architecte et sa femme, Sophie, est psychiatre. Ils ont trois enfants: Philippe, 18 ans, est en terminale au lycée; Béatrice, 16 ans, est élève de seconde; Bruno, 13 ans, est en quatrième. Ecoutons la conversation qui a lieu dans leur appartement à Paris.

Avant d'écouter

1. A quelle heure votre famille prend-elle le grand repas de la journée?
2. Est-ce que tout le monde dans votre famille dîne ensemble en général? Sinon, pourquoi pas?
3. Décrivez un repas typique dans votre famille.
4. De quoi parlez-vous à table?

Modes de vie **61**

Compréhension

A. Pour chacune des situations suivantes, choisissez la réponse appropriée. Puis, justifiez votre réponse en vous basant sur le dialogue.

1. Béatrice demande la permission...
   a. de faire une soirée chez elle.
   b. de dormir chez Caroline à Clichy.
   c. de rentrer à onze heures du soir en métro.

2. D'après la réponse que Béatrice obtient de ses parents, on peut conclure que...
   a. son père lui donne la permission de rentrer à 10 h.
   b. sa mère trouve que Béatrice n'est pas très sérieuse.
   c. Béatrice peut sortir, mais pas en métro.

3. Quand Bruno dit: «Marché conclu!» il accepte...
   a. de faire de son mieux pour avoir un dix-neuf en anglais la prochaine fois.
   b. que son père lave la voiture à sa place dimanche matin.
   c. de faire ses devoirs samedi, puis de laver la voiture et de jouer au foot le lendemain.

4. Philippe...
   a. prépare son départ pour les Etats-Unis.
   b. souffre d'un mal de tête provoqué par le bachotage.
   c. rate son bac.

B. La famille Dumont se met à table pour dîner. Relevez trois questions posées par M. Dumont, Mme Dumont et Philippe pour obtenir des renseignements sur la nourriture qui est servie. Qu'est-ce qu'on répond à ces questions? Répétez les questions en imitant le ton utilisé par les personnages du dialogue. Puis, inventez une autre réponse.

C. Dans le dialogue, relevez une situation culturelle que vous ne rencontrez pas normalement dans votre contexte culturel. Essayez d'expliquer pourquoi elle existe chez les Dumont mais pas chez vous.

A vous la parole

Choisissez un des contextes indiqués et décrivez votre vie quotidienne en utilisant des expressions de la liste.

Expressions: alors, d'abord, d'habitude, enfin, ensuite, pendant, plus tard, puis

- avant de venir en cours de français
- le vendredi soir
- le samedi matin

Situations orales

A. Vous parlez à un(e) étudiant(e) du Gabon et il / elle vous demande de décrire votre famille et vos activités quotidiennes. Que répondez-vous?

B. En groupes de trois ou quatre, composez huit à dix questions à poser aux membres de votre groupe au sujet de leurs familles. Ensuite, les groupes de la classe vont comparer leurs réponses. Qu'est-ce que vous pouvez dire à des jeunes Français au sujet de la vie de famille en Amérique du Nord?

Structures III

Idioms with *être* and *avoir*

Idioms with *être*

Certain French idiomatic expressions that use the verb **être** closely parallel their English equivalents, which use the verb *to be*.

être à l'heure	*to be on time*
être de retour	*to be back*
être en retard	*to be late*
être en train de[3]	*to be in the process of*

—Allô, Bruno? Où es-tu? La famille **est en train de** préparer le dîner. Quand est-ce que tu vas **être de retour**? A huit heures? Bon, d'accord, mais **ne sois pas en retard**! Pour une fois, fais un effort pour **être à l'heure**.

Idioms with *avoir*

Many French idioms that take the verb **avoir** have English equivalents using the verb *to be*.

physical conditions	
avoir _____ ans *to be ___ years old*	Il **a vingt ans**.
avoir chaud *to be hot*	J'**ai chaud** en été.
avoir froid *to be cold*	Il **a froid** en hiver.
avoir faim *to be hungry*	A midi, les enfants **ont faim**.
avoir l'air *to seem*	Elle **a l'air** triste.
avoir mal à *to have an ache, pain*	J'**ai mal à** la tête.
avoir soif *to be thirsty*	Nous **avons soif** après le travail.
avoir sommeil *to be sleepy*	A minuit, j'**ai sommeil**.

psychological states	
avoir besoin de *to need*	Nous **avons besoin de** nous détendre.
avoir envie de *to feel like*	Elle **a envie de** pleurer.
avoir honte de *to be ashamed of*	Il **a honte de** ses notes.
avoir peur de *to be afraid of*	J'**ai peur des** serpents.
avoir raison (de) *to be right*	Vous **avez raison**.
avoir tort (de) *to be wrong*	Ils **ont tort de** ne pas venir.

circumstances	
avoir lieu *to take place*	La réunion **a lieu** à neuf heures.
avoir de la chance *to be lucky*	Vous **avez de la chance**.
avoir l'occasion / la possibilité de *to have the opportunity*	J'**ai l'occasion / la possibilité de** voyager.

[3]This generally corresponds to the progressive aspect of a verb in English: *I am preparing diner.*

Quand les enfants Dumont rentrent l'après-midi, ils **ont** toujours **faim** et **soif.** En décembre, ils **ont** aussi **froid** et, puisqu'en France on va à l'école jusqu'à la fin du mois de juin ou même jusqu'au début du mois de juillet, ils **ont chaud** dans la salle de classe avant les vacances. A dix ou onze heures du soir, ils **ont sommeil** parce qu'ils se lèvent toujours à sept heures du matin. Et ce soir, Béatrice **a l'air** triste. **A-t-elle mal** à la tête? Non, son seul problème, c'est qu'**elle a seize ans.**

Il y a beaucoup d'étudiants qui **ont peur de** faire des exposés en classe. Ils veulent toujours **avoir raison** et ils **ont honte d'avoir tort** devant leur prof et surtout devant leurs camarades de classe. Le jour de l'exposé, ils **ont** toujours **envie de** rester au lit. Ils **ont besoin de** courage.

Le bac **a lieu** au mois de juin en France. Les élèves qui réussissent au bac **ont de la chance** parce qu'ils peuvent aller à l'université où ils **ont l'occasion de** vivre de nouvelles expériences.

1 Complétez les phrases par une des expressions idiomatiques avec **avoir** ou **être.**
1. C'est aujourd'hui l'anniversaire de ma copine. Elle _____ 20 _____.
2. Je vais au restaurant pour prendre un coca, parce que j' _____.
3. Mon ami s'arrête au distributeur automatique parce qu'il _____ d'argent.
4. Les étudiants prennent leurs repas assez tôt parce qu'ils _____ vers six heures.
5. On n'a plus de chauffage *(heat)* dans notre chambre, et nous _____.
6. L'été, on _____ dans la résidence parce qu'il n'y a pas de climatisation *(air conditioning).*
7. Je me dépêche pour arriver à mon cours de français, parce que je ne veux pas _____.
8. Un étudiant s'est moqué d'un camarade de classe et maintenant il _____ de le voir.

2 Choisissez une expression de la liste suivante pour décrire votre situation. Votre partenaire va vous conseiller en employant l'impératif.
MODELE *J'ai mal partout.*
Alors, couche-toi.

1. faim	3. chaud	5. sommeil	7. envie de _____
2. soif	4. froid	6. besoin de _____	8. peur de _____

INTERACTIONS

Les circonstances. Avec un(e) partenaire, décrivez les circonstances qui expliquent souvent pourquoi...
1. vous avez sommeil.
2. vous êtes en retard.
3. vous avez peur.
4. vous avez besoin de vous détendre.
5. vous avez mal à la tête.
6. vous avez faim.

Ensuite, comparez vos réponses. Est-ce que vous avez les mêmes réactions que votre partenaire?

Note culturelle

L'architecture des Dogons

Tout au long de la falaise de Bandiagara (près de Tombouctou au Mali), on trouve des centaines de petits villages remarquables. Caractérisés par leur architecture écologique d'une rare beauté, ces villages existent tous en harmonie avec la nature. C'est ici qu'habitent les Dogons. Leurs logements familiaux et leurs bâtiments cérémoniaux sont construits en argile *(clay)*, en chaume *(thatch)* et en pierres. Reliant les éléments naturels qui les entourent dans un système architectural réglé, chaque bâtiment chez les Dogons reflète leurs traditions esthétiques et leurs croyances spirituelles.

Chez les Dogons, le domicile ne consiste pas en un seul bâtiment. Plutôt, il est question d'une série de huttes, construites en terre et en chaume, reliées par des murs de pierre. Dans une concession familiale typique, on trouve une grande cour en plein air bordée de deux types de bâtiments: les huttes et les greniers. La cour représente l'espace partagé et public du regroupement familial. Normalement, c'est là qu'on prend les repas, reçoit les invités et se décontracte ensemble. Par contraste, les huttes particulières délimitent les espaces privés des habitants adultes et de leurs enfants.

Chaque village a son propre Togu na, un espace public dans lequel les chefs du village se réunissent afin de discuter des affaires du village. Selon les Dogons, l'architecture du bâtiment favorise la diplomatie. Le Togu na est un espace ouvert entouré de piliers construits en pierres superposées et couvert d'un toit bas composé de trois couches de chaume qui symbolisent la plaine, le plateau et la falaise *(cliffs)*. Parce que le toit n'est pas très haut, on doit rester assis à l'intérieur du Togu na, ce qui favorise des discussions plus modérées et calmes—car personne ne peut se lever en colère! De nos jours, un sujet populaire dans les Togu na, c'est la technologie, et la grande question que l'on se pose est la suivante: Comment peut-on bénéficier des avances technologiques sans perdre son esthétique culturelle et ses valeurs traditionnelles?

Compréhension

1. Faites une description de l'architecture d'une concession typique chez les Dogons.
2. Qu'est-ce que c'est que le Togu na? Comment la structure du Togu na reflète-t-elle la culture et la philosophie des Dogons?

Réflexion

L'architecture des Dogons révèle les valeurs culturelles, esthétiques et philosophiques des habitants des falaises de Bandiagara. Prenez un moment pour considérer l'architecture chez vous. Comment sont organisés votre campus et votre communauté? Identifiez des bâtiments ou des structures qui reflètent vos propres valeurs ou celles de votre communauté. Ensuite, expliquez en quoi ces structures communiquent votre culture locale au reste du monde.

Depuis + Present Tense

Depuis means *for* when followed by an expression of time. It is used with the present tense to denote an action that began in the past but is still going on in the present. This construction is equivalent to the English concept *has (have) been __ing*.

J'habite ici **depuis** cinq ans.   *I have been living here for five years.*

Il parle depuis une heure.   *He has been speaking for an hour.*

Nous nous reposons depuis un quart d'heure.   *We have been resting for fifteen minutes.*

Vous attendez ici depuis une heure?   *You have been waiting here for an hour?*

RAPPEL!

Remember that **depuis** + present tense in French is used to express the English idea *has (have) been __ing*. Don't fall into the trap of trying to translate the structure word for word. This idiom is particularly important because it is commonly used. When conversing with speakers of French, you will surely be asked questions involving **depuis** + present tense.

Vous étudiez le français **depuis** longtemps?

Vous êtes en France **depuis** quand?

Vous habitez à Paris **depuis** combien de temps?

3 Pour chacune des notions suivantes, composez une phrase qui contient **depuis** + le présent pour décrire votre propre situation.

MODELE habiter à (nom de ville)

> *J'habite à (nom de ville) depuis* _____ *ans (mois).*

1. habiter à (nom de ville)
2. étudier le français
3. être à l'université
4. faire du / de la (nom d'un sport)
5. sortir avec (nom de votre petit[e] ami[e])
6. connaître mon / ma meilleur(e) ami(e)
7. écouter le prof de français
8. aimer (nom d'un groupe de rock)

INTERACTIONS

Depuis combien de temps...? Posez au moins cinq questions à votre professeur sur son travail.

MODELE *Depuis combien de temps est-ce que vous enseignez?*

> *Depuis combien de temps parlez-vous français?*
> *Depuis combien de temps êtes-vous professeur dans cette université?*

SYNTHESE

A. Imaginez une réaction appropriée pour chacune des situations suivantes en utilisant des expressions idiomatiques avec **être** ou **avoir.**

1. Votre cours de maths commence à neuf heures. Vous arrivez à neuf heures et quart.

2. Vous gagnez à la loterie.

3. Vous voulez acheter un coca et vous n'avez pas de petite monnaie *(change).*

4. Il fait chaud, il est deux heures de l'après-midi et vous écoutez une conférence très ennuyeuse.

5. Vous faites du jogging et vous tombez.

6. Vous êtes en train de préparer le dîner, le téléphone sonne et votre ami demande si vous pouvez sortir.

7. Vous devez aller chercher votre copain à huit heures, et vous arrivez à huit heures juste.

8. Votre professeur de maths vous pose une question et vous donnez la mauvaise réponse.

B. Un sociologue suisse fait des recherches sur la vie de famille des étudiants en Amérique du Nord. Avec un(e) camarade de classe, jouez le rôle du sociologue et de l'étudiant(e). Voici quelques questions possibles du sociologue.

1. Votre père, que fait-il? Depuis combien de temps?

2. Et votre mère, que fait-elle? Depuis combien de temps?

3. Est-ce que vous recevez souvent vos parents chez vous? Pourquoi?

4. Est-ce que vous vous entendez bien avec vos parents?

5. Est-ce que vous vous fâchez quelquefois avec vos parents?

Situations écrites

A. Votre correspondant(e) en France vous demande ce que vous faites pendant une journée typique. Faites une description de votre vie de tous les jours.

B. Vous passez l'année en France où vous habitez avec une famille. Après quelques jours, vous décidez que votre emploi du temps personnel et vos habitudes ne correspondent pas aux coutumes de la famille chez qui vous êtes. Ecrivez une lettre à la personne responsable de votre logement et expliquez-lui le problème pour justifier un changement de logement.

Le café est un des endroits préférés des étudiants français.

A lire

Texte de culture contemporaine

Sujets de réflexion

1. A votre avis, comment votre maison idéale va-t-elle faciliter votre vie?
2. Si, à l'avenir, les gens doivent passer plus de temps dans leur maison, quels changements va-t-il falloir effectuer dans leurs résidences?

Guide de lecture

De nos jours, les modes de vie évoluent rapidement. La technologie joue un rôle de plus en plus important dans la vie. Les gens se préoccupent de plus en plus de l'environnement, et le logement devient non seulement un lieu où l'on habite, mais aussi un refuge contre le stress de la vie moderne. C'est un peu paradoxal que les innovations modernes augmentent les pressions de la vie actuelle, alors qu'on cherche la maison «anti-stress». Voici une description de ce que les Français attendent de plus en plus de leurs maisons. Cette maison idéale comprend des aspects qui existent déjà et d'autres qui vont peut-être constituer la maison de l'avenir.

Le mot «logis» veut dire «l'endroit où l'on habite». L'élément «-logie» (exemple: géologie) veut dire «science». Expliquez le jeu de mot dans le titre de l'article suivant: «éco-logis».

Techno-Logis, Eco-Logis, Ego-Logis

Les outils° technologiques (ordinateur, connexion Internet, centres multimédias, lecteur de DVD) seront de plus en plus présents dans la maison. Ils seront installés dans toutes les pièces, disponibles à tout moment et pour chacun, intégrés dans des réseaux° interne et externe. Ils ne seront pas câblés, mais sans fil, grâce au développe-
5 ment des technologies de type WI-FI. Ils favoriseront l'information et la communication interactive, les loisirs individuels et familiaux. Ils satisferont aussi des besoins de développement personnel: apprentissage°; perfectionnement°; culture générale; expression artistique… Ils rendront possible le télétravail° des actifs° et faciliteront l'administration de plus en plus complexe du foyer: entretien, approvisionnement; …
10 gestion des comptes bancaires et du patrimoine°; organisation des activités personnelles et des rencontres; communication avec la famille, les amis et relations…

… Les usages de la domotique° se précisent. Au-delà de certaines fonctions d'automatisation classiques (ouverture des volets…, allumage automatique des lumières ou alertes téléphoniques en cas de problème), de nouveaux services vont être
15 proposés par la «maison intelligente»: surveillance à distance de chaque pièce grâce à des webcams; accès aux contenus multimédias (musique, photo, vidéo, radio, télévision, Internet) dans toutes les pièces grâce à des écrans à plasma; modification des ambiances sensorielles (lumières, odeurs, sons, décors…). Ces systèmes permettront aussi aux personnes handicapées de mieux vivre en retrouvant une autonomie…
20 L'habitat de demain devrait être non seulement plus confortable, mais aussi plus économe en énergie, plus respectueux de l'environnement, plus écologique. Le chauffage pourra être automatiquement régulé en fonction de la température

tools

networks

acquiring skills / self improvement / telecommuting / working people / investments home automation

extérieure et des prévisions météo des jours suivants; les fenêtres pourront être fermées en cas de pic de pollution ou de nuisances sonores.

25   Les Français ne rêvent pas d'un logement en forme de laboratoire… Leurs préoccupations… sont essentiellement pratiques; elles concernent en priorité la *struggle*   lutte° contre le bruit et l'amélioration de la sécurité. Elles vont aussi dans le sens d'une amélioration du niveau de confort, dans ses dimensions psychologiques…

quest   La maison de demain devra apporter de nouvelles réponses à la quête° croissante
well being 30 de mieux-vivre, de bien-être° et d'harmonie. Il devra être sur mesure,… et anti-stress… Il sera à la fois «techno-logis», «éco-logis» et «égo-logis».

Source: Gérard Mermet, Techno-Logis, Eco-Logis, Ego-Logis, *Francoscopie 2007*,
Larousse © 2007, p. 167

Après la lecture

1. Lesquels de ces éléments technologiques sont déjà assez répandus dans les maisons américaines?
2. Qu'est-ce qu'une maison intelligente?
3. En général, que favorisent les outils technologiques mentionnés dans l'article?
4. Comment votre famille utilise-t-elle la technologie?
5. Quels éléments de la domotique sont déjà assez communs dans les maisons américaines? Y en a-t-il chez vous?
6. Quelles sont les qualités essentielles des maisons de l'avenir? Etes-vous d'accord avec le point de vue de l'article en ce qui concerne la description de l'habitat de demain qu'il présente?
7. En utilisant le vocabulaire de l'extrait, composez une description de votre maison idéale.

❖ ❖ ❖ ❖ ❖ ❖ ❖ ❖ ❖ ❖ ❖ ❖ ❖ ❖ ❖

Texte littéraire

Sujets de réflexion

1. Pour la plupart des gens, en Amérique du Nord comme dans le monde occidental en général, le travail et la vie familiale sont complètement séparés. Décrivez le rythme de vie typique des gens qui travaillent. Comment leur journée est-elle organisée?
2. Connaissez-vous des personnes qui tiennent leur propre petit commerce ou entreprise? Comment vivent ces gens? Quelle est leur situation par rapport aux clients, au temps libre et aux vacances? Travailler à son compte, est-ce différent de travailler pour quelqu'un d'autre?

A propos de l'auteur…

Annie Ernaux *est née à Lillebonne, dans le département de la Seine-Maritime. Son enfance dans une petite ville de province lui inspire plusieurs ouvrages littéraires. Dans son roman* Les Armoires vides, *publié en 1974, elle raconte la vie de Denise Lesur, fille unique de petits commerçants provinciaux. Nous sommes dans les années 50. Denise a environ dix ans lorsqu'elle fait le récit de la vie qu'elle mène avec ses parents dans le café-épicerie familial.*

Guide de lecture

1. Dans le premier paragraphe, on peut lire les phrases suivantes:

   De la clientèle [en abondance], qui remplit la maison, qui paie à la fin du mois... Il n'y a pas un endroit pour s'isoler dans [le café-épicerie] à part une chambre à l'étage... Toute la journée on vit en bas, dans le bistrot et dans la boutique... On mange [dans la cuisine]. La maison regorge de clients, il y en a partout.

   Mettez-vous à la place de Denise Lesur, cette petite fille de dix ans dont les parents sont des petits commerçants. Quelle impression avez-vous du petit monde où vous habitez? Où vivez-vous? Qui sont les personnes autour de vous? En quoi consiste votre journée?

2. Denise réfléchit à ses parents et déclare:

   Mon père, il est jeune, il est grand, il domine l'ensemble... [Ma mère] dit qu'elle n'en peut plus, tous les soirs...

   Quelle impression Denise donne-t-elle de son père? Est-elle positive ou négative? Si sa mère *n'en peut plus*, c'est-à-dire qu'elle est extrêmement fatiguée, l'image de cette femme ressemble-t-elle à celle du père? Qu'est-ce que cela nous indique au sujet des relations parents-enfant?

3. Vers la fin de l'extrait nous lisons:

   [Les gens] remplissent la caisse de billets. La voici, la caisse, posée sur la table... «Combien qu'on a fait aujourd'hui?» Quinze mille, vingt mille, fabuleux pour moi.

   Denise calcule en anciens francs. Mais la caisse contient une somme assez modeste (contrevaleur: 30 à 40 dollars). Pourquoi dit-elle *fabuleux pour moi*? Comment Annie Ernaux cherche-t-elle à présenter les revenus de la famille Lesur?

Les Armoires vides (extrait)

(1) Le café-épicerie Lesur, ce n'est pas rien, le seul dans la rue Clopart, loin du centre, presque à la campagne. De la clientèle à gogo°, qui remplit la maison, qui paie à la fin du mois. Pas une communauté mais ça y ressemble. Il n'y a pas un endroit pour s'isoler dans la maison à part une chambre à l'étage°, immense, glaciale. ⁵ L'hiver, c'est mon pôle Nord et mes expéditions antarctiques quand je me glisse au° lit en chemise de nuit, que j'ouvre mes draps humides et rampe° vers la brique chaude enveloppée d'un torchon de cuisine°. Toute la journée on vit en bas, dans le bistrot et dans la boutique. Entre les deux un boyau° où débouche° l'escalier, la cuisine, remplie d'une table, de trois chaises, d'une cuisinière à charbon° et d'un ¹⁰ évier° sans eau. L'eau, on la tire à la pompe de la cour. On se cogne° partout dans la cuisine, on y mange seulement quatre à quatre vers une heure de l'après-midi et le soir quand les clients sont partis. Ma mère y passe des centaines de fois, avec des casiers° sur le ventre°, des litres d'huile ou de rhum jusqu'au menton°, du chocolat, du sucre, qu'elle transporte de la cave à la boutique en poussant° la porte d'un coup ¹⁵ de pied. Elle vit dans la boutique et mon père dans le café. La maison regorge de clients, il y en a partout [...].

(2) Mon père, il est jeune, il est grand, il domine l'ensemble. C'est lui qui détient la bouteille, il mesure la quantité au millimètre près, il a l'œil [...]. Il modère les farouches, ceux qui n'en ont jamais assez... Le regard fier au-dessus des clients, tou²⁰ jours en éveil, prêt à flanquer dehors° celui qui bronche°. Ça lui arrive [...].

(3) Ma mère n'a plus de clients dans l'épicerie, elle plaque les volets° de bois sur les vitres, les coince avec une barre de fer et elle vient s'affaler sur sa chaise dans la

(marginal glosses, left column):
in abundance

upstairs
I slide into ⁵
crawl
dishtowel
narrow passageway /
opens on / coal stove
sink / You bang ¹⁰
your head

racks / tummy / chin
pushing

kick out (coll.) / ²⁰
protests / shutters

will knock loudly /	cuisine. «Les retardataires, ils cogneront° bien, c'est souvent de la racaille°.» Elle
scum / is worn out	dit qu'elle n'en peut plus°, tous les soirs…
	25 (4) Pendant qu'elle parle, mon père met la table, sans se presser. C'est lui qui
peels vegetables	fait les épluchages°, la vaisselle, c'est plus commode dans le commerce, entre deux
	verres à servir, entre deux parties de dominos. A table se succèdent les histoires
complaints / threats	du café entendues par mon père, les plaintes° et les menaces° de ma mère, même
	le soir, nous ne sommes pas seuls, les clients sont là, implorants, le porte-monnaie
goodwill	30 vide, attendant le bon vouloir° de mes parents, la main qui ira chercher la boîte
	de pois pour le dîner, le petit verre de plus, craignant le refus catégorique. «Tu par-
account book / est-ce	les! J'ai pas voulu lui donner, le carnet° est déjà plein, quand c'est° qu'il me
	paiera.» Je les voyais puissants, libres, mes parents, plus intelligents que les clients.
	Ils disent d'ailleurs «le patron, la patronne» en les appelant. Mes parents, ils ont
struck it rich	35 trouvé le filon°, tout à domicile, à portée de la main, les nouilles, le camembert, la
	confiture, dont je me tape de grosses cuillerées à la fin du souper avant d'aller em-
to pocket / gumdrops	pocher° une dizaine de gommes parfumées° dans la boutique sombre, au moment
welcome	de monter me coucher. Ils reçoivent° le monde chez eux, c'est la fête, la joie, mais
till	les gens paient l'entrée, ils remplissent la caisse° de billets. La voici, la caisse, posée
remnants / paper	40 sur la table, au milieu des assiettes à soupe, des trognons° de pain. Les billets°
money / handled /	sont palpés°, mouillés° par mon père, et ma mère s'inquiète. «Combien qu'on a
dampened	fait aujourd'hui?» Quinze mille, vingt mille, fabuleux pour moi. «L'argent, on le
earn / stuffs	gagne°.» Mon père enfouit° les billets dans sa salopette, nous pouvons commencer à
do without	nous amuser tous les deux… Les clients, je les aimais bien, je ne pouvais me passer°
	45 d'eux, mais c'était avec mon père, le chef du café, l'homme qui gagnait l'argent
with little effort /	d'un petit geste°, que je m'amusais sans retenue°.
restraint	

Source: Annie Ernaux, *Les Armoires vides*, © Editions Gallimard www.gallimard.fr

Après la lecture

1. Relisez le premier pragraphe de l'extrait. Sur une feuille de papier ou au tableau, imaginez et dessinez un plan de la ville où habite Denise Lesur. Situez la rue Clopart sur le plan. Ensuite, faites un plan de la maison des Lesur en vous inspirant des renseignements trouvés dans le texte.

2. La vie des petits commerçants, telle qu'elle est décrite par Annie Ernaux, présente des avantages et des inconvénients. Indiquez si les points suivants constituent un aspect positif ou négatif de ce style de vie. Trouvez des passages dans l'extrait pour justifier votre réponse.
   a. l'endroit où se trouve le café-épicerie
   b. la présence constante des clients dans l'établissement
   c. la vie matérielle
   d. l'espace disponible pour la famille
   e. les rapports entre les clients et la famille
   f. la quantité de travail nécessaire
   g. le fait de travailler à son compte
   h. l'argent que l'on gagne

3. Plus loin dans *Les Armoires vides*, Denise est étudiante à l'université. Elle commence à avoir honte du milieu socio-économique de sa famille et fait de plus en plus d'efforts pour cacher ses origines. Expliquez en quoi les aspects suivants de sa vie vont lui poser un problème quand elle commencera à les voir d'un œil adulte.
   a. sa maison et son mode de vie
   b. les clients et leur mode de vie
   c. l'attitude de sa mère

Pour mieux lire

Pour mieux lire, il faut développer sa capacité de deviner *(to guess)* la signification des mots selon le contexte, même si on ne peut pas en faire une traduction exacte. Pour chacun des mots soulignés, trouvez le synonyme dans la liste suivante.

Synonymes: arrive, bassine, excepté, fixe, se laisser tomber, peu sociables, est pleine de, prends, son vêtement de travail

1. «... pas un endroit pour s'isoler dans la maison, <u>à part</u> une chambre à l'étage... »
2. «... un boyau où <u>débouche</u> l'escalier... »
3. «... la cuisine, remplie d'une table, d'une cuisinière à charbon, d'un <u>évier</u> sans eau... »
4. «... La maison <u>regorge de</u> clients, il y en a partout... »
5. «... Il modère les <u>farouches</u>, ceux qui n'en ont jamais assez, qui cherchent des noises... »
6. «... elle plaque les volets de bois sur les vitres, les <u>coince</u> avec une barre de fer... »
7. «... elle vient s'<u>affaler</u> sur sa chaise... »
8. «... la confiture dont je <u>me tape</u> de grosses cuillerées... »
9. «... Mon père enfouit les billets dans <u>sa salopette</u>... »

LIENS CULTURELS

1. Imaginez les conditions de vie de Denise Lesur. Est-ce une existence campagnarde ou citadine? Comment vous représentez-vous l'endroit où elle habite?

2. Quels rapports y a-t-il entre Monsieur et Madame Lesur et leurs clients? Est-ce que ce type de rapports humains est plus facile ou moins facile à maintenir aujourd'hui? Dans ce contexte, y a-t-il une différence entre la vie à la campagne et la vie urbaine?

3. Est-ce que vous pensez que le café-épicerie des Lesur existe toujours aujourd'hui? Quels sont les avantages et les inconvénients de ce mode de vie? Est-ce que c'est un genre de vie qui vous plaît?

EXPANSION

A. Selon le dictionnaire Robert, le terme *urbanisme* signifie *l'étude systématique des méthodes permettant d'adapter l'habitat urbain aux besoins des hommes.* Si une ville, comme Paris, existe depuis des siècles, quelles sont les adaptations qu'elle doit effectuer pour répondre aux besoins de la vie moderne? Etudiez les rapports entre les commerces et les habitants, le problème des jeunes et des personnes âgées, la qualité des logements actuels et de ceux d'autrefois, etc.

B. Le phénomène de l'exode urbain concerne l'histoire de beaucoup de pays. A quel moment apparaît-il dans l'histoire de votre pays? Qu'est-ce qui se passe quand une partie importante de la population quitte la ville pour aller s'établir dans la périphérie? Quelles sont les motivations des gens? La tendance actuelle est-elle de vouloir habiter en appartement ou dans une maison individuelle? Habiter à la campagne est-il plus facile ou moins facile aujourd'hui? Pourquoi?

C. Comparez les notions de «ghetto» et de «cité de banlieue». Quelles sont les similarités et les différences que vous observez entre ces deux concepts? A quelles sortes de difficultés les résidents de ces types d'habitations sont-ils confrontés? Quelles sortes de solutions pouvez-vous proposer pour remédier à cette situation?

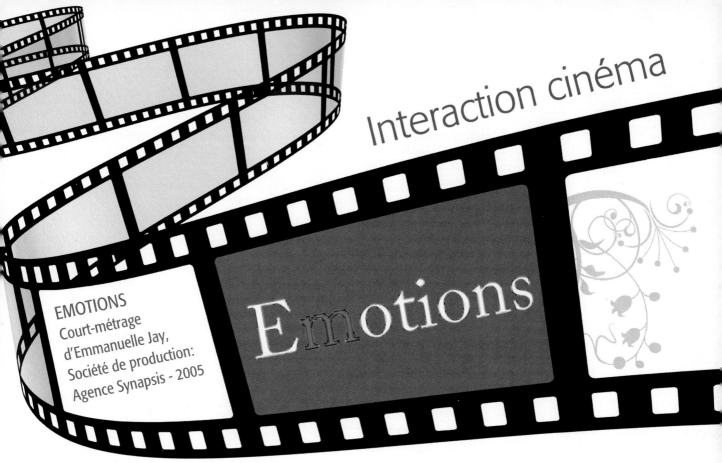

EMOTIONS
Court-métrage
d'Emmanuelle Jay,
Société de production:
Agence Synapsis - 2005

Emotions

PRIX ET RECOMPENSES

→ **Festival des très courts 2005**
(Paris, Berlin, Séoul, Dakar...):
Prix Coup de Prod

A considérer avant le film

Grâce aux médias, nous avons accès à toutes sortes d'interviews qui touchent à une grande variété de sujets. Quel genre d'interview vous intéresse le plus? L'interview d'un expert? d'une célébrité? d'une personne comme vous? Préférez-vous lire les interviews, les voir en direct ou bien les voir à la télévision?

On va au cinéma?

1. **Il faut en parler.** A qui vous adressez-vous dans les situations suivantes?

   MODELE: Vous êtes en pleine dispute avec votre sœur.
   J'en parle à ma mère.

   a. Vous ressentez le besoin de parler de vos émotions suite à une rupture romantique.
   b. Vous n'arrivez pas à vous décider sur un problème moral.
   c. Vous ne comprenez pas le comportement d'un de vos amis.
   d. Vous vous faites des soucis pour votre avenir professionnel.

NOTE LINGUISTIQUE

En français, on utilise le mot «feeling» pour parler de la sensibilité d'un musicien ou d'une intuition personnelle. Voici deux exemples de l'utilisation du mot «feeling» en français:

C'est un grand pianiste mais il n'a pas de feeling pour le jazz.

Je ne crois pas avoir eu le poste. Pendant l'entretien, je n'avais pas le feeling.

2. **Une émotion s'exprime…** Répondez aux questions en vous référant aux termes de la liste suivante.

s'accepter	être content	se sentir triste
aimer	les enfants	souffrir
s'aimer	le mariage	la tristesse
avoir mal	se faire aimer	????
le bonheur	pleurer	
la crainte	ressentir du regret	

a. Quels mots associez-vous aux émotions suivantes?
  – l'amour
  – la souffrance
  – la paix intérieure

b. Que dites-vous pour expliquer ces sentiments à une petite fille de huit ans?
  – l'amour
  – la souffrance
  – la paix intérieure

Ça commence!

Premier visionnage

Observation – Le français oral. Comment est-ce qu'Inès (la petite fille) remplit les silences quand elle cherche ses mots? Donnez deux exemples.

Deuxième visionnage

Dites si Inès associe les expériences suivantes à l'amour, à la souffrance ou à la paix intérieure.

MODÈLE: **On fait des bébés.**
       l'amour

1. On ne veut pas que ça se passe.

2. S'aimer bien.

3. C'est quelque chose d'assez personnel.

4. S'épouser.

5. Se sentir bien dans sa peau.

Troisième visionnage

Complétez les pensées d'Inès en rajoutant les mots qui manquent.

Chapitre un: *L'amour*

Bah l'amour, c'est quand on _____ quelqu'un fort, fort, fort, fort, fort... et qu'après bah on devient amants, après on lui fait des bébés euh on _____, on lui fait des bébés. Voilà. Enfin, ça évoque quelque chose de... de... de... d'assez _____. Voilà. Mais... j'ai déjà aimé un garçon, oui.

Chapitre deux: *Les larmes [la souffrance]*

Pour moi, la souffrance c'est assez euh... bah, c'est comment dirais-je? Enfait, la _____ c'est quelque chose dont on ne veut pas que ça, ça... ça, ça se passe mais ça va quand même se passer et tu souffres donc, tu _____, t'es pas contente, tu... tu... tu veux plus parler à personne, tu veux plus qu'on te touche. Enfin, pour _____ ça évoque ça, mais bon, pour d'autres peut-être ça évoque quelque chose d'autre.

Chapitre trois: *La paix intérieure*

S'aimer soi-même c'est une expression pour dire... euh... que j'aime, que j'aime, bien que je me sens bien dans ma peau, que je me trouve _____. Mais sinon c'est comme Narcisse tu tombes _____ de ton visage.

Et après

Observations

1. Dans le film, Inès Bayet a 8 ans. Comment est-elle? Que savons-nous d'elle?

2. Pourquoi, à votre avis, est-ce que la réalisatrice l'a choisie comme sujet d'interview?

3. Trouvez-vous qu'elle définit bien l'amour? Quels changements pouvez-vous suggérer à ses définitions?

Avant et après

1. Inès affirme avoir aimé un garçon. Imaginez cette histoire d'amour. Comment était ce garçon? Où est-ce qu'Inès l'a rencontré? Qu'ont-ils fait ensemble? Pourquoi se sont-ils séparés?

2. *Emotions* a été filmé en 2005. Quel âge a Inès maintenant? Est-ce que son idée de l'amour reste toujours la même, à votre avis? Expliquez votre réponse.

A vous de jouer

1. **Vous à 8 ans.** Faites une comparaison entre Inès et vous-même à son âge.

   MODÈLE: aimer parler
   > *Inès aime bien parler. A huit ans, j'aimais parler aussi.*

   a. être intelligente
   b. avoir une jolie chambre
   c. avoir les cheveux bouclés
   d. parler français
   e. s'intéresser à l'amour

2. **Emotions célèbres.** Voici une liste d'émotions courantes. Imaginez que vous allez interviewer les célébrités suivantes à leur sujet. De quelles émotions est-ce que vous allez parler à chacune?

amour	horreur	peur	souffrance
colère	hostilité	satisfaction	tolérance
culpabilité	joie	solitude	tristesse
fierté	mécontentement	souci	tendresse

MODÈLE: Oprah Winfrey
Je lui pose des questions sur la joie. Je lui demande sa définition du mot «fierté».

a. Lady Gaga
b. le Prince William
c. Leonardo DiCaprio
d. Tiger Woods
e. Stephen Hawking

Et vous?

Choisissez trois mots de la liste de l'activité 2 (**Emotions célèbres**) et formulez-en vos propres définitions. Partagez vos réponses avec les autres étudiants de la classe. Choisissez la meilleure définition pour chaque émotion.

La vie des jeunes

Cultural Focus

❖ Lifestyles of Young People in Contemporary France

❖ Lifestyles of Young People in the Past

Readings

Contemporary Cultural: *Dans la famille «méritocratique»*

Literary Arthur Rimbaud: *Roman* (poème)

Structures

I Irregular **-ir** Verbs

   Descriptive Adjectives

II **Il / Elle est** and **c'est**

   Possessive Adjectives

   Demonstrative Adjectives

   Adverbs

III The Comparative and Superlative of Adjectives

   The Comparative and Superlative of Adverbs

   Numbers

Functions

Describing People and Places

Making Comparisons

Describing States and Conditions

iLrn

Que faire pour s'amuser pendant une balade en ville? Pourquoi pas le petit train autour d'une fontaine?

Un peu de culture contemporaine

Le sport collectif et individuel

En France, plus de la moitié de la population âgée de 15 à 75 ans déclare pratiquer un sport, sans nécessairement se considérer comme des sportifs réguliers. On veut tout simplement rester en bonne forme. Mais les Français consacrent aussi de plus en plus de leurs dépenses personnelles et familiales aux sports.

- Le nombre d'associations sportives (clubs, fédérations, etc.) augmente depuis vingt ans, mais les Français préfèrent toujours des activités sportives plus libres. Le plus souvent, ce sont le vélo (le sport le plus pratiqué, par 38% des Français), le patinage, le ski, le cyclisme, la marche, la natation, le jogging et les sports de raquette qu'on pratique de façon informelle.

- Le tiers des femmes de plus de 18 ans font du sport, surtout pour rester en bonne forme physique. Elles pratiquent moins les sports d'équipe que les sports individuels, comme la gymnastique, l'aérobic, la danse, la natation et la randonnée.

- Les hommes sont 47% à faire du sport. Plus d'un Français sur trois pratique un sport individuel contre un sur quinze pour un sport collectif. Pourtant, beaucoup d'activités individuelles, comme le roller ou le vélo, sont pratiquées en groupe.

- Plusieurs sports, comme la voile et le golf, coûtent cher et ne sont pas toujours accessibles à tous. Par contre, d'autres sports, comme le basket et le roller, sont devenus des sports de rue et se sont développés essentiellement dans les villes.

- A la télévision, les grandes compétitions sportives, comme la Coupe du Monde de football, le Tour de France de cyclisme, le tournoi de tennis de Roland-Garros ou les Jeux olympiques, donnent aux Français la possibilité de participer indirectement à la vie sportive à travers les champions nationaux.

Compréhension

1. Quel pourcentage des Français pratique un sport? Pour quelles raisons?

2. Les Français préfèrent-ils, généralement, les sports individuels ou collectifs? Expliquez votre réponse.

3. Quels sports attirent les femmes en France? Est-ce vrai qu'il y a autant de femmes que d'hommes qui pratiquent un sport en France? Expliquez votre réponse.

4. Quels sports ne sont pas accessibles à tous? Pourquoi? Quels sports se pratiquent dans la rue en France? Est-ce la même chose en Amérique du Nord, en général?

5. Suggérez des exemples de l'influence des médias sur le sport.

Réflexion

Si on compare le jogging et le tennis, les mêmes conditions matérielles et sociales sont-elles nécessaires pour pratiquer ces deux sports? Pour quelles raisons pratique-t-on un sport individuel? Où faites-vous du sport d'habitude?

La Coupe du Monde

Véritable phénomène mondial, tous les quatre ans, la Coupe du Monde réunit les équipes de football de tous les coins du monde pour une série de matchs passionnants. Normalement, 32 équipes nationales représentant les zones régionales d'Afrique, d'Asie, d'Europe, d'Amérique du Nord, d'Amérique du Sud et d'Océanie sont invitées à y participer. Tout au long d'un mois, les terrains de jeu des hôtes accueillent ces drames sportifs internationaux. De cette manière, les triomphes et les échecs des équipes nationales sont suivis jour après jour par des milliers de fans rassemblés au stade et des millions de téléspectateurs regroupés dans les cafés, les bars et les domiciles partout dans le monde. Malgré les frontières géographiques et politiques, malgré les différences linguistiques et culturelles, pendant la Coupe du Monde, c'est la langue et la culture du football qui règnent.

Présence francophone et multiculturelle

L'équipe française nationale représente la diversité culturelle de la France et de la Francophonie. Parmi les joueurs les plus célèbres des dernières années, on peut citer Zinédine Zidane (né à Marseille de parents immigrés d'Algérie), Patrick Vieira (né au Sénégal), Lillian Thuram (né à la Guadeloupe) et Florent Malouda (né en Guyane Française).

Même si la plupart des Français accueillent favorablement l'identité mosaïque de l'équipe nationale comme symbole visible du multiculturalisme de la France, il y a certains individus xénophobes qui la critiquent. En 1998, après la victoire de l'équipe nationale française à la Coupe du Monde, Jean-Marie Le Pen, représentant du Front National (parti politique d'extrême droite), a suggéré que l'équipe diverse n'était pas assez «française», c'est-à-dire pas assez blanche. La déclaration de Le Pen a provoqué un scandale et, finalement, des appels à boycotter sa candidature pour la présidence de la République en 2002.

A part l'équipe française, la Coupe du Monde présente au public mondial d'autres équipes de la Francophonie. En 2006, par exemple, les Eperviers du Togo, les Eléphants de Côte d'Ivoire, les Aigles de Carthage en Tunisie et la Nati de Suisse ont participé à la Coupe.

Compréhension

1. D'où viennent les équipes qui participent à la Coupe du Monde?
2. Combien de personnes regardent les matchs de la Coupe du Monde?
3. Comment la présence francophone se manifeste-t-elle dans la Coupe du Monde?
4. Quelle est la réaction des Français face à cette présence dans l'équipe nationale?

Réflexion

A. A votre avis, pourquoi le foot est-il un sport qui attire tant de joueurs et de spectateurs à travers le monde? Comment peut-on expliquer l'immensité de sa popularité internationale par rapport aux autres sports? Y a-t-il d'autres sports qui rivalisent avec la popularité du foot? Pourquoi ou pourquoi pas?

B. Certains sports sont associés avec des cultures ou des pays particuliers. Quels sports associez-vous avec votre propre pays ou culture? Comment ces sports reflètent-ils ou encouragent-ils des valeurs culturelles?

  *Pour des activités culturelles supplémentaires, rendez-vous sur le site Web d'**Interaction** www.cengage.com/french/interaction*

Vocabulaire actif

LES ACTIVITÉS

se balader to stroll
se donner rendez-vous to arrange to meet
faire du jogging to go jogging
faire du lèche-vitrines to go window-shopping
faire du vélo to go biking
faire une promenade en bateau to take a boat ride
fréquenter to see often
passer to spend (time)

prendre un verre to have something to drink
rencontrer to meet by chance
(se) retrouver to meet by design
rigoler to laugh *(coll.)*

LES RAPPORTS

une bande gang *(coll.)*
un copain buddy, pal, significant other
une copine female friend, significant other
un rapport relationship

LES CARACTÉRISTIQUES

bavard(e) outgoing, talkative
génial(e), super great, cool
passionné(e) (de) crazy about
sportif(-ive) athletic

LES LOISIRS

le basket basketball
une boîte night club *(coll.)*

le cinéma movies
un club (une boîte) night club
une distraction amusement
le football soccer
le loisir leisure time
les loisirs leisure time activities
la marche walking
un parc d'attractions amusement park
une randonnée hike

Exercices de vocabulaire

A. Complétez cette conversation entre deux jeunes Français qui essaient d'organiser une soirée en employant une expression de la liste suivante.

Expressions: retrouver, passer, boîte, prendre un verre, faire du lèche-vitrines, rigoler, se balader, cinéma

—Tu veux aller au centre commercial? On peut _____ et regarder un peu les nouveaux vêtements de la saison. J'adore _____ du temps au centre commercial.

—Moi, je préfère _____, peut-être au parc. Ça te tente?

—D'accord. Et cet après-midi, on peut _____ nos copains au café pour _____. On _____ toujours avec eux.

—Quelle bonne idée! Et peut-être plus tard, on peut aller voir un film au _____ ou aller danser dans une _____.

B. Remplacez les mots en italique par des expressions du **Vocabulaire actif.**

1. Beaucoup de jeunes en France ont *un Mac ou un IBM.*
2. Les jeunes aiment porter des *chaussures* Nike ou Adidas.
3. En France, *une Honda* est un symbole d'indépendance pour les jeunes.
4. Très souvent, pour les vêtements, *le nom du fabricant* est important.
5. Pour regarder une vidéo, *un appareil spécial* est nécessaire.
6. Les jeunes vont souvent au café pour *prendre quelque chose.*
7. Au café, ils *s'amusent* beaucoup.
8. Beaucoup de jeunes en France ont un *iPod.*
9. Beaucoup de jeunes sont influencés par le parti politique des Verts qui veut protéger *la nature.*
10. Il faut attendre jusqu'à l'âge de 18 ans pour avoir *le droit de conduire une voiture.*

une **soirée** party
la **voile** sailing

LES BIENS PERSONNELS

les **affaires** (f pl) personal belongings ("stuff")
l'**argent de poche** (m) spending money
les **baskets** (f pl) tennis shoes
un **blouson** jacket
une **chaîne stéréo** stereo system

les **dépenses** (f pl) expenses
les **fringues** (f pl) clothes (coll.)
la **griffe** logo, designer's label
un **lecteur de disques compacts** CD player
un **lecteur de DVD** DVD player
un **lecteur MP3** MP3 player
un **magnétoscope** VCR
la **marque** brand

un **micro-ordinateur** personal computer
une **mobylette (mob)** moped
une **moto** motorcycle
le **permis de conduire** driver's license
une **planche à voile** wind-surfing board
un **portable** cellular phone
une **raquette de tennis** tennis racket
un **vélo** bicycle
les **vêtements** (m pl) clothes

LA SOCIÉTÉ

la **conscience politique** political awareness
la **drogue** drugs
l'**environnement** (m) environment
la **réussite** (financial) success
les **SDF (sans domicile fixe)** (m pl) homeless
le **sida** AIDS
le **travail bénévole** volunteer work

Lexique personnel

LES RELATIONS PERSONNELLES

A Pour chacune des personnes suivantes, dressez une liste personnelle d'adjectifs.

1. votre meilleur(e) ami(e)
2. votre mère / votre père
3. votre copain / votre copine
4. un cousin / une cousine
5. votre frère / votre sœur
6. une tante / un oncle
7. ???

 B En petits groupes, posez les questions suivantes à vos camarades de classe.

1. As-tu beaucoup de copains? Combien?
2. Peux-tu décrire ton groupe d'amis principal?
3. Peux-tu décrire ton (ta) meilleur(e) ami(e)?
4. As-tu un copain / une copine? Comment est-il / elle?
5. Peux-tu décrire un ou deux membre(s) de ta famille?
6. Avec qui est-ce que tu t'entends bien? Avec qui est-ce que tu ne t'entends pas très bien? Pourquoi?

Structures I

Irregular *-ir* Verbs

The following irregular verbs have been grouped according to similarities of conjugation.[1]

¹See also *Appendix B.*

partir *to leave*	**dormir** *to sleep*	**sortir** *to go out*
je **pars**	je **dors**	je **sors**
tu **pars**	tu **dors**	tu **sors**
il / elle / on **part**	il / elle / on **dort**	il / elle / on **sort**
nous **partons**	nous **dormons**	nous **sortons**
vous **partez**	vous **dormez**	vous **sortez**
ils / elles **partent**	ils / elles **dorment**	ils / elles **sortent**

servir *to serve*	**ouvrir** *to open*	**offrir** *to offer*
je **sers**	j'**ouvre**	j'**offre**
tu **sers**	tu **ouvres**	tu **offres**
il / elle / on **sert**	il / elle / on **ouvre**	il / elle / on **offre**
nous **servons**	nous **ouvrons**	nous **offrons**
vous **servez**	vous **ouvrez**	vous **offrez**
ils / elles **servent**	ils / elles **ouvrent**	ils / elles **offrent**

courir *to run*	**venir** *to come*
je **cours**	je **viens**
tu **cours**	tu **viens**
il / elle / on **court**	il / elle / on **vient**
nous **courons**	nous **venons**
vous **courez**	vous **venez**
ils / elles **courent**	ils / elles **viennent**

Devenir *(to become)*, **revenir** *(to come back)*, **se souvenir de** *(to remember)*, **tenir** *(to hold)*, and **obtenir** *(to obtain)* are conjugated like **venir**.

Venir de conjugated in the present tense and followed by the infinitive is the equivalent of *to have just* + past participle.

Il vient d'arriver.	*He has just arrived.*
Je viens de faire mes devoirs.	*I have just done* my homework.

1. On emploie souvent le verbe **sortir** dans le contexte des loisirs et des rendez-vous. Utilisez la forme nécessaire du verbe **sortir** pour compléter les phrases suivantes.

   1. Je _____ souvent avec...
   2. Mes amis et moi, nous _____ souvent au / à la...
   3. Mon meilleur ami / Ma meilleure amie _____ avec...
   4. [Nom d'un(e) camarade de classe], tu _____ souvent le vendredi soir?
   5. Les jeunes Américains _____ en groupe ou en couples?
   6. Monsieur / Madame [nom de votre prof de français], vous _____ souvent au restaurant?

2 Vous partagez un appartement avec deux personnes et vous cherchez un(e) quatrième colocataire. Vous interviewez les candidats intéressés. Jouez la conversation avec un(e) camarade de classe en complétant les phrases avec la forme appropriée des verbes indiqués.

1. COLOC POTENTIEL(LE): A quelle heure est-ce que vous _____ pour la fac d'habitude? (partir)

   VOUS: Nous _____ tous à la fac vers huit heures.

2. COLOC POTENTIEL(LE): Vous _____ souvent? (sortir)

   VOUS: En général, nous _____ le week-end. Fabrice _____ aussi pendant la semaine, mais moi, je ne _____ que le vendredi et le samedi soir.

3. COLOC POTENTIEL(LE): Vous _____ tard pendant le week-end? (dormir)

   VOUS: Nous _____ tard le samedi matin.

4. COLOC POTENTIEL(LE): Vous faites du sport? Vous _____, peut-être? (courir)

   VOUS: Nous sommes tous sportifs. Nous _____ trois fois par semaine.

5. VOUS: On _____ le dîner assez tôt, vers six heures. (servir)

   COLOC POTENTIEL(LE): Oh, ça me _____. (convenir)

6. VOUS: Vous _____ voir l'appart? (venir)

   COLOC POTENTIEL(LE): D'accord, je _____ vers 18 heures. (revenir)

3 Vous décrivez les habitudes des jeunes Nord-Américains à des amis français. Employez les éléments indiqués pour composer votre description.

Expressions: courir, dormir, offrir des cadeaux, partir en vacances, servir de la pizza, sortir au cinéma, sortir en groupes, sortir le week-end, venir en cours

4 Posez des questions à un(e) voisin(e) de classe en utilisant les éléments indiqués. Ensuite, posez une autre question selon la réponse de votre partenaire.

1. sortir souvent
2. dormir beaucoup le week-end
3. venir à la fac le dimanche
4. offrir des cadeaux aux copains
5. partir souvent en voyage le week-end
6. revenir à la fac en été
7. courir le matin
8. obtenir de bonnes notes ce semestre

INTERACTIONS

Les 10–16 ans: stages sportifs. L'Ecole municipale des sports de la mairie de Paris met à la disposition des jeunes Parisiens plusieurs programmes sportifs. Consultez la brochure et répondez aux questions suivantes.

1. Combien de sports sont au programme? Faites-en une liste.
2. Quels moyens de transport prennent les jeunes pour se rendre aux lieux sportifs?
3. Mettez-vous à la place d'un jeune de cette tranche d'âge. Quel(s) sport(s) allez-vous pratiquer?
4. Quelles sortes de documents les jeunes doivent-ils presenter pour être admis aux programmes? Pourquoi cela est-il nécessaire à votre avis?

Note culturelle

La génération des quinze à vingt-quatre ans

Qui sont les jeunes Français, c'est-à-dire les 15 à 24 ans? D'abord, ils sont nombreux, plus de 7,8 millions, et ils représentent 13% de la population actuelle de la France. Pour la plupart, ils habitent le domicile de leurs parents. Selon les statistiques, 75% des garçons et des filles de cet âge continuent à vivre chez leurs parents ou grands-parents. A 24 ans, 51% des garçons et 30% des filles sont encore hébergés par les parents. En général, on quitte le domicile parental pour vivre en couple, pour poursuivre des études dans une ville éloignée ou pour un premier emploi.

Compréhension

1. Où habitent la majorité des Français de votre âge, à l'extérieur ou à l'intérieur du domicile de leur famille?

2. En général, pour quelles raisons est-ce qu'on quitte le domicile de ses parents?

Réflexion

A. Les jeunes de 20 à 24 ans n'ont pas tous les mêmes préoccupations. Certains sont étudiants, d'autres sont entrés dans la vie active. En quoi les modes de vie de ces deux groupes sont-ils différents? Est-ce que le fait d'habiter ou de ne pas habiter chez ses parents influence le mode de vie d'une personne de cet âge? Expliquez.

B. Environ quel pourcentage de la population de votre pays représentent les jeunes de votre âge? Considérez-vous que les adolescents deviennent adultes plus tard ou plus tôt par rapport aux générations précédentes?

Les jeunes aiment se retrouver au café.

Descriptive Adjectives

Agreement of Adjectives

A. A French adjective always agrees in gender and number with the noun it modifies.

	Singular	**Plural**
Masculine	Le garçon est **grand.**	Ses amis sont **bavards.**
Feminine	C'est une femme **amusante.**	Ses sœurs sont **intelligentes.**

B. To form the feminine singular of most adjectives, simply add **e** to the masculine singular.[2]

français   français**e**   amusant   amusant**e**

C. If a masculine adjective ends in **e,** the feminine form is identical.

Paul est **sympathique** et Virginie est **sympathique** aussi.

D. Certain adjectives do not derive the feminine singular form in the regular manner. These irregular feminine formations are summarized as follows.

Masculine Ending	Feminine Ending		Examples Masculine	Feminine
mute e	mute e		facile	facile
			jeune	jeune
		Double consonant + e		
-el	-elle		cruel	cruelle
-eil	-eille		pareil	pareille
-il	-ille		gentil	gentille
-en	-enne		ancien	ancienne
-on	-onne		bon	bonne
-s	-sse		gros	grosse
-et	-ette		net	nette

Masculine Ending	Feminine Ending *Other Patterns*		Examples Masculine	Feminine
-et	-ète		complet	complète
			secret	secrète
-er	-ère		cher	chère
			dernier	dernière
-eux	-euse		nombreux	nombreuse
			ennuyeux	ennuyeuse
-eur	-euse		menteur	menteuse
			trompeur	trompeuse
-eur	-rice		conservateur	conservatrice
			protecteur	protectrice
-f	-ve		actif	active
			neuf	neuve

E. A few adjectives are totally irregular in the feminine form. For example:

long   **longue**   fou   **folle**   frais   **fraîche**

F. The following adjectives have an alternate form to be used before a masculine singular word beginning with a vowel or a mute **h.**

Masculine	Feminine	Alternative Form	Example
beau	belle	bel	un **bel** homme
nouveau	nouvelle	nouvel	un **nouvel** emploi
vieux	vieille	vieil	un **vieil** ami

G. To form the plural of most adjectives, add **s** to the singular.

Masculine		Feminine	
Singular	Plural	Singular	Plural
amusant	amusant**s**	amusante	amusante**s**
réel	réel**s**	réelle	réelle**s**
neuf	neuf**s**	neuve	neuve**s**

- If a single adjective modifies two nouns, one masculine and one feminine, the adjective will be in the *masculine plural* form.

  Le frère et la sœur sont **intelligents.**
  Les disques compacts et les soirées sont **importants** pour les jeunes.

H. Certain adjectives have irregular forms in the plural.

Singular Ending	Plural Ending	Examples	
		Singular	Plural
-s	-s	frais	frais
		gros	gros
-x	-x	heureu**x**	heureu**x**
		dangereu**x**	dangereu**x**
-eau	-eaux	beau	beau**x**
-al	-aux	international	internation**aux**
		loy**al**	loy**aux**

- The feminine plural of these adjectives is regular.

  fraîche   fraîche**s**   loyale   loyale**s**   heureuse   heureuse**s**

5 Refaites les phrases suivantes en ajoutant les adjectifs indiqués.

1. Sur notre campus, il y a une _____ bibliothèque. (grand)
2. J'ai des cours _____. (intéressant)
3. Nous avons beaucoup de programmes _____. (international)
4. Ma copine cherche une _____ colocataire. (nouveau)
5. Je n'ai pas de cours _____. (ennuyeux)
6. Ma meilleure amie est très _____. (sportif)
7. Mon cours de sociologie est assez _____. (facile)
8. Les jeunes filles de ce club sont toutes _____. (gentil)
9. Mes parents vont m'offrir une voiture _____. (neuf)
10. Je dois chercher un _____ emploi pour le semestre prochain. (nouveau)

6 En utilisant les adjectifs de la liste suivante, complétez les phrases pour décrire les personnes indiquées.

Adjectifs:

actif	amusant	beau	ennuyeux	gentil
grand	indépendant	indulgent	intelligent	loyal
nombreux	nouveau	petit	sévère	sportif
sympathique	???			

1. Mon patron est...
2. Ma famille est...
3. En général, je trouve mes professeurs...
4. Mon meilleur ami / Ma meilleure amie est plutôt...
5. J'ai des amis qui sont...
6. Mon professeur de [nom du cours] est...
7. Je déteste les personnes qui sont...
8. Mon professeur de français est...

INTERACTIONS

Une personne importante. Faites le portrait d'une personne que vous admirez et qui continue à vous influencer. Les autres étudiants vont vous poser des questions pour avoir une idée plus précise de cette personne. Employez les adjectifs de votre lexique personnel.

Position of Adjectives

A. Most French adjectives follow the nouns they modify.

un ami **content**

une soirée **amusante**

des emplois **intéressants**

des amies **loyales**

The following adjectives are exceptions because they normally precede the noun.[3]

autre	un **autre** copain	jeune	un **jeune** ami
beau	un **beau** vélo	joli	un **joli** cadeau
bon	un **bon** repas	long	une **longue** soirée
court	une **courte** distraction	mauvais	un **mauvais** garçon
gentil	un **gentil** copain	meilleur	mon **meilleur** ami
grand	un **grand** terrain	nouveau	une **nouvelle** voiture
gros	un **gros** monsieur	petit	une **petite** fille
haut	une **haute** montagne	vieux	un **vieux** quartier

[3]Remember, when one of these preceding adjectives is used in the plural, the partitive article **des** changes to **de**: *de* **petits animaux**, *de* **bonnes distractions.** This rule, however, is often not observed in everyday speech.

B. When there is more than one adjective modifying a noun, ea
its normal position.

une femme **intelligente** et **importante**

une **jeune** femme **intelligente**

une **gentille jeune** femme

- Note that when two adjectives follow the noun, they are g
  But when two adjectives precede the noun, **et** is normally

C. Some adjectives change meaning according to whether they
or after a noun. When they follow the noun, these adjective
sense, but when they are placed before the noun, they are
and form a logical unit with the noun they modify.

Adjective	After Noun		Before Noun	
ancien(ne)	*ancient*	un bâtiment **ancien** an ***ancient*** building	*former*	un **ancien** professeur a ***former*** teacher
bon(ne)	*kind*	un homme **bon** a ***kind*** man	*enjoyable*	une **bonne** soirée a ***good*** party
cher(-ère)	*expensive*	une robe **chère** an ***expensive*** dress	*dear*	ma **chère** amie my ***dear*** friend *(to address someone)*
dernier(-ère)	*preceding*	la semaine **dernière** *last (**preceding**) week*	*final*	la **dernière** fois *the **last** time*
grand(e)	*tall*	un enfant **grand** a ***tall*** child	*great*	un **grand** acteur a ***great*** actor
pauvre	*penniless*	un lycéen **pauvre** a ***poor (penniless)*** student	*unfortunate*	un **pauvre** chat a ***poor (to be pitied)*** cat
prochain(e)	*next*	la semaine **prochaine** ***next*** week	*following*	la **prochaine** fois *the **next** (following) time*
propre	*clean*	sa chemise **propre** his ***clean*** shirt	*own*	son **propre** frère his ***own*** brother

RAPPEL!

1. Most French adjectives follow the nouns they modify.
2. There are several adjectives that precede the noun.
3. A few adjectives change meaning depending on whether they are placed before or after the noun.

7 Un groupe de jeunes Français se retrouve au café où on parle de choses et d'autres *(this and that)*. Insérez les adjectifs entre parenthèses aux endroits appropriés.

> MODELE   Mon copain a une voiture. (nouveau)
> *Mon copain a une nouvelle voiture.*

1. Jean a raté son examen de philo? C'est un garçon qui n'a jamais de chance. (pauvre)
2. Roberta et Sylvia? Ce sont des amies de Nicole. (bon / américain)
3. Marc veut une moto. (gros / allemand)
4. M. Martin? C'est mon prof de lycée. (ancien)
5. Julien et Laura ont trouvé un appartement. (beau / moderne)
6. Des billets pour le concert d'Alicia Keyes. Pas question! Nous ne sommes que des étudiants. (pauvre)
7. Ah, regardez! Voilà la copine de Paul. (nouveau)
8. Pour la soirée chez Jacques, je vais mettre une robe. (joli / noir)
9. Laura a acheté un portable. (cher)
10. Quand est-ce qu'il va avoir lieu, notre examen? (prochain)

8 Employez des adjectifs pour décrire les personnes indiquées dans les circonstances suivantes.

> MODELE   votre colocataire / quand il (elle) fait quelque chose que vous n'aimez pas
> *Elle est bête et méchante.*

1. vous / quand vous vous réveillez
2. vos amis / à une soirée
3. vous / avant un examen
4. votre famille / en vacances
5. vous / quand vous sortez avec quelqu'un pour la première fois
6. votre prof de français / quand on ne rend pas les devoirs
7. vous / quand vous rencontrez une personne inconnue à une soirée
8. vos parents / quand vous rentrez très tard

INTERACTIONS

Ma personnalité. Choisissez quatre adjectifs qui décrivent votre personnalité. Comparez ces caractéristiques à celles de vos voisin(e)s de classe et essayez de trouver quelqu'un avec qui vous partagez au moins deux traits en commun. Parmi ces adjectifs, lesquels décrivent également un grand nombre de vos autres voisin(e)s de classe? A partir de ces comparaisons, pouvez-vous faire un portrait type des jeunes Américains?

L'héritage culturel

Claude Monet, *Nymphéas, Giverny*

L'impressionnisme

L'impressionnisme est le nom donné à un mouvement artistique qui se développe en France pendant la seconde moitié du dix-neuvième siècle. C'est une forme d'art qui consiste à rendre les impressions sans insister sur la description des détails. Les impressionnistes privilégient la suggestion et l'évocation dans leurs œuvres.

En peinture

- Une nouvelle génération veut donner une image plus fidèle et vivante des personnes et des choses.
- Ces peintres représentent les objets selon leurs impressions personnelles, même s'il faut scandaliser la presse et le public en allant contre les règles de la peinture traditionnelle. Les tableaux de Claude MONET (1840–1926) symbolisent ce désir de rompre avec la rigide formalité de l'art officiel de son époque.
- La grande originalité des impressionnistes est de peindre et de finir leurs tableaux en plein air pour saisir une impression souvent fugitive de la nature qui change constamment sous les effets de la lumière naturelle.

En musique et en poésie

- Les compositions pour piano et pour orchestre de Claude DEBUSSY (1862–1918) donnent à la musique française un nouveau langage. Le langage musical impressionniste est subtil et dominé par les nuances.
- Dans la musique impressionniste, les sensations sont plus importantes qu'une conception raisonnée ou mathématique de la musique.
- Pour le poète Paul VERLAINE (1844–1896), ce sont les impressions ou les sentiments qui comptent plus que la précision des images poétiques ou les règles traditionnelles de la versification.
- VERLAINE s'inspire de la musique pour donner à sa poésie un pouvoir de suggestion. Il réussit de véritables transpositions musicales des vers par des rythmes légers et doux et des sonorités souvent associées au mode mineur *(minor key)* qui suggère généralement la tristesse.
- DEBUSSY et VERLAINE expriment leur sensibilité par des images délicates et par des nuances, comme les peintres impressionnistes. Certains vers du poète ont même inspiré au compositeur un morceau de musique célèbre, *Clair de lune*.

Il pleure dans mon cœur... (par Paul Verlaine)

apathie, mélancolie

Il pleure dans mon cœur
Comme il pleut sur la ville,
Quelle est cette langueur°
Qui pénètre mon cœur?
O bruit doux de la pluie

Par terre et sur les toits!
Pour un cœur qui s'ennuie,
O le chant de la pluie!
Il pleure sans raison

est sans courage
chagrin d'amour
affliction causée par la
mort de quelqu'un

Dans ce cœur qui s'écœure°,
Quoi! nulle trahison°?
Ce deuil° est sans raison.

C'est bien la pire peine
De ne savoir pourquoi,
Sans amour et sans haine,
Mon cœur a tant de peine!

Source: *Romances sans paroles*, 1874

Compréhension

1. Quels sont certains domaines de l'art où se manifeste l'esprit impressionniste?
2. Vers quelle époque le mouvement impressionniste a-t-il évolué?
3. Pourquoi ce style d'art s'appelle-t-il l'impressionnisme?
4. Pourquoi les impressionnistes ont-ils tendance à peindre leurs tableaux en plein air?
5. Quels éléments de la musique de Debussy sont comparables au style des impressionnistes en peinture?
6. Pourquoi dit-on que la poésie de Verlaine ressemble à de la musique?

Réflexion

A. Dans la première strophe (les 5 premiers vers) du poème, quel est le seul élément que Verlaine emprunte à la nature? Quelle correspondance y a-t-il entre le paysage suggéré et le sentiment qui domine l'esprit du poète?
B. Dans la deuxième strophe, Verlaine fait un rapprochement entre la poésie et la musique. Quelle sorte de musique est évoquée par le poème? Quelle sorte de chanteur ou de musicien pouvez-vous suggérer comme interprète idéal du poème de Verlaine?

Renoir: *Le Déjeuner des canotiers*

Auguste RENOIR (1841–1919) est un peintre impressionniste français connu dans le monde entier. Les sujets préférés de Renoir sont le paysage, les portraits (personnages et nus) et les compositions avec des personnages représentés dans la vie de tous les jours.

Auguste Renoir, *Le Déjeuner des canotiers*

Compréhension

1. Qui est Auguste Renoir? Les tableaux de Renoir représentent surtout quels sujets?

2. Il ne faut pas oublier que c'est d'abord par dérision que leurs contemporains appellent *impressionnistes* les artistes du goupe animé par Monet et Renoir. Suggérez au moins trois éléments du *Déjeuner des canotiers* qui annoncent la *modernité* de Renoir.

Réflexion

A. Que font les personnages de Renoir au moment où il les peint dans *Le Déjeuner des canotiers* (étudiez le titre)? Quel âge ont-ils à peu près? Comment sont-ils habillés? Que font-ils dans la vie, à votre avis? Que peut-on apprendre sur cette époque (la fin du dix-neuvième siècle) en regardant la toile de Renoir?

B. On présente souvent l'impressionnisme comme un mouvement révolutionnaire en rupture avec les conventions de l'art officiel de cette époque souvent sombre, réaliste ou moraliste. Chez Renoir, Debussy et Verlaine, quels sont les sujets traités ou les techniques utilisées qui méritent d'être appelés *modernes*?

Structures II

Il / Elle est and *c'est*

The structures **il / elle est** and **c'est** can all mean *he / she / it is.* However, the two constructions are not interchangeable. Certain grammatical situations require choosing between **il / elle est** and **c'est.** These constructions are outlined as follows.

il / elle est + adjective referring to a specific person or thing	J'aime ce vin. **Il est** bon. Je préfère cette boulangerie. **Elle est** excellente.
il / elle est + unmodified noun referring to a profession	**Il est** marchand.
il / elle est + adjective referring to nationality, political affiliation, or religious persuasion	**Elle est** française.[4] **Il est** protestant.

[4]A noun indicating nationality is usually capitalized **une Française.** Adjectives of nationality are not: **une femme** *française.*

- Note that the article **un / une** is omitted before *unmodified* nouns of profession.

c'est + proper noun	**C'est** Monsieur Dupont. **C'est** Marie.
c'est + pronoun	**C'est** moi. **C'est** elle.
c'est + masculine adjective referring to an idea or situation	Jacques mange trop, **c'est** vrai. Ces légumes ne sont pas bons, **c'est** certain. La salade n'est pas fraîche, **c'est** évident.
c'est + modified noun	**C'est** un bon vin. **C'est** une boulangerie excellente. **C'est** un professeur intéressant. **C'est** une Française cosmopolite. **C'est** le directeur du département.

- Note that **c'est** is used with *any modified noun*, including nouns of profession, nationality, political party, or religious persuasion. The article immediately preceding the noun is considered a modifier.

RAPPEL !

To state a person's profession, nationality, political affiliation, or religious persuasion, you may choose either **il / elle est** or **c'est un(e)**. Remember to omit the indefinite article if you choose **il / elle est** and to retain it if you choose **c'est**. If the noun is modified by an adjective, you must use **c'est un(e)**.

—Qui est cet homme là-bas?   BUT: **C'est** un marchand.
—**Il est** marchand.   **C'est** un marchand de la rue Victor Hugo.

These distinctions also apply to the plural forms of both constructions: **ils / elles sont** and **ce sont**.

J'aime ces vins. **Ils sont** bons.
J'aime bien les Dupont. Ils sont professeurs. **Ce sont** de bons linguistes.

1 Vous faites une promenade dans votre quartier avec un étudiant suisse qui passe le semestre dans votre université. Il pose beaucoup de questions. Complétez vos réponses en utilisant **c'est, ce sont, il / elle est** ou **ils / elles sont.**

—Ce magasin en face de nous, qu'est-ce que c'est?

—_____ une espèce d'hypermarché. _____ très grand.

—Et cette voiture? Qu'est-ce que c'est?

— _____ une Lexus. _____ belle, non? Et _____ rapide aussi.

—Le «Mountain Dew», c'est quoi?

—Oh, ça, _____ une boisson. _____ assez bonne.

—Qui est la personne à qui tu fais signe?

—M. (Mme / Mlle)..., _____ mon professeur de français. _____ très gentil(le).

—Dis, ce grand bâtiment devant nous, c'est quoi?

—_____ une des résidences universitaires. _____ grande, mais _____ assez vieille.

—Et toutes ces personnes là-bas?

—Ah, _____ mes copains. _____ sympas. _____ étudiants en deuxième année, comme moi. Ah, voilà aussi Lisa. _____ ma meilleure copine. Viens, on va déjeuner ensemble.

—D'accord. Mais le grand type mince, là. C'est le type avec qui tu partages ton appart?

—Oui, _____ lui. _____ un étudiant de troisième année.

Possessive Adjectives

The possessive adjectives in French are equivalent to the English terms *my, your, his, her, its, our, their.*

One Possessor	Single Possession	Plural Possessions
my	mon *(m)* ma *(f)*	mes
your (for **tu**)	ton *(m)* ta *(f)*	tes
his / her / its	son *(m)* sa *(f)*	ses

More Than One Possessor	Single Possession	Plural Possessions
our	notre *(m & f)*	nos
your (for **vous**)	votre *(m & f)*	vos
their	leur *(m & f)*	leurs

Mon ami et **ma** cousine adorent **mes** parents.
Ton père et **ta** mère parlent à **tes** amies.
Son frère apporte **ses** affaires, mais **sa** sœur n'apporte rien.
Notre chien et **notre** enfant restent chez **nos** parents.
Votre vélo et **votre** cercle d'amis constituent **vos** distractions préférées.
Leur frère et **leur** sœur n'habitent plus chez **leurs** parents.

The forms **mon, ton, son** are also used before a feminine word beginning with a vowel or a mute **h** for the purpose of pronunciation.

   mon amie   **ton** histoire   **son** école

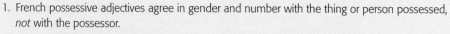

RAPPEL!

1. French possessive adjectives agree in gender and number with the thing or person possessed, *not* with the possessor.

   sa sœur   *his or her sister*   **son** vélo   *his or her bicycle*

2. You must repeat the appropriate possessive adjective before each noun in a series to avoid ambiguity.

   son père et **son frère**   *her father and brother*

3. The choice between **son, sa, ses,** and **leur, leurs** often poses a problem for English speakers. Remember: when **son, sa,** and **ses** are used, there is only one possessor who may possess one thing (**son vélo**) or more than one thing (**ses livres**). When **leur, leurs** are used, there is more than one possessor, but they may possess one thing among them (**leur maison**) or more than one thing (**leurs enfants**).

2 Dans les résidences universitaires françaises, normalement les étudiants habitent seuls dans leur chambre. Ce n'est pas toujours le cas dans les universités nord-américaines. Vous parlez à une étudiante française de la personne avec qui vous partagez votre chambre. Utilisez les adjectifs possessifs appropriés pour compléter la description.

1. J'aime bien _____ copine.
2. Nous partageons _____ chambre, mais nous ne partageons pas _____ affaires.
3. Elle a _____ propre bureau où elle met _____ livres et _____ chaîne stéréo.
4. Les parents de _____ camarade habitent loin d'ici. Ils écrivent souvent et _____ lettres sont toujours amusantes. _____ fille aînée est médecin.
5. Quelquefois il y a un problème avec les amis de _____ copine. Ils viennent trop souvent passer du temps dans _____ chambre et ils laissent _____ affaires partout.
6. Elle a même un ami qui laisse _____ bicyclette dans la chambre et une copine qui met _____ bouteilles d'eau minérale dans _____ réfrigérateur. Mais, normalement, nous nous entendons bien.

 ....

INTERACTIONS

En petits groupes, posez les questions suivantes à vos voisin(e)s de classe. Après chaque réponse, posez une autre question pour avoir des renseignements supplémentaires.

1. Comment est ta famille? Comment sont tes frères et tes sœurs?
2. Tu t'entends bien avec tes parents?
3. Tes copains sont gentils?
4. Ton / Ta meilleur(e) ami(e) habite près de chez toi?
5. Tu as ta propre voiture?
6. Tu sors souvent avec tes copains ou avec tes colocataires?
7. Tu sors le week-end avec ton / ta petit(e) ami(e)?
8. Tu réfléchis déjà à ta carrière?

La Smart: la voiture de rêve!

....

Demonstrative Adjectives

The French demonstrative adjectives are equivalent to the English *this, that, these, those*. As with other adjectives in French, demonstrative adjectives must agree in gender and number with the nouns they modify.

	Singular		Plural	
Masculine	ce (cet)	*this, that*	ces	*these, those*
Feminine	cette		ces	

J'achète **ce** livre avec **cet** argent.
Elle aime **cette** chambre et **ces** affaires.

The alternate form **cet** is used before a masculine singular noun beginning with a vowel or a mute **h.**

cet emploi
cet homme

Cet homme est homme d'affaires.

RAPPEL!

In English, the distinction between *this* and *that* or *these* and *those* is based on the context of the sentence. In French, you add **-ci** and **-là** after the nouns only when you wish to make a direct comparison between the two elements or stress the distance between yourself and a person or object.

Ce CD est bien.

This (That) CD is good.

Ce garçon est mon frère.

That (This) boy is my brother.

BUT:

Ce garçon-ci est mon ami, et **ce garçon-là** est mon frère.

This boy is my friend, and that boy is my brother.

Tu vois **ce livre-là?** Il coûte cher!

Do you see that book (there)? It's expensive!

3 Vous êtes dans un centre commercial avec une étudiante française. Utilisez la forme nécessaire de l'adjectif démonstratif pour compléter la conversation suivante.

—Il y a des vêtements formidables dans _____ magasins. Regarde _____ chemise. Tu préfères _____ chemise ou _____ blouson?

—Je n'aime pas tellement _____ blouson _____; je préfère _____ blouson _____.

—Remarque, il y a aussi _____ vestes en promotion. Je peux peut-être acheter _____ veste rouge, mais _____ veste bleue est encore trop chère, même en solde. Pourtant _____ prix sont en général plus intéressants que les prix des vêtements en France.

—Alors, est-ce que tu vas acheter tous _____ vêtements ou seulement _____ chemise?

—Je pense acheter seulement _____ blouson et _____ veste aujourd'hui. Je veux revenir dans _____ magasins avant mon départ.

SYNTHESE

A. Utilisez une variété d'adjectifs pour faire la description des personnes et des choses indiquées.

1. Comment est votre frère ou votre sœur?
2. Avez-vous un(e) cousin(e) favori(te)? Comment est-il / elle?
3. Comment sont vos parents?
4. Avez-vous un animal familier (un chien, un chat, un perroquet, un poisson)? Comment est-il / elle?
5. Décrivez votre voiture.
6. Comment est votre prof de français? Votre prof de...?
7. Décrivez votre maison, votre appartement ou votre chambre.
8. Faites la description du / de la colocataire idéal(e), du / de la petit(e) ami(e) idéal(e) et du professeur idéal.

B. Roger écrit à son ancien colocataire. Complétez sa lettre en donnant la forme appropriée de l'adjectif possessif.

Salut Jules,

Ça fait longtemps que je ne reçois plus de _____ nouvelles. Comment vas-tu? Et _____ études, _____ travail, _____ petite amie? Moi, je vais très bien. _____ nouvelle voiture est cool! _____ cours ne sont pas trop difficiles cette année. J'aime toujours bien _____ appartement.

Cette année, Paul a beaucoup de problèmes. Il n'aime pas _____ profs. _____ chambre à la résidence universitaire est trop petite. Il a aussi des problèmes avec _____ amie. Bref, il ne va pas très bien.

Tout va bien chez mes parents. _____ nouvelle maison est très belle et pas trop grande. _____ amis apprécient beaucoup la piscine.

Tu vas bientôt m'écrire à propos de _____ nouvelle vie là-bas, n'est-ce pas? _____ commentaires sur la vie me manquent et _____ sens de l'humour aussi.

Amicalement,
Roger

C. Donnez le nom des personnes qui suivent en utilisant **c'est / ce sont** dans vos phrases. Ensuite, décrivez ces personnes en faisant deux phrases avec **il / elle est** ou **ils / elles sont**.

MODELE   votre frère
C'est Rémi.
Il est étudiant. Il n'est pas marié.

1. votre professeur de français
2. vos parents
3. votre petit(e) ami(e)
4. votre camarade de chambre
5. vos meilleurs copains
6. votre frère ou votre sœur
7. votre parent(e) *(relative)* favori(te)
8. votre acteur / actrice préféré(e)
9. votre groupe ou votre chanteur / chanteuse préféré(e)
10. votre professeur de...

INTERACTIONS

Un symbole important. Une «mob», comme dans la photo ci-dessous, représente plus qu'un moyen de transport pour les adolescents français. C'est un signe extérieur de prestige et un symbole d'indépendance. Avec un(e) camarade de classe, choisissez deux symboles de prestige et d'indépendance pour les étudiants de votre âge. Préparez-vous à expliquer vos choix. Ensuite, comparez vos choix à ceux des autres étudiants. Sur quels symboles est-ce que la plupart des étudiants sont d'accord?

Note culturelle

La génération «zapping»

Les 15 à 24 ans d'aujourd'hui représentent une génération de transition. Ils ont grandi dans une période de transition marquée par l'essor de la technologie et le développement de la mondialisation. Ils sont nés Français mais ils vont mener leur vie d'adultes en tant qu'Européens. De plus en plus des membres de cette génération vivent dans des familles monoparentales ou recomposées. Ils sont parfois désorientés par les transitions qu'ils doivent aborder aussi bien que par un manque de stabilité dans le monde et dans leur vie. C'est peut-être pour cela que les centres d'intérêts de cette génération sont multiples, éclectiques et éphémères. Ils changent de passe-temps, de musique et de loisirs comme ils changent souvent de chaîne à la télévision. S'ils sont parfois pessimistes et blasés, ils sont aussi tolérants et pragmatiques. Ils forment des liens avec les autres et le cercle d'amis représente une valeur primordiale. Pour cette «génération zapping», la communication, la consommation, l'agitation et la fête sont des façons de vivre.

Compréhension

1. Résumez les transitions importantes dans la vie des jeunes en France.
2. En quoi les jeunes Français d'aujourd'hui manifestent-ils des tendances contradictoires?
3. Expliquez le terme «génération zapping».
4. Quelles occupations constituent des façons de vivre pour les jeunes en France?

Réflexion

A. Etes-vous d'accord avec l'idée que nous ne vivons plus dans une civilisation du travail mais dans une civilisation de la consommation et des loisirs? Quels arguments peut-on donner pour ou contre ce point de vue?

B. Dressez le portrait des jeunes Américains. Décrivez leurs attitudes, leurs préoccupations, leurs rapports avec les autres et leurs loisirs. Comparez ce portrait des jeunes aux Etats-Unis avec la description de la «génération zapping» en France.

Adverbs

An adverb modifies a verb, an adjective, or another adverb. It tells *how* something is done.

Il parle **facilement.**	*He speaks **easily.***
Il est **finalement** convaincu.	*He is **finally** convinced.*
Elles parlent **terriblement** vite.	*They speak **terribly (very)** quickly.*

In English, most adverbs are easily recognized by the *-ly* ending. In French, many adverbs end in **-ment.** Unlike adjectives, which must reflect the gender and number of the nouns they modify, adverbs show no agreement.

Formation of Adverbs

To form most adverbs in French, add **-ment** to the feminine form of the adjective.

Masculine Adjective	Feminine Adjective	Adverb
final	finale	finale**ment**
cruel	cruelle	cruelle**ment**
premier	première	première**ment**
curieux	curieuse	curieuse**ment**
actif	active	active**ment**
long	longue	longue**ment**
rapide	rapide	rapide**ment**

Certain exceptions to the regular formation of adverbs are summarized as follows.

Adjective Ending	Irregularity	Adjective	Adverb
-i	no **e** added	vra**i**	vrai**ment**
-u	no **e** added	absol**u**	absolu**ment**
-ant	**-amment**	brill**ant**	brill**amment**
		const**ant**	const**amment**
-ent	**-emment**[5]	évid**ent**	évid**emment**
		pati**ent**	pati**emment**
		fréqu**ent**	fréqu**emment**

A few adverbs have completely irregular stems.

Masculine Adjective	Feminine Adjective	Adverb
bref	brève	brièvement
gentil	gentille	gentiment

A few important adverbs are completely different from their corresponding adjectives.

Adjective	Adverb	Adjective	Adverb
bon	bien	meilleur	mieux
mauvais	mal	petit	peu

[5]The **-emment** ending is pronounced the same way as the **-amment** ending.

RAPPEL!

You must be aware of the distinction between describing something and telling *how* something is done. Note that **être** is normally followed by an adjective.

Ce repas est **bon**.	Elle fait **bien** la cuisine.
Ce concert est **mauvais**.	Le groupe chante **mal**.
Ce groupe est **actif**.	Ils jouent **activement**.
Son frère est **petit**.	Il parle **peu**.

Here are some commonly used adverbs.

Time	Place	Frequency	Quantity
aujourd'hui	ici	déjà	assez
demain	là	enfin	beaucoup
hier	là-bas	jamais	peu
maintenant	nulle part	quelquefois	trop
tard	partout	souvent	
tôt	quelque part	toujours	
vite			

Position of Adverbs

The usual position for adverbs used with simple tenses (present, imperfect, simple future, etc.) is directly following the conjugated verb.

> Il finit **facilement** ses devoirs.
> Elles répondent **bien** aux questions.
> Nous terminons **toujours** à neuf heures.

Many adverbs of time, place, frequency, and manner may also be placed at the beginning or the end of a sentence.

> **Demain,** nous allons partir.
> Nous allons partir **demain.**

Any adverb that depends on the verb for its meaning, such as adverbs of quantity, must be placed directly after the verb.

> Il parle **assez** en cours.
> Vous allez **trop** au café.
> Elles aimeraient **beaucoup** nous accompagner.
> Je fais **mieux** la cuisine.

RAPPEL!

In French an adverb can never be placed after the subject, as is often done in English.

I **finally** speak French.	Je parle **enfin** le français.
The Martins **always** arrive on time.	Les Martin arrivent **toujours** à l'heure.
He **already** knows the truth.	Il sait **déjà** la vérité.

4 Comment agissent-ils *(act)*? Chaque phrase complète contient un adjectif. Remplissez le blanc avec l'adverbe correspondant.

1. Paul a un petit appétit. Il mange _____.
2. Ma mère est très patiente. Elle écoute _____.
3. Mon prof de français est gentil. Il répond _____ à nos questions.
4. Ce groupe de rock est mauvais. Les musiciens jouent _____.
5. Mon copain est un étudiant brillant. Il réussit _____ aux examens.
6. Sting est un bon chanteur. Il chante _____.
7. Je vais avoir une conversation très brève avec mon prof. Je parle toujours _____ aux profs.
8. Mon / Ma colocataire a un problème sérieux. Nous parlons _____.

5 Ajoutez un adverbe de la liste à chacune des affirmations suivantes pour décrire vos activités et celles de vos amis.

Adverbes: beaucoup, bien, déjà, fréquemment, lentement, mal, peu, rarement, souvent, toujours,???

1. Je danse.
2. Mes copains sortent pendant la semaine.
3. En cours de français, on parle français.
4. Les étudiants font des soirées.
5. Vous vous amusez en classe.
6. Les jeunes sortent en groupe.
7. Mes amis et moi, nous bavardons au téléphone.
8. Mon prof de... comprend les problèmes des étudiants.
9. Nous pensons aux vacances.
10. Mon meilleur ami / Ma meilleure amie m'écrit des lettres.

Nous pensons aux vacances!

POUR S'EXPRIMER

CD1, Track 7

A l'écoute

Mise en scène

Ecoutez d'abord l'interview «Les jeunes s'amusent», puis faites les activités qui suivent.

Contexte: Un journaliste parisien doit faire une série de reportages sur les jeunes Français d'aujourd'hui. Il se rend donc dans la rue pour enregistrer des jeunes qui veulent bien répondre à ses questions. Il s'approche des enfants Dumont—Philippe, Béa et Bruno.

Avant d'écouter

1. Que faites-vous pour vous amuser avec vos copains?
2. Combien dépensez-vous environ par semaine pour les loisirs?
3. Recevez-vous encore de l'argent de poche de vos parents?
4. Avez-vous votre propre voiture? Si oui, depuis quand?

Compréhension

1. Faites une liste des activités que Béatrice, Bruno et Philippe font avec leurs amis. Comment s'amusent les jeunes du même âge (douze, seize et dix-huit ans) que vous connaissez?
2. Béatrice dit qu'elle attend désespérément le jour où Philippe va savoir conduire, car elle veut prendre sa «mob». Dans le contexte du dialogue, qu'est-ce qui vous aide à comprendre le mot «mob»?
3. Pour s'adresser individuellement aux trois jeunes Français, le journaliste choisit entre la forme «vous» et la forme «tu». Qui vouvoie-t-il? Qui tutoie-t-il? Est-ce qu'il change de pronom quelquefois? Essayez d'expliquer pourquoi.
4. On fait une enquête sur la vie sociale des étudiants. Créez un dialogue en jouant le rôle du journaliste et des jeunes Français et interviewez vos camarades.

A vous la parole

Voici une liste d'expressions employées pour exprimer votre accord ou votre désaccord. Lisez les phrases suivantes et répondez en utilisant les expressions de la liste.

D'accord	Pas d'accord
En effet.	Alors, là...
Entendu.	C'est possible, mais...
Excellente idée.	Ecoute!
Oui, bien sûr!	Eh bien, moi...
Oui, oui, ça va.	Mais non!
Pas de problème!	Pas du tout!
Super!	Pas question!

MODELE —Tu peux m'aider pour mes devoirs de français?
—*Oui, bien sûr! Tu es libre jeudi après-midi?*
ou: —*C'est possible, mais je ne suis libre que vers quatre heures.*

1. Tu veux faire des recherches avec moi à la bibliothèque lundi soir?
2. On va au match de football ensemble samedi après-midi?
3. Est-ce que je peux prendre ta voiture pour le week-end?
4. Je suis sûr(e) que tu vas prendre une chambre à la cité universitaire l'année prochaine.
5. Tu veux sortir avec mon / ma colocataire samedi soir, n'est-ce pas?
6. Mon copain / Ma copine vient passer le week-end et il / elle va dormir dans notre chambre.
7. Je vais te retrouver au restaurant universitaire à midi.
8. Est-ce que je peux mettre ton nouveau pull-over pour la soirée?
9. Tu veux nous accompagner au festival du film étranger?
10. ???

On fait du sport ce week-end?

Situations orales

A. En petits groupes, composez trois ou quatre phrases pour décrire la vie des jeunes adultes nord-américains. Ensuite, présentez les idées de votre groupe aux autres qui vont expliquer pourquoi ils sont d'accord ou pas.

B. Parlez de trois aspects intéressants de la vie des jeunes adultes en France. A partir de vos idées, vos camarades vont composer des phrases pour comparer la vie des Français et des Nord-Américains de cet âge.

Structures III

The Comparative and Superlative of Adjectives

The Comparative (to compare two elements)

To form the comparative of adjectives, place **plus, moins,** or **aussi** before the adjective and **que** after the adjective. The adjective must agree in gender and number with the first of the two nouns or pronouns used in the comparison.

plus... que	*more . . . than*	Ces cafés sont **plus intéressants que** les autres.
moins... que	*less . . . than*	Lucien est **moins bavard que** Marie.
aussi... que	*as . . . as*	Je suis **aussi intelligente que** toi.

The adjective **bon** has an irregular comparative form, **meilleur** *(better)*, that shows all standard gender and number agreements.

Ce café-ci est **meilleur** que ce café-là.

Les boissons ici sont **meilleures** que là-bas.

- Note that **aussi** may be replaced by **si** in a negative sentence.

  Cette actrice n'est pas **si** amusante **que** l'autre.

When preceding a noun and comparing amounts or quantities, **plus que, moins que,** and **aussi que** become **plus de** *(more than)*, **moins de** *(less than)*, and **autant de** *(as much* or *as many as)*.

The Superlative (highest degree of comparison)

To form the superlative of adjectives, place the appropriate definite article and **plus** or **moins** before the adjective and **de** after the adjective.

Il est **le plus intelligent de** la classe.

Cette voiture est **la moins chère de** toutes les voitures.

Nos amis sont **les plus loyaux du** monde.

RAPPEL!

1. When a noun is included in the superlative construction, the adjective is placed in its normal position and shows the appropriate agreement. If the adjective normally precedes the noun, the superlative construction is similar to the English superlative.

   C'est **la plus belle étudiante** de la classe.

   Ce sont **les meilleures distractions** de la ville.

   If the adjective normally follows the noun, its complete superlative form, including the appropriate definite article, must follow the noun. The noun itself will still be preceded by its own definite article or possessive adjective.

   C'est **le livre le plus intéressant** de tous.

   C'est **le moment le moins heureux** de ma vie.

   Ce sont **les membres les plus actifs** du club.

2. Remember that the preposition **de** is used after the superlative as the equivalent of *in* or *of*.

1 Le mode de vie de la famille Dumont nous permet de comparer les façons de vivre aux Etats-Unis et en France. Utilisez les éléments indiqués pour faire des phrases comparatives.

MODELE   la cuisine française / être / élégant / la cuisine américaine
         La cuisine française est plus élégante que la cuisine américaine.

1. un appartement français / être / grand / un appartement américain
2. un repas chez McDonald's / être / long / un repas français traditionnel
3. les devoirs de classe en France / être / difficile / les devoirs aux Etats-Unis
4. le week-end en France / être / long / le week-end aux Etats-Unis
5. les examens américains / être / difficile / les examens français
6. les CD en France / être / cher / les CD aux Etats-Unis
7. un campus américain / être / moderne / une université française
8. les voitures américaines / être / gros / les voitures françaises

2 Vous passez l'été en France chez Mme Virenque, une dame qui se plaint souvent des changements dans la société. Employez les éléments suivants pour faire des phrases comparatives qui expriment les idées de Mme Virenque.

1. l'environnement naturel / pollué
2. les produits aux supermarchés / artificiels
3. la nourriture / bonne
4. les jeunes / sérieux
5. la société / matérialiste
6. la vie / simple
7. les problèmes / compliqués
8. les gens / stressés

3 Une amie américaine adore sa vie en France. Elle écrit une lettre pleine de superlatifs pour le dire. Transformez les phrases suivantes en utilisant la forme superlative des adjectifs indiqués. Attention au changement d'articles.

MODELES Notre-Dame est une cathédrale. (beau / pays)
Notre-Dame est la plus belle cathédrale du pays.

C'est un voyage. (intéressant / ma vie)
C'est le voyage le plus intéressant de ma vie.

1. Paris est une ville. (beau / monde)
2. Je fais des promenades. (long / ma vie)
3. La Sorbonne est une université. (ancien / France)
4. Le Louvre est un musée. (varié / Paris)
5. Le Quartier latin est un quartier. (célèbre / la Rive gauche)
6. Les Tuileries sont un jardin. (magnifique / la ville)
7. La tour Maine-Montparnasse est un bâtiment. (haut / Paris)
8. C'est un voyage. (bon / ma vie)

Un des jardins les plus fréquentés de Paris: le Jardin des Tuileries

4 Vous vous rendez en France et vous voyagez dans le pays. Employez les éléments indiqués pour faire des phrases superlatives qui expliquent certains choix que vous faites.

MODELE Nous visitons un village. (pittoresque / la France)
C'est le village le plus pittoresque de la France.

1. Prenons le train. (rapide / le continent européen)
2. Nous allons descendre dans cet hôtel. (moderne / la ville)
3. Je veux visiter ce château. (beau / la région)
4. Ce musée me plaît beaucoup. (intéressant / la ville)
5. Dînons dans ce restaurant. (bon / le quartier)
6. Allons nous amuser sur cette plage. (belle / la France)

INTERACTIONS

Mettez-vous en petits groupes. Pour chacune des catégories suivantes, faites des phrases en utilisant la forme superlative des adjectifs. Ensuite, comparez les réponses du groupe. Etes-vous d'accord ou pas?

Catégories: un bon acteur, une bonne actrice, un(e) athlète sympa, une émission de télévision intéressante, une bonne équipe de baseball (football, basket), un bon film, un sport passionnant

The Comparative and Superlative of Adverbs

The Comparative

The comparative of adverbs is formed in the same way as the comparative of adjectives. Remember, however, that adverbs are invariable.

Elle parle **aussi lentement que** son frère.

Ils travaillent **moins bien que** vous.

Nous finissons **plus vite que** les autres.

The adverb **bien** has the irregular comparative form **mieux que** *(better than)*.

Vous répondez **mieux que** Charles.

Je m'amuse **mieux** ici **qu'**au café.

The comparative of **beaucoup de** is **plus de.**

Marie **a plus d'**amis que son frère.

Il y a **plus de** vingt personnes dans cette classe.

The Superlative

To form the superlative of adverbs place **le plus** or **le moins** before the adverb. Because adverbs are invariable, **le** is always used in the superlative construction.

Ils travaillent **le plus sérieusement de** tout le groupe.

Pierre écoute **le moins attentivement de** toute la classe.

Mais Béatrice répond **le mieux de** tous les élèves.

- Note that **de** is also used with the superlative of adverbs as the equivalent of *in* or *of.*

RAPPEL!

The comparative and superlative forms of the adjective **bon** and the adverb **bien** may pose more problems in French than in English. Compare the following forms.

good	*better*	*best*
bon	meilleur(e)	le / la / les meilleur(e)(s)
well	*better*	*best*
bien	mieux	le mieux

- Note that **être** is usually followed by an adjective; other verbs are followed by adverbs.

5 Vous expliquez comment on fait certaines choses en France. Comparez les cultures américaine et française en complétant chacune des phrases suivantes. Utilisez le comparatif de l'adverbe entre parenthèses.

1. Les Français mangent _____ les Américains. (lentement)
2. Mais en France, on mange _____ aux Etats-Unis. (bien)
3. Le TGV roule _____ les trains Amtrak. (vite)
4. Un lycéen français doit étudier _____ un élève de l'école secondaire aux Etats-Unis. (sérieusement)
5. Les étudiants américains travaillent _____ les étudiants français. (attentivement)
6. Les jeunes Français sortent _____ les jeunes Américains. (souvent)

INTERACTIONS

La consommation et les jeunes. Lisez le petit article sur les jeunes et la consommation en France. Ensuite, discutez de l'article en répondant aux questions pour comparer la consommation des jeunes Français et la situation des jeunes Américains.

...mais la consommation occupe une place centrale.

Le budget des 15–24 ans varie fortement en fonction de l'âge. Il représente en moyenne 130 € par mois pour les 15–17 ans, en tenant compte de l'argent de poche et de toutes les autres rentrées d'argent. Les 18–20 ans disposent de 500 € et les 21–24 ans de 600 €, mais la moyenne intègre les rémunérations de ceux qui ont un emploi.

Le premier poste de dépenses concerne l'apparence (habillement, hygiène-beauté), devant les sorties et loisirs, puis les frais de téléphone. Les dépenses moyennes des étudiants sont surtout consacrées aux loisirs (100 € par mois); les deux tiers possèdent un téléphone portable, la moitié un ordinateur et plus d'un tiers sont personnellement connectés à Internet. Outre leurs propres achats, les jeunes influencent une grande partie de ceux de leur entourage familial.

Les attitudes et les comportements des jeunes sont semblables dans la plupart des pays développés. Beaucoup sont des consommateurs plutôt boulimiques, mais ils font preuve en même temps d'une attitude critique à l'égard de la société de consommation. Ils balancent entre la volonté de marquer leur différence et celle d'appartenir à un groupe. Plus pragmatiques que révoltés, plus réalistes qu'idéalistes, ils sont attachés à leur liberté de mouvement et recherchent des émotions renouvelées. Adeptes des produits nouveaux et des marques branchées, ils «craquent» facilement devant les innovations et sont sensibles au design, à l'esthétique et aux matériaux. Mais ils prennent un malin plaisir à dérouter ceux qui veulent les récupérer (créateurs de mode, professionnels du marketing, publicitaires...); ils changent alors d'attitude ou détournent les produits.

---

1. Les 21 à 24 ans disposent de combien d'argent par mois? De qui reçoivent-ils cet argent?
2. Quelles sont les dépenses les plus importantes des jeunes?
3. Combien dépensent les étudiants par mois en général? Quels articles de luxe est-ce qu'ils possèdent?
4. Quel est le rapport entre les achats des jeunes et ceux de leur famille?

SYNTHESE

A. Donnez votre point de vue personnel en comparant divers aspects de la vie d'étudiant. Choisissez un adjectif approprié pour chaque comparaison.

1. un cours de français / un cours de maths
2. mon université / la Sorbonne
3. notre restaurant universitaire / un restaurant en ville
4. ma chambre / la chambre de mon ami(e)
5. un examen de français / un examen d'anglais
6. mon prof de français / mon prof de...
7. ma dissertation / la dissertation de mon ami(e)
8. ???

B. Le permis de conduire en France et chez vous. Chacune des phrases suivantes explique comment les jeunes en France obtiennent le permis de conduire. Employez les éléments indiqués pour comparer la situation dans votre pays.

1. A seize ans, on peut conduire si on est accompagné.
   Chez nous, on peut conduire quand on / être / jeune
2. L'accompagnateur doit avoir plus de 28 ans.
   Chez nous, il / être / âgé
3. On doit faire un stage de formation de 20 ou 30 heures dans une auto-école.
   Chez nous, le stage en auto-école / être / long
4. Les frais du stage et de l'examen s'élèvent à plus de 700 euros.
   Chez nous, obtenir le permis de conduire / coûter / cher
5. On passe l'examen à l'âge de 18 ans.
   Chez nous, on peut passer l'examen quand on / être / jeune
6. En général, seulement 50% des candidats sont reçus quand ils passent l'examen pour la première fois.
   Chez nous, les candidats qui réussissent / être / nombreux
7. L'examen est très difficile.
   Chez nous, il / être / difficile
8. Le permis de conduire est valable indéfiniment.
   Chez nous, il / être / valable / longtemps

J'ai seize ans et j'adore conduire.

Note culturelle

Le profil des jeunes gens

Le profil des jeunes Français de 20 ans est difficile à réaliser: impossible de les classer comme «tous pareils», car leurs goûts sont éclectiques et leur univers est flou. En voici quatre.

Wassyl Derrough
L'ami des vieilles dames

- Habite à Franconville (Val-d'Oise) avec sa mère et son frère. Volontaire dans une association d'aide à domicile pour les personnes âgées et aux Restos du Cœur.
- Signe distinctif: coupe «à la Gnarl Barclay» (son groupe préféré).
- Son rêve: travailler dans l'humanitaire.
- Son angoisse: «Perdre ma mère.»
- N'a pas voté en 2007: «Ségo, c'est pas mieux que Sarko.»

Anne-Laure Poisson
La scout

- Etudiante en lettres. Toujours chez ses parents dans le 17e à Paris.
- Signe distinctif: cheftaine de louveteaux.
- Son rêve: «Concilier une vraie carrière et une vie de famille, comme ma mère.»
- Son angoisse: «Me retrouver coincée dans une vie que je n'aurais pas voulue.»
- A voté Royal en 2007.

Caroline Calderon
La fashionista

- Etudiante dans une école de stylisme. Vit chez sa mère dans le 15e à Paris.
- Signe distinctif: une passion pour Marie-Antoinette.
- Son rêve: «Rendre les gens beaux.»
- Son angoisse: «Ne plus avoir d'idées.»
- A voté Bayrou au premier tour en 2007, puis blanc au second.

Mathilde Champenois
L'écolo

- Etudiante dans une école de commerce à Marseille. Vit seule.
- Signe distinctif: n'a pas une minute à elle, «même pour tomber amoureuse».
- Son rêve: «Ne pas faire des sous aux dépens de la planète.»
- Son angoisse: «Etre inutile.»
- A voté Bayrou au premier tour en 2007, puis Sarkozy au second.

Source: «*Avoir 20 ans en 2008*», *Le Nouvel Observateur*, No. 2266 du 10 au 16 avril, 2008, pp. 8, 9, 10, 12

Compréhension

1. Où habitent la plupart de ces jeunes Français?
2. Trouvez-vous que les attitudes de ces jeunes Français sont plutôt similaires ou différentes des attitudes des jeunes d'Amérique du Nord?
3. Quelle sorte de bonheur cherchent ces jeunes en France?
4. Connaissez-vous des jeunes Américain(e)s qui ne font pas d'études universitaires? Que font-ils dans la vie? Quels sont leurs rêves et leurs angoisses?

Réflexion

A. En petits groupes, utilisez les profils comme modèles et composez le profil du (de la) jeune Américain(e) typique. Donnez quelques caractéristiques essentielles de votre génération. En quoi ressemblez-vous aux Français de votre âge et en quoi différez-vous d'eux?

B. Voici une liste de certains des grands problèmes de notre époque. Quelle importance ont-ils dans votre société et surtout parmi vos amis? Classez ces problèmes par ordre d'importance. Pouvez-vous y ajouter d'autres problèmes?

Problèmes: la délinquance, la drogue, les droits des jeunes, l'immigration, les malades et les handicapés, la pauvreté, le racisme, le sida, la dépression

Numbers

Cardinal Numbers

0	zéro	14	quatorze	51	cinquante et un
1	un (une)	15	quinze	60	soixante
2	deux	16	seize	61	soixante et un
3	trois	17	dix-sept	70	soixante-dix
4	quatre	18	dix-huit	71	soixante et onze
5	cinq	19	dix-neuf	80	quatre-vingts
6	six	20	vingt	81	quatre-vingt-un
7	sept	21	vingt et un	90	quatre-vingt-dix
8	huit	22	vingt-deux	91	quatre-vingt-onze
9	neuf	30	trente	100	cent
10	dix	31	trente et un	101	cent un
11	onze	40	quarante	200	deux cents
12	douze	41	quarante et un	201	deux cent un
13	treize	50	cinquante		

1 000	mille
1 005	mille cinq
2 000	deux mille
2 010	deux mille dix

1 000 000	un million
1 000 000 000	un milliard

English and French differ in their use of commas and decimal points in writing numbers. Where a decimal point is used in English, a comma is used in French: *41.5 miles* = **66,4 kilomètres.** For numbers over 1,000, only a space is used: **10 000 euros.**

RAPPEL!

1. Beginning with **deux cents**, there is an **s** on the number **cent,** unless it is followed by another number (**deux cents** but **deux cent cinq**). **Mille** never has an **s.** When expressing a year, **mil** may be used instead of **mille** when it is the first word in a date: **mil neuf cent vingt** (1920).

2. For hundreds and thousands, there are no equivalents in French for the preceding *a* or *an* or the following *and* frequently used in English.

cent cinq	*a hundred and five*
mille cinquante	*a thousand and fifty*

To say a telephone or fax number in French, you have to group the numbers and not say each number individually the way we do in English. For 01 42 61 54 33, you would say **zéro un, quarante-deux, soixante et un, cinquante-quatre, trente-trois.** When giving North-American telephone and fax numbers in France, group them in similar fashion: (212) 684–3725 = **deux cent douze, six cent quatre-vingt-quatre, trente-sept, vingt-cinq.**

Ordinal Numbers

Most ordinal numbers are formed by adding **-ième** to the cardinal numbers. If the cardinal number ends in **e**, that **e** is dropped.

deux	**deuxième**
quinze	**quinzième**
dix-sept	**dix-septième**
trente	**trentième**
cinquante et un	**cinquante et unième**
cent trois	**cent troisième**
deux mille	**deux millième**

There are a few exceptions to the regular formation of ordinal numbers.

un (une)	**premier (première)**
cinq	**cinquième**
neuf	**neuvième**

- Note that the term **second** generally replaces **deuxième** when there are no more than two items in question.

  Jean-Marc est le **second** fils des Martin. Il y a deux garçons dans la famille.

RAPPEL !

1. With titles and dates, French uses cardinal numbers where English uses ordinal numbers. The only exception is **premier.**

le premier novembre	François I (Premier)
le onze septembre	Louis XIV (Quatorze)
le vingt-trois juin	Benoît XVI (Seize)

2. When cardinal and ordinal numbers are used together, the cardinal number precedes the ordinal, which is the reverse of English usage.

   les **deux premières** pages   les **quatre dernières** semaines

Collective Numbers

To express the idea of an approximate quantity (*about* + number), the ending **-aine** is added to the cardinal numbers 10, 12 (**douzaine** = precisely 12), 15, 20, 30, 40, 50, 60, and 100. Any final **e** is dropped, and the **x** in **dix** becomes a **z**. When followed by a noun, the collective numbers require the partitive **de.**

une dizaine	*about 10*
une cinquantaine	*about 50*
une soixantaine	*about 60*
une centaine de voitures	*about 100 cars*

The following form is irregular and masculine:

un millier de personnes	*about a thousand people*

6 De retour d'un voyage en France, vous parlez à un(e) camarade de classe au sujet des prix à Paris. Employez les éléments suivants pour expliquer les prix que vous avez payés en euros.

MODELE   Un jean / 70
         Ça coûte 70 euros.

1. un CD / 15
2. un sac à dos / 40
3. un billet de cinéma / 6
4. un livre sur le Musée d'Orsay / 37
5. des souvenirs de Montmartre / 16
6. un dîner au restaurant / 26
7. une boisson au café / 4
8. l'entrée dans un club / 20
9. un sandwich, une boisson, des chips / 4
10. un poster des Champs-Elysées / 12
11. un carnet de tickets de métro / 10,90
12. une chambre d'hôtel / 85
13. un taxi pour rentrer à l'hôtel / 15
14. un billet de RER pour aller à l'aéroport Charles de Gaulle / 8

7 Complétez chaque phrase par le nombre ordinal approprié.

1. Je suis étudiant(e) en _____ année à l'université.
2. Le _____ siècle *(century)* s'est terminé à la fin de l'an 2000.
3. C'est mon _____ semestre de français à l'université.
4. Mon _____ cours commence à... heures du matin.
5. Victor Hugo est un auteur du _____ (XIXe) siècle.
6. Mon _____ cours se termine à... heures de l'après-midi.
7. Pour lundi prochain, il faut lire les deux _____ chapitres dans le manuel d'histoire.
8. La _____ Guerre mondiale commence en Europe en 1939.

8 Vous donnez quelques renseignements sur votre université à un ami français. Complétez chaque phrase par la forme numérique appropriée.

1. Je suis étudiant(e) en _____ année.
2. Dans une classe typique, il y a une _____ d'étudiants.
3. Les cours commencent toujours vers le _____ août.
4. Au total, il y a à peu près _____ étudiants dans mon université.
5. Le numéro de ma chambre à la résidence est le _____.
6. Les examens ont lieu pendant les _____ semaines de décembre.
7. Le nouveau semestre commence vers le _____ janvier.
8. Mon numéro de téléphone est le _____.

INTERACTIONS

Les loisirs et les jeunes. Lisez le petit article sur les loisirs des jeunes en France. En petits groupes, faites une comparaison entre les loisirs des jeunes Français et des jeunes Américains. Comparez les réponses des groupes. Est-ce que les groupes sont d'accord sur les loisirs principaux des jeunes en Amérique?

Les loisirs varient selon les tranches d'âge.

70% des 8–10 ans pratiquent un sport au moins deux fois par semaine (contre 90% des 15–24 ans qui disent avoir pratiqué un sport). L'audiovisuel occupe une place centrale dans leurs loisirs et, parmi les 11–20 ans, 74% ont un téléphone portable et 80% envoient ou reçoivent des SMS tous les jours (Médiamétrie, 2004). A partir de 11 ans, les centres d'intérêt évoluent: 84% des 11–19 ans placent la musique au premier rang, devant la discussion avec les amis (76%), la télévision (73%) et le cinéma (66%). 59% des 11–18 ans disposent de leur propre poste de télévision (64% des garçons, 54% des filles). 83% imposent même leur choix sur les programmes entre 18 h et 19 h, 73% entre 19 et 20 h, 64% entre 20 h et 20 h 30, 87% après 20 h 30 lorsqu'il n'y a pas cours le lendemain, 54% dans le cas contraire. 71% lisent des journaux ou des magazines. 90% vont au cinéma au moins une fois par an. Les deux tiers des 11–19 ans ont un ordinateur à leur disposition, à l'école ou à domicile.

Les enfants d'aujourd'hui se distinguent de leurs aînés par un usage plus diversifié de l'audiovisuel, un plus grand intérêt pour les activités sportives et artistiques et un fort besoin de sociabilité. Les sorties et les relations amicales jouent un rôle essentiel. Les sports le plus pratiqués sont, par ordre décroissant, la natation, le basket, le VTT, le roller. Les visites culturelles sont souvent initiées par la famille ou l'école. Les garçons sont plus tournés vers les nouvelles technologies et les activités extérieures, les filles vers les loisirs d'intérieur et la culture scolaire.

Situations écrites

A. Faites une description de votre situation financière, puis comparez votre situation à celle des jeunes Français. Travaillez-vous? Comment dépensez-vous votre argent? Quels achats faites-vous souvent, assez souvent ou rarement?

B. Votre correspondant(e) vous demande si vous êtes sportif(-ive). Faites une description de l'influence du sport dans votre vie. Faites-vous du sport? Si oui, lesquels? A quelle fréquence? Quelles compétitions sportives aimez-vous regarder à la télé? Est-ce que vos amis font du sport? Si oui, lesquels? A quelle fréquence?

A lire

Texte de culture contemporaine

Sujets de réflexion

En France, la réussite se base souvent sur les études qu'on fait. Plus on avance dans le système éducatif, plus on a de chances de réussir. Mais l'avancement n'est pas toujours facile, surtout pour les jeunes qui viennent de certains milieux défavorisés. D'après vos propres expériences, quelles sont certaines des difficultés qu'il faut affronter quelquefois?

Guide de lecture

Le portrait suivant d'un immigré du Congo et de sa famille donne une idée des problèmes et des attitudes que confrontent les jeunes de la deuxième génération des familles immigrantes. Les parents ont tout fait pour faciliter le succès de leurs quatre enfants qui ont tous profité des avantages que leurs parents ont essayé de créer pour eux. C'est Larissa, leur fille, qui a peut-être le mieux appris à monter «l'escalateur social». Dans un portrait biographique d'un immigrant, père de famille, quels détails voulez-vous y trouver à propos de cette personne et de sa famille?

Dans la famille «méritocratique» Larissa, 20 ans, en prépa°

post-secondary preparation

Chez les Mbemba, l'escalateur social fonctionne à plein régime: *«C'est l'esprit de la maison, la meilleure forme d'intégration»*, dit Claude, 43 ans. Arrivé à Paris à 24 ans,
5 cet ancien étudiant en sciences politiques originaire du Congo a commencé comme magasinier dans un supermarché parisien. De formation en promotion, il est devenu directeur du magasin. *«A l'époque, les*
10 *clients demandaient à voir le "vrai chef":*

Larissa, étudiante

ça ne pouvait pas être un Noir!» se souvient-il. Depuis, il a fait plusieurs métiers, et travaille aujourd'hui comme consultant import-export. Sa femme Cathy, secrétaire de direction, a repris ses études à 40 ans pour décrocher° un diplôme d'infirmière°...
get / nursing
En vingt ans, la famille est progressivement passée d'[un] petit appartement... à [un]
15 quatre-pièces confortable acheté en 1986... Claude et Cathy ont tout fait pour éviter les cités, une des clés, pensent-ils, de la réussite de leurs enfants. *«Vous voyez, ce n'est pas trop un environnement black ici»*, dit l'ancien dirigeant local de SOS-Racisme°.
anti-racism group

Larissa, sa fille de 20 ans, est, elle, convaincue qu'elle aurait été tout aussi brillante dans n'importe quel environnement: *«La réussite c'est d'abord dans la tête.»*
20 Elle n'en revient pas de voir, autour d'elle, ce qu'elle appelle le «decenseur social». *«Des fils de médecins, des jeunes qui ont tout pour eux, mais qui n'en font rien, qui n'ont aucune perspective, aucun projet...»* Cathy trouve ses enfants *«bien plus ambitieux qu'ils ne l'étaient à leur âge: ils voient plus loin que nous».* L'aînée a

intégré une école de commerce. La troisième est en école d'infirmière. Le petit
selected 25 dernier veut être ingénieur... Quant à Larissa, repérée° dès le lycée par
program to identify le programme° de détection de hauts potentiels de l'Essec°, elle est en deuxième
high-achievers année de prépa scientifique dans un grand lycée parisien. *«La discrimination existe,*
dit-elle, *mais elle s'exerce surtout au niveau intermédiaire. Le meilleur moyen d'y*
échapper, c'est d'être au top niveau. La société française est si élitiste!» Son objec-
30 tif? Travailler dans la finance, à l'étranger. Bien gagner sa vie. Et s'acheter un loft!
Pour elle, la réussite matérielle est importante: *«Je ne veux pas être richissime, mais*
pouvoir réaliser mes rêves. Acheter des beaux vêtements, partir en vacances où je
veux, profiter de la vie.» Larissa sait qu'elle gagnera bien plus que ses parents...
scholarship En attendant, elle a décroché la bourse° d'une grande entreprise qui finance sa
one of the prestigious 35 scolarité. Travaille l'été, comme secrétaire. Et rêve d'intégrer Centrale°...
grandes écoles

Source: «Le Bel Age Quand Même», *Le Nouvel Observateur*,
No 2266 du 10 au 16 avril, 2008, pp. 40–41.

Après la lecture

1. Décrivez l'avancement socio-économique de Claude, le père de Larissa. Quelles attitudes discriminatoires a-t-il été forcé de confronter? Quelles sont les ambitions de la mère?
2. Pourquoi la famille de Larissa a-t-elle tout fait pour éviter d'habiter dans les cités?
3. Que font le frère et les sœurs de Larissa?
4. Selon Larissa, quelle est la clé de la réussite?
5. Comment la France essaie-t-elle d'aider les jeunes qui viennent de milieux moins avantagés?
6. Quelles sont les ambitions matérielles de Larissa?
7. Comment est-ce que Larissa finance ses études? Quelle profession veut-elle exercer à l'avenir?
8. Trouvez-vous que la situation de Larissa ressemble à ou diffère de celle des jeunes Américains qui vivent dans les mêmes circonstances sociales?

Texte littéraire

Sujets de réflexion

1. Pour une jeune personne, l'âge de dix-sept ans marque souvent un moment d'émancipation individuelle. Quelles conditions de vie sont particulièrement disposées aux changements chez les jeunes de 15 à 18 ans? Quelles idées ou attitudes, quels comportements sociaux semblent se manifester dans les milieux où vous évoluez?

2. Si vous avez l'idée d'écrire un poème à propos d'un premier grand amour, quels sont les éléments que vous choisissez d'inclure dans vos vers (la saison de l'année, les endroits de rendez-vous, etc.)?

A propos de l'auteur...

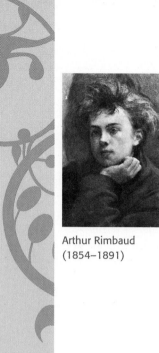

Arthur Rimbaud
(1854–1891)

Arthur Rimbaud *est né en 1854 à Charleville, ville triste et grise près de la frontière belge. Le jeune Arthur est un enfant prodige. Certains de ses professeurs de collège l'encouragent à s'exprimer en poésie, ce qu'il fait avec une grande aisance et une remarquable originalité. Mais, comme il arrive parfois chez des adolescents excessivement doués et précoces, le jeune Rimbaud se révolte contre tout: famille, religion, éducation, moralité conventionnelle et conformisme social. Il arrive à faire publier bon nombre de ses poèmes et veut surtout se faire connaître dans les milieux littéraires parisiens. En 1870, il réalise son rêve. Le poète Paul Verlaine, qui a dix ans de plus que Rimbaud, l'invite à Paris. Bientôt, les deux hommes quittent la capitale pour mener ensemble une vie vagabonde et aventureuse. Leur existence, souvent jugée scandaleuse, finit en 1873 par un drame à Bruxelles où Verlaine blesse son ami d'un coup de revolver. Rimbaud continue d'écrire des poèmes pendant encore deux ans avant de dire définitivement adieu à toute carrière littéraire. Après 1875, Rimbaud, âgé de 21 ans, cesse d'écrire. Il mène alors pendant 16 ans une existence complètement différente pendant laquelle il est surtout explorateur et commerçant en Arabie et en Abyssinie. Rimbaud meurt à l'âge de 37 ans ayant coupé avec son propre passé littéraire. Le poème intitulé* Roman *a été composé par Rimbaud en septembre 1870. Il appartient donc aux vers composés par ce précoce adolescent de 15 ans. C'est l'histoire d'un amour qui entre, pour la première fois, dans la vie d'un garçon conscient de se trouver entre les jeux d'enfant et le «sérieux» de l'âge d'adulte.*

Guide de lecture

1. Le titre de ce poème, *Roman*, fait penser à un autre genre littéraire. En quoi sont divisés la plupart des romans *(novels)*? Quels éléments typographiques du poème suggèrent de telles *(such)* divisions?
2. Un roman raconte un récit, c'est-à-dire une histoire ayant un début et une fin. La première strophe et la dernière strophe du poème se ressemblent. Quels sont le point de départ et le point de retour du jeune homme qui raconte ce récit?
3. Quels personnages ce poème met-il en évidence? Y en a-t-il qui sont implicites aussi?
4. Le pronom impersonnel **on** est employé partout dans le poème, y compris dans le premier vers qui est devenu assez célèbre. Qui est désigné par ce pronom, à votre avis?

Roman (par Arthur Rimbaud)

I

On n'est pas sérieux, quand on a dix-sept ans.
—Un beau soir, foin des° bocks et de la limonade, *away with (disdain)*
Des cafés tapageurs° aux lustres éclatants°! *noisy / bright lights*
—On va sous les tilleuls° verts de la promenade. *linden trees*
5 Les tilleuls sentent bon dans les bons soirs de juin!
L'air est parfois si doux, qu'on ferme la paupière°; *eyelid*
Le vent chargé de bruits,—la ville n'est pas loin,—
A des parfums de vigne et des parfums de bière...

II

—Voilà qu'on aperçoit un tout petit chiffon° *scrap*
10 D'azur° sombre, encadré d'une petite branche, *Blue*
Piqué° d'une mauvaise étoile, qui se fond° *Spotted / dissolves*

shivers	Avec de doux frissons°, petite et tout blanche...
getting intoxicated	Nuit de juin! Dix-sept ans!—On se laisse griser°.
sap	La sève° est du champagne et vous monte à la tête...
ramble / kiss 15	On divague°; on se sent aux lèvres un baiser°
	Qui palpite là, comme une petite bête...

III

Wanders like	Le cœur fou Robinsonne° à travers les romans,
Robinson Crusoe /	—Lorsque, dans la clarté d'un pâle réverbère°,
street lamp	Passe une demoiselle aux petits airs charmants,
stiff shirt collar 20	Sous l'ombre du faux-col° effrayant de son père...
	Et, comme elle vous trouve immensément naïf,
ankle-boots	Tout en faisant trotter ses petites bottines°,
quick	Elle se tourne, alerte et d'un mouvement vif°...
short songs	—Sur vos lèvres alors meurent les cavatines°...

IV

Rented 25	Vous êtes amoureux. Loué° jusqu'au mois d'août.
	Vous êtes amoureux. —Vos sonnets la font rire.
	Tous vos amis s'en vont, vous êtes de mauvais goût.
	—Puis l'adorée, un soir, a daigné vous écrire!...
	—Ce soir-là,...—vous rentrez aux cafés éclatants,
30	Vous demandez des bocks ou de la limonade...
	—On n'est pas sérieux, quand on a dix-sept ans
	Et qu'on a des tilleuls verts sur la promenade.

Après la lecture

1. **Partie I.** Quelle voix entendez-vous dans cette partie du poème? Qui semble en être le personnage principal? Est-ce la même personne dans toute la première partie? Pourquoi dit-on «on n'est pas sérieux»? A quels éléments sensuels les lecteurs sont-ils particulièrement sensibles en lisant ces vers? Quels sens sont privilégiés par le poète?

2. **Partie II.** Quels éléments de cette partie se trouvent déjà dans les strophes précédentes? Y a-t-il un nouveau sens que le poète ajoute à son répertoire sensoriel? (Rappel: les cinq sens traditionnels sont la vue, l'ouïe, l'odorat, le goût et le toucher.) Par quoi le jeune homme est-il intoxiqué? Qu'est-ce qu'il y a dans la nature qui fait perdre la raison («on divague»)?

3. **Partie III.** Pourquoi Robinson Crusoë est-il célèbre? Qu'est-ce qu'un «cœur fou» doit faire pour ressembler à Robinson? Cette partie personnalise les acteurs plus que les parties précédentes. Quelles images de personnes relevez-vous dans ces strophes? Quel pronom a disparu? Quels éléments vestimentaires sont associés aux nouveaux personnages? Que symbolisent-ils, à votre avis?

4. **Partie IV.** Il semble y avoir un certain temps qui passe entre cette partie et la précédente. Comment le sait-on? Quelles activités rapprochent le jeune homme et la jeune fille? Pourquoi pensez-vous que les amis du jeune homme le quittent? Pourquoi pensent-ils qu'il est de «mauvais goût»?

❖　❖　❖　❖　❖　❖　❖　❖　❖　❖　❖　❖　❖　❖　❖

Pour mieux lire

1. Pour lire correctement un poème écrit en français, il faut suivre des règles. D'abord, il faut respecter la prononciation de certaines syllabes. Par exemple, le **e** final d'un mot doit souvent être prononcé même si, dans la conversation, il peut rester muet. Pour savoir si on doit le prononcer, il faut regarder plus loin. Si le prochain son qu'on entend est une voyelle (**a, e, i, o, u**), on ne prononce pas le **e** final. Ce système nous permet de compter les syllabes d'un vers.

   Prenons le vers 11 du poème comme exemple:

   Piqué d'une mauvaise étoile, qui se fond

   Il faut le lire ainsi:

   Pi / qué / d'u / ne / mau / vai / se é / toi / le, / qui / se / fond

   Combien de syllabes avez-vous prononcées? Douze? Bravo!

   Prononcez les vers suivants en comptant les syllabes:
   a. *On n'est pas sérieux, quand on a dix-sept ans.*
      (Attention: le mot *sérieux* contient trois syllabes en poésie!)
   b. *—Un beau soir, foin des bocks et de la limonade,*
      (Attention: le **e** de la dernière syllabe du vers n'est jamais compté!)
   c. *—Lorsque, dans la clarté d'un pâle réverbère,*
      (Faut-il prononcer le **e** final de «Lorsque»? Quel est le prochain son que vous entendez? Si c'est une consonne, il faut prononcer le **e** précédent!)

   Lisez maintenant le poème entier à haute voix.

2. Rimbaud est un adolescent de quinze ans quand il compose ces vers: véritable enfant prodige! Mais il a aussi l'esprit révolutionnaire qui accompagne l'adolescence. Son enthousiasme se manifeste souvent par son langage poétique. Trouvez dans le poème une illustration des caractéristiques suivantes.
   a. son style exclamatoire
   b. son humour
   c. sa créativité verbale (Que pensez-vous du verbe «Robinsonne» au vers 17?)

LIENS CULTURELS

1. Comparez la vie des jeunes d'aujourd'hui et la vie des jeunes gens du poème de Rimbaud. Quelles en sont les ressemblances? Y a-t-il des divergences fondamentales à noter?
2. Le tableau de Renoir, à la page 89, date de la même époque que le poème de Rimbaud. Faites le rapprochement entre le tableau et le poème. Quels thèmes sont les mêmes? Quelles différences remarquez-vous entre les deux?
3. Imaginez que vous voulez écrire un poème pour illustrer une première rencontre amoureuse. Quels éléments allez-vous inclure dans votre poème? En quoi votre poème du vingt et unième siècle est-il différent d'un poème du dix-neuvième siècle? En quoi est-il semblable?

EXPANSION

A. La nature joue un rôle important chez les impressionnistes. Dans leurs toiles, il y a souvent des activités qui se déroulent en plein air. Depuis le début du vingtième siècle, quelles innovations dans les transports en commun et les transports individuels rendent la nature plus accessible aux gens?

B. Que doivent faire les municipalités à l'heure actuelle pour encourager la pratique des sports en plein air, surtout chez les jeunes?

Chapitre 4

Les télécommunications

Un cybercafé où on peut lire son courrier électronique ou naviguer sur Internet.

Un peu de culture contemporaine

La nétiquette

Nétiquette est le terme utilisé pour désigner l'éthique que doivent respecter les utilisateurs d'Internet. Pour s'intégrer au mieux dans cette communauté virtuelle, il est important de connaître les règles de base et de les respecter.

- *La première règle:* soyez courtois. Lorsque vous accédez à un site, vous entrez chez quelqu'un qui a la gentillesse de mettre une partie de ses ressources informatiques à votre disposition. N'abusez pas de son hospitalité et ne monopolisez pas trop longtemps l'accès à un site, d'autres attendent.
- *La deuxième règle:* gardez une juste place dans les différents services de messagerie. Soyez modérés et polis dans vos propos *(statements)*. Manipulez l'humour avec retenue *(restraint)*. N'oubliez pas que vos interlocuteurs peuvent être à des milliers de kilomètres, et que souvent vous vous exprimez dans leur langue avec difficulté. Votre «image» passe par du texte.
- *La troisième règle:* n'envoyez pas de données *(data)* sensibles (numéro de carte bancaire, mot de passe d'un compte, code d'accès à un réseau, etc.).
- *La quatrième règle:* respectez les droits d'auteur de chacun quand vous importez des fichiers de données, des logiciels ou quand vous utilisez les informations de la messagerie de groupes.

Compréhension

1. Dressez une liste de toutes les expressions propres au vocabulaire de l'informatique utilisées dans le texte sur la nétiquette et ce que vous croyez être leur équivalents en anglais.

2. Pour chacune des règles précédentes, sélectionnez l'expression qui semble en résumer son idée principale.

3. Laquelle des quatre règles de la nétiquette vous semble la plus importante? Expliquez votre choix.

Réflexion

Faites le portrait du «gentil utilisateur» d'Internet en utilisant les renseignements tirés du texte sur la nétiquette.

Le courrier électronique

Le courrier électronique permet d'envoyer des messages aux autres via Internet. Vous tapez votre message et cliquez simplement sur «Envoi» dans la boîte de dialogue. Voici quelques règles à suivre:

- N'envoyez pas un fort volume de données à quelqu'un sans le prévenir.
- N'envoyez aucune pièce jointe de grande taille, sauf si le destinataire l'attend et a accepté de la recevoir.
- Répondez en citant le texte auquel vous répondez.
- Ne diffusez pas de message reçu par mail sans l'autorisation de son auteur.
- N'entretenez pas et ne démarrez *(initiate)* pas de chaînes de lettres.

Compréhension

1. Relevez dans le texte précédent les verbes qui ont un rapport direct avec ce genre de communication.

2. Expliquez ce que c'est qu'une *pièce jointe* et comment l'utiliser.

Réflexion

A votre avis, comment les rapports entre les gens ont-ils été transformés par Internet et par le courrier électronique?

Les réseaux communautaires en ligne: Le monde francophone devient plus petit

La popularité des réseaux communautaires en ligne, tels que Facebook et MySpace, a beaucoup augmenté pendant la dernière décennie. Pour les francophones, le site le plus populaire se nomme Skyrock.com. Skyrock, dont le site principal est offert en français, est gratuit et ouvert à tout le monde et met en contact des francophones de tous les coins du monde.

Pour s'inscrire, il faut d'abord désigner un pseudo et un mot de passe. Ensuite, on crée son profil dans lequel on présente des informations de base (âge, ville natale, caractère et apparence physique). Pour cette première partie, il s'agit de sélectionner ses réponses dans des listes de possibilités déterminées d'avance. Ensuite, on peut ajouter des descriptions narratives concernant sa personnalité et ses préférences. Une fois inscrit, il faut ajouter des amis à son profil. C'est impossible de rester seul dans le cyberespace! On peut en chercher parmi les membres du site ou inviter des amis à créer leurs propres profils. Mais, ce n'est pas tout. On peut également télécharger des photos, créer des blogs et se mettre en contact e-mail avec d'autres membres du réseau.

Le profil établi, on accède à d'autres fonctions et activités que le site offre à ses membres en plus des messageries et des blogs. Beaucoup de chatteurs se réunissent virtuellement dans les salons de chat où ils discutent d'une variété de sujets. Et, si on aime la concurrence, on peut même lancer un défi à un autre membre du réseau. Quand on lance un défi, on met les photos de deux personnes en concurrence. Pendant une durée de 48 heures, les autres skybloggeurs votent pour la photo qu'ils préfèrent. La photo gagnante est celle qui remporte le plus grand nombre de votes.

 *Pour des activités culturelles supplémentaires, rendez-vous sur le site Web d'**Interaction*** www.cengage.com/french/interaction

Controverses récentes

Les controverses concernant les sites de réseaux communautaires en ligne ne sont pas négligeables. Pour certaines personnes, la nature superficielle de ces sites représente la dégradation des rapports profonds entre les êtres humains. Dans le cyberespace, le mot *ami* n'a plus le même sens qu'auparavant. Parfois, les amis internautiques ne se sont jamais rencontrés en personne. Jamais au même endroit en même temps, ils ne partagent que des messages, des commentaires, des blogs et des photos. Pour cette raison, les détracteurs accusent les amitiés virtuelles de ne pas être authentiques—qu'on aime les amis virtuels à cause de leurs identités construites, pas pour leurs personnalités véritables.

D'autres personnes s'inquiètent, car afficher trop d'informations en ligne peut être dangereux, surtout pour les jeunes. Récemment, il y a eu beaucoup de scandales provoqués par la nature confessionnelle de certains profils. Il paraît que des utilisateurs ont pris l'habitude de présenter des messages ou de montrer des photos qui suggèrent leur participation à des activités illégales. Ne savent-ils pas que les autorités, les «cybercops», ont aussi des ordinateurs et accès à l'Internet? Pour cette raison, beaucoup de coupables sont appréhendés en raison de leurs propres aveux de culpabilité en ligne.

Compréhension

1. Quel est le site de réseaux communautaires le plus populaire pour les francophones? A quoi sert-il?

2. Quelles sortes d'informations peut-on partager sur des sites comme Skyrock?

3. Selon le texte, quels avantages et désavantages présentent les sites de réseaux communautaires? Pouvez-vous en ajouter d'autres?

Réflexion

A. Etes-vous blogueur ou chatteur sur un site de réseaux communautaires? Expliquez pourquoi ou pourquoi pas. Quels aspects de cette activité vous plaisent et vous déplaisent le plus?

B. Les sites de réseaux communautaires servent-ils à nous éloigner les uns des autres ou à nous rapprocher? Qu'en pensez-vous? Expliquez votre point de vue.

C. Imaginez que vous allez créer un profil pour le site Web Skyrock. D'abord, trouvez-vous un pseudo, puis choisissez les réponses qui vous conviennent le mieux. Ensuite, faites la description de votre personnalité, de ce que vous aimez et de ce que vous n'aimez pas.

Pseudo: [   ]

Ici pour: [   ] amitié [   ] drague [   ] big love

Situation: [   ] célibataire [   ] en couple [   ] indifférent

Caractère: [   ] posé [   ] rigolo [   ] star [   ] intello [   ]
frimeur [   ] fainéant [   ]

Habite: [   ] dans mon appart [   ] à la cité-U [   ] chez mes parents

Activité: [   ] salarié [   ] étudiant [   ] lycéen [   ] artiste [   ]
voyou [   ] boss [   ] chômeur [   ]

Sa présentation: [   ]

[   ]

[   ]

Il/Elle aime: [   ]

[   ]

[   ]

Il/Elle n'aime pas: [   ]

[   ]

[   ]

D. Maintenant, comparez votre profil aux profils de vos camarades. A votre avis, les profils représentent-ils les personnes telles que vous les connaissez? Expliquez pourquoi ou pourquoi pas.

Vocabulaire actif CD1, Track 8

Exercices de vocabulaire

A. Choisissez l'expression du **Vocabulaire actif** qui complète le mieux chacune des phrases suivantes.

1. Windows XP est un exemple...
   a. de messagerie.
   b. de système d'exploitation.
   c. de fichier.

2. Google est un exemple...
   a. de matériel.
   b. de logiciel.
   c. de moteur de recherche.

3. Pour rechercher des informations sur Google.fr, il faut utiliser...
   a. un mot de passe.
   b. un mot-clé.
   c. une souris.

4. On reçoit le courrier électronique...
   a. dans la boîte de réception.
   b. sur la page d'acceuil.
   c. dans le salon de chat.

5. Pour avoir accès à son courrier électronique, on a besoin d'...
   a. une boîte de réception.
   b. un écran.
   c. une messagerie

6. MySpace et Facebook sont des exemples de...
   a. moteurs de recherche.
   b. logiciels.
   c. réseaux communautaires.

7. Internet Explorer et Netscape sont des types de...
   a. navigateurs.
   b. réseaux.
   c. matériels.

8. Les photos que l'on envoie par courrier électronique doivent être...
   a. cryptées.
   b. diffusées.
   c. numériques.

9. Pour établir une identité sur un site Web, il faut choisir...
   a. un mot-clé.
   b. un pseudo.
   c. une page d'acceuil.

10. Pour protéger l'accès à son courrier électronique, il faut avoir...
    a. un mot de passe.
    b. une boîte de réception.
    c. un moniteur.

un **portable** cellular phone; laptop (computer)
le **poste de télévision** TV set
un(e) **présentateur(-trice)** host
le **programme** schedule of TV programs; computer program
un **pseudo** user name
la **pub** commercials *(coll.)*
une **pub** commercial
la **publicité** advertising
un **répondeur** answering machine

un **réseau** network
_____ **communautaire social** networking site
un **salon de chat** chat room
une **série** series
le **shopping en ligne** online shopping
une **souris** mouse
un **système d'exploitation** operating system
la **télé** *abbrev. of* la télévision
à la **télé** on TV
Télé 7 Jours French equivalent of *TV Guide*

le **téléachat** teleshopping
la **télécommande** remote control
un(e) **téléspectateur(-trice)** TV viewer
le **télétravail** telecommuting
le **téléviseur** television set
les **variétés** *(f pl)* variety shows
le **zapping** channel surfing

LES CARACTÉRISTIQUES

branché(e) plugged in; with it *(coll.)*

crypté encrypted
en direct live
en ligne online
en panne not working, out of order
diffusé broadcast
déjà _____ rerun
interactif(-ive) interactive
numérique digitized, digital
par câble cable (TV)
privatisé(e) denationalized
télématique computerized telecommunications

11. Il y a actuellement beaucoup de gens qui travaillent sans quitter leur domicile. Ils font...
    a. du télétravail.   b. du téléachat.   c. de la mise en réseau.

12. Beaucoup d'étudiants font des recherches...
    a. en direct.   b. en panne.   c. en ligne.

Le site Internet de France Télécom

B. Choisissez le terme de la liste qui complète le mieux chacune des phrases suivantes.

Expressions: documentaires, à la télé, passer, réseau, chaîne, déjà diffusé, série, téléachat, jeux, émission, télécommande, pub

1. Qu'est-ce qu'il y a _____ ce soir?

2. On peut toujours suivre les sports sur la _____ ESPN.

3. En France, les _____ comme *Questions pour un champion* et *Des chiffres et des lettres* sont à la télé depuis longtemps?

4. Ce soir, sur le _____ Fox, je vais regarder mon _____ préférée.

5. A la télé américaine, les _____ comme *Desperate Housewives* et *CSI Miami* sont très populaires.

6. J'aime beaucoup regarder les _____ qui passent sur la chaîne Discovery Channel.

7. Aux Etats-Unis, il y a trop de _____ pendant les émissions.

8. J'adore faire du _____, par exemple sur la chaîne QVC.

9. Il y a un bon film qui va _____ ce soir à dix heures.

10. Oui, mais ce film est _____; je l'ai déjà vu.

C. Voici une conversation entre Peter et son colocataire en France. Complétez le dialogue par un terme approprié de la liste suivante.

Expressions: télécommande, rater, allumer, zapping, éteindre, passer, programme

PETER: Tiens, Jean-Marc, est-ce que ça te dérange si j'_____ la télé?

JEAN-MARC: Pas du tout, Pete. Qu'est-ce que tu vas regarder? Tu as déjà consulté le _____?

PETER: Non, mais je sais qu'il y a beaucoup d'émissions de sport qui _____ à la télé.

JEAN-MARC: D'accord, mais passe-moi la _____. Tu ne vas pas faire du _____, comme d'habitude.

PETER: Okay, okay. Si je _____ une émission, je peux toujours la faire enregistrer.

JEAN-MARC: Très bien, mais n'oublie pas d'_____ le poste avant de te coucher.

Un magasin de matériel informatique à Paris

Lexique personnel

LA TÉLÉVISION

A Pour chacun des sujets suivants, dressez une liste personnelle de mots.

1. les émissions que vous regardez à la télé
2. la publicité à la télé
3. la télé dans votre région

B **Un sondage.** Employez le vocabulaire du chapitre et de votre lexique personnel pour poser des questions à vos camarades de classe. Ensuite, toute la classe doit résumer les habitudes des étudiants en ce qui concerne la télévision.

1. Quelles émissions regardez-vous le plus souvent à la télé?
2. Combien d'heures par semaine regardez-vous la télé?
3. Quelle est votre émission préférée?
4. Choisissez une publicité que vous avez vue récemment à la télé. Pendant quelle émission est-elle passée? A-t-elle interrompu ou suivi l'émission? Avez-vous aimé cette publicité? Pourquoi?
5. Avez-vous la télévision par câble ou la télévision par satellite? Pourquoi?
6. Quelles chaînes regardez-vous le plus souvent? Pourquoi?
7. Faites-vous souvent du «zapping»? Pourquoi?

Sur le Chat, on papote, on rigole. Mais on fait attention... à son comportement! Voici les 10 commandements que tout bon chatteur se doit de respecter afin d'éviter l'exclusion d'une salle de chat.

1 Tu seras courtois: tu salueras les personnes présentes sur le canal où tu entres! Un salon animé a plus de chaleur.

2 Tu n'insulteras donc point gratuitement les «chatteurs» sur les canaux publics. Pas de propos également grossiers ou vulgaires! Bref, tu te comporteras comme dans ta vie réelle et non pas comme un robot.

3 Tu ne tiendras point de propos racistes, fascistes, homophobes, diffamatoires, ni ne divulgueras d'informations privées sur autrui... De telles paroles peuvent être l'objet de poursuites, même sur le chat!

4 Règles de cyber-écriture. Dans une salle de chat, les majuscules signifient hurler, alors soit calme et écris en minuscules. De même n'abuse pas des couleurs qu'il faut utiliser en cas d'urgence (appel, prise d'attention, salutations, etc.). De même, les pictogrammes doivent être utilisés à bon escient: en respectant ces usages, tu te fais toi-même respecter des autres chatteurs qui ne veulent pas que le salon ressemble à un sapin de Noël.

5 Tu ne «flooderas» point: pas la peine d'envoyer à répétition du texte ou des signes qui polluent inutilement les écrans et le flux Internet. En répétant inutilement, tu risques l'exclusion sans préavis.

6 Tu ne donneras point de coordonnées privées sur les canaux publics telles que des numéros de téléphone, des adresses e-mail ou postales. Tu risques là aussi d'être éjecté du salon sans préavis.

7 Tu éviteras de faire de la publicité pour des sites Web ou des canaux *(channels)* de discussion sur nos canaux publics. Garde cela pour ton salon personnel ou tes contacts privés.

8 Pour devenir opérateur, il faut démontrer que l'on sait animer un salon. Ensuite, il te faut obtenir l'accord des opérateurs du salon concerné et t'engager dans l'exemplarité.

9 Tu te comporteras comme un internaute responsable. Point de «nuke» (déconnexion sauvage d'internautes), point de «take over» (vol de canal), ni de «spoof» (usurpation d'adresse IP), ni de clones injustifiés. Il y a des lois contre ça et tout se sait un jour grâce à nos amis les robots!

10 Tu garderas ton cybersourire:o). Si tu rencontres un problème, va sur #!aide!!. Il y aura toujours un opérateur pour t'aider! Un opérateur est ton premier secours et sûrement pas un policier ou un juge du chat!

Structures I

Irregular -oire Verbs

croire *to believe*	**boire** *to drink*
je **crois**	je **bois**
tu **crois**	tu **bois**
il / elle / on **croit**	il / elle / on **boit**
nous **croyons**	nous **buvons**
vous **croyez**	vous **buvez**
ils / elles **croient**	ils / elles **boivent**

1 Un étudiant français parle de la consommation d'alcool en France et aux Etats-Unis avec un de vos camarades de classe. Complétez le dialogue en utilisant la forme appropriée des verbes indiqués.

ETUDIANT AMÉRICAIN: On dit que les étudiants en France ne _____ (boire) pas autant d'alcool que les étudiants américains. C'est vrai?

ETUDIANT FRANÇAIS: Oui, c'est vrai. On _____ (boire) rarement de l'alcool au café ou même dans les soirées. Par exemple, moi, je _____ (boire) normalement un jus de fruits. Et vous, qu'est-ce que vous _____ (boire) quand vous avez soif ou quand vous allez à une soirée?

ETUDIANT AMÉRICAIN: Eh bien, je _____ (croire) que beaucoup de jeunes _____ (boire) du coca quand ils ont soif. Mais, dans les soirées, on _____ (boire) souvent de la bière ou du vin. Vous autres, vous _____ (croire) que c'est mauvais, ça?

ETUDIANT FRANÇAIS: Ecoute, je ne critique pas. Je _____ (croire) que toutes les cultures sont différentes.

ETUDIANT AMÉRICAIN: Chez nous, nous _____ (boire) assez souvent des boissons alcoolisées pour nous distraire, alors que chez vous, le vin fait partie de la vie quotidienne. Nous _____ (boire) aussi beaucoup plus de lait que vous! C'est presque notre boisson nationale!

INTERACTIONS

Un sondage. Une étudiante française fait un sondage sur la consommation d'alcool aux Etats-Unis. En petits groupes, un(e) étudiant(e) va jouer le rôle de l'étudiante française et va poser les questions suivantes aux membres du groupe. Ensuite, comparez les réponses des différents groupes. Quelles sont les habitudes des étudiants en ce qui concerne la consommation d'alcool?

1. Les étudiants américains _____ plus d'alcool que les étudiants français, n'est-ce pas? (boire)

2. Et toi, qu'est-ce que tu _____ à une soirée? (boire)

3. Est-ce que tu _____ qu'on _____ trop aux Etats-Unis? (croire, boire)

4. Et vous autres, est-ce que vous _____ beaucoup de boissons fraîches, comme des jus de fruits? (boire)

5. Est-ce que vous _____ toujours du lait? (boire)

6. _____-vous qu'il est mauvais de boire de l'alcool? (croire)

Irregular -re Verbs

écrire to write	**dire** to say, to tell	**lire** to read
j'écris	je dis	je lis
tu écris	tu dis	tu lis
il / elle / on écrit	il / elle / on dit	il / elle / on lit
nous écrivons	nous disons	nous lisons
vous écrivez	vous dites	vous lisez
ils / elles écrivent	ils / elles disent	ils / elles lisent

vivre to live	**suivre** to follow; to take (a course)	**prendre** to take
je vis	je suis	je prends
tu vis	tu suis	tu prends
il / elle / on vit	il / elle / on suit	il / elle / on prend
nous vivons	nous suivons	nous prenons
vous vivez	vous suivez	vous prenez
ils / elles vivent	ils / elles suivent	ils / elles prennent

Other verbs conjugated like **prendre** are **apprendre** *(to learn)*, **comprendre** *(to understand)*, and **surprendre** *(to surprise)*.

The verb **prendre** can also mean *to eat* or *to drink something*.

mettre *to put (on)*	**connaître** *to know*
je **mets**	je **connais**
tu **mets**	tu **connais**
il / elle /on **met**	il / elle / on **connaît**
nous **mettons**	nous **connaissons**
vous **mettez**	vous **connaissez**
ils / elles **mettent**	ils / elles **connaissent**

- **Permettre** *(to permit)* and **promettre** *(to promise)* are conjugated like **mettre.**
- Note that **connaître** and **savoir** both have the English equivalent *to know,* but the uses of the two verbs differ.

Savoir is used with facts and specific information, such as numbers, dates, and the like. **Savoir** also means *to know how* and is often followed by an infinitive.

Savez-vous la date?	*Do you know the date?*
Je sais jouer au tennis.	*I know how to play tennis.*

Connaître means *to know* in the sense of *to be acquainted with.* **Connaître** is used when referring to proper names.

Je connais l'œuvre de Sartre.	*I know the works of Sartre.*
Ils connaissent un bon restaurant à Paris.	*They know a good restaurant in Paris.*
Connaissez-vous les Didier?	*Do you know the Didiers?*

2 Vous préparez une lettre à votre ami Jean-Pierre en France où vous parlez de vos cours. Complétez la lettre avec les formes appropriées des verbes indiqués.

> *Cher Jean-Pierre,*
>
> (**suivre**) *En Amérique, nous _____ beaucoup de cours. Moi, je _____ quatre ou cinq cours par semestre. Tu _____ moins de cours que cela, non?*
>
> (**écrire**) *Pour chaque cours, nous _____ beaucoup. Pour le lundi, j' _____ en moyenne trois dissertations. En cours de français, les étudiants _____ une dissert tous les jours. En France, est-ce qu'on _____ beaucoup?*
>
> (**lire**) *Nous _____ beaucoup aussi. En cours de littérature, je _____ sept romans (novels). Tu _____ autant que cela pour un seul cours? On _____ dans les magazines que les étudiants en France ne _____ pas régulièrement pour chaque cours mais qu'ils attendent la fin de l'année et qu'ils _____ tout à la dernière minute.*
>
> (**dire**) *Mais aux Etats-Unis comme en France, je te _____ que la vie d'étudiant n'est pas facile.*

3 Le contexte indique s'il faut employer **savoir** ou **connaître**. Donnez la forme correcte du verbe approprié dans les phrases suivantes.

1. Tu _____ régler ce poste de télé?
2. Les Français _____ bien l'émission *Mission Impossible*.
3. _____-vous à quelle heure cette émission est diffusée?
4. Je ne _____ pas du tout *Télé 7 Jours*.
5. Est-ce que tu _____ le nom de cet acteur?
6. Non, je ne _____ pas cet acteur.
7. En général, quelqu'un qui n'est pas de la région ne _____ pas les numéros des chaînes de télé.
8. Je ne _____ pas les feuilletons qui passent à la télé en France.

4 **Les habitudes au déjeuner.** En petits groupes, employez la forme correcte du verbe **prendre** pour dire ce que les personnes indiquées prennent normalement au déjeuner. Ensuite, comparez les réponses des différents groupes. En général, quelle sorte de déjeuner les étudiants prennent-ils?

1. votre petit(e) ami(e)
2. votre colocataire ou camarade de chambre
3. vos copains
4. vous

INTERACTIONS

Comparaisons sur l'usage des différentes technologies. Lisez l'article qui suit. Ensuite, répondez aux questions à la page 130.

GÉNÉRATION TECHNO

Les 15–24 ans sont les enfants de la technologie. Nés pendant la période de diversification accélérée des outils *(tools)* audiovisuels (explosion des radios, puis des télévisions), ils ont grandi avec l'ordinateur et les outils de communication interactifs. Leurs taux d'équipement témoignent de l'avance qu'ils ont dans ce domaine sur les autres générations. 77% disposaient ainsi d'un ordinateur à domicile... (contre 59% de l'ensemble de la population). Ils représentaient 26% des internautes et 47% des «blogueurs» ... alors qu'ils ne comptent que pour 16% de la population.

Leur usage de ces nouvelles technologies est également plus intense: 86% sont connectés au moins une fois par mois, contre 50% de la population. Leur durée de connexion est plus longue et leurs usages plus diversifiés. Ils utilisent davantage les ressources de l'interactivité et sont plus que les autres à la recherche de convivialité sur les sites, forums et autres plate-formes d'échange et de partage (y compris ceux de fichiers musicaux ou de vidéo). Plus de neuf sur dix sont équipés d'un téléphone portable, un sur deux d'un baladeur. Ils font enfin preuve d'une plus grande maîtrise de ces outils, ce qui leur permet de se les approprier, parfois de les détourner *(misappropriate)*.

Source: Gérard Mermet, *Francoscopie 2007*, © Larousse, 2007, p. 134

1. En petits groupes, comparez l'usage des différentes technologies parmi les jeunes en France et aux Etats-Unis. Trouvez-vous que l'usage de la technologie chez les jeunes Français est plus ou moins courant que chez les jeunes Américains?

2. Lesquelles de ces technologies utilisez-vous personnellement? Lesquelles considérez-vous les plus importantes?

3. Chez les jeunes Américains, y a-t-il des exemples de détournement de la technologie?

SYNTHESE

Interview. Posez des questions à un(e) camarade de classe en utilisant les éléments suivants.

MODELE   reprendre le cours de maths ce semestre
          Est-ce que tu reprends le cours de maths ce semestre?

1. rentrer de l'université
2. suivre des cours
3. lire beaucoup
4. écrire des dissertations
5. sortir souvent

6. boire à une soirée
7. prendre au dîner
8. apprendre le français
9. connaître de bons restaurants
10. savoir *(+ infinitif)*

INTERACTIONS

Activité 1: Une interview au sujet de la télévision. Posez cinq questions à un(e) camarade de classe en vous inspirant des thèmes suivants. Demandez...

1. combien d'heures par jour il / elle regarde la télé.
2. s'il / si elle préfère regarder la télé ou lire le journal pour s'informer.
3. quel(le) journaliste il / elle préfère.
4. s'il / si elle suit régulièrement un feuilleton à la télé.
5. quelle émission il / elle préfère.
6. ???

Activité 2: Une soirée de télé en France. Consultez le programme à la page 131, puis répondez aux questions suivantes.

1. A quelles heures peut-on regarder les informations et la météo?
2. Quels événements de sport y a-t-il au programme?
3. Y a-t-il des jeux au programme?
4. Lisez à la page 150 la description de l'émission *Fort Boyard*. Dans cette émission, quelles sont les professions des participants? L'argent qu'ils gagnent va soutenir une organisation qui s'appelle Partage. Il s'agit de quelle sorte d'organisation? En quoi cette émission est-elle différente de l'émission américaine *Fear Factor*?
5. En petits groupes, décidez ce que vous allez regarder ce soir. Expliquez vos préférences. Est-ce que tous les membres du groupe sont d'accord?

6.10 KD2A 82178155
- ♪ **Radio Free Roscoe** (2 épisodes) ; **Galactik Football** ; **Blaise le Blasé** (2 épisodes) ; **Lizzie McGuire** ; **H2O** ; **Hannah Montana** ; **Derek** ; **Parents à tout prix** ; **Ce que j'aime chez toi** ; **Kméra Kchée** ; **Change ta chambre** ; Documentaire : **Aller plus haut** et **Point route**

12.00 TOUT LE MONDE VEUT PRENDRE SA PLACE
Jeu animé par Nagui 41180
et **Point route**

12.50 LOTOPHONE 200732971
et **Météo**

13.00 JOURNAL 60548
Édition présentée par Laurent Delahousse
Météo
et **Météo des plages**

13.25 L'AVANT TOUR 9593567
Magazine présenté par Gérard Holtz, Laurent Fignon et Thierry Adam
Tout sur l'étape du jour depuis la ligne d'arrivée

14.00 LE SPORT, ÇA MARCHE
Magazine
A l'occasion des Jeux olympiques 2008, **Yohann Diniz**, vice-champion du monde 2007 du 50 km marche, évoque avec un groupe d'enfants les valeurs liées à un sport. 71600

14.05 Tour de France
79765093 CYCLISME EN DIRECT

Nîmes - Digne-les-Bains
14ᵉ ÉTAPE (194,5 KM)

Le Français Sandy Casar

C'est la dernière étape de plaine avant de retrouver les chemins escarpés et sinueux des Alpes. Le temps fort devrait être le col de l'Orme (4ᵉ catégorie), à dix kilomètres du final, où un baroudeur pourrait bien créer la surprise. A noter que la dernière arrivée à Digne-les-Bains, en 2005, avait été marquée par une belle victoire française, celle de David Moncoutié.

17.00 L'APRÈS TOUR 9103548

18.15 26 MINUTES POUR RIRE
Divertissement 890635

18.55 LE 4ᵉ DUEL 731708
animé par Tania Young (photo)
Pour chaque question, les deux candidats disposent chacun de dix jetons qu'ils doivent miser. Chaque bonne réponse rapporte mille euros.

19.50 LES JEUX A L'ESSAI
Magazine 9179884

19.55 ET ÇA VOUS FAIT RIRE !
Divertissement
Humoristes et auteurs revisitent l'actualité... 9178155

20.00 JOURNAL 59529
par Laurent Delahousse
L'Image du Tour, Météo
et **Tirage du Loto**

20.50 Fort Boyard
529155 DIVERTISSEMENT PRÉSENTÉ PAR OLIVIER MINNE ET ANNE-GAËLLE RICCIO

Pour cette troisième émission, **Olivier Minne** et **Anne-Gaëlle Riccio** accueillent trois personnages de la série quotidienne de *France 3, Plus belle la vie* : **Franck Borde, Valérie Baurens** et **Dounia Coesens**. Afin de mener à bien leur chasse aux boyards, ces jeunes comédiens seront épaulés par deux journalistes de *France 3*, **Audrey Pulvar** et **Laurent Bignolas,** et par le navigateur breton **Jean-Pierre Dick.**
Très éclectique, cette équipe compte bien rafler le plus de gains possibles pour la cause qui leur tient à cœur, celle de Partage. Créée en 1973 pour venir en aide aux enfants victimes de la guerre du Viêtnam, cette association humanitaire française soutient aujourd'hui, dans une vingtaine de pays, de nombreuses structures associatives locales d'aide à l'enfance. Son objectif principal est d'aider, partout dans le monde, les enfants à grandir dignement. Partage compte, parmi ses nombreux membres d'honneur, la réalisatrice, comédienne et chanteuse Agnès Jaoui et l'ancienne bassiste du groupe Téléphone Corinne Marienneau.

Pour contacter cette association :
40, rue Vivenel - 60200 Compiègne
Tél : 03 44 20 92 92 - Mail : info@partage.org

Dounia Coesens et ses coéquipiers

22.40 On n'est pas couché
8082987 DIVERTISSEMENT PRÉSENTÉ PAR LAURENT RUQUIER

Best of

En attendant la rentrée, **Laurent Ruquier** propose de voir - ou de revoir - les meilleurs moments de l'émission depuis septembre 2007. Hommes ou femmes politiques, comédiens, chanteurs, écrivains... ils ont tous «affronté» les fidèles de l'animateur : le journaliste **Éric Zemmour,** l'écrivain et polémiste **Éric Naulleau** ; **Jean-Luc Lemoine,** dans le rôle du médiateur et **Jonathan Lambert,** qui apparaît sous les traits d'un ami perdu de vue de l'un des invités.

Votre nuit

1.00 MÉTÉO 1045223

1.05 L'AUBERGE DU CHEVAL BLANC 88004778
Opérette de Robert Stolz et Ralph Benatzky
Enregistrée à la Halle aux grains de Toulouse
Interprétée par l'Orchestre du Capitole, sous la direction de Claude Cuguillère
avec **Marie-Ange Todorovitch**
L'argument. L'arrivée de l'empereur François-Joseph dans un petit village autrichien dénouera-t-elle le dramatique imbroglio sentimental qui s'y joue ?

3.30 En descendant la Mana. 3.55 Paons en péril. 4.05 Voyage au bout du monde : La Côte-d'Ivoire. **4.55 La Femme de ta vie,** série

DÉCONSEILLÉ AUX MOINS DE 10 ANS **10 12 16 18**

29

L'héritage culturel

La circulation des idées

Il y a près de six siècles, l'invention de l'imprimerie a bouleversé la circulation des idées:

- Le livre imprimé a révolutionné la conception des rapports entre les êtres humains.
- L'invention de l'imprimerie a radicalement modifié les modes de transmission des idées entre les hommes.
- Par conséquent, l'imprimerie a donné lieu non seulement à un nouvel âge des écrivains et des artistes mais à l'âge des inventeurs et des ingénieurs.
- Il y a eu, par ailleurs, une abondance d'innovations, par exemple, dans les instruments de guerre, dans le style des bateaux et dans la conception des villes.

Plus récemment, c'est à la suite d'importantes découvertes dans le domaine des télécommunications et surtout dans l'électronique et l'informatique que l'activité humaine a été transformée et que la société a été redéfinie. L'importance sociale de ces phénomènes se manifeste souvent dans le domaine de la politique.

Compréhension

1. Historiquement, quelle nouvelle technologie a transformé la dissémination des idées? A quelle époque?
2. A l'époque contemporaine, dans quels secteurs y a-t-il eu des innovations transformatrices pour la société?

Réflexion

Quelle activité humaine est-ce que l'imprimerie et les télécommunications ont facilitée? Dans quelles domaines y a-t-il eu les plus grands progrès, à votre avis?

De Gaulle devant les micros de la BBC en 1940 et devant les caméras de la TV française en 1969

La politique face à la radio et à la télévision

En France, c'est surtout à l'époque de la Seconde Guerre mondiale qu'on a pris conscience de l'importance de la communication radiophonique.

- Le 18 juin 1940, Charles de Gaulle s'est installé devant un micro de la BBC à Londres. Puis, il a lu le texte que nous appelons aujourd'hui «l'Appel du 18 juin». Il a terminé son message par les très célèbres paroles: «*Quoi qu'il arrive, la flamme de la résistance française ne doit pas s'éteindre et ne s'éteindra pas. Demain, comme aujourd'hui, je parlerai à la radio de Londres.*» Le message a été répété et distribué clandestinement en France, et le chef de la «France libre» est entré dans la légende.

- Au cours de sa carrière d'homme d'Etat, le général a souvent utilisé les moyens audiovisuels de l'ORTF (Office de radiodiffusion-télévision française) dont les caméras de télévision ont diffusé ses conférences de presse. Pour la première fois en France, un président de la République s'adressait au pays par le petit écran.

- En mai 1968, Charles de Gaulle s'est trouvé devant une France presque complètement paralysée. Les étudiants ont pris le pouvoir dans les universités, d'abord à Paris, puis en province, pour manifester contre un système qui avait refusé de se réformer et de s'adapter aux nécessités d'une société démocratique moderne. Bientôt les principaux syndicats d'ouvriers *(labor unions)* se sont joints

Les manifestants de la Confédération Générale du Travail rejoignent les étudiants dans la rue pour manifester contre le Gouvernement en mai 68.

au mouvement des étudiants et ont déclaré une grève *(strike)* générale. Il y a eu des confrontations terribles entre les manifestants et la police. Avec le temps, l'ordre s'est imposé et le travail a repris. Devant la peur de l'anarchie et de la dictature, les Français se sont ralliés, une fois encore, autour du général de Gaulle. Cette fois-ci, c'est en téléspectateurs qu'ils ont pu l'entendre et le voir prononcer les fameuses paroles par lesquelles il terminait ses interventions à la télévision: *«Vive la République! Vive la France!»*

- Le président Nicolas Sarkozy, comme tous ses prédécesseurs depuis de Gaulle, a très bien compris l'importance de la télécommunication avec ses concitoyens. On dit que son action politique s'inspire même de certaines mises en scènes importées de la télévision.

Nicolas Sarkozy, élu président de la République en 2007, est une personnalité médiatique aussi bien que politique.

Compréhension

Paul Martin, leader du Parti libéral canadien, à la radio le 5 décembre 2005

1. A quel moment, surtout dans sa carrière politique, Charles de Gaulle a-t-il utilisé la télévision française?

2. Vrai ou faux? Avant de Gaulle, les présidents ont souvent paru à la télévision en France. Expliquez votre réponse.

3. Pour quelles raisons les étudiants français ont-ils manifesté leur mécontentement pendant les «événements de mai 68»?

4. Quel autre groupe social a participé à la grève générale en même temps que les étudiants?

5. Vrai ou faux? Il n'y a pas eu de violence associée à cette grève générale. Expliquez votre réponse.

6. Pourquoi les Français se sont-ils ralliés autour du général de Gaulle à la suite de cette grève?

Réflexion

A. Pourquoi le général de Gaulle a-t-il fait son appel radiophonique du 18 juin 1940?

B. Dans quelles circonstances la télévision peut-elle être utilisée contre les personnalités politiques?

C. Dans quel sens peut-on dire que la télévision joue un rôle politique dans la vie quotidienne?

D. Dans l'histoire mondiale du vingtième et du vingt et unième siècles, quelles personnalités politiques ont utilisé la radio ou la télévision pour se présenter au public avec la plus grande efficacité? Donnez des exemples précis.

Structures II

The passé composé with *avoir* and *être*

Verbs Conjugated with *avoir*

The **passé composé** of most French verbs is formed by combining the present tense of the auxiliary verb **avoir** and the past participle of the main verb.

parler PARTICIPE PASSE: **parlé**	finir PARTICIPE PASSE: **fini**	répondre PARTICIPE PASSE: **répondu**
j'ai parlé	j'ai fini	j'ai répondu
tu as parlé	tu as fini	tu as répondu
il / elle / on a parlé	il / elle / on a fini	il / elle / on a répondu
nous avons parlé	nous avons fini	nous avons répondu
vous avez parlé	vous avez fini	vous avez répondu
ils / elles ont parlé	ils / elles ont fini	ils / elles ont répondu

RAPPEL !

Note that the **passé composé** always consists of an auxiliary verb plus a past participle, even when its English equivalent is the simple past tense.

j'ai regardé
I watched
I have watched
I did watch

The past participle of a regular verb is easily recognized:

-er → -é   **-ir → -i**   **-re → -u**

The past participle of a verb conjugated with the auxiliary **avoir** must show agreement with a preceding direct object or direct object pronoun that is feminine and / or plural.[1]

[1]For a discussion of direct object pronouns and past participle agreement, see *Chapitre 7*.

Tu as loué **le vélo**?	Tu **l'**as loué?
Il a regardé **l'émission**.	Il **l'**a regardé**e**.
Nous avons écrit **les lettres**.	Nous **les** avons écrit**es**.
On a montré **une publicité drôle**.	**La publicité** qu'on a montré**e** est drôle.

The following verbs conjugated with **avoir** have irregular past participles.

avoir	**eu**	être	**été**	faire	**fait**

Ending in **-u**

boire **bu**	lire **lu**	recevoir **reçu**
connaître **connu**	plaire **plu**	savoir **su**
devoir **dû**[2]	pleuvoir **plu**	voir **vu**
falloir **fallu**	pouvoir **pu**	vouloir **voulu**

[2]The **passé composé** of **devoir** has the English equivalents *had to* or *must have.*

Hier soir, j'**ai dû** étudier.	*Last night I **had to** study.*
Hier soir, il **a dû** s'endormir de bonne heure.	*He **must have** fallen asleep early last night.*

Ending in **-is** / Ending in **-ert**

Ending in **-is**	Ending in **-ert**
apprendre **appris**	découvrir **découvert**
comprendre **compris**	offrir **offert**
mettre **mis**	ouvrir **ouvert**
prendre **pris**	vivre **vécu**

Ending in **-i** / Ending in **-it**

Ending in **-i**	Ending in **-it**
sourire **souri**	dire **dit**
suivre **suivi**	écrire **écrit**

1 Marie-Ange vous raconte ce qu'elle a fait hier. Complétez chaque phrase par le **passé composé** des verbes indiqués.

1. D'abord j' _____ (prendre) le petit déjeuner.
2. J'_____ (devoir) me presser pour ne pas être en retard à mon cours de philo.
3. En cours, nous _____ (écouter) la conférence du prof.
4. Mes amis et moi, on _____ (déjeuner) au café.
5. Ensuite, mes amis _____ (assister) à un autre cours.
6. Mais moi, j'_____ (finir) mes lectures à la bibliothèque.
7. J'_____ (écrire) une dissertation et j'_____ (lire) un chapitre pour mon cours d'histoire.
8. Mon copain Jean-Luc _____ (dîner) chez moi et nous _____ (regarder) un DVD.
9. Enfin, on _____ (boire) un verre au café.
10. Et toi, qu'est-ce que tu _____ (faire) hier?

2 Composez des phrases au **passé composé** avec les éléments suivants pour décrire ce que ces personnes ont fait pendant le week-end.

1. mes amis / faire / des achats au centre commercial
2. mon prof de français / préparer / son cours
3. nous / dîner / au restaurant
4. mes camarades de classe / faire / leurs devoirs
5. mon (ma) meilleur(e) ami(e) / lire et travailler
6. je / ???

3 Vous racontez à une amie une soirée de télé en utilisant le **passé composé** des verbes de la liste. Il y a quelquefois plus d'un choix possible.

Verbes:

allumer	attendre	boire	choisir
consulter	décider	essayer	être
faire	finir	pouvoir	prendre
rater	regarder	trouver	voir

Mes amis et moi, nous _____ de regarder ensemble un épisode déjà diffusé de *ER*. J'_____ le programme et j'_____ le poste. On _____ vingt minutes le début de notre émission. Mais, malheureusement, l'épisode de *ER* _____ remplacé par un match de foot. Alors, nous _____ notre émission préférée. On _____ de trouver autre chose à regarder. On _____ du zapping et on _____ toutes sortes d'émissions, mais on ne les _____ pas _____ intéressantes. Enfin, nous _____ un film. Nous _____ ce film et nous _____ du pop-corn. On _____ aussi _____ du coca. Le film _____ à minuit.

INTERACTIONS

En petits groupes, employez les éléments suivants pour poser des questions à vos camarades de classe sur leurs activités du week-end passé. Ensuite, comparez les réponses des différents groupes. Qui a eu le week-end le plus chargé, le plus intéressant ou le plus amusant?

Activités:

assister à un concert	dîner au restaurant
écrire une composition	envoyer des e-mails à des amis
étudier à la bibliothèque	faire du sport
fréquenter des boîtes	lire un livre
regarder la télé	téléphoner à un(e) ami(e)
???	

Verbs Conjugated with *être*

A. Verbs of motion: Some verbs form the **passé composé** with **être** as the auxiliary. The past participle of a verb conjugated with **être** must agree in gender and number with the subject of the verb.

aller	venir
je **suis allé(e)**	je **suis venu(e)**
tu **es allé(e)**	tu **es venu(e)**
il / elle / on **est allé(e)**[3]	il / elle / on **est venu(e)**
nous **sommes allé(e)s**	nous **sommes venu(e)s**
vous **êtes allé(e)(s)**	vous **êtes venu(e)(s)**
ils / elles **sont allé(e)s**	ils / elles **sont venu(e)s**

[3]When **on** is used to mean **nous,** the past participle of a verb conjugated with **être** often agrees in gender and number as though the subject pronoun were **nous. Les jeunes filles ont dit: «On est allées au cinéma.»**

Following is a list of verbs conjugated with **être** in the **passé composé** and their past participles. Most of these are verbs of motion. Many can be grouped by opposites, which will help you remember them.

aller (allé)	*to go*	≠	**venir (venu)**	*to come*	
			revenir (revenu)	*to come back*	
arriver (arrivé)	*to arrive*	≠	**partir (parti)**	*to leave*	
monter (monté)	*to go up*	≠	**descendre (descendu)**	*to go down*	
			tomber (tombé)	*to fall*	
naître (né)	*to be born*	≠	**mourir (mort)**	*to die*	
entrer (entré)	*to come in*	≠	**sortir (sorti)**	*to go out*	
rester (resté)	*to stay*	≠	**retourner (retourné)**	*to go back*	
			rentrer (rentré)	*to come (go) home*	
devenir (devenu)	*to become*				

The verbs **monter, descendre, rentrer,** and **sortir** sometimes take a direct object. In these cases, the verb is conjugated with **avoir.**

Elle a descendu **les valises.**	*She took down **the suitcases.***
Ils ont monté **les valises.**	*They carried up **the suitcases.***
Elles ont rentré **la voiture** dans le garage.	*They put **the car** in the garage.*

B. Reflexive verbs: All reflexive verbs form the **passé composé** with **être** as the auxiliary. The appropriate reflexive pronoun precedes the auxiliary. The past participles of reflexive verbs are formed in the regular manner.

se lever	
je **me suis levé(e)**	nous **nous sommes levé(e)s**
tu **t'es levé(e)**	vous **vous êtes levé(e)(s)**
il / elle / on **s'est levé(e)**	ils / elles **se sont levé(e)s**

As shown above, the past participle of a reflexive verb agrees in gender and number with the reflexive pronoun *when the pronoun functions as a direct object.*

Elle **s'**est habillé**e.**	Vous **vous** êtes réveillé**(e)(s).**
Nous **nous** sommes levé**(e)s.**	Ils **se** sont lavé**s.**

In cases where a reflexive verb is followed by a noun direct object, the reflexive pronoun is no longer the direct object and the past participle does not agree with the pronoun.

Elle s'est coup**ée.**	*She cut **herself.***
Elle s'est coupé **les cheveux.**	*She cut **her** (own) **hair.***

With certain verbs, the reflexive pronoun functions as an indirect object rather than a direct object. In such cases, the past participle shows no agreement.

s'écrire	*to write to each other*	Ils **se** sont **écrit.**
se parler	*to speak to each other*	Vous **vous** êtes **parlé.**
se rendre compte	*to realize*	Elle **s'est rendu** compte de sa bêtise.

RAPPEL !

1. The past participles of verbs conjugated with **avoir** agree only with a preceding direct object.

2. The past participles of verbs conjugated with **être** normally agree with the subject of the verb.

3. The past participles of reflexive verbs agree with the preceding reflexive pronoun when this pronoun functions as a direct object.

4 Faites une description de vos activités du week-end dernier et de celles de vos colocataires. Complétez les phrases en mettant les verbes indiqués au **passé composé.**

1. Samedi matin, je _____ (descendre) en ville.
2. Mes colocataires _____ (venir) me rejoindre en ville.
3. Nous _____ au centre sportif pour jouer au tennis. (aller)
4. Puis, on _____ à la maison. (revenir)
5. Le soir, je _____ avec mon ami(e). (sortir)
6. Mes colocataires _____ aussi. (sortir)
7. Mon ami(e) et moi, nous _____ voir un film. (aller)
8. Je _____ vers onze heures. (rentrer)
9. Mes colocataires _____ quelques minutes plus tard. (rentrer)
10. Nous _____ (rester) chez nous le reste de la soirée.

5 Voici un extrait du journal de Karine. Complétez chaque phrase par la forme appropriée du **passé composé** des verbes entre parenthèses.

1. Ce matin-là, je _____ à sept heures. (se réveiller)
2. Je _____ les cheveux. (se laver)
3. Je _____ avec élégance. (s'habiller)
4. Je _____ comme candidate pour un nouvel emploi. (se présenter)
5. Le chef du personnel et moi, nous _____ pendant une heure. (se parler)
6. Ensuite, mes amis et moi, nous _____ au café. (se retrouver)
7. Soudain, je _____ de l'heure. (se rendre compte)
8. Je _____ pour arriver à l'université pour mes cours. (se presser)

6 Employez les éléments suivants pour composer des phrases au **passé composé.**

hier	mes amis	aller...
pendant le week-end	ma famille	se lever tôt
	je	sortir...
	mes copains et moi	rentrer tard
	mon / ma meilleur(e) ami(e)	s'amuser
		se coucher...
		venir au campus

INTERACTIONS

En matinée. En petits groupes, posez des questions pour déterminer ce que les membres de votre groupe ont fait avant de venir en cours aujourd'hui.

MODELE *Est-ce que tu t'es levé(e) tôt ou tard?*
Je me suis levé(e) tard.

The Negative with the *passé composé*

To negate a verb used in the **passé composé,** place **ne** before the auxiliary or object pronoun and **pas** before the past participle.

Il **n**'a **pas** parlé.   Elles **ne** sont **pas** parties.

Vous **ne** l'avez **pas** compris.   Ils **ne** se sont **pas** amusés là-bas.

Like **pas,** most negative expressions immediately precede the past participle. However, **personne** follows the past participle, and **que** and **ni... ni...** are placed directly before the words they modify.

Il **n**'a **jamais** parlé.

Vous **ne** l'avez **pas** compris.

Elles **ne** sont **pas** encore parties.

BUT:

Je **n**'ai vu **personne** au café.

Elle **n**'a pris **que** de l'eau.

Nous **ne** sommes entrés **ni** au café **ni** au bar.

7 Tout ne va pas toujours très bien dans votre vie. Répondez négativement aux questions suivantes.

1. Vous êtes-vous levé(e) tard lundi matin?
2. Avez-vous rendu tous vos devoirs ce semestre?
3. Avez-vous eu des notes exceptionnelles le semestre dernier?
4. Etes-vous sorti(e) tous les week-ends le semestre dernier?
5. Avez-vous trouvé un job très bien rémunéré? Avez-vous gagné beaucoup d'argent?
6. Vous êtes-vous amusé(e) dans tous vos cours?
7. Etes-vous allé(e) à une soirée extraordinaire?
8. Avez-vous pu retrouver vos amis tous les week-ends?
9. Avez-vous fait beaucoup d'achats?
10. Etes-vous allé(e) à un concert exceptionnel?

INTERACTIONS

Peut-être qu'un jour... Nommez cinq choses que vous n'avez jamais faites et que vous désirez faire un jour. Comparez vos réponses à celles de vos camarades de classe.

MODELE   *Je n'ai jamais été à un concert de jazz.*
Je ne suis jamais allé(e) en Afrique.

RAPPEL!

1. The basic question patterns discussed in **Chapitre 2** (**est-ce que**, inversion, **n'est-ce pas**, and intonation) are also used to form questions with the **passé composé** (and any other compound tense).

2. When using inversion with a compound tense, invert the conjugated auxiliary and its subject pronoun; the past participle follows.

3. Remember that when forming questions with reflexive verbs, the reflexive pronoun always precedes the auxiliary.

Basic Question Patterns with the *passé composé*

Est-ce que	N'est-ce pas (Non)
Est-ce que vous avez regardé la télé?	Vous avez regardé la télé, **n'est-ce pas (non)**?
Est-ce que votre amie est aussi venue regarder la télé?	Votre amie est aussi venue regarder la télé, **n'est-ce pas (non)**?
Est-ce que vous vous êtes amusés?	Vous vous êtes amusés, **n'est-ce pas (non)**?

Inversion	Intonation
Avez-vous regardé la télé?	Vous avez regardé la télé?
Votre amie est-elle aussi venue regarder la télé?	Votre amie est aussi venue regarder la télé?
Vous êtes-vous amusés?	Vous vous êtes amusés?

8 Utilisez les éléments indiqués et le **passé composé** pour poser des questions à un(e) camarade de classe.

1. à quelle heure / tu / se lever / ce matin?
2. tu / prendre / ton petit déjeuner?
3. à quelle heure / tu / partir / à la fac?
4. tu / prendre / la voiture pour aller à la fac?
5. tu / aller / en cours de français?
6. tu / déjeuner / au Resto-U?
7. que / tu / faire / ensuite?
8. à quelle heure / tu / rentrer?
9. tu / faire / tes devoirs / ou / tu / lire / tes bouquins?
10. à quelle heure / tu / se coucher / hier soir?

Note culturelle

La télévision

Le paysage audiovisuel français a beaucoup changé depuis les premiers temps de la télé. Pendant longtemps, il n'y a eu que trois chaînes publiques et gratuites (TF1, France 2 et France 3). Il y a aujourd'hui dix-huit chaînes gratuites dont six chaînes publiques et onze privées. Plusieurs de ces mêmes chaînes sont les premières en Europe à diffuser une partie de leurs programmes en HD (haute définition). En 1984, la première chaîne payante et cryptée, Canal+ (Canal Plus), est née. A l'origine, elle s'est concentrée sur le cinéma et le sport avec, en plus, quelques émissions d'humour anticonformiste *(Les Guignols de l'info)* qui sont devenues une institution parmi les Français. L'expérience de Canal+ a révélé que beaucoup de Français étaient prêts à payer pour avoir à leur disposition une chaîne plus diversifiée que les chaînes gratuites. Plus récemment, un bouquet de chaînes de télévision par satellite s'est ajouté à la croissance de stations thématiques en France. Dans le domaine de la télévision payante, il faut aussi compter les chaînes câblées comme Planète, Découverte ou La chaîne Histoire où l'on trouve beaucoup de documentaires. Au total, la télévision payante (onze chaînes), soit les chaînes par satellite soit les chaînes câblées, connaît une progression importante dans sa part de l'audience télévisuelle en France, même si la plupart de ses abonnés la trouvent plutôt chère!

Il existe donc plusieurs types de diffusion télévisuelle: la vieille télé hertzienne analogique (qui disparaît totalement en 2011), la télé numérique terrestre (TNT) et la télé numérique satellite (TNS), auxquelles s'ajoute la télé en ligne. Malgré cette variété d'offres chez les Français, on ne passe pas plus de temps qu'avant devant le petit écran, un peu plus de trois heures par jour en moyenne pour les 15 à 60 ans. Par ailleurs, plus de trois ménages sur quatre sont équipés d'un magnétoscope ou d'un lecteur de DVD qui leur permet de choisir et d'enregistrer les émissions qui leur plaisent et qu'ils peuvent regarder à tout moment. Ce sont les appareils électroniques qui ont connu le développement le plus rapide, surtout dans les ménages avec enfants.

Compréhension

1. Combien de chaînes gratuites de télé y a-t-il en France aujourd'hui?

2. Que savez-vous au sujet de la chaîne Canal+?

3. En plus de la réception par téléviseur numérique, quel autre mode de réception télévisuelle peut-on utiliser?

4. Vrai ou faux? La plupart des foyers en France sont abonnés à la télé par câble ou par satellite. Expliquez votre réponse.

Réflexion

A. En France, il existe un système mixte de télévision privée et publique. Quelle est la différence entre les deux, à votre avis?

B. Quelle a été l'importance de Canal+ dans le paysage audiovisuel français?

C. Les chaînes publiques de télé en France sont financées par l'Etat au moyen d'une taxe annuelle imposée sur chaque poste; elle permet de supprimer progressivement la publicité sur le service public. Etes-vous favorable à un tel système audiovisuel public? Pourquoi?

INTERACTIONS

Le semestre dernier. Posez cinq questions au **passé composé** à un(e) camarade de classe au sujet du semestre dernier. Résumez ensuite pour la classe les renseignements que vous avez obtenus.

Placement of Adverbs with the *passé composé*

There is no hard-and-fast rule regarding the placement of adverbs used with the **passé composé** and other compound tenses. Most short adverbs and a few of the more common longer adverbs are placed between the auxiliary and the past participle. Following is a partial list of adverbs that normally follow the auxiliary and precede the past participle.

assez	déjà	probablement	toujours
beaucoup	encore	peut-être	trop
bien	enfin	seulement	vite
bientôt	longtemps	souvent	vraiment
certainement	mal	sûrement	

Elle s'est **bien** amusée.

Il a **bientôt** fini.

J'ai **enfin** écrit la lettre.

Ils sont **peut-être** venus hier.

Ils ont **trop** regardé la télé.

J'ai **vraiment** souffert.

Most long adverbs, including many that end in **-ment** (except those mentioned earlier) are placed after the past participle.

Il a parlé **brillamment.**

Vous avez été **régulièrement** présent.

Elles sont restées **constamment** chez elles.

Adverbs of time and place also usually follow the past participle. The following list includes the most commonly used adverbs of time and place.

Time	Place
après-demain	dessus (au-dessus)
autrefois	dessous (au-dessous)
avant-hier	ici
demain	là-bas
hier	partout
tard	
tôt	

Je suis venue **hier.**

Ils se sont rencontrés **là-bas.**

In negative constructions, the adverb **peut-être** and most adverbs ending in **-ment** (except **seulement**) follow the auxiliary and precede **pas** or another negative expression.

Il n'est **peut-être** pas allé en cours.

Vous n'avez **vraiment** pas compris.

On n'a **probablement** plus d'argent.

Most short adverbs (those with one or two syllables) and the adverb **seulement** usually follow **pas** or another negative expression and precede the past participle.

Jean-Pierre n'a pas **seulement** travaillé, il a aussi **beaucoup** joué.

Je n'ai pas **encore** fini la leçon.

Nous n'avons pas **toujours** compris les explications du prof.

A few adverbs, such as **longtemps, vite,** and **aujourd'hui** follow both the negative expression and the past participle.

Tu n'as pas lu **longtemps.**

Elle n'a pas couru **vite.**

Vous n'êtes plus sorti **aujourd'hui**?

9 Une soirée peut quelquefois mal tourner. Complétez le récit de cette soirée en ajoutant les adverbes entre parenthèses à la place appropriée.

1. Presque tout le monde est arrivé à huit heures. (hier)
2. Moi, je suis venu(e) à huit heures et demie. (ne... que)
3. Quelques-uns des invités ont bu. (beaucoup)
4. J'ai dansé. (mal)
5. Une personne ennuyeuse a parlé. (constamment)
6. L'hôtesse a offert des hors-d'œuvre très gras. (malheureusement)
7. Mon ami(e) est arrivé(e). (enfin)
8. Soudain, nous nous sommes senti(e)s fatigué(e)s. (vraiment)
9. Mon ami(e) est parti(e). (bientôt)
10. Je suis parti(e), moi aussi. (vite)

10 Posez des questions à votre professeur de français sur son week-end en employant les expressions suggérées.

1. se lever tôt ou tard
2. travailler
3. corriger des examens
4. faire du sport
5. sortir le soir
6. faire un voyage
7. parler français
8. voir des amis
9. aller à une soirée
10. se coucher tôt ou tard
11. s'amuser
12. ???

11 Vous êtes allé(e) à une soirée. Employez les éléments suggérés et les adverbes des listes à la page 142 pour décrire vos activités et vos impressions.

Activités:	s'amuser	bavarder	???
	écouter	fumer des cigarettes	
	manger de la pizza	prendre un coca (du vin / de la bière)	
	regarder un DVD	danser	

Une journée mouvementée? Composez une liste de six ou huit activités que vous avez faites hier. Ensuite, en petits groupes, comparez les listes. Chaque groupe doit expliquer à la classe quel membre du groupe a eu la journée la plus intéressante.

SYNTHESE

A. Un pique-nique à la plage. Racontez le pique-nique de Roger et de ses copains du week-end dernier en mettant les phrases au **passé composé.**

1. Le jour du pique-nique, nous nous levons de bonne heure.
2. Avant de partir, nous préparons tout pour le pique-nique.
3. Nous sortons de chez nous tôt le matin.
4. Nous arrivons à la plage vers dix heures.
5. Nous déjeunons à une heure.
6. Après le déjeuner, nous jouons au volley.
7. Nous faisons des promenades sur la plage.
8. L'après-midi, nous nous baignons puis nous prenons un bain de soleil.
9. A six heures, nous mettons nos affaires dans la voiture.
10. Nous rentrons vers sept heures.

B. Les réseaux communautaires. Employez les éléments suivants pour poser des questions au **passé composé** sur les habitudes de vos camarades de classe par rapport aux réseaux communautaires.

1. choisir d'être membre d'un réseau communautaire?
2. naviguer récemment sur le site de Facebook ou MySpace?
3. créer une page personnelle sur un des réseaux?
4. accepter beaucoup d'amis?
5. mettre des photos sur ta page?
6. entrer dans un salon de chat?
7. passer beaucoup de temps sur le réseau?
8. s'amuser dans cette communauté virtuelle?

INTERACTIONS

Votre émission préférée. Composez quatre phrases pour résumer les événements principaux du dernier épisode de votre émission préférée. Ensuite, mettez-vous en petits groupes pour raconter ces événements. Les autres doivent deviner l'émission que vous avez regardée.

POUR S'EXPRIMER

CD1, Track 9

A l'écoute

Mise en scène

Ecoutez la conversation, puis faites les activités.

Contexte: Christelle et Magali sont deux étudiantes. La première est en faculté de médecine, tandis que la seconde étudie l'architecture. Ce soir, elles rentrent chez elles après une journée difficile et elles décident de se détendre un peu devant la télé.

Avant d'écouter

1. Regardez-vous beaucoup la télévision? Combien d'heures par semaine êtes-vous devant le petit écran?
2. Quelles émissions regardez-vous le plus souvent? Laquelle préférez-vous?
3. Avez-vous la télévision par câble ou par satellite chez vous?
4. Combien de postes de télévision y a-t-il chez vous? En avez-vous un dans votre chambre?

Compréhension

A. Christelle demande à Magali si elle a vu «le film l'autre jour». La réponse est négative. Mais, comment sait-on de quel film parle Christelle? Que dit-elle pour l'identifier?

B. Faites une liste des émissions que Christelle et Magali peuvent regarder ce soir. A quel genre de programme pensez-vous que ces émissions appartiennent: films, variétés, séries (ou feuilletons), documentaires, émissions politiques? Expliquez votre choix.

C. Quelles émissions Magali ne veut-elle pas regarder ce soir? Pourquoi? Et Christelle? Sur quelle émission se sont-elles mises d'accord? Pourquoi?

D. Relevez, dans le dialogue, trois expressions négatives utilisées par Christelle et Magali. Créez un mini-dialogue dans lequel vous allez vous servir de ces mêmes expressions.

A vous la parole

Voici quelques expressions qu'on emploie souvent pour établir la chronologie des événements qu'on raconte. Choisissez un des contextes indiqués et racontez cet événement en utilisant les expressions suivantes.

Expressions: alors d'abord enfin ensuite plus tard puis

- votre premier jour à l'université
- un rendez-vous mémorable
- les préparations pour votre dernier examen
- les vacances de l'été dernier

Situations orales

A. En petits groupes, posez des questions pour déterminer les émissions préférées des membres du groupe. Qui regarde en général les mêmes émissions? Qui regarde les émissions les plus populaires ou les plus bizarres? Avec qui voulez-vous passer une soirée à regarder la télé?

B. Votre classe va interviewer des étudiants français. En petits groupes, composez trois ou quatre questions à poser au sujet de la télévision en France. Ensuite, chaque groupe va poser ses questions aux membres des autres groupes qui vont jouer le rôle des étudiants français.

Note culturelle

Le multimédia

Toute réflexion sur l'avenir doit tenir compte du multimédia: la fusion de l'informatique (les sciences de l'ordinateur) et des télécommunications. Il faut d'abord reconnaître le rôle social de plus en plus important que joue le téléphone fixe, et surtout le téléphone portable ou mobile. La diffusion du portable a été phénoménale en France. Aujourd'hui, plus de huit personnes sur dix en possèdent un. Si le portable a pu connaître un si grand succès, c'est qu'il a sérieusement transformé la notion que nous avons du temps et de l'espace. On peut facilement joindre quelqu'un par téléphone à tout moment et en tout temps. Mais cette «joignabilité» peut aussi mener assez souvent à un comportement incivil lorsqu'il dérange les autres dans les lieux publics ou, encore pire, contribue au nombre croissant d'accidents de voiture. Pour les ennemis du portable il est devenu «insu-portable». Contrairement à l'évolution du cinéma, cependant, la téléphonie portable a souvent pris un caractère muet, car on s'en sert aussi pour envoyer des messages écrits (textos ou SMS), et la majorité des Français déclare en envoyer plusieurs tous les jours.

Dans le domaine du multimédia, c'est avec un peu d'hésitation que les Français se sont aussi équipés d'ordinateurs personnels ou portables. Il faut préciser cependant que les Français ont été «en ligne» bien avant leurs voisins. Dès 1983, France Télécom a mis à la disposition de ses abonnés un système de terminaux, appelé Minitel, donnant accès à un très grand nombre de banques de données. Aujourd'hui, c'est l'ordinateur qui le remplace. Avec le temps, il faut espérer que cet outil technologique de communication va réduire les inégalités culturelles entre les individus et ne pas les renforcer, car il s'agit d'une véritable révolution dans le mode de transmission des connaissances.

Compréhension

1. Comment le portable a-t-il transformé la vie des Français? Comment les Français regardent-ils cette transformation?

2. Que savez-vous au sujet du Minitel?

3. Quelles raisons peut-on donner pour expliquer pourquoi les ménages français ne sont pas équipés de façon égalitaire en ordinateurs?

Réflexion

A. Comment peut-on expliquer que seul un peu plus d'un ménage sur deux dispose d'un ordinateur en France? Est-ce que cela veut dire que les Français ne bénéficient pas de services en ligne? Comparez la situation en France et dans votre pays.

B. Voici quatre raisons d'apprécier Internet. Mettez-les dans l'ordre prioritaire qui vous convient personnellement. Ensuite, comparez votre liste à celles de vos voisins.

   1. l'accès à l'information

   2. le gain de temps

   3. les distractions

   4. la possibilité de nouer des contacts

Structures III

Uses of the *passé composé*

The **passé composé** is used to express an action that was completed within a specified or implied time frame in the past. You must often judge from the context of the sentence if the action has been completed. The following contexts indicate completed actions.

A. An isolated action: A single action that was performed by someone or that occurred in the past is expressed with the **passé composé.**

> **J'ai lu** *Télé 7 Jours.*
> Nous **sommes allés** au café.
> Le concert **a eu** lieu sans incident.

B. An action with a specified beginning or end: A past action for which either the beginning or the end can be easily visualized is expressed with the **passé composé.** The action or event may be of short or long duration, but if the beginning or end of the action is delineated by the context of the sentence, the **passé composé** is used.

> **J'ai regardé** la télé pendant deux heures.
> Le film **a commencé** à trois heures.
> Il **a duré** deux heures.
> Le festival du film **a continué** jusqu'au douze mai.

C. A series of actions: A succession of completed actions, or a single completed action repeated a number of times within a limited time frame, is expressed with the **passé composé.**

> Jerry **a allumé** le téléviseur, **s'est installé** et **a regardé** son feuilleton.
> Il **a vu** le même film deux fois.
> L'année dernière, il **a regardé** tous les épisodes de *Scrubs.*

D. Reaction to an event or situation / Change in a state or condition: A past action that is characterized by its suddenness or immediacy is expressed with the **passé composé.** Such an action may state an immediate reaction to an event or situation.

> Au moment de l'accident, j'**ai pensé:** «Je vais mourir».
> Les enfants **ont voulu** sortir quand la neige **a commencé** à tomber.

Such an action may express a sudden change in an existing state or condition. This use of the **passé composé** often parallels the English concepts *to become* or *to get*.

> Quand j'**ai vu** les questions de l'examen, j'**ai eu** peur.
> Après avoir mangé de la mauvaise viande, il **a été** malade.
> Après l'accident, elles n'**ont** pas **pu** marcher.

In addition to the contexts already discussed, certain expressions of time may indicate that an action is completed within a given time frame. Here is a partial list of such expressions.

à ce moment-là	immédiatement	tout de suite
enfin	soudain	une fois
finalement	tout à coup	vite

RAPPEL!

The **passé composé** is not the only past tense in French. As you will see in **Chapitre 5**, a verb may be used in any of the past tenses, depending on the context and duration of the action in question. The **passé composé** is used to indicate that an action was of limited duration and was completed within a certain time frame. The following examples provide further illustration of the various uses of the **passé composé**. Pay special attention to the different contexts that indicate completed actions and therefore require the **passé composé**.

J'**ai fréquenté** cinq écoles.	**Series of actions:** *After that period, you were no longer at those schools.*
J'**ai déménagé** trois fois.	**Series of actions:** *You moved several times, but all the moves have been completed.*
Pendant ma jeunesse, j'**ai appris** l'espagnol.	**Specified beginning or end:** *You may know Spanish now, but you have stopped studying it.*
Mon père **s'est enrôlé** dans l'armée.	**Isolated action:** *He may still be in the army, but the act of joining it is completed.*
Il y a trois ans, j'**ai fait** un voyage au Mexique.	**Specified beginning or end:** *The trip began and ended three years ago.*
Je **me suis marié**.	**Isolated action:** *You may still be married, but the act of getting married is completed.*
L'année dernière, j'**ai acheté** une voiture.	**Specified beginning or end:** *You may still have the same car, but the act of acquiring it is completed.*
L'été dernier, j'**ai travaillé**.	**Specified beginning or end:** *You may still be working, but the work you were doing last summer is over.*
J'**ai vu** un accident.	**Isolated action:** *The accident is over.*
Le chauffeur n'**a** pas **pu** marcher tout de suite.	**Change in a state or condition:** *He may be able to walk now, but at that moment he tried and couldn't.*
Je **suis venue** à l'école.	**Isolated action:** *You left for school and got there, thus completing the action.*
Hier, il **a plu**.	**Specified beginning or end:** *The rain started and stopped yesterday.*
J'**ai** déjà **eu** mon cours de français.	**Isolated action:** *The class began and ended.*
J'**ai su** les résultats de mon examen.	**Isolated action:** *The act of finding out that information is completed.*
Après le déjeuner, j'**ai pensé** à mon départ.	**Specified beginning or end:** *You looked at your watch and remembered that you had to leave.*
Je n'**ai** pas **voulu** quitter mes amis.	**Reaction to an event or situation:** *At that moment you decided you did not want to leave your friends.*

1 Assis(e) dans un café à Paris, vous entendez la conversation suivante. Justifiez l'emploi du **passé composé** dans les phrases.

—Ah, bonjour, Jean-Marc, vous **êtes** enfin **arrivé**!

—Oui, excusez-moi, je suis en retard. J'**ai reçu** un coup de téléphone et puis j'**ai dû** dire un mot à ma secrétaire et enfin j'**ai pu** partir.

—Alors, vous **vous êtes** bien **amusé** hier soir chez les Dumont?

—Bien sûr. On **a bavardé**. Les Dumont **ont servi** un dîner superbe. Et puis on **a joué** aux cartes. Mais, **il y a eu** un moment gênant. Soudain, Mme Dumont **est devenue** très pâle. D'abord elle **a tremblé,** ensuite elle **a eu** l'air d'avoir chaud. Puis elle **s'est excusée** et elle **est montée** dans sa chambre. Vers dix heures, elle **est revenue.** Après cet incident, le reste de la soirée **s'est** très bien **passé.**

—C'est bizarre. Elle **n'a** donc **pas été** vraiment malade?

—Non. On **n'a pas** vraiment **compris** son problème, mais elle **n'a plus rien dit** à ce sujet.

2 Posez cinq questions contenant des verbes au **passé composé** à vos camarades de classe pour déterminer ce qu'ils ont fait à différentes heures de la journée.

MODELE —*A sept heures, est-ce que tu t'es levé(e)?*
   —*Non, à sept heures, j'ai pris mon petit déjeuner.*

3 Le **passé composé** n'est pas le seul temps du passé en français. Il accompagne souvent un autre verbe à l'**imparfait** (voir **Chapitre 5**), un temps employé pour la description. Voici des phrases qui commencent par des descriptions. Complétez chaque phrase par un verbe au **passé composé** pour indiquer ce qui s'est passé dans le contexte.

1. Pendant que j'allais en cours...
2. J'entrais en cours de français quand...
3. Après mes cours, comme j'avais soif, je...
4. J'avais besoin de réviser ma leçon, alors je...
5. Pendant que j'étais chez moi,...
6. Je lisais quand...
7. Comme je regardais une émission qui n'était pas très intéressante, je...
8. J'étais fatigué(e), alors je...

4 On veut savoir ce que vous avez fait samedi dernier. Racontez trois ou quatre événements qui ont eu lieu. Comparez vos réponses à celles de vos camarades de classe.

INTERACTIONS

Fort Boyard. D'abord, lisez l'article qui suit. Ensuite, répondez aux questions.

Fort Boyard, le futur mythe télévisuel

Le jeu fête ses quinze ans de télévision en France. Mais vingt-deux pays ont aussi enregistré «leur» *Fort Boyard*.

Comment expliquer le succès de *Fort Boyard* qui fête ses quinze ans d'existence sur France 2, un record en ces temps d'émissions Kleenex?

Fort Boyard, c'est l'anti-trash: les parents peuvent laisser leurs enfants seuls devant le poste de télévision et les candidats ne sont pas poussés au-delà de leurs limites. Rien à voir avec *Fear Factor*. Autre atout: le site exceptionnel de la forteresse au large de La Rochelle.

Le triomphe de l'émission a d'ailleurs dépassé depuis longtemps les frontières hexagonales. Au Québec, par exemple, le jeu a atteint jusqu'à 69% d'audience! D'autres nations, comme l'Argentine, l'Allemagne, la Russie, le Liban, Israël et les pays scandinaves ont eux aussi acheté le format de l'émission.

Cet été, sept pays démarreront sur place le tournage de leur propre *Fort Boyard*. Mais les Français gardent un œil sur ce grand roulement planétaire. Derrière la caméra, on retrouve un

réalisateur français. Il en va de même pour les équipes techniques. Seuls les présentateurs et les candidats sont importés par les pays.

Afin de réduire les coûts, la République tchèque et la Chine notamment achètent le programme français et le diffusent doublé ou sous-titré.

Grâce à cette énorme popularité, *Fort Boyard* pourrait détrôner la baguette et devenir le nouveau symbole de la France.

1. Depuis combien d'années est-ce que l'émission *Fort Boyard* passe à la télé en France?

2. Où se trouve le fort où l'émission est tournée?

3. D'où viennent les équipes de tournage des différentes versions de *Fort Boyard*? De quelle nationalité sont les réalisateurs et les équipes? Quels personnages sont importés par les pays étrangers?

4. Comment explique-t-on le succès de cette émission? A quelle émission américaine est-ce que *Fort Boyard* est comparé? Etes-vous d'accord avec l'opinion exprimée au sujet de cette émission américaine?

5. Que pensez-vous des émissions de «réalité» à la télé américaine? Lesquelles est-ce que vous regardez? Comment expliquez-vous la popularité de ce genre d'émission?

Situations écrites

A. Une correspondante française vous écrit un e-mail. Pour avoir une idée des modes de vie et des habitudes des jeunes Américains, elle veut savoir ce que vous avez fait pendant les vacances d'été. Répondez à votre amie pour raconter ce que vous avez fait l'été dernier.

B. Vous cherchez un poste dans une entreprise qui a des succursales *(branches)* au Canada. On vous demande d'écrire un court texte sur un événement qui a beaucoup influencé votre vie.

Le portable et l'ordinateur permettent de rester en contact avec les amis.

J'aime bien regarder la télé pendant les vacances.

A lire

Texte de culture contemporaine

Sujets de réflexion

1. Avez-vous un téléphone portable? Comment vous y êtes-vous abonné(e)? Avez-vous jamais tenté de régler un problème en appelant les services de télécommunications? Quelle est votre impression en ce qui concerne ce qui se passe dans cette situation normalement?

2. Faites-vous confiance à la publicité que font les vendeurs de téléphones portables et les fournisseurs d'accès à Internet? Pourquoi?

Guide de lecture

1. Quand on lit le titre de cet article, *Simple comme un clic?*, on remarque immédiatement le point d'interrogation à la fin. Le clic va-t-il être simple? Quelle sorte d'article doit-on anticiper... un commentaire positif? ironique? comique?

2. Que pensez-vous de la publicité qui incite le public à acheter? Dit-on toujours la vérité et rien que la vérité?

3. D'habitude, que signifie le *clic* du téléphone?

Simple comme un clic?

providers
enticing / well-crafted
keywords

phone call
package deals /
bundles / woe to /
misses the point /
at worst / good-for-
nothing / dragged /
give in / A third
sand
bring about /
hysterical fits /
registered mail /
You said it! /
stops working /
kingdom, land /
pound-key / star-key

«Il y a quelque chose de magique entre nous», abonnez-vous en ligne en toute simplicité»... Les opérateurs de téléphonie mobile, les fournisseurs° d'accès Internet et de télévision numérique rivalisent d'offres alléchantes° et de slogans ciselés°. «Modernité», «facilité», «liberté» sont les nouveaux mots d'ordre° de ces pros du
5 marketing. De fait, il n'a jamais été aussi simple de plonger dans ce monde virtuel. En un clic de souris, un coup de fil° ou un zap de télécommande l'homme moderne jongle entre les forfaits°, les options, les bouquets°. Et malheur à° celui qui passe à côté: au pis° un ringard°, au mieux un incapable. Après avoir un peu traîné° les pieds, les Français ont fini par céder° aux sirènes high-tech et se sont connectés. [...]
10 44,2 millions d'utilisateurs de téléphone portable. Un tiers° des foyers français surfent désormais à domicile. Et 23% d'entre eux font même leurs courses en ligne [...]. Pour la très grande majorité d'entre eux, tout va pour le mieux dans le meilleur des cybermondes. Mais pour les autres, il suffit parfois d'un grain de sable° pour enchaîner° insomnies, crises de nerfs° et lettres recommandées°.
15 Simple comme un clic? Tu parles!° Quand la machine se bloque°, l'enfer commence. Bienvenue sur kafka.com, royaume° des hot-lines à 0,34 euro la minute, où le dialogue se résume souvent à la touche dièse° et à la touche étoile°. Et où l'on vous demande sans rire des renseignements sur la configuration de votre «firewall»

Transmission Control Protocol/ Internet Protocol, the suite of communications protocols used to connect hosts on the Internet / poked fun at / mysteries

ou l'installation de votre protocole TCP/IP°... Hier on raillait° l'administration
20 française et ses arcanes°. Elle fait aujourd'hui figure d'amateur, comparée à la
bureaucratie high-tech et à son opacité.

Source: Anne-Laure Walter, «Simple comme un clic?»,
Le Nouvel Observateur, N° 2079, 9–15 septembre 2004

Après la lecture

1. Selon l'article, est-il facile pour un futur client de choisir parmi les offres faites par les entreprises de télécommunications? Choisissez trois exemples dans le texte pour justifier votre réponse.
2. L'auteur de cet article se plaint de quelque chose. Est-ce qu'il s'agit de l'utilisation des télécommunications ou du service après-vente? En quoi consiste le dilemme de l'homme moderne, d'après l'auteur?
3. En vous servant du vocabulaire spécialisé de l'article, écrivez un dialogue entre un abonné du téléphone et un opérateur de téléphonie mobile. Imaginez une situation où le client désire résilier *(cancel)* son contrat de téléphone portable parce qu'il part à l'étranger pour un an.
4. Expliquez pourquoi l'auteur de l'article emploie l'expression *kafka.com* pour caractériser la situation en question.

❖ ❖ ❖ ❖ ❖ ❖ ❖ ❖ ❖ ❖ ❖ ❖ ❖

Texte littéraire

Sujets de réflexion

A. Certains textes ont été écrits pour nous faire réfléchir. Peut-on dire que la télévision nous fait réfléchir, elle aussi, de la même manière? Quelle est, à votre avis, l'importance de la télévision dans la société actuelle et dans votre propre vie?
B. Combien de temps passe-t-on devant le petit écran chez vous? Réfléchissez aux diverses tranches de la société (enfants, adolescents, personnes actives, personnes âgées, etc.). Quelle partie de leur vie est consacrée à regarder la télé? Pour quelles raisons?

A propos de l'auteur...

Jean-Philippe Toussaint est né à Bruxelles en 1957. Il reçoit sa formation universitaire à Paris. Diplômé de l'Institut de Sciences Politiques en 1978, il fera ensuite des études d'histoire contemporaine à la Sorbonne. L'intérêt qu'il porte à l'actualité politique et sociale va bientôt lui inspirer de nouvelles carrières, celles de romancier et de cinéaste. Mais il se posera toujours la même question: Qu'est-ce qui fait le temps présent?

Jean-Philippe Toussaint publie son cinquième roman, La Télévision, en 1997. Le texte est bientôt traduit en plus de vingt langues comme le sont la plupart de ses œuvres. L'intrigue de ce roman tourne autour du narrateur, double de l'auteur et jeune historien de l'art. Un jour, celui-ci décide tout bêtement de boycotter la télé, trouvant son esprit «comme anesthésié d'être aussi peu stimulé» par elle. L'écran éteint, le téléviseur va être remplacé par des réflexions et des méditations sur la crise de notre civilisation contemporaine, bombardée sans cesse par des images virtuelles.

Guide de lecture

Lisez rapidement le premier paragraph du texte. Qu'est-ce que le narrateur a fait?
Pourquoi a-t-il décrit son geste avec tant de détails? D'après ce que vous venez de
lire, quel va être le thème du texte?

La Télévision (extrait)

J'ai arrêté de regarder la télévision. J'ai arrêté d'un coup, définitivement, plus une
émission, pas même le sport. J'ai arrêté il y a un peu plus de six mois, fin juillet, juste
après la fin du Tour de France. J'ai regardé comme tout le monde la retransmission°
de la dernière étape° des Champs-Elysées, qui s'est terminée par un sprint massif
5 remporté par l'Ouzbèke Abdoujaparov, puis je me suis levé et j'ai éteint le téléviseur.
Je revois très bien le geste que j'ai accompli alors, un geste très simple, très souple,
mille fois répété, mon bras qui s'allonge et qui appuie sur le bouton, l'image qui im-
plose et disparaît de l'écran. C'était fini, je n'ai plus jamais regardé la télévision. [...]

Une des principales caractéristiques de la télévision quand elle est allumée est
10 de nous tenir continûment en éveil° de façon artificielle. Elle émet en effet en per-
manence des signaux en direction de notre esprit, des petites stimulations de toutes
sortes, visuelles et sonores, qui éveillent notre attention et maintiennent notre esprit
aux aguets°. Mais, à peine° notre esprit, alerté par ces signaux, a-t-il rassemblé ses
forces en vue de la réflexion, que la télévision est déjà passée à autre chose, à la
15 suite, à de nouvelles stimulations, à de nouveaux signaux tout aussi° stridents que
les précédents, si bien qu'° à la longue, plutôt que° d'être tenu en éveil par cette
succession sans fin de signaux qui l'abusent, notre esprit, fort des° expériences mal-
heureuses qu'il vient de subir et désireux sans doute de ne pas se laisser abuser°
de nouveau, anticipe désormais° la nature réelle des signaux qu'il reçoit, et, au lieu
20 de mobiliser de nouveau ses forces en vue de la réflexion, les relâche° au contraire
et se laisse aller° à un vagabondage passif au gré des° images qui lui sont proposées. Ainsi notre esprit, comme anesthésié d'être aussi peu stimulé en même temps
qu'autant° sollicité, demeure-t-il essentiellement passif en face de la télévision. De
plus en plus indifférent aux images qu'il reçoit, il finit d'ailleurs par ne plus réa-
25 gir du tout lorsque de nouveaux signaux lui sont proposés, et, quand bien même°
réagirait-il encore, il se laisserait de nouveau abuser par la télévision, car, non seulement la télévision est fluide, qui ne laisse pas le temps à la réflexion de s'épanouir°
du fait de sa permanente fuite en avant°, mais elle est également étanche°, en cela
qu'elle interdit tout échange de richesse entre notre esprit et ses matières°.

rerun
stage

alert

on the look-out /
barely
just as
with the result that /
rather than /
armed with the /
to allow itself to
be deceived / from
then on /
relaxes
allows itself to drift /
at the mercy of the /
so greatly /
even though /
to flourish
flight forward /
impervious /
subject matter

Source: Jean-Philippe Toussaint, *La Télévision*, Editions de Minuit, 1997

Après la lecture

1. Quand le narrateur a-t-il cessé de regarder la télé? Quelle est la dernière émission qu'il a regardée?

2. Quelles indications dans le texte nous donnent l'impression que, avant de prendre sa décision d'arrêter de regarder la télé, cet homme ressemble à ses compatriotes dans sa façon de se comporter devant la télé?

3. Dans le deuxième paragraphe de l'extrait, Toussaint présente une série de caractéristiques de la télévision quand elle est allumée. Donnez-en au moins cinq et dites si vous êtes d'accord avec l'auteur.

4. Toussaint fait aussi le portrait du téléspectateur. Quelles sont les caractéristiques de ceux qui regardent la télé, selon l'auteur?

5. En somme, comment peut-on résumer l'effet de la télévision sur le public? Partagez-vous les idées de Jean-Philippe Toussaint? Dites pourquoi.

Pour mieux lire

1. Le style littéraire de Jean-Philippe Toussaint peut quelquefois rendre difficile la lecture de certaines phrases comme la troisième du second paragraphe. Pour faciliter la lecture de celle-ci, cherchez d'abord l'idée centrale. Il a déjà indiqué dans la phrase précédente l'importance des effets de la télé sur l'*esprit*. Comment va-t-il pousser cette idée encore plus loin dans la phrase en question?

2. Le premier paragraphe nous offre un assez grand nombre d'exemples de l'emploi du *passé composé*. Dressez une liste de tous les verbes au passé composé de cet extrait. En utilisant les explications grammaticales du chapitre, justifiez l'emploi de ce temps verbal dans chaque cas.

LIENS CULTURELS

1. Quel avantage la télévision a-t-elle donné aux personnages politiques chez vous et en France? Une chaîne comme CNN est-elle une aide ou un obstacle en temps de crise? Prenez un événement comme les attaques du onze septembre et d'autres actes de terrorisme comme exemples.

2. Certaines personnes manifestent des phobies vis-à-vis de l'informatisation de la vie moderne. En quoi ont-elles raison?

3. Que faut-il penser de quelqu'un comme le narrateur de *La Télévision* de Jean-Philippe Toussaint? Si on arrête de regarder la télé, par quoi va-t-on la remplacer dans la vie quotidienne?

EXPANSION

A. Si la révolution industrielle a totalement bouleversé la société du dix-neuvième siècle, quelle nouvelle révolution a le plus marqué le vingtième siècle: la radio, la télé, l'informatique? Comparez votre réponse à celles de vos camarades de classe.

B. On considère quelquefois l'informatique comme l'ennemi de la culture traditionnelle. Que pensez-vous de ce point de vue?

C. A votre avis, quels sont les plus grands dangers du cyberespace pour la société moderne? Etes-vous pour ou contre l'expansion rapide des autoroutes de l'information? Quels sont vos peurs et vos souhaits dans ce domaine? Est-ce que tout est «simple comme un clic»?

GRATTE-PAPIER
Court-métrage de Guillaume Martinez, Société de production: Babelone Drone - 2005

PRIX ET RECOMPENSES

→ **Berlin International Film Festival,** Ours d'argent – Prix du Jury

→ **Sundance Film Festival 2007,** Sélection Officielle

NOTE LINGUISTIQUE

Le mot «regard» se traduit par *a look, a glance* ou *a gaze.* Les relations romantiques commencent souvent par un regard. Par contre, quand on vous dit en France que vous avez «un look», on veut dire que vous avez un style personnel prononcé.

A considérer avant le film

Dans le court-métrage que nous allons voir, deux jeunes personnes établissent un premier contact d'une façon peu commune. Où avez-vous fait la connaissance de la plupart de vos amis? Comment gardez-vous le contact avec eux? Quels autres moyens est-ce que les jeunes gens utilisent pour faire connaissance aujourd'hui?

On va au cinéma?

1. **Dans le métro.** Ce film se passe dans le métro parisien. Tous les personnages se servent des transports publics pour se déplacer. Quels moyens de transport en commun sont disponibles dans les villes que vous connaissez? Le bus? le train? le tramway? Que faites-vous pour passer le temps quand vous utilisez les transports en commun?

2. **Objet et symbole.** Souvent nos opinions des autres se basent sur les objets dont ils se servent en public. Quelles impressions vous donnent les objets suivants?

MODELE: un agenda bien rempli

J'imagine une personne professionnelle, très occupée ou quelqu'un qui veut avoir l'air important.

a. un PDA
b. un journal
c. un roman populaire
d. un livre scolaire
e. une PSP ou un autre jeu portable

3. **Look closely!** Le mot anglais *look* a plusieurs sens qui se communiquent tous différemment en français.

La forme nominale, *a look,* se traduit par **un regard.**	Le verbe *to look at* se traduit par le verbe **regarder.**
Le verbe *to look* (meaning *to seem* or *to appear*) se traduit par les verbes **paraître** et **sembler** ou par l'expression **avoir l'air.**	Le verbe *to look like* se traduit par **ressembler à.**

Choisissez l'expression correcte pour exprimer l'équivalent des mots en italique dans les phrases suivantes.

avoir l'air	paraître	un regard	regarder	ressembler à

MODELE: She didn't *look* happy to see me.
avoir l'air

a. She *looks like* her father.
b. You *look* tired.
c. *Look* at that adorable puppy!
d. She gave me a strange *look*.
e. Her book *seems* interesting.

Ça commence!

Premier visionnage

Quels genres de personnes se trouvent dans le métro avec le jeune homme? Que font ces personnes pour passer le temps?

Mots et expressions utiles

bouquiner *to read for pleasure*	homme d'affaires	se reposer
	lire le journal	rêvasser *to daydream*
employé de bureau	ouvrier	travailler
étudiant	regarder les jolies femmes	vérifier son planning
femme professionnelle		

Deuxième visionnage

Dites s'il s'agit du jeune homme (**C'est lui.**) ou de la jeune femme (**C'est elle.**).

MODÈLE: regarder par la fenêtre
      C'est lui.

a. entrer en premier dans le métro
b. s'asseoir près de la fenêtre
c. prendre des notes dans son livre avec un crayon
d. vérifier quelque chose dans son agenda
e. sortir en premier

Troisième visionnage

Complétez le message secret composé dans le film.

Les regard autour son sur vous

—Je ne peu_t_ _____ votre visage mais les rega_rd_ par_le_.

—Il ne _____ rien sur vous.

—Hélas j_e_ était _____ avant que tu ne vien_s_ (**avant que** est suivi par le subjonctif).

—Rassure-toi je v_a_ partir

—Non. _____ pas

—Le stress gronde dehors. Ici, il s'assied. C'est mieux.

—Le ciel étoilé, vaste, clair et paisible. C'est une magnifique nuit. Seule sur le toit de son immeuble, Eda est installée sur une chaise longue; Des notes de piano cristallinent…Je _____.

Et après

Observations

1. Comment est-ce que le jeune homme se rend compte qu'il est assis à côté d'une belle femme?

2. Quelle méthode utilise-t-il pour communiquer avec elle?

3. A votre avis, est-ce qu'il réussit à l'attirer?

4. Que fait-elle juste avant de partir?

Avant et après

1. Imaginez la journée des personnages avant le moment du film. Pourquoi se trouvent-ils dans le métro? D'où viennent-ils? Où vont-ils?

2. A votre avis, est-ce que ces deux personnes vont se revoir? Pourquoi ou pourquoi pas?

Avant

Après

A vous de jouer

1. **Bulles de pensées** *(Thought bubbles)*. Voici une image du jeune homme avant et une après sa rencontre avec la jolie jeune femme.

   Imaginez qu'il y a une bulle de pensées au-dessus de sa tête comme dans les bandes dessinées: Qu'est-ce qui est écrit dedans?

2. **Français oral/français écrit.** En anglais, nous savons qu'il faut faire attention aux homonymes comme *there/their/they're* et *you're/your* pour ne pas se tromper en écrivant. Comme les consonnes finales ne se prononcent pas souvent en français, il faut faire encore plus attention aux homonymes. Quand le jeune homme note «Les regard autour son sur vous», c'est une forme phonétique de la phrase correcte qui serait «Les regards autour sont sur vous».

   Essayez de corriger les fautes d'orthographe dans le reste du texte.

   —Je ne peu<u>t</u> _____ votre visage mais les regar<u>d</u> parl<u>e</u>.

   —Il ne _____ rien sur vous.

   —Hélas <u>je</u> était _____ avant que tu ne vien<u>s</u> (**avant que** est suivi par le subjonctif).

   —Rassure-toi je v<u>a</u> partir

   —Non. _____ pas

   —Le stress gronde dehors. Ici, il s'assied. C'est mieux.

   —Le ciel étoilé, vaste, clair et paisible. C'est une magnifique nuit. Seule sur le toit de son immeuble, Eda est installée sur une chaise longue; Des notes de piano cristallinent…Je _____.

3. **Tu ne vas jamais croire ce qui m'est arrivé!** Imaginez que le jeune homme raconte son aventure dans le métro à un ami. Complétez le dialogue.

   —Je crois que je suis tombé amoureux dans le métro aujourd'hui.

   —Sans blague *(No kidding)*! Elle est comment?

   —_____

   —Comment tu as fait pour la draguer?

   —_____

   —Tu vas la revoir?

 4. **Messages secrets.** Avec un(e) partenaire, essayez de composer des messages secrets à l'aide des mots que vous voyez sur cette page.

RÉALISATEUR

Chapitre 5

La presse et le message

Un kiosque à journaux à l'entrée d'une station de métro à Paris

Un peu de culture contemporaine

La bande dessinée

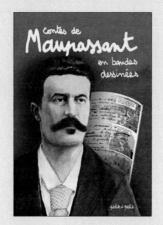

En France, on prend la bande dessinée au sérieux. La «B.D.», comme on l'appelle, a une histoire très longue, et la bulle (l'endroit où se trouve le texte) est apparue dans la B.D. il y a plus de cent ans. Même si les auteurs de bandes dessinées n'ont pas toujours eu la même célébrité que d'autres écrivains, ils ont beaucoup contribué au développement de la créativité à notre époque et à l'art en général. Leur aventure est souvent celle d'une collaboration entre artistes, car le scénariste et l'illustrateur travaillent en tandem dans un univers où la parole et le dessin se combinent pour produire une histoire en images.

- Les experts font remonter la naissance de la B.D. à 1827. Depuis ce temps-là, elle a beaucoup évolué. Les maisons d'édition françaises vendent actuellement environ 3 millions de B.D. adultes et 8 millions de B.D. jeunes par an.

- Parmi les nombreux genres de B.D., on trouve, par exemple: les œuvres littéraires et les histoires policières; le western où domine *Lucky Luke*, personnage créé en 1946 par le Belge Morris; la science-fiction; la satire sociale; les récits historiques (réels ou imaginaires) tels que les 31 albums d'*Astérix le Gaulois*, des Français René Goscinny et Albert Uderzo; et les récits d'aventures dans le genre de *Tintin* créé par un autre Belge, Hergé.

Des B.D. célèbres: Lucky Luke et Astérix

- Parmi les auteurs qui s'adressent au public adulte, surtout dans les journaux et les magazines d'information, il faut signaler Georges Wolinski, Cabu et Claire Bretécher pour leur témoignage souvent satirique sur les réalités de la vie contemporaine. Curieusement, chez les adultes, la lecture des albums de bandes dessinées augmente avec le niveau d'instruction.

Compréhension

1. Depuis combien de temps y a-t-il des B.D.?
2. Quels types d'artistes collaborent à la création d'une B.D.?
3. Donnez plusieurs exemples de genres de B.D.
4. A quels genres correspondent les B.D. comme *Lucky Luke*, *Astérix* et les *Contes de Maupassant en bandes dessinées*?

Réflexion

A. A votre avis, le public est-il attiré plutôt par l'illustration ou par le récit dans une B.D.? Citez des exemples de B.D. qui connaissent actuellement un grand succès. Comment expliquez-vous leur attrait?

B. Pensez-vous que, de nos jours, le texte d'un message «passe» mieux s'il est accompagné d'images? Pourquoi?

La presse française et francophone

Grâce à la technologie, l'accès aux médias et aux informations devient de plus en plus facile. Sur l'Internet, on témoigne d'une véritable dissolution des frontières géographiques. Il n'est plus nécessaire de se déplacer pour regarder des émissions télévisées ou pour écouter les informations radiodiffusées provenant de France et du monde francophone. Il est actuellement possible d'écouter la radio ou de regarder des vidéos en direct sur les sites Internet. On peut également télécharger des podcasts (ce qu'on appelle officiellement des «diffusions pour baladeur»).

Par exemple, sur le site de Radio France Internationale (www.rfi.fr), on peut écouter les journaux radiodiffusés, les émissions culturelles et la radio en direct. Pour les étudiants de français, il y a des diffusions quotidiennes en français facile. C'est une version ralentie du journal accompagnée d'une transcription pour ceux qui veulent écouter et lire en même temps. De plus, le site présente un fait du jour accompagné d'exercices d'écoute pour ceux qui veulent améliorer leurs compétences en français.

Sur le site Web de TF1 (www.tf1.fr), une des chaînes nationales françaises, on peut regarder le journal télévisé chaque jour en entier ou même sélectionner un reportage particulier qu'on trouve intéressant. On y trouve aussi des émissions populaires disponibles sur le site. Pour ceux qui s'intéressent à la musique, il y a la possibilité de voir des clips vidéo, des entretiens et des prises de vue en coulisse des artistes français et francophones.

Evidemment, grâce à l'Internet, on peut accéder aux journaux électroniques francophones de tous les coins du monde. Il y a des versions électroniques de centaines de journaux, de magazines, de revues et d'autres publications, y compris *Le Soleil* (du Sénégal, www.lesoleil.sn), *Le Soir Info* (de Côte d'Ivoire, www.soirinfo.com), *Le Journal de Montréal* (du Québec, www.canoe.com/journaldemontreal), *Le Soir* (de Belgique, www.lesoir.be) et *Le Mauricien* (de l'Ile Maurice, www.lemauricien.com). Consulter des sites médiatiques internationaux divers nous permet de considérer les événements locaux et internationaux du point de vue de nations et de cultures différentes, ce qui sert à élargir notre propre vue du monde.

Compréhension

1. Pourquoi l'accès aux médias et aux informations est-il facile aujourd'hui? Quelles sont les conséquences d'un tel accès?
2. Quelles activités éducatives sont disponibles sur le site de Radio France Internationale?
3. Quelles fonctions est-ce que le site de TF1 offre aux internautes?

Réflexion

A. Est-ce que vous consultez des sites Web pour vous informer ou vous amuser? Pourquoi ou pourquoi pas? Quels sites fréquentez-vous?
B. Parmi les sites mentionnés ci-dessus, lesquels vous intéressent le plus? Le moins? Expliquez vos choix.

 *Pour des activités culturelles supplémentaires, rendez-vous sur le site Web d'***Interaction** www.cengage.com/french/interaction

Vocabulaire actif 🔊 CD 1, Track 10

LES ACTIVITÉS

conseiller to advise
distribuer to distribute, circulate
s'habituer (à) to get used to
se moquer de to make fun of
paraître to appear

traiter to treat, deal with
se tromper to make a mistake

LE JOURNALISME

les actualités *(f pl)* news
un article de fond feature article
des conseils *(m pl)* advice

la droite political right wing
une enquête investigation
un événement event
un exemplaire copy
la gauche political left wing
un hebdomadaire weekly newspaper or magazine

les informations *(f pl)* news
un journal newspaper
le _____ télévisé TV news
un kiosque newspaper / magazine stand
un lecteur / une lectrice reader

Exercices de vocabulaire

A. Vous expliquez la presse française à un(e) ami(e) qui ne connaît pas du tout la France. Complétez chacune des phrases par un des termes suivants.

Termes: un article de fond branchées les événements exemplaires
     le journal des kiosques la majorité se moquent
     politisé la presse

1. Chez les Français, une personne sur trois lit _____ tous les jours.
2. Pour avoir une idée précise de ce qui se passe sur un certain sujet, il faut lire _____.
3. La presse française a un caractère _____.
4. On peut lire un journal local pour s'informer sur _____ régionaux.
5. Certaines revues sont considérées très _____.
6. Il y a toujours en France un journal qui représente _____.
7. Les Français achètent souvent leurs journaux et leurs magazines dans _____.
8. Il y a des journaux et des émissions à la télé qui _____ des personnalités et des événements du moment.
9. Beaucoup d'_____ du *Monde* se vendent à l'étranger.
10. En France, il ne faut jamais sous-estimer le pouvoir de _____.

Le Monde est mon quotidien préféré.

un **magazine** magazine
la **majorité** (political) majority
les **médias** (*m pl*) media
un **mensuel** monthly
    newspaper or magazine
un **porte-parole** spokesperson

le **pouvoir** power
la **presse** the press
un **quotidien** daily
    newspaper
la **rédaction** editorial staff

un **reportage** report
une **revue** (literary, scientific)
    magazine
une **rubrique** newspaper
    heading

LES CARACTÉRISTIQUES

arrêté definite
branché with it *(coll.)*
politisé having a political slant

Le jeu télévisé *Jeopardy*

B. *Questions pour un champion (Jeopardy).* Complétez les questions qui correspondent aux réponses par une expression du **Vocabulaire actif.**

1. Réponse: *Cosmopolitan* et *Sports Illustrated.*
    Question: Pouvez-vous nommer deux _____ célèbres?

2. Réponse: Mon père lit toujours *The New York Times.*
    Question: Quel est le _____ américain le plus connu?

3. Réponse: La télévision et la presse.
    Question: Qu'est-ce qui constitue _____?

4. Réponse: J'adore *Ask Amy.*
    Question: Quelle est la rubrique des _____?

5. Réponse: Les Démocrates.
    Question: Quel parti constitue actuellement la _____ au Congrès américain?

6. Réponse: *Time* et *Newsweek.*
    Question: Quels sont deux _____ importants aux Etats-Unis?

7. Réponse: Les journalistes d'information.
    Question: Qui présente le _____ télévisé aux Etats-Unis?

8. Réponse: Les informations sur la chaîne France 2.
    Question: Qu'est-ce que c'est qu'un _____?

Lexique personnel

LA PRESSE

A Pour chacun des sujets suivants, dressez une liste personnelle de mots.

1. les sortes de journaux qu'on publie dans votre région
2. les sortes de journaux que vous lisez
3. les sortes de magazines que vous lisez
4. les rubriques du journal que vous lisez
5. les journaux les plus populaires dans votre pays

B En utilisant le vocabulaire du chapitre et votre lexique personnel, complétez les phrases suivantes.

1. Je lis souvent...
2. Dans le journal, les rubriques que je lis toujours sont...
3. Dans le journal, les rubriques que je ne lis jamais sont...
4. En ce qui concerne les magazines, mes amis lisent...
5. Les journaux américains les plus lus sont...
6. Les Américains choisissent leurs journaux selon...

 **C** En petits groupes, comparez vos réponses. Ensuite, faites un résumé des habitudes de lecture de la presse dans votre classe.

Structures I

Formation of the Imperfect (*l'imparfait*)

To form the imperfect of a French verb, drop the **-ons** ending of the present-tense **nous** form and add the appropriate ending: **-ais, -ais, -ait, -ions, -iez, -aient.**

parler (*nous parlons*)	**finir** (*nous finissons*)	**répondre** (*nous répondons*)
je parl**ais**	je finiss**ais**	je répond**ais**
tu parl**ais**	tu finiss**ais**	tu répond**ais**
il / elle / on parl**ait**	il / elle / on finiss**ait**	il / elle / on répond**ait**
nous parl**ions**	nous finiss**ions**	nous répond**ions**
vous parl**iez**	vous finiss**iez**	vous répond**iez**
ils / elles parl**aient**	ils / elles finiss**aient**	ils / elles répond**aient**

Etre is the only French verb that is irregular in the imperfect.

être	
j'**étais**	nous **étions**
tu **étais**	vous **étiez**
il / elle / on **était**	ils / elles **étaient**

1 Vous et vos amis parlez avec des personnes plus âgées que vous. La discussion se concentre sur votre façon de vivre comparée à celle qu'elles ont connue. Complétez la deuxième réplique en utilisant le verbe de la première réplique conjugué à l'**imparfait.**

1. —Nous avons beaucoup de copains.

   —Moi aussi, j'...

2. —Nous prenons la voiture pour faire des excursions.

   —Ah non, nous...

3. —Nous nous retrouvons au café.

   —Non, mon groupe d'amis...

4. —Nous faisons des études pratiques.

   —Oui, tout le monde...

5. —Nous sortons souvent.

   —Ah oui, les jeunes...

6. —Nous déjeunons dans un fast-food.

   —Moi, je ne...

7. —Nous lisons assez souvent le journal.

   —Oui, ta mère aussi, elle...

8. —Nous regardons des vidéoclips à la télé.

   —Non, de notre temps, on ne...

9. —Nous adorons écouter de la musique et danser.

   —Ah oui, ça alors, nous...

10. —Nous sommes contents de notre style de vie.

    —Nous aussi, nous...

2 Marc et Marie-Ange sont en train de parler du week-end dernier. Complétez leur dialogue en mettant les verbes indiqués à l'**imparfait.**

MARIE-ANGE: Salut, Marc, comment _____ (être) la soirée chez Barbara?

MARC: Ah, c'_____ (être) super! Il y _____ (avoir) beaucoup de monde. Tous les copains _____ (être) là.

MARIE-ANGE: Qu'est-ce que vous avez fait?

MARC: On a parlé de beaucoup de choses. On _____ (être) tous d'accord qu'on _____ (trouver) le travail à la fac très difficile. On _____ (écrire) trop de disserts et on _____ (préparer) beaucoup d'examens. On _____ (penser) qu'on _____ (lire) beaucoup de livres et qu'il _____ (falloir) aussi faire trop d'exposés.

MARIE-ANGE: Quand même, tu ne _____ (travailler) pas tous les soirs le semestre dernier.

MARC: C'est vrai. Je _____ (sortir) quand je _____ (vouloir). Les copains _____ (sortir) pas mal aussi. Ils _____ (faire) des excursions le week-end et _____ (aller) quelquefois en boîte.

MARIE-ANGE: Alors, ta vie le semestre dernier n' _____ (être) pas si affreuse que ça.

3 **Chien ou chat?** Aviez-vous un animal familier chez vous quand vous étiez enfant? Comment s'appelait-il / elle? Quels souvenirs gardez-vous de cet animal? Présentez un petit portrait de cet animal.

INTERACTIONS

En petits groupes, employez l'imparfait pour raconter aux membres du groupe quelques bons souvenirs que vous avez de votre enfance. Comparez les réponses des différents groupes. Y a-t-il beaucoup de souvenirs en commun?

Uses of the Imperfect

General Uses of the Imperfect

The imperfect tense is used to describe people, scenes, actions, or conditions in the past. The imperfect is sometimes called the descriptive tense.

A. Setting: The imperfect is used to describe scenes and events that form the background or decor of a time frame in the past.

The imperfect is also used to describe two or more events that **were** going on simultaneously and that may frequently be linked by the conjunction **pendant que** *(while)*. This use of the imperfect expresses the English concept *(was / were)* _____*ing.*

Hier après-midi il **faisait** très beau. Sophie et Andy **prenaient** quelque chose à la terrasse d'un café. Pendant qu'ils **buvaient** leurs boissons, les gens **allaient** et **venaient** dans la rue. Les deux amis **bavardaient** de choses et d'autres et **discutaient** de la presse en France quand soudain...
*Yesterday afternoon the weather **was** really nice. Sophie and Andy **were having** some refreshments on the terrace of a café. While they **were drinking** their drinks, people **were going** and **coming** in the street. The two friends **were chatting** and **discussing** the French press when suddenly . . .*

B. Habitual Actions: The imperfect is used to describe actions that were repeated habitually for an indefinite period of time in the past. Used in this way, the imperfect describes a situation that recurred regularly and for which no definite beginning or end can be visualized. This use of the imperfect is the equivalent of the English concepts *used to* or *would* when referring to the past.

Mon père **finissait** son travail tous les jours à cinq heures.	*My father **used to finish** work every day at five o'clock.*
Nous **regardions** toujours les informations à la télé.	*We **would** always **watch** the news on TV.*
Je **discutais** souvent avec ma mère des événements de la journée.	*I often **used to discuss** the events of the day with my mother.*

C. States or Conditions: The imperfect describes states or conditions that existed in the past.

Andy **avait** beaucoup de travail, il **était** donc assez fatigué.	*Andy **had** a lot of work, and therefore he **was** quite tired.*
C'est pourquoi il **préférait** rester à la maison où il **aimait** bien regarder la télé.	*That's why he **preferred** to stay at home, where he **liked** to watch TV.*

The following verbs are often used to describe a physical or emotional state and are often, though not exclusively, used in the imperfect.

avoir	**croire**	**détester**	**préférer**
aimer	**désirer**	**penser**	**vouloir**

A few verbs vary in meaning or nuance depending on whether they are used in the **imparfait** or the **passé composé.**

Imparfait	Passé composé
Elle **était** souvent malade. *She was often sick.*	Elle **a été** malade en arrivant. *She got sick when she arrived.*
Je **savais** la vérité. *I knew the truth.*	J'**ai su** la vérité. *I found out the truth.*
Ils **devaient** faire un exposé. *They were supposed to give a presentation.*	Ils **ont dû** faire un exposé. *They had to give a presentation.*
Il **voulait** rentrer. *He wanted to go home.* (His state was not translated into action.)	Il **a voulu** rentrer, mais il **a manqué** l'autobus. *He wanted to go home, but he missed the bus.* (An attempt was made.)
Nous **ne pouvions pas** voyager quand nous étions malades. *We were unable to travel when we were sick.* (It was impossible for us to travel.)	Nous **n'avons pas pu** réserver des places. *We couldn't reserve seats.* (We attempted to reserve seats but did not succeed.)

Certain expressions of time often indicate that the verb in question is describing a habitual event and should be in the imperfect. Below is a partial list of such expressions.

d'habitude	**souvent**
fréquemment	**toujours**
habituellement	**tous les jours**

Idiomatic Uses of the Imperfect

A. After *si:* The imperfect is also used after **si** to express a wish concerning the present or the future.

Si j'avais le temps de lire le journal!	*If only I had the time to read the paper!*
Si vous pouviez m'aider pour mon exposé!	*If only you could help me with my presentation!*

The imperfect is also used after **si** to propose a course of action.

Si nous allions ensemble au café?	*What if we were to go to the café together?*
Si on prenait quelque chose?	*Shall we have something to eat or drink?*

B. With *depuis:* The imperfect used with **depuis** expresses the English concept *had been* _____*ing.* This construction is the past tense equivalent of **depuis** + present tense. **Depuis** + imperfect links two actions in the past, indicating that one action began before the other but was still going on when the second action took place.

J'attendais depuis une heure quand vous êtes arrivé.	*I **had been waiting** for an hour when you arrived.*
Ils **vivaient** en France **depuis un an** quand la guerre a éclaté.	*They **had been living** in France for **a year** when the war broke out.*
Elle **était** déjà ici **depuis dix minutes** quand le cours a commencé.	*She **had** already **been here for ten minutes** when class began.*

C. *Venir de* in the imperfect: *Venir de* (in the imperfect) + infinitive is the equivalent of the English idea *had just* + past participle.

Il venait de partir.	*He **had just left.***
Je venais de le voir.	*I **had just seen** him.*
Vous veniez d'apprendre la nouvelle.	*You **had just learned** the news.*

4 Dans une lettre, Marc raconte à sa copine Sophie un épisode de sa vie à l'université. Complétez la lettre de Marc en mettant les verbes entre parenthèses à l'**imparfait.** Justifiez chaque emploi de l'**imparfait.**

Chère Sophie,

Tu me demandes comment je suis devenu journaliste. Eh bien, c'(être) _____ au printemps de ma dernière année à l'université. Je (vouloir) _____ de bonnes notes et je (faire) _____ toujours bien mon travail. Tous les soirs, pendant que le reste de ma famille (regarder) _____ la télé, je (se mettre) _____ à mon bureau, j'(ouvrir) _____ mes bouquins et je (travailler) _____. J'(avoir) _____ beaucoup de devoirs et je (lire) _____ aussi beaucoup. Même le week-end quand il (faire) _____ beau et que tous mes copains (aller) _____ s'amuser au café, je (rester) _____ à la maison. Cette situation (durer) _____ depuis deux mois et personne ne (pouvoir) _____ comprendre pourquoi j'(avoir) _____ cette passion pour le travail. Un jour j'ai décidé que cette vie n'(être) _____ pas très saine. J'(aller) _____ rater beaucoup de choses intéressantes. Je me suis dit: «Tiens, si seulement je (travailler) _____ moins et (s'amuser) _____ davantage!» Ce jour-là, j'ai écrit mon premier article, pour Rolling Stone Magazine. *Et voilà comment a commencé cette carrière passionnante.*

Ciao,
Marc

5 Posez les questions suivantes à des camarades de classe. Ensuite, répondez vous-même à chaque question.

1. Regardais-tu plus souvent ou moins souvent la télévision quand tu étais élève dans le secondaire?
2. Quels magazines lisais-tu quand tu avais seize ans?
3. Quelles émissions aimais-tu regarder à la télé l'année dernière?
4. Le semestre dernier, allais-tu souvent préparer les cours à la bibliothèque?
5. Étais-tu plus ou moins occupé(e) le semestre dernier?
6. Sortais-tu souvent avec tes amis le semestre passé?
7. Où allais-tu pour t'amuser?
8. Faisais-tu plus de sport quand tu étais plus jeune?

6 Il est important de savoir comment inviter les autres à faire quelque chose. Faites différentes propositions en employant la structure idiomatique **si** + sujet + **imparfait** du verbe et les éléments suivants.

1. on / prendre un pot ensemble
2. nous / acheter un journal français
3. vous / venir chez moi demain soir
4. les copains / passer à la maison ce soir
5. tu / faire ce voyage avec moi
6. on / déjeuner ensemble
7. (une suggestion que vous faites à votre professeur de français)

7 Employez la structure idiomatique **si** + **imparfait** du verbe pour formuler un désir ou un souhait *(wish)* à propos des personnes indiquées.

1. Mon ami(e)? Si seulement il / elle...!
2. Si seulement mon prof de français...!
3. Si mes parents...!
4. Et mes colocataires, s'ils / si elles...!
5. Si seulement je...!

8 Complétez chaque phrase en utilisant **venir de** à l'**imparfait** suivi d'un infinitif. Le verbe à l'**imparfait** décrit ce qui s'est passé avant les actions indiquées.

1. Quand je me suis assis(e) à table pour le petit déjeuner ce matin, je...
2. Quand je suis arrivé(e) en cours de français aujourd'hui, je...
3. Quand j'ai retrouvé mes amis, ils...
4. Quand j'ai rendu mes devoirs en cours de _____, le professeur...
5. Quand mes copains et moi sommes sortis, nous...

INTERACTIONS

Vous lisez des journaux français. Lisez les extraits tirés du quotidien *Le Monde* et de la presse gratuite, *Directsoir*, puis répondez aux questions.

HOROSCOPE DE DEMAIN

BÉLIER DU 21 MARS AU 19 AVRIL

⊕ Vie sociale : Une discussion franche avec votre supérieur pourrait être salutaire et renouvellerait votre motivation.

⊕ Cœur : Soyez un peu plus indulgent envers les défauts de votre partenaire. Mais si la raison de votre trouble est plus grave, parlez-en.

TAUREAU DU 20 AVRIL AU 20 MAI

⊕ Vie sociale : Vous devriez écouter les conseils de personnes dignes de confiance. Vous n'arriverez pas seul à prendre la bonne décision.

⊕ Cœur : Consacrez plus de temps à votre famille. En amour, les gestes simples ne doivent pas être oubliés.

GÉMEAUX DU 21 MAI AU 20 JUIN

⊕ Vie sociale : On vous reprochera à juste titre votre précipitation, et vous devrez faire un effort pour reconnaître votre maladresse.

⊕ Cœur : N'hésitez pas à dialoguer avec vos enfants. Vous devrez faire preuve de réalisme pour rester crédible.

CANCER DU 21 JUIN AU 22 JUILLET

⊕ Vie sociale : Le moment est peut-être venu de faire valoir votre point de vue dans une affaire délicate ; faites-le avec doigté.

⊕ Cœur : Votre partenaire sera patient et compréhensif. Mais soyez plus attentif à ses désirs.

LION DU 23 JUILLET AU 22 AOÛT

⊕ Vie sociale : Votre sens de l'analyse sera mis à l'épreuve, mais vous ne décevrez pas et l'on vous en sera reconnaissant.

⊕ Cœur : Ne vous montrez pas prétentieux avec vos amis, cela ne sera pas apprécié. Soyez plus tendre avec l'être aimé, et tout ira bien.

VIERGE DU 23 AOÛT AU 22 SEPTEMBRE

⊕ Vie sociale : Ne refusez pas les évidences. Acceptez ce qui s'impose pour rebondir vers quelque chose de neuf.

⊕ Cœur : Montrez-vous attentionné, votre vie affective sera plus équilibrée. Ne négligez pas d'entretenir l'harmonie de votre couple.

BALANCE DU 23 SEPTEMBRE AU 22 OCTOBRE

⊕ Vie sociale : Les relations dans votre équipe de travail pourraient s'améliorer sensiblement si vous faisiez un effort de dialogue.

⊕ Cœur : Apportez sans compter votre soutien à un ami qui en a besoin. Pardonnez une maladresse plutôt que d'envenimer la situation.

SCORPION DU 23 OCTOBRE AU 21 NOVEMBRE

⊕ Vie sociale : Vous serez particulièrement perspicace, ce qui vous permettra de faire progresser un projet de manière significative.

⊕ Cœur : En famille, vous devrez faire des choix, mais ne vous précipitez pas. En couple, ne laissez pas la jalousie vous aveugler.

SAGITTAIRE DU 22 NOVEMBRE AU 21 DÉCEMBRE

⊕ Vie sociale : Ne tenez pas trop compte de l'avis des autres, vous maîtrisez suffisamment votre sujet pour savoir quoi décider.

⊕ Cœur : Vous devriez être plus patient avec votre partenaire. Vos amis réclament votre présence.

CAPRICORNE DU 22 DÉCEMBRE AU 19 JANVIER

⊕ Vie sociale : Les affaires d'argent ne seront pas à votre portée, oubliez toute tentation de vous engager dans ce type d'aventure.

⊕ Cœur : Vos amis seront de loin vos meilleurs alliés. Une rencontre pourrait vous combler de joie, restez disponible.

VERSEAU DU 20 JANVIER AU 19 FÉVRIER

⊕ Vie sociale : Votre travail réclame toute votre vigilance et vous risquez de montrer de l'agacement, ménagez-vous des moments calmes.

⊕ Cœur : Cessez de tergiverser, prenez la décision qui s'impose. Vous vivez de purs instants de bonheur.

POISSONS DU 20 FÉVRIER AU 20 MARS

⊕ Vie sociale : Vous devrez régler un conflit dans votre équipe de travail et cela réclamera beaucoup d'énergie. Rassemblez vos forces.

⊕ Cœur : Montrez-vous plus sincère avec l'être cher. Vos amis sont indulgents, n'en abusez pas.

SAINT DE DEMAIN
PAR DEFENDENTE GÉNOLINI

Saint Elisée

▬ Ce grand prophète de la Bible est un personnage très marquant de la foi juive et chrétienne. Son nom signifie «Dieu est salut». Porte-parole sublime de l'Eternel, Elisée, au IXᵉ siècle avant notre ère, combat les cultes syriens de Baal et d'Astarté. Bienfaits et miracles accompagnent ses pas. Dans le Livre des rois, nous le voyons agir sur le Carmel, en Samarie et à Jéricho. Il est le disciple aimé d'Elie qu'il voit disparaître dans les cieux et dont le manteau qu'il garde jalousement, comme signe de son investiture, est source de grands prodiges. Il guérit de la lèpre le général syrien Naaman et soulage les pauvres, écoute les veuves à Gilgal comme à Shunem. Il intervient en politique et prédit aux rois alliés d'Israël ce qui va arriver, conseillant les uns et réconfortant les autres. Bien qu'il appartienne au Royaume du Nord, il reconnaît la prééminence de Jérusalem. Il meurt très âgé et son tombeau était encore vénéré au Vᵉ siècle. Il sera profané par l'empereur Julien l'Apostat. Quelques ossements sont transférés à Alexandrie en 463, puis à Constantinople.

Etymologie du nom :
De l'hébreu «El» («Dieu») et «shâlôm» («salut, sécurité»).

Parole du prophète Elisée :
«J'assainis ces eaux, ainsi parle le Seigneur.
Il ne viendra plus de là ni mort, ni avortement.»

Courte prière du prophète :
«Parle, Seigneur, ton serviteur écoute !»
(Livre de Samuel)

SUDOKU

	6	8			9	4		
	7					5	1	9
9	3							7
7			9	3	2			
			8	6	4			
			1	5	7			4
8							4	6
2	9	3				5		
		4	2			8	9	

Force 2

Retrouvez les solutions des jeux à partir de 18 heures sur :
www.directsoir.net

MÉTÉO

Demain nous serons
le samedi 14 juin 2008

LEVER : **5H46** / COUCHER : **21H55**

Soleil, nuages et averses
se partagent le terrain

DEMAIN MATIN

DEMAIN APRÈS-MIDI

QUALITÉ DE L'AIR

LA BLAGUE

Une vache et un citron entrent dans une banque pour faire un hold-up :
Le citron dit : «Plus un zeste !»
Et la vache crie : «Personne ne bouze !»

Nicolas, Halluin

Envoyez vos blagues à : lejournal@directsoir.net (avec vos nom et adresse). Un backgammon de voyage pour une blague retenue.

Directsoir DIRECTSOIR, 31-32, quai de Dion Bouton - 92800 PUTEAUX - Tél. : 01 46 96 31 00 - Fax : 01 46 96 40 94 - Mail rédaction : redac@directsoir.net ▮ Journal édité par DIRECT SOIR, SA au capital de 10 000 000 Euros - 485 374 128 RCS NANTERRE ▮ Président du Conseil d'administration : Vincent BOLLORÉ ▮ Actionnaire principal : BOLLORÉ ▮ Directeur général, directeur de la publication : Serge NEDJAR ▮ Rédacteur en chef : Christian STUDER ▮ Rédacteur en chef adjoint : Guillaume ZELLER ▮ Rédacteur en chef adjoint photo : Jean-Bernard MAUREL ▮ Publicité : BOLLORÉ INTERMÉDIA - Président : Gaël BLANCHARD - Tél. : 01 46 96 48 41 - Direction Générale : Xavier COS - Tél. : 01 46 96 48 41 - Fax : 01 46 96 40 45 - E-mail : bolloreintermedia@bollore.net ▮ Directeur de la distribution : Patrick LÉPINAY - Tél. : 01 46 96 31 94 ▮ Diffusion : intervalles, 8, place Boulnois, 75017 Paris. Tél. : 01 42 52 75 38 ▮ Imprimé par Sego, Taverny (95) ; Rotofrance, Lognes (77) ; Le Progrès, Chassieu (69) ; Corelio, (Belgique) ; Midi Print, Gallargues le Montueux (30) ; La Dépêche, Toulouse (31) ; Rotogaronne, Estillac (47) ; L'Alsace, Mulhouse (68) ; Cila, groupe Simgam, Heric (44) ▮ N°ISSN : 1771-2092 ; dépôt légal : juin 2008.

1. Où y a-t-il des nuages aujourd'hui?
2. Est-ce que ça vaut la peine de faire des projets pour aller à la plage à Nice demain?
3. Vous allez faire du camping pendant le week-end. Dans quelle région fait-il un temps convenable pour le camping?
4. En petits groupes, comparez vos horoscopes. Quel membre du groupe a les meilleures prédictions pour la vie sociale? Pour la vie romantique?
5. En France, et dans les pays de tradition catholique, beaucoup de personnes portent le nom d'un saint ou d'une sainte. Chaque jour, on célèbre la *fête* du saint et des personnes du même nom. Quel saint est mentionné ici par la météo? Qu'est-ce que vous savez de lui?

Les petites annonces

6. Expliquez les termes de l'offre proposée par la compagnie Aldisa.
7. Où peut-on faire un stage pour apprendre l'anglais?
8. Combien paie-t-on par semaine pour louer une maison en Dordogne? Combien de personnes peuvent y loger?
9. Parmi les vacances proposées, lesquelles vous intéressent? Expliquez votre choix.

Note culturelle

La presse quotidienne

- Les journaux existent depuis le dix-septième siècle en France. Le premier journal imprimé, *La Gazette*, fondé par Théophraste Renaudot en 1631, n'a cessé de paraître qu'en 1914. Le tirage moyen de *La Gazette* était de 1 200 exemplaires au dix-septième siècle, mais il avait déjà atteint 12 000 exemplaires au siècle suivant.

- En France, la presse quotidienne actuelle se divise en deux grandes catégories: les journaux nationaux et les journaux régionaux. *Le Monde*, *Le Figaro*, *Libération*, *L'Humanité* et quelques autres journaux sont publiés à Paris et présentent les actualités parisiennes, nationales et internationales. (On peut aussi lire la plupart de ces journaux en ligne sur Internet.) La presse quotidienne régionale—*Ouest-France*, *Nice Matin*, *Le Midi libre*, *Les Nouvelles d'Alsace*, par exemple—insiste plutôt sur les événements d'intérêt local, mais couvre aussi l'actualité nationale et internationale.

- La plupart des quotidiens français ont un caractère franchement politisé. Les grands journaux nationaux donnent une interprétation de l'actualité politique, économique et sociale en accord avec les opinions de leurs lecteurs. Un partisan de la gauche communiste lit *L'Humanité*, alors qu'un Français de la droite conservatrice achète *Le Figaro*. Une fois par semaine, le mercredi, si on aime vraiment la satire politique et sociale, on dévore *Le Canard enchaîné* où les journalistes se moquent de tout (de la droite, de la gauche et du centre!) avec le plus grand humour. Mais un fait qui peut surprendre, c'est que *L'Equipe*, bénéficiant de la passion des Français pour le sport, est devenu le premier quotidien national avec 2,3 millions de lecteurs.

Compréhension

1. Entre le dix-septième et le dix-huitième siècles, quelle a été la progression dans le tirage de *La Gazette* de Renaudot?

2. En France, où sont publiés les journaux nationaux? Quelles sortes d'informations contiennent-ils? Faut-il les acheter dans un kiosque ou y a-t-il d'autres moyens de les lire?

3. Quel est le quotidien qui se vend le mieux en France? Comment explique-t-on son succès?

4. Citez un quotidien français «de gauche» et un quotidien «de droite».

Réflexion

A. Nommez quelques quotidiens nationaux dans votre pays. Quelles caractéristiques attribuez-vous à un de vos journaux nationaux et à un de vos journaux régionaux ou locaux? Quels sont les avantages des uns par rapport aux autres?

B. On parle souvent de «journaux de gauche» et de «journaux de droite» en France. A votre avis, en quoi consistent les différences entre ces deux orientations? Cette distinction politique se manifeste-t-elle dans les journaux que vous lisez normalement? Quelle sorte de journal préférez-vous? Comparez vos idées à celles de vos camarades de classe.

The Pluperfect (Le plus-que-parfait)

Formation of the Pluperfect

The pluperfect is formed with the imperfect tense of the auxiliary verb **avoir** or **être** and the past participle of the main verb.

parler	répondre
j'avais parlé	j'avais répondu
tu avais parlé	tu avais répondu
il / elle / on avait parlé	il / elle / on avait répondu
nous avions parlé	nous avions répondu
vous aviez parlé	vous aviez répondu
ils / elles avaient parlé	ils / elles avaient répondu

aller	s'amuser
j'étais allé(e)	je m'étais amusé(e)
tu étais allé(e)	tu t'étais amusé(e)
il / elle / on était allé(e)	il / elle / on s'était amusé(e)
nous étions allé(e)s	nous nous étions amusé(e)s
vous étiez allé(e)(s)	vous vous étiez amusé(e)(s)
ils / elles étaient allé(e)s	ils / elles s'étaient amusé(e)s

The pluperfect follows the same rules as the **passé composé** for the formation of questions and the placement of adverbs.

—**Avait-il déjà vu** le film avant son départ?
—Oui, il l'**avait déjà vu.**

Uses of the Pluperfect

The pluperfect expresses an action or situation in the past that had taken place and had been completed before some other event. The action of a verb in the pluperfect is more remote in the past than other events described. The pluperfect expresses the English concept *had* + past participle.

Remote past	Recent past
Il **avait** déjà **trouvé** un poste *He **had** already **gotten** a job*	quand il **s'est marié.** *when he **got married.***
Nous **étions** déjà **partis** *We **had** already **left***	quand vous **êtes arrivé.** *when you **arrived.***
J'**avais** déjà **terminé** mes études *I **had** already **finished** school*	quand on **s'est rencontrés.** *when we **met.***
Elles **étaient** déjà **sorties** *They **had** already **gone out***	quand il **est arrivé.** *when he **arrived.***

The pluperfect is also used after **si** to express a wish or regret about the past.

Si (seulement) j'**avais étudié**!	*If only I **had studied**!*
Si (seulement) vous m'**aviez compris(e)**!	*If only you **had understood** me!*
Si (seulement) l'examen **avait été** plus facile!	*If only the test **had been** easier!*

The pluperfect always carries the meaning of *had* + past participle; therefore, it should not be confused with any of the other past tenses. Contrast the following examples.

J'avais parlé.	*I had spoken.*
J'ai parlé.	*I spoke (have spoken, did speak).*
Je parlais.	*I spoke (was speaking, used to speak).*
Je parlais depuis...	*I had been speaking since . . .*
Je venais de parler.	*I had just spoken.*

In English, we sometimes do not use *had* with the past participle when this tense would best express what we mean. But if a certain action clearly must have been completed at a time before other past event(s), French uses the pluperfect to relate that action.

Sophie et Andy ont réglé la note que le serveur **avait préparée** plus tôt.	*Sophie and Andy paid the bill that the waiter (**had**) **prepared** earlier.*

9 Il y a eu une fête chez Sandrine et beaucoup de ses amis l'ont aidée à faire les préparations. Complétez les commentaires de Sandrine en mettant les verbes entre parenthèses au **plus-que-parfait.** Attention à la place des adverbes.

1. J'allais inviter les copains, mais Marc _____ à tout le monde. (déjà téléphoner)
2. J'ai pu faire le marché, car Hélène et Marie _____ le menu. (déjà composer)
3. J'ai fait apporter une chaîne stéréo, parce que tu _____ d'excellents CD. (acheter)
4. J'ai servi les hors-d'œuvre que vous *(pl)* _____ chercher. (aller)
5. J'ai pu ranger les meubles car les copains _____ à nettoyer la cuisine. (aider)
6. J'ai pu me coucher assez tôt parce que nous _____ à l'avance. (si bien s'organiser)

10 D'abord, racontez au **passé composé** cinq choses que vous avez faites hier. Ensuite, pour chaque phrase, mentionnez un état ou une action qui a précédé ces choses. Dans cette deuxième phrase, utilisez le **plus-que-parfait.**

MODELE *J'ai écrit une dissertation.*
J'avais déjà choisi mon sujet.

11 Employez la structure idiomatique **si + plus-que-parfait** du verbe pour expliquer un regret à propos des personnes indiquées.

1. Si seulement je...
2. Si seulement mes parents...
3. Mon petit ami / Ma petite amie? Ah, si seulement il / elle...
4. Et mon / ma colocataire de l'année dernière, si seulement il / elle...
5. Si seulement mon prof de français...

INTERACTIONS

En petits groupes, posez des questions aux autres membres du groupe sur ce qu'ils avaient l'habitude de faire à l'école secondaire. Ensuite, comparez les réponses des différents groupes. Quelles étaient les activités faites par la majorité des gens?

L'héritage culturel

*Le dix-huitième siècle et l'*Encyclopédie

En français, on appelle souvent le dix-huitième siècle le *Siècle des Lumières*. Cette période philosophique et scientifique remarquable a connu une vie intellectuelle brillante grâce à plusieurs grands penseurs de l'époque: Montesquieu, Voltaire, Rousseau et Diderot. Tous croyaient qu'il fallait assurer le bonheur humain par le progrès de la civilisation, et ce principe se manifeste clairement dans l'ouvrage le plus représentatif du dix-huitième siècle: l'*Encyclopédie*.

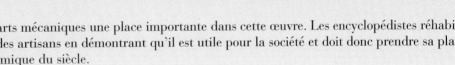

Une planche typique de l'*Encyclopédie*

- Denis Diderot (1713–1784) et un groupe de collaborateurs passionnés ont travaillé plus de vingt ans (de 1750 à 1772) à la rédaction et à la publication de l'*Encyclopédie*.

- Plus de 1 000 articles composent ce «Dictionnaire raisonné des sciences, des arts et des métiers». Ils sont consacrés à la morale, à la littérature, à la religion, à la politique, à l'économie et aussi aux sciences.

- Diderot accorde aux arts mécaniques une place importante dans cette œuvre. Les encyclopédistes réhabilitent ainsi le travail des artisans en démontrant qu'il est utile pour la société et doit donc prendre sa place dans le progrès économique du siècle.

- Un nouvel ordre économique se préparait sous l'influence des encyclopédistes. La Révolution de 1789 allait bientôt réaliser l'idée démocratique de la souveraineté du peuple.

Compréhension

1. Qui sont certains des grands philosophes du dix-huitième siècle en France?
2. Quelle idée principale a motivé les penseurs du Siècle des Lumières et surtout les encyclopédistes?
3. Quel est le titre complet de l'*Encyclopédie*?

Réflexion

A. Les arts mécaniques et les artisans occupent une place importante dans l'*Encyclopédie*. En quoi ce fait annonce-t-il la Révolution de 1789?
B. Un article de l'*Encyclopédie* expliquait que le monarque «tient de ses sujets mêmes l'autorité qu'il a sur eux». Pourquoi pouvait-on considérer cette idée comme dangereuse?

Le dix-neuvième siècle et l'Affaire Dreyfus

Vers la fin du dix-neuvième siècle, la France fut agitée par une profonde tourmente politique et sociale: l'Affaire Dreyfus. Au milieu de cette mêlée, qui polarise la nation sur une grande polémique morale, se lève la voix d'un homme passionné et humanitaire, Emile Zola.

Zola s'est servi de la presse pour défendre Dreyfus.

- En 1898, l'écrivain Emile Zola (1840–1902) est le romancier le plus controversé et le plus lu de son temps.
- Alfred Dreyfus, un obscur capitaine de l'armée française qu'on a accusé d'espionnage, est juif. C'est surtout pour cette raison qu'on l'a jugé sommairement et condamné à la déportation à vie.
- Zola, convaincu de l'innocence de Dreyfus, intervient dans «l'affaire». Il publie trois articles dans le journal *Le Figaro* puis, le 13 janvier 1898, paraît, dans *L'Aurore*, son très célèbre article, *J'Accuse!*.
- Pour son attaque menée contre les autorités militaires et civiles, zola a été condamné à la prison et a dû s'exiler.

Compréhension

1. Que savez-vous au sujet d'Emile Zola?
2. Résumez brièvement l'essentiel de l'Affaire Dreyfus.
3. Pourquoi Zola a-t-il été condamné à la prison après avoir publié *J'Accuse!*?

Réflexion

Qu'est-ce que la publication par Zola de plusieurs articles sur l'Affaire Dreyfus vous indique au sujet du rôle des journaux quotidiens à la fin du dix-neuvième siècle? Nommez d'autres exemples de nations divisées par une polémique politique ou culturelle.

Structures II

RAPPEL!

1. When narrating events that took place in the past, the three tenses that are most often used are the **passé composé**, the **imparfait**, and the **plus-que-parfait**. As you have seen, each of these tenses has different uses; consequently, for each verb, you must decide which tense is appropriate.

2. Once you establish a time frame for your narration (such as **ce matin, hier soir, quand j'étais jeune**), the main events and descriptions within this time frame will be in either the **passé composé** or the **imparfait**. The **plus-que-parfait** will be used to express actions that must have been completed prior to the events of the time frame. Therefore, the use of the **plus-que-parfait** is quite specific and is limited to the concept *had* + past participle.

3. As you have seen, it may sometimes be helpful to refer to English structures when choosing between the **passé composé** and the **imparfait**. However, often either the **passé composé** or the **imparfait** is used to express an English simple past, depending on the context in which the English simple past is used.

Andy **est allé** au café hier.	*Yesterday, Andy **went** to the café.*
Andy **allait** souvent dans ce quartier.	*Andy often **went** to this neighborhood.*
Ce matin, il **a lu** Libération.	*This morning, he **read** Libération.*
Comme beaucoup de jeunes, il **lisait** Libération.	*Like many young people, he **read** Libération.*

4. When choosing between the **passé composé** and the **imparfait**, it is necessary to understand what you are actually communicating by your choice of tense (completed action or description).

Choosing Past Tenses

The following examples and the chart on page 176 contrast the uses of the **passé composé** and **imparfait**.

Imparfait	Passé composé
Je **travaillais** à Paris au début de la guerre. *(setting)*	J'ai **travaillé** à Paris. *(isolated action)*
Il **pleuvait** à New York. *(setting)*	Hier, il **a plu**. *(specified beginning or end)*
Elle **voyait** souvent son ami. *(habitual action)*	Elle **a vu** son ami trois fois hier. *(quantifiable series of completed actions)*
Pendant sa jeunesse, il **buvait**, **fumait** et **n'étudiait** pas. *(habitual action)*	Il **a** trop **bu** et **fumé** et il **est parti** à minuit. *(series of completed actions)*

Imparfait	Passé composé
Nous **étions** malades. *(state or condition)*	Nous **avons été** malades. *(change in state or condition)*
Ils **pouvaient** danser. *(state or condition)*	Après avoir trop mangé, ils n'**ont** pas **pu** danser. *(change in state or condition)*
J'**aimais** aller aux concerts de jazz. *(state or condition)*	J'**ai** beaucoup **aimé** le concert. *(reaction to an event)*

It may help you develop your understanding of the different mental images that will be evoked by your choice of either the **imparfait** or **passé composé** if you visualize your time frame as a TV program that you have watched. The succession of actions or events that advanced the plot of your program will be expressed in the **passé composé.** However, scenes that were purely descriptive, in which no further action took place, will be expressed by the **imparfait.** Such descriptive scenes were those in which a camera held a scene, panned around the set, or went in for a close-up.

Choice of past tenses				
PLUS-QUE-PARFAIT	IMPARFAIT			PASSÉ COMPOSÉ
prior completed action	habitual action	setting	state	completed action
Philippe avait déjà raté le bac, et...	il s'ennuyait, parce qu'...	il travaillait pour son père, et...	il n'avait pas d'argent quand...	un jour, il a décidé de trouver un autre poste.
Il avait passé un an dans une grande compagnie, où...	il restait souvent tard au bureau, et...	il réfléchissait à son avenir parce qu'...	il voulait réussir.	Après deux ans, il en a eu assez.
Il avait trop voulu en faire, mais comme...	il rentrait tard tous les soirs, et parce que...	ce travail le fatiguait,	il était très découragé, alors...	il a quitté cette entreprise et est retourné chez son père.
J'étais déjà sorti(e) de l'école;	comme d'habitude je conduisais la voiture;	il pleuvait, et...	je pensais à mes cours, quand...	tout à coup, j'ai eu un accident.
Vendredi après-midi, ma mère était allée à la banque où elle avait retiré de l'argent, car...	elle faisait toujours le marché le samedi matin;	elle était au rayon de la boucherie pour acheter de la viande;	les steaks étaient trop chers alors...	elle a refusé d'en acheter.

Read the following account of an accident as if you were going to film it for TV.

Il pleuvait et la route était glissante *(program opens with the camera panning the scene of rain coming down on a slick road)*. Un camion est apparu et a tourné dans une rue *(action of a truck coming into view and turning the corner)*. Le camion s'approchait du carrefour *(the camera holds the scene of the truck continuing along the highway toward the intersection)*, quand soudain une voiture a brûlé le feu rouge *(a car appears on camera and runs through the red light)*. Le camion est rentré dans la voiture au milieu du carrefour *(the action of collision)*. Le choc a été violent *(the camera records the shock of the impact)*.

Un homme a couru vers la voiture et a regardé dedans *(a man comes on camera and looks in the car)*. Il a examiné le chauffeur pendant quelques secondes *(the man looks at the driver)*, puis a essayé plusieurs fois de le réanimer *(the camera shows the repeated attempts to revive the driver)*. La victime saignait beaucoup *(a close-up of the bleeding driver)*; l'homme n'a plus voulu le toucher *(the man moves back, afraid to touch the victim)*; il ne savait pas quoi faire *(the camera zooms back on the scene of the bewildered man standing over the driver)*. Enfin le chauffeur a ouvert les yeux, s'est levé et a fait un effort pour marcher *(the camera focuses on the driver getting up and taking a step)*, mais il n'a pas pu *(the driver falls)*; il ne pouvait rien faire *(a close-up of the immobile driver)*. Le pauvre chauffeur avait souvent fait cette même route *(a flashback of trips over the same road in the past)*, mais ce dernier trajet a été pour lui un désastre *(a closing shot of the driver on the ground, the police and ambulance arriving)*.

1 Trois jeunes Français racontent des moments passés devant la télé. Lisez leurs remarques et justifiez l'emploi des temps du passé pour chacun des verbes indiqués.

La télévision **était allumée** (1) quand je **suis entré** (2) dans la pièce. Comme je ne **voulais** (3) pas rater mon émission, je **me suis assis** (4) immédiatement devant le poste. C'**était** (5) un film de Jean Renoir. Il **a duré** (6) deux heures et à la fin du film, j'**ai éteint** (7) le poste. Voilà ce que j'**ai fait** (8) hier soir.

Il y a quelques années, mon frère **regardait** (9) un feuilleton à la télé tous les soirs, sans exception. Mais un jour, il **était sorti** (10) avec des amis et il **a manqué** (11) un épisode. Quand il **est rentré** (12), il m'**a demandé** (13) de lui raconter ce qui **s'était passé** (14) au cours de l'épisode. Il ne **savait** (15) pas que j'**étais allé** (16) au cinéma à l'heure de son émission favorite. J'**avais** aussi **manqué** (17) l'émission et donc, je n'**ai** pas **pu** (18) faire le récit des aventures de son héros préféré. Il **était** (19) très triste!

Un jour, Robert **regardait** (20) le match de football le plus important de l'année. Tout **allait** (21) bien. Soudain, la télé **a fait** (22) un bruit bizarre et le poste **est tombé** (23) en panne. D'habitude, Robert **téléphonait** (24) à l'atelier de réparation quand cette sorte de catastrophe **arrivait** (25). Mais ce jour-là, quand il **a voulu** (26) appeler l'atelier de réparation, personne n'**a répondu** (27), car c'**était** (28) dimanche. Tout à coup, Robert **a eu** (29) une idée: «Si j'**allais** (30) chez mon très bon ami Henri qui a le câble chez lui?»

2 Emma raconte sa première année à l'université. Complétez chaque phrase en mettant le verbe au **plus-que-parfait**, au **passé composé** ou à l'**imparfait**, selon le contexte de la phrase.

1. Alors, ça / c'_____ (être) la première année loin de ma famille.

2. Je n'_____ (aimer) pas tellement ma colocataire, car elle _____ (faire) toujours des choses bizarres.

3. J'_____ (avoir) quatre cours et j(e) _____ (passer) des examens très difficiles.

4. Ma meilleure amie _____ (aller) à une autre université et elle m(e) _____ (manquer) beaucoup.

5. Deux fois, j'_____ (attraper) la grippe et j(e) _____ (devoir) aller chez le médecin.

6. Un jour quand j(e) _____ (rentrer), j(e) _____ (voir) que ma colocataire _____ (rester) au lit et elle _____ (être) malade aussi.

7. Bien sûr je _____ (se faire) de nouveaux amis à l'université. Beaucoup d'entre eux _____ (faire) les mêmes études que moi au lycée.

8. Mes nouveaux amis _____ (être) super et tous les soirs, on _____ (dîner) ensemble et on _____ (parler) de beaucoup de choses.

9. Nous _____ (aller) aussi à deux concerts formidables où il y _____ (avoir) beaucoup de monde, et nous _____ (voir) d'autres copains de notre université!

10. A la fin du semestre, je _____ (se rendre compte) que je _____ (s'amuser) beaucoup plus en janvier qu'en mai ce semestre.

3 Il faut souvent connaître le contexte pour bien comprendre l'action. Lisez les descriptions des situations suivantes et complétez les phrases à l'aide d'actions décrites par des verbes au **passé composé** ou à l'**imparfait.**

1. Je venais en cours ce matin quand...

2. Pendant que mon / ma colocataire faisait ses devoirs, je...

3. Je faisais mes devoirs quand...

4. Je ne suis pas sorti(e) samedi soir parce que...

5. En rentrant j'étais très fatigué(e) et...

6. Je parlais à ma copine avec mon portable quand...

7. Je regardais la télé quand...

8. Pendant que je regardais la télé, je...

9. Je ne suis pas allé(e) à la fête parce que...

10. Puisque j'avais faim, je...

INTERACTIONS

Et puis, alors... Employez les éléments suivants dans des phrases au **passé composé** ou à l'**imparfait** pour dire ce que vous avez fait récemment. Ensuite, les autres membres de la classe vont poser des questions pour avoir des renseignements supplémentaires au sujet de ce que vous avez fait.

acheter des CD	aller à un concert	aller au marché
dîner dans un restaurant	jouer (à)	regarder la télé
rester à la maison	retrouver des amis	sortir avec...
voyager	téléphoner à...	???

SYNTHESE

A. La famille de votre copine française a une résidence secondaire dans un petit village. Racontez votre séjour dans ce village en employant les temps du passé appropriés.

On _____ (passer) une semaine dans la maison de notre copine. Dans le village, il y _____ (avoir) seulement 800 habitants, et tous les gens du village _____ (se connaître). En face de la maison de notre copine _____ (se trouver) une maison où il y _____ (avoir) un très gros chien. Quand nous _____ (arriver), le chien _____ (commencer) à aboyer *(bark)* très fort, et nous _____ (avoir) peur. Mais quand il _____ (s'approcher) de nous, on _____ (comprendre) tout de suite qu'il _____ (être) très gentil.

Avant notre arrivée, la mère de notre copine _____ (nettoyer) la maison et _____ (mettre) quelques provisions dans le frigo. Alors, nous _____ (entrer) dans la maison, nous _____ (préparer) un petit dîner, et nous _____ (se coucher) très tôt, parce qu'on _____ (être) fatigués de notre long voyage.

Le matin suivant, on _____ (dormir) toujours quand soudain on _____ (entendre) un bruit terrible! Ça / C'_____ (être) des oies *(geese)* qui _____ (habiter) dans le jardin derrière notre maison. Alors, on _____ (se lever) et on _____ (prendre) le petit déjeuner. Ensuite, on _____ (faire) une promenade dans le village. Il y _____ (avoir) seulement une épicerie dans le village, mais les produits _____ (être) très bons. Après notre excursion à l'épicerie, on _____ (s'arreter) un peu au Bar du Pont où on _____ (boire) un café. Au Bar du Pont, on _____ (regarder) les gens et on _____ (discuter) de nos projets pour la journée quand on _____ (voir) toute une bande de motos qui _____ (traverser) le pont et _____ (s'installer) sur la place. Ces motards _____ (passer) toujours par le village quand ils _____ (faire) des excursions le week-end. Ils _____ (aimer) se promener sur les routes dans les montagnes autour du village.

On _____ (rester) une semaine dans ce petit village. Il n'y _____ (avoir) pas beaucoup de choses à faire. Heureusement, nous _____ (apporter) beaucoup de bouquins à lire! On _____ (pouvoir) voir la vraie vie de village et on _____ (s'amuser) beaucoup.

B. Pendant que vous arriviez à votre hôtel à Paris, un homme a volé votre valise. Employez les éléments indiqués et les temps du passé pour raconter au policier ce qui s'est passé.

1. je / sortir / de mon taxi
2. je / être / devant mon hôtel
3. ma valise / être / à côté de moi
4. un homme / sortir / déjà de l'hôtel et il / venir / près de moi
5. soudain, il / prendre / ma valise
6. je / être / très surpris(e)
7. l'homme / traverser / la rue
8. je / commencer / à courir, mais je ne / pouvoir / pas rattraper l'homme
9. beaucoup d'autres personnes / voir / l'incident
10. l'homme / être / grand
11. il / avoir / les cheveux bruns et il / porter / un jean et un tee-shirt
12. il / aller / dans la direction du Louvre

 C. **Ton week-end s'est bien passé?** Employez les éléments indiqués pour poser des questions à vos camarades de classe. Employez le **passé composé** ou l'**imparfait** selon le contexte.

1. que / tu / faire le week-end dernier?
2. où / tu / aller?
3. quel temps / il / faire?
4. tu / pouvoir te reposer un peu?
5. tu / avoir / des devoirs à faire?
6. tu / sortir / avec tes copains?
7. tu / faire / un voyage?
8. tu / avoir besoin d'argent pour t'amuser?
9. que / tu / vouloir / faire dimanche?
10. tu / s'amuser?

D. **Votre vie à l'université.** Employez les éléments suivants pour poser des questions à vos camarades de classe au sujet de leur semestre dernier.

1. étudier beaucoup pour tes cours?
2. écrire beaucoup de compositions en cours de français?
3. lire un journal ou un magazine?
4. s'intéresser à la politique
5. visiter un réseau communautaire en ligne?
6. être abonné(e) à un magazine spécialisé?
7. aimer les bandes dessinées?
8. regarder les informations à la télé?
9. sortir avec tes amis?
10. trouver tes cours difficiles?

Note culturelle

Les magazines

Actuellement, les Français ont tendance à prendre leurs informations au journal télévisé ou sur Internet plutôt que dans les quotidiens. La faiblesse de la presse quotidienne est compensée, cependant, par le succès phénoménal des magazines.

- Chaque jour, 67% des Français lisent au moins un magazine! Les gens désirant des analyses plus profondes que celles de la télévision achètent, une fois par semaine, un magazine d'information générale comme *Le Nouvel Observateur* ou *L'Express* (qui comptent chacun plus de 2 millions de lecteurs).

- Cette solution semble efficace et économique, car un quotidien national comme *Libération* ou *Le Monde* coûte 1,20 €, alors qu'un hebdomadaire comme *Le Nouvel Observateur*, par exemple, se vend à 3 €.

- La presse a surtout effectué sa plus grande progression dans le domaine des magazines qui répondent aux divers intérêts des Français—les hebdomadaires, bimensuels et mensuels féminins et familiaux, décoration-maison-jardin, distractions-loisirs-culture, les revues professionnelles, etc. Mais ce sont les hebdomadaires de télévision (comme *TV Magazine* et *Télé 7 Jours*) qui sont les plus lus par les Français avec un total de plus de 23 millions de lecteurs.

Le bilan

Quel est donc le bilan actuel de la presse périodique en France? Les quotidiens se vendent de moins en moins bien (à l'exception des journaux économiques et sportifs). Par contre, les magazines (plus de 3 000 titres paraissent régulièrement en France) ont des résultats franchement spectaculaires avec 96% de la population qui en sont lecteurs.

Compréhension

1. Pour s'informer, les Français préfèrent-ils lire un quotidien ou un magazine hebdomadaire?

2. Quelles sortes de journaux et d'hebdomadaires se vendent le mieux en France?

3. Si on achète *Le Monde* cinq fois par semaine, combien a-t-on dépensé? Coûte-t-il plus cher d'acheter un exemplaire du *Nouvel Observateur* une fois par semaine? Quel moyen de s'informer semble le plus économique?

Réflexion

Pourquoi, en France, les magazines d'information ont-ils actuellement tendance à l'emporter sur les quotidiens? Est-ce le cas chez vous également? Quels sont les points forts et les points faibles de chacun de ces types de publications? Selon vous, le journal télévisé est-il un substitut convenable du journal imprimé? Pourquoi?

POUR S'EXPRIMER

A l'écoute

Mise en scène

Avant de faire les activités suivantes, écoutez cette conversation au sujet de la presse et des jeunes.

Contexte: Andy, un Américain de vingt-quatre ans, travaille depuis quelques mois dans une banque française. Depuis son arrivée en France, il s'interroge souvent sur ce qu'il est utile de lire pour se tenir au courant de la culture contemporaine de ce pays. Il décide de rejoindre ses amis Sophie et Christophe et de leur demander des explications au sujet des quotidiens français.

Avant d'écouter

1. Combien de fois par semaine lisez-vous le journal?
2. Quel journal régional ou national lisez-vous?
3. Est-ce que les journaux nord-américains ont tendance à être politisés? Quels sont les journaux de gauche et de droite?

Compréhension

A. Racontez au passé composé ce qui s'est passé entre Andy, Christophe et Sophie pendant cette conversation. Commencez ainsi: «Andy a retrouvé Christophe et Sophie au café des Deux Magots. Ses amis l'ont invité à prendre un café avec eux...»

B. Andy demande un conseil à Sophie et Christophe, mais les réponses qu'il obtient montrent que sa question est, en fait, assez compliquée. Quelles expressions sont utilisées dans les situations suivantes pour marquer la contradiction?

    a. Christophe conseille à Andy de lire *Le Monde.* Sophie répond: _____

    b. Christophe néglige de mentionner certains autres journaux. Sophie lui dit: _____

C. Quel type de journal Andy cherche-t-il? Quelles questions pose-t-il sur le contenu des journaux mentionnés par ses amis? Quelle solution Sophie propose-t-elle?

D. Parlez des journaux que vous lisez, en imitant les paroles de Christophe: «Lorsque je faisais Sciences-Po...»

A vous la parole

Voici quelques expressions qu'on emploie souvent pour décrire des actions habituelles au passé. Donnez des détails sur un des thèmes suggérés en utilisant les expressions suivantes.

Expressions: de temps en temps, pendant, fréquemment, toujours, d'habitude, souvent, habituellement, tous les jours

1. vos passe-temps préférés à l'âge de douze ans
2. votre vie quotidienne pendant votre dernière année à l'école secondaire
3. votre emploi du temps pendant les vacances de l'été dernier
4. vos activités de groupe dans le courant de l'année dernière

Situations orales

Un hôtel où on reçoit beaucoup de clients francophones cherche des employés. Dans l'entretien d'embauche *(job interview)*, il faut présenter un résumé de vos études et de votre expérience professionnelle. Mettez-vous en groupes; chaque membre du groupe doit parler de ses qualifications et le groupe va choisir le meilleur candidat / la meilleure candidate pour travailler à l'hôtel.

Structures III

Dates

In French, the days of the week, the months, and the seasons are all masculine nouns that are not capitalized.

A. The days of the week are **lundi, mardi, mercredi, jeudi, vendredi, samedi, dimanche.**

- The days of the week are normally used without an article. If you use **le** before a day of the week, however, this construction implies *on* or *every*.

  Normalement, ils vont en ville **le samedi. Samedi,** ils vont faire une excursion à la campagne.

  They usually go downtown on Saturday. This Saturday they will go on an outing in the country.

- When referring to periods of a week or two weeks in French, the expressions quite often used are **huit jours** and **quinze jours.**

  Il va partir dans **huit jours.**

  He'll leave in a week.

  J'ai acheté mes billets il y a **quinze jours.**

  I bought my tickets two weeks ago.

B. The months of the year are **janvier, février, mars, avril, mai, juin, juillet, août, septembre, octobre, novembre, décembre.**

C. The seasons of the year are **le printemps, l'été, l'automne, l'hiver.**

- The preposition **en** is used with a month or season to express *in*, except with **printemps,** which takes **au.**

  Au printemps les élèves français attendent avec impatience les grandes vacances. Les cours se terminent **en juillet** et, **en été,** beaucoup de Français vont à la plage. **En août,** tout le monde rentre parce qu'**en septembre,** il faut retourner à l'école. Mais courage, les enfants! **En automne** et **en hiver,** il y a beaucoup d'autres fêtes et de jours fériés où on est libres.

D. There are two ways to express years in French.

1999	**dix-neuf cent quatre-vingt-dix-neuf**
or:	**mil neuf cent quatre-vingt-dix-neuf**
1789	**dix-sept cent quatre-vingt-neuf**
or:	**mil sept cent quatre-vingt-neuf**

- **En** is used with years and **au** with centuries to mean *in*.

  en l'an 2000

  en 2006   **au vingt et unième siècle**

  en 1789   **au dix-huitième siècle**

- To ask the date in French, you will normally use the following pattern:

  Quelle est la date aujourd'hui / de son départ?

- To ask for other dates, you will use the following pattern:

  A quelle date est-elle revenue?

- To give the date in French, you will normally use **c'est,** the definite article, and the cardinal number. (The only exception is the first of the month, when **le premier** is used.) With the numbers **huit** and **onze,** there is no contraction of **le.** To give today's date, use also **nous sommes** or **on est** before the date.

  C'est **le vingt mars** 2006.

  On est **le premier mars** 2007.

  Nous sommes **le onze novembre.**

- The article **le** must be used before the date itself. When referring to both the date and the day of the week, **le** may be placed before either the day of the week or the date.

  Elle rentre **lundi, le sept juin.**

  Elle rentre **le lundi sept juin.**

1 Le directeur de votre programme d'échange universitaire en France vous demande de faire un court autoportrait et de parler de vos projets d'avenir. Complétez chaque phrase par une des expressions entre parenthèses.

1. (en / au) Je suis né(e) _____ (mois de votre naissance).
2. (le / en) Je suis né(e) _____ (date de votre naissance).
3. (dans / en) Je vais obtenir mon diplôme _____ (année où vous allez obtenir votre diplôme).
4. (le vendredi / vendredi) Je n'ai pas cours en général _____.
5. (Le vendredi / Vendredi) _____ prochain, je vais faire une excursion dans la région des châteaux de la Loire.
6. (huit / sept) On va passer _____ jours à voyager, une semaine entière.
7. (au / en) Nous allons voir beaucoup de châteaux construits _____ seizième siècle.
8. (En / Au) _____ printemps, je vais voyager en Italie.
9. (en / au) Je vais rentrer aux Etats-Unis _____ été.
10. (le quinze / le quinzième) En fait, je dois rentrer _____ août.

2 Voici, dans la colonne de gauche, quelques dates célèbres de l'histoire de France. Dans la colonne de droite, se trouvent les faits associés à ces dates. Associez chaque date à l'événement qui lui correspond. De quel siècle s'agit-il dans chaque cas?

1. 800
2. 1431
3. 1515
4. 1643
5. 1793
6. 1804
7. 1815
8. 1918
9. 1927
10. 1939
11. 1944
12. 1968
13. 1970
14. 2001

a. Napoléon devient empereur des Français.
b. La Seconde Guerre mondiale est déclarée.
c. Charlemagne est sacré empereur.
d. Charles Lindbergh atterrit au Bourget.
e. Paris est libéré de l'occupation allemande.
f. Jeanne d'Arc est brûlée à Rouen.
g. Charles de Gaulle meurt.
h. Louis XVI est guillotiné.
i. Il y a de grandes manifestations d'étudiants et d'ouvriers à Paris.
j. François Ier, qui va introduire la Renaissance en France, devient roi.
k. Napoléon perd la bataille de Waterloo.
l. L'armistice marque la fin de la Première Guerre mondiale.
m. L'euro devient la monnaie unique de l'UE.
n. Louis XIV devient roi de France.

Napoléon Bonaparte

INTERACTIONS

Quelques dates importantes. Demandez à un(e) camarade de classe les dates suivantes.

1. la date de son arrivée à l'université pour la première fois
2. la date de son arrivée à l'université pour ce semestre
3. la date à laquelle commence le congé pour Noël
4. la date à laquelle les cours reprennent le semestre prochain
5. la date de son anniversaire
6. la date de l'anniversaire de son / sa meilleur(e) ami(e)
7. la date du prochain examen de français
8. la date à laquelle il / elle va obtenir son diplôme

Note culturelle

Un kiosque parisien

Le kiosque

Il y a actuellement présents sur le territoire français 30 000 points de vente de la presse (kiosques, maisons de la presse, etc.)! Dans les villes surtout, on a tendance à acheter ses journaux et ses magazines soit dans un bureau de tabac, soit dans un kiosque à journaux. Dans la capitale, la plupart des 350 kiosques sont dûs à Gabriel Davioud (1823–1881), que le baron Haussmann avait chargé de dessiner le mobilier urbain parisien. L'un des inconvénients de ce mode d'achat, selon les 15–24 ans, est qu'il ne permet pas de feuilleter ni de consulter facilement les magazines sur les points de vente!

Compréhension

1. Où peut-on facilement acheter un quotidien ou un magazine en France?
2. Quel est l'intérêt historique de la plupart des kiosques parisiens?

Réflexion

Dans quels établissements est-ce qu'on achète un exemplaire de la presse périodique chez vous? Préférez-vous vous abonner à un magazine ou au journal plutôt que de l'acheter chez un marchand? Pourquoi?

INTERACTIONS

Activité 1. Lectures pour tous. En groupes de trois ou quatre personnes, consultez le tableau suivant et discutez des revues auxquelles vous aimeriez vous abonner. Expliquez vos choix. Quels sont les équivalents de certains de ces titres dans la presse nord-américaine?

Lectures pour tous

Nombre de lecteurs de 15 ans et plus des principaux magazines, par périodicité (2005, en milliers de lecteurs)

Bihebdomadaires		Mensuels			
France Football	1 687	Plus, le Magazine de Canal+	10 460	Mon jardin et ma maison	1 585
				Le Monde diplomatique	1 584
Hebdomadaires		Canal Sat Magazine	7 561	Famili	1 549
TV Magazine	14 179	Santé Magazine	5 133	Science et Vie Junior	1 510
Version Femina	10 348	Entrevue	5 079	Top Famille	1 505
Femme actuelle	7 370	Top Santé	4 590	FHM	1 459
Télé 7 Jours	7205	Géo	4 577	Système D	1 440
Télé Z	6 654	Télé 7 Jeux	4 287	Première	1 436
Télé-Loisirs	5 938	Notre temps	3 950	Réponse à tout	1 382
Télé Star	5 866	Média Cuisine	3 920	Cosmopolitan	1 370
TV Hebdo	5 820	Cuisine actuelle	3 626	La Pêche et les Poissons	1 224
Voici	4 221	Science et Vie	3 542		
Paris-Match	4 204	Modes et Travaux	3 511	Bimestriels	
Télé Poche	4 057	Parents	3 472	Art et Décoration	5 330
L'Équipe Magazine	3 788	Pleine Vie	3 251	Maison et Travaux	4 208
Maxi	2 925	Marie-Claire	3 147	Elle Décoration	3 139
Télécâble Satellite Hebdo	2 662	Auto Moto	2 846	Marie-Claire Maison	2 764
Le Nouvel Observateur	2 584	Ça m'intéresse	2 766	Maison Bricolage	1 945
Télérama	2 569	Prima	2 730	Maxi Cuisine	1 903
Auto Plus	2 467	L'Automobile Magazine	2 710	Maisons côté sud	1 808
Gala	2 387	Le Chasseur francais	2 671	Super GTI Mag	1 731
Elle	2 206	Psychologies Magazine	2 463	Cuisines et vins de France	1 763
Ici Paris	2 064	Capital	2 412	Fan 2	1 762
France Dimanche	2 059	Sciences at Avenir	2 411	Bébé puissance deux	1 696
Le Figaro Magazine	2 003	Avantages	2 275	Famille et Éducation	1 690
L'Express	1 994	Sélection du Reader's Digest	2 115	Maison Magazine	1 502
		Onze Mondial	2 075	Cuisine gourmande	1 496
Bimensuels		National Geographic	1 959	Maisons côté ouest	1 495
Télé 2 Semaines	6 294	Enfant Magazine	1 867	Infobébés	1 374
Choc	4 839	Marie France	1 741	Maison créative	1 344
TV Grandes Chaines	2 763	Le Particulier	1 729	Trimestriels	
L'Auto Journal	1 442			Marie-Claire Idées	2 646

AEPM

Télé, musique, lecture

Parmi les choses suivantes, quelles sont celles que vous aimez le plus faire? (15 ans et plus, en %*)	Mars 2006	Oct. 1979
Regarder la télévision	59	54
Écouter de la musique	57	41
Lire des livres	49	49
Lire des journaux, des magazines, des revues	49	42
Aller au cinéma	33	27
Surfer sur Internet	26	–
Aller au théâtre	9	11
Sans opinion	1	2
* Total supérieur à 100, plusieurs réponses étant possibles.		

Activité 2. La presse et le message. En groupes, discutez des activités de la liste à gauche que vous aimez le plus faire. Comparez vos réponses à celles des Français. Trouvez-vous que vos priorités sont différentes de celles de Français? Quelles réponses des Français ont changé le plus? Le moins? Qu'est-ce que les réponses des Français indiquent au sujet du rôle de la presse en France?

Situations écrites

A. Votre correspondant(e) en France vous demande de lui raconter un événement récent qui s'est passé dans votre pays. Lisez un article de journal et faites un résumé de cet article pour l'envoyer à votre correspondant(e).

B. Les feuilletons et les séries américaines sont très à la mode à la télé en France, mais les épisodes sont ceux qui ont déjà été diffusés aux Etats-Unis. Choisissez un épisode d'un feuilleton ou d'une série que vous regardez normalement et faites un résumé de cet épisode pour l'envoyer par courrier électronique à votre correspondant(e).

A lire

Texte de culture contemporaine

Sujets de réflexion

Quelle sorte de préparation professionnelle demande-t-on normalement à un marchand de journaux? Pour quelles raisons un diplômé de philosophie choisit-il le métier de kiosquier?

Guide de lecture

1. A Paris, on achète souvent des journaux et des magazines dans un kiosque. Où sont situés les kiosques normalement?
2. Cherchez dans l'article suivant quelques indications qui permettent de situer le kiosque de M. Ferrenbach.
3. Le deuxième paragraphe présente un grand nombre de chiffres. A quels sujets principaux se réfèrent ces chiffres?
4. A votre avis, les conditions de travail d'un kiosquier sont-elles faciles ou difficiles en général? Cherchez deux éléments dans le deuxième paragraphe qui confirment cette impression.

Kiosquier et philosophe

On peut être fils de kiosquier, kiosquier soi-même, époux de kiosquière et... diplômé de philosophie. C'est le cas de Patrick Ferrenbach, 49 ans, qui officie° sur le boulevard Saint-Michel, à Paris dans le 5ᵉ arrondissement, à deux pas de la Sorbonne où il a fait ses études et rencontré sa femme, maître, elle, en linguistique.

5   A la fin de ses études en Sorbonne, Patrick Ferrenbach épouse Iwona, rencontrée à l'université. Diplômes en poche, tous les deux conviennent°, par goût de l'indépendance, de reprendre le flambeau° de M. Ferrenbach père, qui avait choisi, à dix ans de la retraite, de devenir kiosquier à Paris, du côté de la station de métro Mouton-Duvernet, dans le 14ᵉ arrondissement. En 1979, inscrit sur
10 les listes d'attente des concessions tenues à la direction des finances de la Mairie de Paris, le couple obtient un premier kiosque, moins important que celui qu'il gère° aujourd'hui devant le 47 boulevard Saint-Michel, dans le 5ᵉ arrondissement. Considéré comme «moyen» dans la nomenclature du métier, il dispose d'un stock de 5 000 à 7 000 titres à la vente, d'une valeur de quelque 12 000 euros. Le salaire
15 moyen mensuel des Ferrenbach est de 1 500 à 2 300 euros, sommes prélevées° sur la vente des journaux. Ces ressources ténues° expliquent pourquoi 65 kiosques ont fermé à Paris entre 1998 et 2002. Un kiosquier perçoit°, en effet, 18,40% sur les publications magazines, 17% sur les quotidiens nationaux et 24% sur les journaux étrangers. L'amplitude du travail quotidien est de quatorze heures, du lundi au
20 samedi (Patrick tient le kiosque de 7 heures à 10 heures, puis de 18 heures à 21 heures, et Iwona prend le relais de 10 heures à 18 heures). Les bonnes années, le couple s'octroie° un mois de congé, en août. Compte tenu du quartier, la clientèle

---

officiates

agree
torch

operates

deducted
tenuous
receives
grants itself

grants itself

est surtout composée d'étudiants, de professeurs et de touristes. 300 exemplaires du *Monde* sont ici vendus en moyenne chaque jour. [...]

show off 25   Fidèle à ses lectures d'étudiant, Patrick Ferrenbach a choisi de mettre en valeur° trois titres [de] magazines dans son kiosque. Il dispose de la collection quasi complète du *Magazine littéraire*, de *L'Histoire* et de *Sciences humaines*. En revanche, il ne vend aucun titre pornographique—ce qui ne peut être considéré comme un «refus de», les règlements permettant au kiosquier un libre choix pour les titres de 30 cette catégorie.

Après la lecture

1. Que savez-vous au sujet de la vie personnelle de Patrick Ferrenbach et de sa femme Iwona? Faites un court portrait de ces deux personnes.

2. En ce qui concerne leur métier de kiosquiers parisiens, combien de kiosques ont-ils tenus à Paris? Que pensez-vous de l'endroit où leur kiosque actuel est situé? Est-ce un emplacement favorable à la presse? De quelles sortes de personnes la clientèle est-elle composée?

3. Comment les Ferrenbach gagnent-ils leur vie? Sont-ils considérés comme de gros commerçants? Que pensez-vous de leurs revenus? Vous semblent-ils bons, adéquats, insuffisants par rapport au coût de la vie à Paris et aux horaires de travail?

4. Quelle sorte d'avenir attend les kiosquiers de Paris selon l'article?

Texte littéraire

Sujets de réflexion

1. Quelle est la qualité la plus importante des renseignements que vous obtenez en lisant les informations du jour sur Internet ou dans la presse? Quelle est la différence entre faire un reportage et faire un éditorial?

2. Est-il possible ou même désirable pour un journaliste d'être impartial? Pourquoi le croyez-vous?

A propos de l'auteur...

Albert Camus (1913–1960)

Albert Camus (1913–1960), *Prix Nobel de Littérature en 1957, est né en Algérie. Ayant fait des études de philosophie, il deviendra, au cours de sa carrière d'écrivain, dramaturge, romancier, essayiste et journaliste. La plus célèbre de ses œuvres littérarires, La Peste (1947), raconte, dans un style volontairement sobre et mesuré, la chronique imaginaire de la ville algérienne d'Oran, victime d'une peste bubonique. Le narrateur, apprend-on à la fin du livre, est le médecin Rieux, un homme effacé mais héroïque, qui désire rester le témoin le plus objectif du comportement humain de ses concitoyens devant cette calamité qui tombe sur eux.*

Guide de lecture

1. Le premier paragraphe nous apprend l'identité de l'interlocuteur du Dr Rieux. Quelle impression avons-nous de lui?

2. Il s'agit, dans le passage, d'un dialogue. L'usage français est d'indiquer par un tiret (—) un changement de locuteur. En lisant l'échange de propos entre les deux hommes, quelle semble être l'évolution des rapports entre eux? Quel est le ton du début? De la fin?

La Peste (extrait)

L'après-midi du même jour, au début de sa consultation, Rieux reçut un jeune homme dont on lui dit qu'il était journaliste et qu'il était déjà venu le matin. Il s'appelait Raymond Rambert. Court de taille, les épaules épaisses, le visage décidé, les yeux clairs et intelligents, Rambert portait des habits de coupe sportive et sem-
^{straight to the point} 5 blait à l'aise dans la vie. Il alla droit au but°. Il enquêtait pour un grand journal de Paris sur les conditions de vie des Arabes et voulait des renseignements sur leur état
^{health [conditions]} sanitaire°. Rieux lui dit que cet état n'était pas bon. Mais il voulait savoir, avant d'aller plus loin, si le journaliste pouvait dire la vérité.

—Certes, dit l'autre.

10 —Je veux dire: pouvez-vous porter condamnation totale?

—Totale, non, il faut bien le dire. Mais je suppose que cette condamnation serait sans fondement.

Doucement, Rieux dit qu'en effet une pareille condamnation serait sans fondement,
^{account} mais qu'en posant cette question, il cherchait seulement à savoir si le témoignage° de
^{impartial} 15 Rambert pouvait ou non être sans réserves°.

—Je n'admets que les témoignages sans réserves. Je ne soutiendrai donc pas le vôtre de mes renseignements.

^{leader of French} —C'est le langage de Saint-Just°, dit le journaliste en souriant.
^{Revolution whose} Rieux dit sans élever le ton qu'il n'en savait rien, mais que c'était le langage d'un
^{uncompromising} 20 homme lassé° du monde où il vivait, ayant pourtant le goût de ses semblables et
^{idealism led to} décidé à refuser, pour sa part, l'injustice et les concessions. Rambert, le cou dans les
^{his downfall at} épaules, regardait le docteur.
^{the hands of the} —Je crois que je vous comprends, dit-il enfin en se levant.
^{common people /} Le docteur l'accompagnait vers la porte:
^{tired} 25 —Je vous remercie de prendre les choses ainsi.

Rambert parut impatienté:

—Oui, dit-il, je comprends, pardonnez-moi ce dérangement.

Le docteur lui serra la main et lui dit qu'il y aurait un curieux reportage à faire sur la quantité de rats morts qu'on trouvait dans la ville en ce moment.

30 —Ah! s'exclama Rambert, cela m'intéresse.

Source: Albert Camus, *La Peste*, © Editions Gallimard, 1947, pp. 18–19

Après la lecture

1. Les lecteurs de ce passage ont-ils une image précise du portrait physique du jeune journaliste? En raison de quels éléments?

2. La santé de la population arabe est-elle bonne ou mauvaise? D'après le texte, à quel groupe faut-il attribuer ces conditions sanitaires?

3. A quelle sorte de reportage Rieux s'attend-il de la part de Rambert? Ce genre de reportage va-t-il se réaliser à votre avis? Pourquoi ou pourquoi pas?

4. Quelle est une autre manière de dire «le langage de Saint-Just»?

5. L'entretien de Rambert avec le docteur a-t-il été cordial? Comment le savez-vous?

6. Comment finit l'entretien entre Rambert et Rieux? Le journaliste va-t-il enfin pouvoir assurer un reportage à Oran?

Pour mieux lire

1. Camus emploie régulièrement le *passé simple* dans son récit. (Consulter l'Appendice A pour une explication de ce temps verbal.) Trouvez dans l'extrait au moins cinq exemples différents du *passé simple*. Quel autre temps peut-on aussi utiliser pour ces verbes?

2. Les lecteurs de Camus ont souligné la qualité allégorique ou métaphorique de ce texte en faisant allusion à l'occupation de la France par les Allemands pendant la Deuxième Guerre mondiale. Mais d'autres interprétations d'un cataclysme sont aussi possibles dans une œuvre classique comme *La Peste*. Pouvez-vous en proposer une autre?

3. A votre avis, qui a raison, le docteur Rieux ou le journaliste Rambert? Justifiez votre réponse.

LIENS CULTURELS

1. Choisissez un événement qui a eu, sur notre société, un effet aussi dramatique que l'Affaire Dreyfus en France. Quels sont les éléments de la situation qui ont provoqué la controverse?

2. Depuis toujours, le principe de la liberté personnelle a une importance capitale dans une société démocratique. Mais à l'époque moderne, le terrorisme mondial a soulevé une polémique au sujet de la sécurité de tous: Doit-on renoncer à certaines libertés personnelles afin d'assurer la sécurité et le bien-être de tous? Doit-on se soumettre à l'utilisation de caméras de surveillance et aux contrôles dans les aéroports, par exemple? Imaginez que vous préparez un reportage journalistique à ce sujet. Quel point de vue allez-vous défendre? Comment allez-vous le justifier?

3. Le gouvernement d'un pays a-t-il le droit de commettre, en matière politique, une action illégale ou injuste pour des considérations d'intérêt public? La raison d'Etat peut-elle mériter le silence de la presse? Un chef d'Etat démocratique a-t-il le droit de prendre des sanctions contre les journalistes, comme on l'a fait en France contre Emile Zola au moment de l'Affaire Dreyfus? Quel rôle les journalistes internationaux jouent-ils aujourd'hui dans la guerre contre le terrorisme?

EXPANSION

A. A votre avis, en quoi les habitudes ont-elles changé au cours du vingtième et du vingt et unième siècles en ce qui concerne la manière de s'informer sur l'actualité? S'agit-il d'un changement positif ou négatif? Donnez des exemples.

B. L'image a toujours eu une grande importance dans la communication d'un message. Expliquez ce principe en faisant allusion aux différents types de textes qui vous ont été présentés dans ce chapitre.

C. Que faut-il penser des paparazzis dans l'évolution actuelle de la presse? Les quotidiens et les hebdomadaires ont-ils le droit de publier le genre de photos que les paparazzis proposent? Que pensez-vous du proverbe «Toute vérité n'est pas bonne à dire»?

Chapitre 6

Le mot et l'image

Cultural Focus
❖ French Cinema

Readings

Contemporary Cultural *L'Autre
Festival de Cannes*

Literary François Truffaut: «Donner
du plaisir ou le plaisir du cinéma»,
Le plaisir des yeux (extrait)

Structures

I Interrogative Adverbs
   Expressing Time

II Interrogative Pronouns

III **Quel** and **lequel**

Functions

Asking Questions

Seeking Information

Expressing Time

iLrn

On fait la queue à l'entrée d'une salle
de cinéma sur les Champs-Elysées.

Un peu de culture contemporaine

Le Festival de Cannes

1946: Ouverture du Festival de Cannes en septembre. A ses débuts, il s'agit moins d'une compétition de films que d'une simple rencontre de cinéma.

1951: A partir de cette année, le festival a lieu en mai et dure environ deux semaines. Les fêtes sur le boulevard de la Croisette attirent, sous le beau ciel de la Côte d'Azur, un public mondain important. Les professionnels du cinéma y accourent de partout dans le monde pour se rencontrer et pour présenter leurs films et projets.

1960: Le premier Marché du film est créé pour les vendeurs et acheteurs de l'industrie internationale du cinéma.

1972: Le Conseil d'Administration du Festival, au lieu des pays d'origine du film, choisit les films qu'il souhaite présenter.

De nos jours, le Festival de Cannes est devenu un vaste rassemblement de tous les éléments de production, d'interprétation et de promotion du cinéma qui est unique au monde. L'écrivain et artiste français, Jean Cocteau, trois fois président du jury du festival, a déclaré un jour: «Le festival est un *no man's land* apolitique, un microcosme de ce que serait le monde si les hommes pouvaient prendre des contacts directs et parler la même langue.» En fait, le festival d'aujourd'hui, ayant accueilli le cinéma du tiers-monde, correspond parfaitement à l'image du microcosme que Cocteau en faisait déjà de son temps.

Compréhension

1. En quel mois a lieu actuellement le Festival international du film à Cannes? Quand est-ce que ce festival a été inauguré?

2. Quelles sortes d'activités ont lieu pendant le Festival de Cannes?

3. Quel cinéma a-t-on ajouté au festival pour le rendre plus mondial, plus global?

Réflexion

A. Cannes a sa Palme d'Or et Hollywood ses Oscars. Quelle importance ont ces prix, à votre avis? Quelle contribution est-ce que le Festival de Cannes apporte au développement du cinéma mondial?

B. En France, quelle importance le grand nombre de films étrangers, surtout américains, peut-il avoir dans la culture française contemporaine? Trouvez des exemples précis pour illustrer votre point de vue. Dans quelle mesure avez-vous été influencé(e) par des films étrangers?

Le cinéma engagé

Beaucoup de réalisateurs français et francophones explorent dans leurs films les dimensions compliquées des problèmes sociaux: la pauvreté, l'injustice, le racisme, la discrimination et la violence. Leur but n'est pas d'exploiter ces thèmes. Plutôt, il s'agit d'informer le grand public au sujet des problèmes sociaux urgents et d'encourager les spectateurs à en parler ou même à s'engager dans la lutte pour changer la situation.

Ousmane Sembene

Ousmane Sembene, un réalisateur sénégalais, se trouve parmi les cinéastes engagés les plus connus. Sembene, souvent caractérisé comme «la voix des sans voix», a commencé une carrière de romancier avant d'apprendre le métier de cinéaste. Son premier film *La Noire de...* (1966), reconnu comme le premier long métrage produit et réalisé en Afrique subsaharienne, traite des problèmes du racisme et de l'exploitation au Sénégal et en France pendant les premières années de l'indépendance sénégalaise. Le film raconte l'histoire de Diouana, une garde d'enfants qui accompagne ses employeurs du Sénégal en France. Une fois arrivée, elle se trouve isolée, enfermée et déprimée. Elle travaille comme esclave jour et nuit pour la famille qui la maltraite en l'enfermant chez eux sans argent et sans liberté. Des décennies après la sortie du film, il continue d'attirer l'intérêt des spectateurs, des cinéphiles et des militants à travers le monde.

Le dernier film de Sembene, avant sa mort en 2007, *Moolaadé* (2004), affronte un autre problème important: la pratique de l'excision. Mis en scène dans un village africain sans grande distinction (l'intention de Sembene était de créer un village africain générique pour atteindre un plus grand public), le film raconte l'histoire de quatre jeunes filles qui refusent de se faire exciser et cherchent la protection de Collé, une femme qui a protégé sa propre fille contre la procédure douloureuse et dangereuse. Le film, qui a gagné beaucoup de récompenses internationales, a informé les citoyens de la communauté internationale au sujet de ce problème important tout en implorant les groupes qui perpétuent cette pratique de reconsidérer ou de réinventer leurs traditions pour assurer la santé des jeunes femmes.

Compréhension

1. Qu'est-ce que le cinéma engagé?
2. Quels problèmes sociaux Sembene aborde-t-il dans les films *La Noire de...* et *Moolaadé*?

Réflexion

A. Avez-vous vu des films qui vous ont incité à réagir d'une manière ou d'une autre contre un problème ou une injustice? Lesquels? Comment avez-vous réagi?

B. A votre avis, quels sont les problèmes contemporains les plus urgents que les réalisateurs engagés doivent aborder dans leurs films? Expliquez vos réponses.

 *Pour des activités culturelles supplémentaires, rendez-vous sur le site Web d'**Interaction*** www.cengage.com/french/interaction

Vocabulaire actif 🔊 CD2, Track 2

LES ACTIVITÉS

doubler to dub
faire la queue to stand in line
passer to show (a film)
tourner to shoot (a film)

AU CINÉMA

un abonnement subscription
une affiche movie poster

un billet ticket
un caissier / une caissière cashier
un(e) cinéphile cinema enthusiast
le cinoche movie theater, flicks (slang)
l'écran (m) screen

un(e) fana fan
le guichet ticket window
une ouvreuse female usher
une place seat
une salle de cinéma movie house
une séance showing

un spectacle show
un tarif price

LES FILMS

un acteur / une actrice actor / actress
un(e) cinéaste filmmaker
le décor set, scenery
un dessin animé cartoon

Exercices de vocabulaire

A. ***Questions pour un champion (Jeopardy).*** En utilisant des termes du **Vocabulaire actif**, complétez les questions qui correspondent aux réponses données.

1. Pouvez-vous nommer deux _____ de cinéma célèbres?
   Leonardo Di Caprio et Gérard Depardieu.

2. Pouvez-vous nommer un _____ récent?
   Ratatouille.

3. Pouvez-vous nommer des _____ célèbres?
   The Departed, American Gangster.

4. Où est-ce que le film va _____?
   Au cinéma Rex.

5. A quelles heures est-ce qu'il y a des _____ de films en France?
   A 18 heures, 20 heures et 22 heures.

6. Pouvez-vous nommer deux _____ de cinéma françaises?
   Première et *Star.*

7. Pouvez-vous nommer deux _____ célèbres?
   Steven Spielberg et Agnès Varda.

8. Quel metteur en scène _____ *Indiana Jones and the Kingdom of the Crystal Skull?*
   Spielberg.

9. Quels sont deux films où il y a beaucoup d'_____?
   Star Wars: Revenge of the Sith et *Harry Potter.*

10. Pouvez-vous nommer deux _____ célèbres?
    Nicole Kidman et Audrey Tautou.

les **effets spéciaux** (m pl) / les **trucages** (m pl) special effects	l'**interprétation** (f) acting	un **personnage** character	une **vedette** male or female star
un **film d'épouvante** horror movie	l'**intrigue** (f) plot	le **plateau** movie set	la **version doublée** dubbed version of a movie
un **film policier** detective movie	un **long métrage** feature film	un **réalisateur** / une **réalisatrice** director	la **version originale** movie in its original language
le **générique** credits	le **maquillage** makeup	la **sortie** release	un **western** western (movie)
le **grand film** main feature	un **maquilleur** / une **maquilleuse** makeup artist	les **sous-titres** (m pl) subtitles	
	un **metteur en scène** director	le **tournage** shooting (of a film)	

B. Pour préparer un exposé sur le cinéma en France, vous cherchez des termes utiles dans le dictionnaire. Complétez les définitions en utilisant les expressions suivantes.

Expressions: un abonnement   un fana de cinéma   l'interprétation
l'intrigue   un metteur en scène   la première
en version doublée   en version originale   une vedette

1. L'histoire qui est racontée dans un film s'appelle _____.
2. Un film étranger présenté dans la langue du pays où passe le film est _____.
3. Si les acteurs jouent assez bien leur rôle, on peut dire que _____ est correcte.
4. Un film présenté dans la langue du pays d'origine de ce film est _____.
5. Un acteur ou une actrice très célèbre dans le monde du cinéma est _____.
6. Si on est vraiment passionné de cinéma, on est prêt à s'offrir _____ à une revue de cinéma.
7. Le grand gala qui accompagne un nouveau film est _____.
8. Une personne qui adore le cinéma est _____.
9. Une personne qui tourne des films est _____.

C. Philippe et Maryse pensent aller au cinéma. Complétez leur conversation par un terme de la liste suivante.

Termes: l'affiche   cinoche   de film d'épouvante   séance
guichet   l'intrigue   l'ouvreuse   des places

MARYSE: Dis, Philippe, tu veux aller au _____ ce soir?

PHILIPPE: D'accord, mais si nous y allons tous, est-ce qu'on va pouvoir trouver _____?

MARYSE: Quand on arrive assez tôt, la queue n'est pas trop longue au _____, en général. Mais, tu sais que je ne veux absolument pas voir _____. Je déteste ça. J'ai toujours trop peur. Quel film est à _____ au Palace?

PHILIPPE: Un bon film comique, je crois. Je ne connais pas _____, mais je sais que les critiques sont bonnes.

MARYSE: D'accord, alors. A quelle _____ veux-tu aller?

PHILIPPE: Peut-être à celle de vingt heures?

MARYSE: Pas de problème. Bon, alors, il ne reste qu'une seule question à résoudre.

PHILIPPE: Laquelle?

MARYSE: Si _____ passe dans la salle, est-ce que tu vas m'offrir une glace?

Lexique personnel

LE CINÉMA

A Pour chacun des sujets suivants, dressez une liste personnelle de mots.

1. les types de films qui sont à la mode actuellement
2. les types de films que vous aimez / détestez
3. la réalisation d'un film
4. les différents endroits, moyens ou moments pour regarder un film

B En utilisant le vocabulaire du chapitre et votre lexique personnel, posez les questions suivantes à vos camarades de classe.

1. Quelles sortes de films sont très appréciées du public dans votre pays?
2. Quelles sortes de films aimez-vous et détestez-vous? Pourquoi?
3. Y a-t-il certains metteurs en scène que vous préférez? Lesquels et pourquoi?
4. Allez-vous souvent au cinéma? Quand? Combien de fois par mois?
5. Louez-vous quelquefois le DVD d'un film au lieu d'aller au cinéma? Pourquoi?

Structures I

RAPPEL!

1. As you have seen in **Chapitres 2** and **4,** questions seeking *yes* or *no* answers are formed by using one of the basic question patterns to make a declarative sentence interrogative.

2. Questions that seek to gain some specific information will contain an interrogative expression (adverb, pronoun, or adjective) whose only function in the sentence is to elicit the desired information (*why, who, which,* etc.).

3. The key to forming questions in French is to realize that the interrogative expression itself does not form the question; it only elicits the information. You must still use one of the basic question patterns (normally **est-ce que** or inversion) to form the question. Such questions are actually composed of two separate slots, each of which must be manipulated independently.

| Whom | *did you see* at the movies? |

| Qui | est-ce que vous avez vu au cinéma? |
| | avez-vous vu au cinéma? |

Interrogative Adverbs

Interrogative adverbs are used to request information about time, location, manner, number, or cause. Some commonly used interrogative adverbs are listed below.

A. Time:

quand *when*
à quelle heure *when, at what time*

> **Quand** est-ce que ce film passe?
> **Quand** commence le grand film?
> **A quelle heure** êtes-vous arrivé au cinéma?
> **A quelle heure** finit la première séance?

B. Location:

où *where*

> **Où** est-ce que Truffaut a tourné ce film?
> **Où** passe ce nouveau film d'épouvante?

C. Manner:

comment *how*

> **Comment** est-ce que Jean a trouvé le film?
> **Comment** s'appelle cet acteur?

D. Number:

combien *how much*
combien de + NOUN *how many, how much*

> **Combien** avez-vous payé les billets?
> **Combien** coûte une bière?
> **Combien de** billets a-t-il pris?
> **Combien de** places y a-t-il dans la salle?

E. Cause:

pourquoi *why*

> **Pourquoi** Jean est-il rentré?
> **Pourquoi** est-ce que ces billets coûtent si cher?

With the interrogatives **quand, à quelle heure, où, comment,** and **combien,** you may invert the noun subject and its verb to form the question if the verb is in a simple tense and has no object. The noun subject and its modifiers will be the last element in the question.

> **A quelle heure** commence **le long métrage**?

> **Où** passe **ce nouveau film**?

This type of inversion cannot be made with the expressions **combien de** or **pourquoi**, because normal sentence structure will prevent the noun subject from being the last element in the question.

> **Combien de** places est-ce que Jean prend?

1 Léa raconte sa sortie au cinéma avec Alexandre et ses copains à Jeanne. Employez les mots interrogatifs appropriés et les éléments indiqués pour compléter les questions de Jeanne. Les mots en **caractères gras** vous servent d'indices.

JEANNE: Salut, Léa. _____ a été ton week-end?

LÉA: Ah, bonjour, Jeanne. Le week-end a été **très chouette.**

JEANNE: _____ est-ce que vous êtes allés au cinéma?

LÉA: Nous sommes allés au cinéma **vendredi soir.**

JEANNE: _____ êtes-vous descendus en ville?

LÉA: Nous sommes descendus en ville **dans la voiture de Paul.**

JEANNE: _____ est-ce que vous avez retrouvé Jean-Marc?

LÉA: Nous avons retrouvé Jean-Marc **sur le parking** du cinéma.

JEANNE: _____ est-ce que la séance a commencé?

LÉA: La séance a commencé **à 17 h,** et puis après nous avons dîné au restaurant.

JEANNE: _____ d'autres copains sont allés avec vous?

LÉA: Nous étions **six** au début. Mais au milieu du film, Jean-Marc est parti.

JEANNE: Sans blague! _____ est-il parti?

LÉA: **Parce qu'il trouvait le film bête.** Et c'est vraiment dommage parce que nous avons payé les billets assez cher.

JEANNE: Oui? _____ ont coûté les billets?

LÉA: **Huit euros** par personne parce qu'il y avait plus d'un film au programme.

JEANNE: Ah? _____ films est-ce qu'il y avait?

LÉA: Il y avait **deux** films. De toute façon, nous avons retrouvé Jean-Marc plus tard.

JEANNE: _____ était Jean-Marc?

LÉA: Il était **au café.** Ça a été une soirée de cinéma assez bizarre, finalement.

2 Employez les éléments indiqués pour poser des questions à vos camarades de classe à propos du cinéma.

1. combien / fois / par mois / tu / aller au cinéma?
2. pourquoi / tu / aller / au cinéma / si (peu) souvent?
3. à quelle heure / tu / préférer / aller au cinéma?
4. comment / tu / aller / au cinéma?
5. combien / tu / payer / un billet de cinéma?
6. où / tu / aimer / t'asseoir, près ou loin de l'écran?
7. combien / tu / payer / le pop-corn ou les friandises?
8. quand / tu / aller / récemment au cinéma?

INTERACTIONS

En petits groupes, employez les mots interrogatifs indiqués pour poser des questions à votre professeur au sujet d'une journée typique.

Mots interrogatifs:	à quelle heure	combien (de)	comment
	où	pourquoi	quand

Note culturelle

Des renseignements pratiques sur le cinéma

- **Qui va au cinéma en France?**
  Ce sont principalement les adolescents et les jeunes de moins de 25 ans qui se rendent le plus souvent au cinéma. Ils représentent 41% des entrées.

- **Quels films ont le plus de succès?**
  Ceux (pour la plupart américains) qui correspondent au goût de ce même public pour l'aventure, le fantastique et les effets spéciaux. On aime aussi en France le cinéma qui permet de se divertir ou de s'évader, car le cinéma français a une longue tradition comique. Pourtant le public va de plus en plus souvent au cinéma pour découvrir des films romantiques, positifs et «gentils».

- **Qui sont certaines vedettes du cinéma français?**
  Il semble aussi que les Français se déplacent moins souvent pour admirer une grande star que pour voir un film dont ils ont entendu dire du bien. En dépit de cette tendance, certaines vedettes ont conquis le public et continuent d'attirer l'attention des foules: côté masculin, Gérard Depardieu, Fabrice Luchini, Thierry Lhermitte ou Daniel Auteuil; côté féminin, des actrices comme Catherine Deneuve, Emmanuelle Béart, Isabelle Adjani et Juliette Binoche représentent des «valeurs sûres» qui ont su se faire connaître à l'étranger aussi bien qu'en France.

Compréhension

1. Quelles personnes fréquentent le plus souvent les salles de cinéma en France?
2. Quelles sortes de films est-ce que la plupart des Français préfèrent?
3. D'habitude, les Français vont-ils au cinéma surtout pour voir une star ou à cause de la réputation du film?

Réflexion

A. Quand on décide d'aller voir un film, est-on plus influencé par la notoriété des interprètes ou par l'histoire qui est racontée? Faites une liste de quelques réalisateurs de films. Pour quelles sortes de films sont-ils connus? Y a-t-il des réalisateurs étrangers parmi eux? Cherchez sur Internet le nom du réalisteur / comédien Mathieu Kassovitz et faites son portrait.

B. Connaissez-vous déjà le nom de quelques acteurs ou actrices français? Choisissez le nom d'un(e) artiste mentionné(e) dans la **Note culturelle** et consultez Internet pour trouver des renseignements à présenter aux autres étudiants au sujet de cette personne.

Expressing Time

A. Hours and Minutes: Time in French is indicated by a cardinal number followed by **heure(s)** and the number of minutes.

1:10	**une heure dix**
3:05	**trois heures cinq**
5:20	**cinq heures vingt**

- For time past the half-hour, the number of minutes is subtracted from the next hour.

6:35	**sept heures moins vingt-cinq**
8:50	**neuf heures moins dix**
10:40	**onze heures moins vingt**

- The quarter- and half-hours, as well as noon and midnight, have special forms.

4:15	**quatre heures et quart**
2:30	**deux heures et demie**
9:45	**dix heures moins le quart**
12:30 P.M.	**midi et demi**
12:20 A.M.	**minuit vingt**

- The concepts A.M. and P.M. are normally expressed by **du matin, de l'après-midi, du soir.**

2:15 A.M.	**deux heures et quart du matin**
3:10 P.M.	**trois heures dix de l'après-midi**
6:20 P.M.	**six heures vingt du soir**

- In France, official time (train and airline schedules, store closings, times for concerts and public functions, openings and closings of public buildings, etc.) is frequently quoted on the 24-hour clock.

  Fermé de **12 h à 14 h.**   Ouvert de **9 h 15 à 19 h 45.**
  Le train part à **20 h 38.** Le concert finit à **23 h 30.**

- To ask the time, you normally use one of the following patterns:

Quelle heure est-il?	*What time is it?*
A quelle heure...?	*At what time . . . ? (When . . . ?)*

B. Divisions of Time: With periods of the day, **le, la, l'** are used before the noun to express the idea of *in the* or *at.*

Je me lève tôt **le matin** car je travaille.	*I get up early **in the morning** because I work.*
J'ai tous mes cours **l'après-midi.**	*I have all my classes **in the afternoon.***
Le soir, je fais mes devoirs.	***In the evening** I do my homework.*
Je dors bien **la nuit** parce que je suis très fatigué(e).	*I sleep well **at night** because I am very tired.*

C. *Temps, fois, heure:* The terms **temps, fois,** and **heure** can all be used as the equivalent of the word *time,* but there are differences in their meanings.

- **Temps** refers to time as a general or abstract concept.

Je n'ai pas **le temps** de voyager.	*I don't have **time** to travel.*
Le temps passe vite.	***Time** flies.*
Prenez **le temps** de vous reposer.	*Take the **time** to rest.*

- **Fois** means time in the sense of an occasion or time in succession.

Je suis ici pour la première **fois.**	*I'm here for the first **time.***
Il est venu me voir trois **fois.**	*He visited me three **times.***
Combien de **fois** avez-vous visité la France?	*How many **times** have you visited France?*

- **Heure** implies a specific time of day.

C'est **l'heure** du dîner.	*It's dinner**time.***
Il arrivera à une **heure** fixe.	*He will arrive at a fixed **time.***
A quelle **heure** ouvre le guichet?	*At what **time** does the ticket window open?*

D. Divisions of Time Ending in -*ée:* Jour, an, soir, and **matin** have alternative forms ending in **-ée** that are used to emphasize the duration of the time period.

l'an .... **l'année**		**le matin** .... **la matinée**	
le jour .... **la journée**		**le soir** .... **la soirée**	

The type of sentence in which the **-ée** form is used often contains some reference to the activities taking place during the time span.

Elle part à Paris pour **deux ans.**

Pendant les **deux dernières années,** elle a beaucoup voyagé.

Dans **trois jours,** nous partons en vacances.

J'ai passé **la journée** à régler mes affaires.

Ce matin, je vais consulter le *Guide Michelin.*

Et moi, je vais passer **la matinée** au marché.

Nos invités arrivent **ce soir.**

Nous allons nous amuser pendant **la soirée.**

Choosing between these alternative forms can often be puzzling, but there are some general guidelines. If the period of time is immediately preceded by a cardinal number, you will normally use the short, masculine form. If the time period is preceded by concepts such as *all the, the whole, a part of,* or *most of,* you will normally use the **-ée** form.

3 Vous écoutez une conversation entre un groupe de jeunes Français. Complétez chaque phrase en choisissant le mot approprié.

1. Aujourd'hui, je dois passer (le soir / la soirée) _____ à écrire une dissertation pour mon cours de philosophie.

2. Dis, Emma, tu as (le temps / l'heure) _____ d'aller au cinéma ce soir?

3. Regardez! Voilà Olivier et Anne-Marie. C'est (la première fois / le premier temps) _____ qu'ils sortent ensemble.

4. J'ai un emploi du temps très chargé. Je n'ai même pas (l'heure / le temps) _____ de me reposer.

5. Marc va passer trois (jours / journées) _____ chez sa cousine en Bretagne. C'est (le premier temps / la première fois) _____ qu'il va lui rendre visite à sa résidence secondaire.

6. Je dois vous quitter. Chez moi, c'est (le temps / l'heure) _____ du dîner. Au revoir. (Au prochain temps / A la prochaine fois) _____! (Notez bien: une de ces expressions ne doit jamais être utilisée!)

4 Vous êtes à Paris avec un ami américain et vous lisez les horaires suivants dans la petite revue *Pariscope*. Votre ami n'a pas l'habitude de numéroter les heures de 0 à 24. Aidez-le donc en utilisant le système de numérotage de 0 à 12 auquel il est habitué.

1. un concert à 20 h 15
2. un film qui commence à 21 h 30
3. un magasin qui ferme à 18 h
4. un magasin qui est fermé entre 12 h et 14 h
5. une boîte qui ouvre à 22 h
6. un spectacle qui se termine à 23 h 45
7. un restaurant qui ouvre ses portes à 19 h 30
8. un film qui se termine à 23 h 30

INTERACTIONS

Vous habitez avec un(e) étudiant(e) français(e) qui passe l'année dans votre université. Vous cherchez une troisième personne pour partager votre appartement. En petits groupes, employez les éléments suivants pour découvrir l'emploi du temps de vos camarades de classe. Essayez de trouver un(e) camarade de chambre idéal(e).

MODELE dîner d'habitude
        A quelle heure dînes-tu d'habitude?

1. se lever normalement
2. prendre le petit déjeuner
3. quitter la maison le matin
4. avoir cours le lundi / le mardi
5. rentrer en semaine
6. travailler le soir
7. sortir le samedi soir
8. se coucher

SYNTHESE

Vous faites une demande d'emploi à mi-temps dans un hôtel qui reçoit beaucoup de clients français. Un(e) camarade de classe joue le rôle du / de la responsable du personnel. Répondez à ses questions.

1. Quel âge avez-vous?
2. En quelle année êtes-vous né(e)?
3. Quelle est la date de votre anniversaire?
4. Combien d'heures par semaine voulez-vous travailler?
5. A quelle heure commence votre premier cours chaque jour?
6. A quelle heure finit votre dernier cours chaque jour?
7. Quels jours préférez-vous travailler?
8. Préférez-vous travailler pendant la journée ou pendant la soirée?

L'héritage culturel

L'Arrivée d'un train en gare de La Ciotat des frères Lumière

Le Voyage dans la lune de G. Méliès

Les pionniers du cinéma français

1895: La naissance du «septième art». Les frères Lumière, Auguste et Louis, inventent le cinématographe—un appareil capable de reproduire le mouvement par une suite de photographies. Ils tournent plusieurs films très courts (deux minutes environ), dont *L'Arrivée d'un train en gare de La Ciotat*.

1896: Le début de l'empire français du cinéma. Charles Pathé fonde la firme mondiale Pathé Frères qui va mettre la France au premier rang des producteurs de films. Les frères Pathé créent les premières actualités filmées, le *Pathé-Journal*.

1902: Le premier film important du cinéma français. Georges Méliès tourne *Le Voyage dans la lune*, un film muet qui dure seize minutes et qui marque le début du cinéma de science-fiction. Pour son film, Méliès s'inspire du roman de Jules Verne, *De la terre à la lune* (1865) et du roman *Les premiers hommes dans la lune* de H.G. Wells (1901). Le film de Méliès a eu un immense succès mondial.

Compréhension

1. Qui étaient les inventeurs français du cinématographe? Quelle définition peut-on donner à leur invention?
2. Quelle a été la contribution des frères Pathé au développement du cinéma?
3. Quel type de film Méliès a-t-il choisi de tourner au début de l'histoire du cinéma?

Réflexion

A. Par quels moyens techniques l'invention du cinéma a-t-elle changé notre façon de représenter le passé, le présent et même le futur?
B. Consultez Internet ou une encyclopédie pour situer Georges Méliès dans l'évolution du cinéma.

Le mot et l'image: *Cyrano de Bergerac*

Cyrano de Bergerac, film réalisé par Jean-Paul Rappeneau en 1990, illustre l'importance, pour le public français, d'un bon scénario et d'une histoire bien écrite. Les œuvres littéraires ont toujours inspiré le cinéma, et les romans d'écrivains tels qu'Emile Zola *(Germinal)*, Marcel Pagnol *(Jean de Florette, Manon des Sources)* ou Jean Giono *(Le Hussard sur le toit)* ont souvent nourri l'imagination des cinéastes. Les premiers films parlants n'étaient parfois que des pièces de théâtre filmées. Avec le film *Cyrano*, c'est le texte de la pièce d'Edmond Rostand (1897) qui continue de séduire les spectateurs. Interprété par Gérard Depardieu, le personnage principal triomphe par la fantaisie de la parole aussi bien que par le sens de l'effet dramatique—ce que Cyrano en mourant appelle son «panache». Et lorsque Cyrano, le visage caché par l'ombre du balcon, déclare son amour à Roxane, l'élégance de ses paroles et la grâce de l'image forment une alliance exaltante. Il n'y a rien d'étonnant si, parmi tous les personnages littéraires, c'est Cyrano que les Français disent préférer ou admirer le plus.

Gérard Depardieu, dans le rôle de Cyrano de Bergerac

Compréhension

1. Qui a écrit la pièce de théâtre intitulée *Cyrano de Bergerac*? Qui a joué le rôle de Cyrano dans la dernière version filmée de cette pièce? Par quel mot Cyrano a-t-il caractérisé la finesse de ses paroles et leur effet dramatique?

2. Donnez d'autres exemples d'œuvres littéraires françaises qui ont été tournées en versions filmées.

Réflexion

A. Citez des films qui ont été tirés d'œuvres littéraires. A votre avis, est-ce qu'il vaut mieux voir un film avant ou après la lecture de l'œuvre littéraire? Pourquoi?

B. Dans quel contexte le nom de Cyrano de Bergerac est-il évoqué généralement? (Si vous ne connaissez pas ce personnage, faites une recherche sur Internet ou dans une encyclopédie.)

Structures II

Interrogative Pronouns
Questions about People

To ask questions about people, use the interrogative pronoun **qui.** The distinction between *who* and *whom* in English does not exist in French, because **qui** is used for both *who* (subject) and *whom* (object).

A. *Qui* **as Subject:** As the subject of a question, **qui** both elicits the information and forms the question. **Qui** is the first word in the question and is followed by a verb in the third-person singular. There is no change in word order.

> **Qui** vient avec vous?

> **Qui** a tourné ce film?

B. *Qui* **as Direct Object:** When **qui** is the direct object of the sentence, it is still the first word, but you must use either **est-ce que** or inversion of subject and object to form the question.

> **Qui est-ce que** Jean amène au cinéma?

> **Qui ont-ils** vu au cinéma?

C. *Qui* **as Object of a Preposition:** When **qui** is the object of a preposition, the preposition normally becomes the first word in the question and **qui** immediately follows the preposition. Either **est-ce que** or inversion of subject and verb must be used to form the question.

> **Avec qui est-ce que** vos amis sont venus?

> **De qui s'agit-il** dans ce film?

RAPPEL!

1. It is not always possible to determine from the English verb whether its French equivalent requires a preposition to introduce a noun object. Following is a list of French verbs that take a preposition before a noun object.

À	DE
s'abonner à	s'agir de
jouer à	avoir besoin de
parler à	avoir peur de
passer à	jouer de
penser à	parler de
réfléchir à	se rendre compte de
téléphoner à	se souvenir de

2. The reverse is also true: Some common verbs require a preposition before a noun object in English but use no preposition in French.

attendre = *to wait **for***	écouter = *to listen **to***
chercher = *to look **for***	payer = *to pay **for***
demander = *to ask **for***	regarder = *to look **at***

1 Vous parlez avec un(e) ami(e) d'une sortie récente au cinéma. Employez les mots interrogatifs appropriés et les éléments indiqués pour compléter les questions posées par votre ami(e) au sujet des personnes que vous connaissez. Les mots en caractères gras vous servent d'indices.

L'AMI(E):   _____ / tu / aller / au cinéma?

VOUS: Je suis allé(e) au cinéma **avec des copains.**

L'AMI(E):   _____ / venir?

VOUS: **Elodie et Grégoire** sont venus.

L'AMI(E):   _____ / tu / amener?

VOUS: Je n'ai amené **personne.**

L'AMI(E):   _____ / être / la vedette du film?

VOUS: **Audrey Tautou** était la vedette.

L'AMI(E):   _____ / jouer / le rôle de son amie?

VOUS: **Jodie Foster** a joué ce rôle.

L'AMI(E):   _____ / tu / voir / au cinéma?

VOUS: J'ai vu **deux de mes colocataires.**

L'AMI(E):   _____ / tu / parler?

VOUS: J'ai parlé **aux personnes à côté de moi.**

L'AMI(E):   _____ / s'amuser?

VOUS: **Tout le monde** s'est bien amusé.

ꙟꙟꙟ INTERACTIONS

En petits groupes, utilisez les éléments suivants pour poser des questions aux membres du groupe afin de savoir qui sont les personnes importantes dans leurs vies.

1. tu / sortir avec / en général?
2. tu / voir régulièrement?
3. tu / parler à / tous les jours?
4. être / ton prof d'anglais?
5. tu / téléphoner à / souvent?
6. inviter / chez toi le week-end?
7. être / ton (ta) meilleur(e) ami(e)?
8. tu / aller avec / à des soirées?

Questions about Things, Actions, or Situations

In French, the ways of asking questions about things, actions, or situations vary according to the function of the interrogative word. This may be confusing for the English speaker, because the same interrogative, *what*, is used in English as both subject and object.

A. *Qu'est-ce qui* as Subject: When *what* is the subject of a question, the interrogative pronoun **qu'est-ce qui** is used *without exception*. It both asks for the information and forms the question; neither **est-ce que** nor inversion is required.

Qu'est-ce qui arrive à la fin du film?
Qu'est-ce qui vous amuse dans ce film?

B. *Que* as Direct Object: When *what* is the direct object, **que** is used to elicit the information, but it does not form the question. You must use either **est-ce que** or the appropriate type of inversion after **que**. The form **qu'est-ce que** (**que + est-ce que**) is preferred in everyday speech.

Qu'est-ce qu'on passe au Rex?
Que passe-t-on au Rex?

Qu'est-ce que tu fais ce soir?
Que fais-tu ce soir?

RAPPEL!

Don't confuse the forms **qu'est-ce qui** (*what?* as subject) and **qu'est-ce que** (*what?* as object).

Qu'est-ce *qui* + VERB

Qu'est-ce *que* + NOUN or PRONOUN

Qu'est-ce qui est amusant dans ce film?

Qu'est-ce que cet acteur fait actuellement?

Qu'est-ce que vous faites après le film?

Remember that the form *qui* **est-ce que** is used to ask questions about *people* when the interrogative word **qui** is the object of the verb.

Qui est-ce que vous amenez au cinéma?

C. *Quoi* **as Object of a Preposition:** When *what* is the object of a preposition, the interrogative used is **quoi.** The preposition is normally the first word in the question and **quoi** immediately follows the preposition and precedes either **est-ce que** or inversion.

De quoi s'agit-il dans ce film?

A quoi est-ce qu'on fait allusion dans ce film?

D. **Asking for a Definition:**

Qu'est-ce que c'est?	*What is it?*
Qu'est-ce que c'est que ça (cela)?	*What is that?*
Qu'est-ce que c'est qu'un «navet»?	*What is a "flop?"*

2 Vous avez l'intention d'écrire à votre copain français. Vous préparez une liste de questions à lui poser. Complétez chacune des questions suivantes par l'expression interrogative qui correspond à la réponse entre parenthèses.

1. _____ se passe dans ta vie ces jours-ci? (Rien de sérieux.)

2. _____ un cinéaste? (C'est quelqu'un qui réalise des films.)

3. _____ passe au cinéma en ce moment? (Beaucoup de bons films.)

4. _____ tu as vu au cinéma récemment? (J'ai vu un excellent film d'aventures.)

5. _____ il y a de nouveau comme festival de cinéma? (Il y a un festival Clint Eastwood.)

6. De _____ parle-t-on au ciné-club actuellement? (On parle de films québécois.)

7. _____ rend les activités du club amusantes? (L'atmosphère et la variété des films qu'on passe.)

8. _____ tu vas voir le week-end prochain? (Je vais voir un film policier.)

3 Employez les éléments indiqués pour poser des questions logiques à un(e) camarade de classe. Une fois que votre camarade a répondu, posez-lui une autre question.

MODELE s'agir de / dans ton manuel d'histoire

        —De quoi est-ce qu'il s'agit dans ton manuel d'histoire?

        —Il s'agit de la Révolution française.

        —Ah oui, qu'est-ce que tu apprends?

1. parler de / dans ton cours de _____?

2. penser à / beaucoup?

3. réfléchir à / souvent?

4. parler de / le plus souvent / avec tes amis?

5. avoir besoin de / ces jours-ci?

6. téléphoner à / souvent?

7. jouer à / pour t'amuser?

INTERACTIONS

Mettez-vous en petits groupes. Interviewez les autres membres sur leurs goûts en ce qui concerne le cinéma. Utilisez la liste suivante pour vos questions. Ensuite, comparez les réponses à celles des autres groupes.

Demandez, par exemple...
ce qu'ils aiment au cinéma.
ce qu'ils détestent.
la fréquence à laquelle ils vont au cinéma.
s'ils louent souvent des DVD pour les regarder chez eux.
les titres des films qu'ils ont vus à plusieurs reprises.
les titres de leurs films préférés.

SYNTHESE

A. En parlant de cinéma avec une étudiante de Bruxelles qui passe l'année dans votre université, vous discutez du film qu'on appelle *La Vie en rose* en Amérique du Nord et *La Môme* partout ailleurs. Même si ce film est sorti en Belgique, l'étudiante ne l'a pas vu. Complétez ses questions par l'expression interrogative appropriée en vous servant des réponses indiquées.

L'ÉTUDIANTE: _____ est-ce que ce film est sorti aux Etats-Unis?

VOUS: *La Vie en rose* est sorti assez récemment.

L'ÉTUDIANTE: _____ l'as-tu vu?

VOUS: Je l'ai vu chez moi. Je l'ai loué en DVD.

L'ÉTUDIANTE: _____ joue le rôle d'Edith Piaf?

VOUS: C'est Marion Cotillard qui interprète le rôle de Piaf.

L'ÉTUDIANTE: De _____ est-ce qu'il s'agit dans le film?

VOUS: Il s'agit d'une biographie de la célèbre chanteuse française.

L'ÉTUDIANTE: _____ était la vie de Piaf?

VOUS: Ah, elle a eu une vie assez difficile.

L'ÉTUDIANTE: De _____ est-elle tombée amoureuse?

VOUS: Elle est tombée amoureuse d'un boxeur d'Afrique du Nord.

L'ÉTUDIANTE: _____ cette relation n'a-t-elle pas marché?

VOUS: Parce que le boxeur était déjà marié et surtout parce qu'il est mort dans un accident d'avion.

L'ÉTUDIANTE: _____ se passe à la fin du film?

VOUS: Piaf est morte assez jeune.

L'ÉTUDIANTE: _____ tu as pensé du film?

VOUS: Je l'ai beaucoup aimé et Cotillard a mérité son Oscar.

B. Vous avez l'intention d'aller au cinéma avec vos copains. Posez des questions logiques en employant les éléments indiqués.

1. vouloir / voir?
2. payer cher / billet?
3. se passer / film?
4. jouer / rôle principal?
5. amener / cinéma?
6. adorer / comme vedette?
7. présenter / comme film?
8. faire / après / cinéma?

C. Vous posez des questions à un(e) camarade sur les sujets indiqués. Utilisez les adverbes et les pronoms interrogatifs étudiés dans le chapitre.

1. sa famille
2. ses cours
3. ses distractions
4. ses copains
5. ses préférences au cinéma

INTERACTIONS

En petits groupes, lisez les critiques des films suivants tournés par des réalisateurs francophones, tous candidats pour la Palme d'Or au Festival de Cannes. Chaque groupe va décider lequel des films les membres voudraient ou ne voudraient pas voir. Comparez les opinions des groupes. Quel film plaît le plus à la majorité de la classe? Pourquoi?

LE SILENCE DE LORNA

BELGIQUE. 1 H 46. **SCÉNARIO** JEAN-PIERRE ET LUC DARDENNE. **PHOTO** ALAIN MARCOEN. **PRODUCTEURS** JEAN-PIERRE ET LUC DARDENNE.

Les Réalisateurs
Fidèles parmi les fidèles, les Belges Jean-Pierre et Luc Dardenne viennent pour la neuvième fois sur la Croisette. Ils ont déjà présenté six films (et obtenu au passage deux Palmes d'or, pour *Rosetta* et *L'Enfant*) et présidé deux jurys (ceux de la Caméra d'or et des courts métrages).

Le Pitch
Pour devenir propriétaire d'un snack avec son amoureux, Lorna, une jeune Albanaise, accepte un marché dangereux de la part d'un voyou. Elle doit épouser un Belge pour obtenir sa nouvelle nationalité puis se remarier avec un richissime mafieux russe. Problème: le premier époux doit disparaître rapidement.

LA FRONTIÈRE DE L'AUBE

FRANCE. 1 H 40. **SCÉNARIO** MARC CHOLODENKO, ARLETTE LANGMANN. **PHOTO** WILLIAM LUBTCHANSKY. **MUSIQUE** JEAN-CLAUDE VANNIER. **PRODUCTEUR** ÉDOUARD WEIL.

Le Réalisateur
Philippe Garrel, 60 ans, fils de l'acteur Maurice Garrel, est aussi le père de Louis, à qui il donne souvent des rôles miroirs. Il a remporté à deux reprises un Lion d'argent à Venise, pour *J'entends plus la guitare* en 1991 et *Les Amants réguliers* en 2005, mais c'est la première fois que le cinéaste franc-tireur est sélectionné en compétition à Cannes.

Le Pitch
Une comédienne vit seule chez elle, délaissée par un mari dont la carrière décolle à Hollywood. Un photographe venu faire un reportage sur elle devient son amant.

JOHNNY MAD DOG

FRANCE. 1 H 36. **SCÉNARIO** JEAN-STÉPHANE SAUVAIRE, JACQUES FIESCHI. **PHOTO** MARC KONINCKX. **PRODUCTEUR** BENOÎT JAUBERT.

Le Réalisateur
Jean-Stéphane Sauvaire, 39 ans. Après *Carlitos Medellin*, un documentaire sur la guérilla colombienne, le réalisateur congolais met en scène son premier long métrage de fiction en s'inspirant de *Johnny, chien méchant*, le roman d'Emmanuel Dongala.

Le Pitch
Un pays d'Afrique en pleine guerre civile. Johnny, un enfant-soldat de 15 ans surnommé << Mad Dog >>, joue à la guerre avec son petit commando en pillant et tuant tout ce qui bouge. Une gamine qui tente de fuir la ville avec son père infirme et son petit frère va croiser sa route.

Pitbull
Johnny Mad Dog est le premier film jamais tourné au Liberia, pays ravagé par les guerres civiles jusqu'en 2003.

POUR S'EXPRIMER

A l'écoute

CD2, Track 3

Mise en scène

Ecoutez attentivement la conversation entre Christophe et Barbara au sujet du cinéma, puis faites les activités qui suivent.

Contexte: Invitée à une soirée, Barbara fait la connaissance de Christophe. Au cours de la conversation, elle apprend rapidement que celui-ci est passionné de cinéma. Etant américaine et connaissant très peu les films français, elle décide de l'interroger sur ce sujet.

Avant d'écouter

1. Allez-vous souvent au cinéma? A quelle fréquence?
2. Combien coûte un billet de cinéma dans votre région?
3. Qu'est-ce que vous achetez à manger ou à boire au cinéma? Combien coûtent les consommations au cinéma?
4. Quels films avez-vous vus récemment?
5. Aimez-vous vous asseoir près ou loin de l'écran?

Compréhension

A. On pose beaucoup de questions dans ce dialogue. Christophe en pose neuf, Barbara quatorze. Les trois formes interrogatives sont utilisées: 1. l'inversion sujet / verbe, 2. l'intonation et 3. **est-ce que.** Relevez toutes les questions que vous entendez au cours du dialogue. Combien de fois chacune des formes interrogatives est-elle utilisée? Quelle conclusion tirez-vous à propos de l'usage des différentes formes interrogatives dans la conversation?

B. Pour chacun des éléments suivants, mentionnez au moins deux détails qui y sont associés dans le dialogue:
1. les vieux films
2. les films en v.o.
3. les habitudes des Français qui vont au cinéma
4. Luc Besson
5. le Festival de Cannes

C. Choisissez trois éléments du dialogue qui sont, à votre avis, les plus difficiles à comprendre. Qu'est-ce qui les rend difficiles? Est-ce la prononciation, le vocabulaire, le contexte culturel? Expliquez votre choix. Comment peut-on résoudre ce problème de compréhension quand il se pose dans une vraie conversation?

D. Imaginez que c'est à vous, au lieu de Barbara, que Christophe donne le titre du dernier film qu'il propose d'aller voir. Qu'est-ce que vous avez compris? Répétez exactement ce qu'il a dit. Si vous trouvez le titre difficile à comprendre, qu'est-ce qu'il faut dire à Christophe?

A vous la parole

On emploie souvent, dans le style parlé, des expressions interrogatives pour demander une explication supplémentaire. D'abord, un membre de la classe lit une des déclarations suivantes. Ensuite, un(e) deuxième étudiant(e) réagit à cette déclaration en employant une des expressions de la liste. Puis finalement, la première personne doit préciser sa pensée.

Et alors?	*So what?*
C'est vrai?	*Is that right?*
Comment ça?	*How's that?*
Tu plaisantes ou quoi?	*Are you joking, or what?*
Ah bon?	*Really?*
Vraiment?	*Really?*
Sans blague?	*No kidding?*

MODELE —*Je déteste les films d'épouvante.*
—*Vraiment?*
—*Oui, oui, je trouve ces films trop violents.*

1. Le week-end dernier j'ai vu un film super!
2. Je trouve les films de Jim Carrey très amusants.
3. J'adore les films de Spielberg.
4. Les films américains sont trop violents.
5. On devrait censurer les films pornographiques.
6. J'ai adoré le film qui s'appelle *(nom d'un film)*.
7. J'ai vraiment détesté le film qui s'appelle *(nom d'un film)*.
8. Mon actrice préférée est *(nom d'une actrice)*.

Situations orales

A. Mettez-vous en petits groupes. Un membre du groupe propose une sortie au cinéma pour voir un certain film. Quelles questions posez-vous pour déterminer si vous voulez voir ce film? Est-ce que le groupe veut aller voir ce film? Pourquoi?

B. Vous avez vu un film que vous avez beaucoup aimé (ou détesté) récemment. Votre ami(e) ne l'a pas vu. Expliquez à votre ami(e) pourquoi vous avez tellement aimé (ou détesté) ce film.

Note culturelle

La situation mondiale du cinéma français

- Le cinéma français est le premier producteur de films en Europe, avec près de 250 films de long métrage par an. Mais, selon Daniel Toscan du Plantier, le président d'Unifrance—l'organisme chargé de la promotion du cinéma français à l'étranger—la vocation du film français «n'est pas d'être le deuxième cinéma mondial, loin derrière le premier, mais d'être le leader d'une alternative au monopole». En effet, l'exportation représente une dimension importante pour la santé du cinéma français.

- Quels sont les principaux marchés étrangers du cinéma français? L'Allemagne, en premier, puis le Japon où les films français sont réapparus grâce à la vidéo, et la Russie qui en achète beaucoup.

- Bien que le cinéma français ait retrouvé les faveurs du public sur son territoire et à l'étranger, sa survie serait problématique sans l'aide de l'Etat. Le Ministère de la Culture aide au financement des films français au moyen d'une «avance sur recette» qui permet de les produire. De plus, chaque entrée dans une salle de cinéma française contribue au maintien de cette industrie, car le prix de l'entrée comprend des taxes (les deux tiers du prix!) qui sont redistribuées aux producteurs français. L'importance de ce phénomène pour la survie du cinéma français a même été reconnue par le principe de l'«exception culturelle» qui a figuré dans les accords internationaux sur les tarifs et le commerce. Le cinéma est un art en France; mais il est également une grande entreprise commerciale.

Compréhension

1. Quelle importance la France a-t-elle dans la production de films en Europe?
2. Vers quels pays la France exporte-t-elle beaucoup de films actuellement?
3. Dans quelle mesure est-ce que le Ministère de la Culture aide à subventionner le cinéma français?

Réflexion

A. Le cinéma français exporte beaucoup de ses films même si, en Europe, 80% de ses ventes sont faites aux télévisions de ces pays. Avez-vous l'impression que la France exporte beaucoup de ses films vers les Etats-Unis? Quels sont les obstacles les plus considérables à l'exportation des films de langue française? Faut-il doubler les films français pour réussir leur distribution aux Etats-Unis, par exemple?

B. A votre avis, quels sont les avantages et les inconvénients de la subvention donnée par l'Etat français aux réalisateurs de films en France? Est-ce une bonne idée de subventionner l'art?

Structures III

Quel and *lequel*

Quel

Quel has the English equivalents *what* and *which*. **Quel** is an adjective and must agree in gender and number with the noun it modifies, even if it is separated from that noun by other elements of the sentence.

	Singular	Plural
Masculine	quel	quels
Feminine	quelle	quelles

RAPPEL!

One of the key problems in forming questions in French is recognizing when you must use the interrogative adjective **quel** as opposed to one of the interrogative pronouns. Keep in mind that **quel** is used when you want to single out one or more persons or things from a larger group. Sometimes in English we use *what* as a modifier instead of *which: What time is it*? **Quel** should not be confused, however, with any of the interrogative forms meaning *what* because, as an adjective, it is always used in conjunction with a noun. The following is an explanation of the types of sentence patterns in which **quel** and the noun it modifies are normally used.

A. *Quel + être + Noun*: When **quel** precedes the verb **être**, the noun subject follows the verb to form the question.

> **Quel** est **le premier film** ce soir?
> **Quelle** est **la date** de la version originale?
> **Quels** sont **les résultats** de cette investigation?
> **Quelles** sont **les meilleures revues** de cinéma?

Choosing between the interrogative adjective **quel** and the interrogative pronoun **qu'est-ce qui** to render the concept of *What?* is one of the most difficult distinctions to make when forming questions.

> If the verb **être** is followed by a noun, then **quel** should be used to seek the information *What?*

> > **Quelle** est **la date** de la version originale?

If the verb **être** is followed by any construction other than a noun, then **qu'est-ce qui** is the correct choice to render the idea *What?*

> > **Qu'est-ce qui** est **amusant** dans le film?

When *what* is the subject and the verb is anything other than **être**, then **qu'est-ce qui** is always the correct choice to express this interrogative concept.

> > **Qu'est-ce qui arrive** à la fin de ce film?

B. *Quel + Noun Subject*: When the noun modified by **quel** is the subject of the sentence, **quel** both elicits the information and forms the question; normal declarative word order is used.

> **Quel acteur** a joué le rôle principal?
> **Quels films** passent en ce moment?

C. *Quel* + Noun Direct Object: When the noun modified by **quel** is the direct object, **quel** elicits the information but does not form the question. The noun must be followed by either **est-ce que** or inversion.

> **Quelles revues** de cinéma **est-ce que** vous lisez?
> **Quelle interprétation a-t-il** donnée de ce rôle?

D. Preposition + *quel* + Noun: When the noun modified by **quel** is the object of a preposition, **quel** elicits the information but the noun must be followed by either **est-ce que** or the appropriate type of inversion to form the question.

> **De quel film parliez-vous?**
> **Pour quelle actrice a-t-il écrit** ce rôle?

1 Au Cercle français, on parle de cinéma. Réagissez à chaque phrase en complétant la question par la forme appropriée de **quel.**

1. —Je viens de voir deux films.
   — _____ films viens-tu de voir?
2. —Il y a certaines vedettes que je n'aime pas.
   — _____ vedettes n'aimes-tu pas?
3. —Paul a beaucoup parlé de certains acteurs français.
   —De _____ acteurs a-t-il parlé?
4. —Mes copains reçoivent deux revues de cinéma différentes.
   — _____ revue est-ce qu'ils préfèrent?
5. —Il y a un cinéma où je ne vais jamais.
   —A _____ cinéma est-ce que tu ne vas jamais?
6. —Mon ami a mis plusieurs affiches dans sa chambre.
   — _____ affiches a-t-il mis dans sa chambre?
7. —Il faut passer un film français pour une de nos réunions.
   —Pour _____ réunion veux-tu passer un film français?
8. —Allons à ce club qui passe des films étrangers demain soir.
   — _____ club passe des films étrangers?

2 Après la réunion du Cercle français, on continue de parler de cinéma. Pendant la discussion, on a dit les choses suivantes. Demandez des renseignements supplémentaires en utilisant la forme appropriée de l'adjectif interrogatif **quel.**

1. Nous allons voir un film français.
2. Le film passe dans un des cinémas du quartier.
3. Il y a certains aspects du film qui sont extraordinaires.
4. Le film a gagné le grand prix de l'un des festivals l'année dernière.
5. Une revue de cinéma française a publié une excellente critique de ce film.
6. Nous allons demander à chacun de donner une contribution pour aller voir le film.

Lequel

Lequel is a pronoun that replaces **quel** and the noun it modifies and therefore must agree in gender and number with that noun. The following forms may refer to either persons or things.

	Singular	Plural
Masculine	lequel	lesquels
Feminine	laquelle	lesquelles

Lequel is always used as the equivalent of *which one(s)*. It never means *what*, so there should be no confusion with the other interrogative pronouns or with **quel.** Because it is a pronoun, **lequel** can be the subject or the object of a verb, or the object of a preposition.

A. *Lequel* **as Subject:** When **lequel** is the subject of a sentence, it elicits the information and forms the question.

Je voudrais voir un des films de Mathieu Kassovitz. **Lequel** passe en ville en ce moment?

J'ai tendance à oublier le nom de ces deux actrices. **Laquelle** joue dans le film *Amélie*?

Il y a maintenant en France deux ou trois metteurs en scène très célèbres. **Lesquels** ont gagné un prix à Cannes?

Il y a tant de revues de cinéma actuellement! **Lesquelles** sont les meilleures?

B. *Lequel* **as Direct Object:** When **lequel** is the direct object of the sentence, it only elicits the information. To ask the question, you must use either **est-ce que** or the appropriate form of inversion.

—J'aime beaucoup les films avec Depardieu.
—Ah oui, **lequel est-ce que** vous avez vu récemment?
—Je connais une actrice française célèbre.
—**Laquelle connaissez-vous?**
—Je préfère les acteurs qui sont amusants.
—**Lesquels aimez-vous** le mieux?
—Je prépare un exposé sur les vedettes françaises.
—**Lesquelles est-ce que** tu as vues?

C. *Lequel* **as Object of a Preposition:** When **lequel** is the object of a preposition, it elicits the information but does not form the question, so it must be followed by either **est-ce que** or the appropriate type of inversion.

When preceded by the prepositions **à** and **de, lequel** follows the same pattern of contraction as does the definite article.

• Note that in everyday conversational responses, French speakers often avoid the construction *preposition* + **lequel** and instead use *preposition* + **quel** + *noun*.

À	DE
auquel	**du**quel
à laquelle	**de la**quelle
auxquels	**des**quels
auxquelles	**des**quelles

—En classe on a parlé d'un film de Luc Besson.
—**Duquel** a-t-on parlé?
—**De quel film** a-t-on parlé?
—Au ciné-club, on écrit quelquefois à des acteurs.
—**Auxquels** est-ce qu'on a écrit?
—**A quels acteurs** est-ce qu'on a écrit?
—Depardieu joue dans plusieurs films actuellement.
—**Dans lesquels** est-ce qu'il joue?
—**Dans quels films** joue-t-il?

3 Au Cercle français, on parle de cinéma. Réagissez à chaque phrase en complétant la question par la forme appropriée de **lequel**.

1. —Je viens de voir deux films.
   — _____ viens-tu de voir?

2. —Il y a certaines vedettes que je n'aime pas.
   — _____ n'aimes-tu pas?

3. —Paul a beaucoup parlé de certains acteurs français.
   —(De) _____ a-t-il parlé?

4. —Mes copains reçoivent deux revues de cinéma différentes.
   — _____ est-ce qu'ils préfèrent?

5. —Il y a un cinéma où je ne vais jamais.
   —(A) _____ est-ce que tu ne vas jamais?

6. —Mon ami a mis plusieurs affiches dans sa chambre.
   — _____ a-t-il mis dans sa chambre?

7. —Il faut passer un film français pour une de nos réunions.
   —Pour _____ veux-tu passer un film français?

8. —Allons à ce club qui passe des films étrangers demain soir.
   — _____ passe des films étrangers?

4 Formez des phrases en utilisant les éléments indiqués. Après chaque phrase, un(e) camarade va vous demander une précision en employant une forme de **lequel**. Répondez-lui.

1. je / adorer / plusieurs / genres de films
2. je / s'abonner à / toutes sortes de revues
3. il / y avoir / beaucoup / vedettes / que / je / adorer
4. il / y avoir aussi / vedettes / que / je / détester
5. je / aller voir / plusieurs fois / certains genres de films
6. je / avoir / une actrice préférée
7. je / avoir aussi / un acteur préféré
8. je / voir / récemment / deux films très mauvais

INTERACTIONS

En groupes, discutez du film suivant. De quelle sorte de film s'agit-il? Cherchez des renseignements sur l'auteur, Françoise Sagan. Puis, en vous basant sur les renseignements de la critique suivante, chaque groupe doit donner une raison pour laquelle le groupe veut, ou ne veut pas, voir le film.

Critiques, coups de cœur, coups de gueule . . .

Le biopic (biographie filmée) serait-il en train de devenir un genre reconnu en France? Il faut savoir et admettre dès le départ que cette biographie a été écrite pour la télévision. Le film fini étant au-delà de ses espérances, France 2 a décidé d'en sortir une version raccourcie au cinéma. Et l'on comprend pourquoi dès les premiers plans. Vieillie, amaigrie, dans son fauteuil roulant, Sylvie Testud – qui incame Françoise Sagan – est saisissante et exceptionnelle. Certes, la ressemblance physique est frappante, mais l'actrice a surtout réussi à prendre les tics, la façon de bouger si particulière et la manière de parler inimitable de l'auteur de *Bonjour tristesse*. Elle est tellement imprégnée de Françoise Sagan qu'on vous met au défi de savoir si c'est elle ou la vraie qui est à l'écran. Ne serait-ce que pour admirer cette performance, ce *Sagan* vaut le déplacement. Enfin, ceux qui ne la connaissent pas encore pourront se réjouir de découvrir la vie hors des convenances menée par cet écrivain qui, en un seul roman écrit à 18 ans, a connu un succès planétaire. En maniant la plume comme le scandale, Sagan savait s'attirer les médias comme les foudres de ses détracteurs. Son biopic, bien que trop conventionnel – ce qui est un comble –, reste enthousiasmant.

Source: *Première*, No 376, Juin 2008, p. 96.

SYNTHESE

A. Vous parlez à Patrick, un étudiant de Djibouti qui passe l'année dans votre université. Employez les indications suivantes pour composer des questions à poser à Patrick. Demandez-lui...

1. *(when he came to this country)*
2. *(why he came to this country)*
3. *(what he is studying)*
4. *(where he is living)*
5. *(who he is living with)*
6. *(if he is married)*
7. *(whom he sees a lot in this country)*
8. *(what aspects of life in this country he likes)*
9. *(what he doesn't like in this country)*
10. *(what the weather is typically in his country)*

B. Une journaliste française prépare un article sur quelques habitudes et préférences des jeunes aux Etat-Unis. Utilisez ses notes pour interroger un(e) camarade de classe.

Les sites Web de réseaux sociaux

1. son site préféré
2. ce qu'il / elle fait sur les sites de réseaux sociaux
3. ce qu'il / elle n'aime pas sur ces sites
4. les dangers possibles sur ces sites
5. les personnes qui fréquentent des sites de réseaux sociaux

La télé

1. les personnes avec qui il / elle regarde la télé
2. son émission préférée
3. ce qu'il / elle pense de la diffusion de films sur ordinateur
4. s'il / si elle regarde des émissions diffusées sur téléphones portables
5. l'avantage du câble

La musique

1. la musique qu'il / elle aime écouter
2. l'endroit où il / elle écoute le plus souvent de la musique
3. l'aspect des lecteurs MP3 qui lui plaît le plus
4. la raison pour laquelle il / elle écoute de la musique
5. l'heure à laquelle il / elle écoute le plus souvent de la musique

C. Vous êtes au café avec des amis français. Vos amis font les constatations suivantes. Posez des questions pour avoir des renseignements supplémentaires.

1. Je viens de faire un voyage intéressant.
2. Elodie passe un semestre très difficile.
3. Mes parents m'ont offert un très beau cadeau.
4. J'ai un prof qui est très sévère.
5. Ma copine sort avec un type que je n'aime pas du tout.
6. Hier soir, on est allé dans des clubs.
7. Jean-Pierre a une nouvelle moto.
8. Crystale n'habite plus chez ses parents.

Note culturelle

Le cinéma français et le Ministère des Affaires étrangères

Le Quai d'Orsay (nom par lequel on désigne d'habitude ce ministère en France) possède huit cinémathèques dans le monde: à Bangkok, Delhi, Amman, Mexico, Buenos Aires, Ouagadougou, Rio de Janeiro et Brazzaville. On y assure plus de 10 000 projections pour les films de fiction et 16 000 pour les documentaires, avec un stock de plus de 4 000 films. A quelle clientèle ces films sont-ils destinés? D'abord aux établissements culturels français à l'étranger, mais aussi aux grandes institutions étrangères comme le Museum of Modern Art (MoMA) et le Lincoln Center à New York, le British Film Institute, les cinémathèques, les universités et les festivals de cinéma. Depuis quelques temps, le réseau culturel français dispose aussi de films via téléchargement *(downloading)*, ce qui permet l'organisation de projections publiques partout dans le monde. Tous les ans, le gouvernement français consacre plus de 2,5 millions d'euros aux achats de droits, au tirage de copies et au sous-titrage.

Source: Adapté de l'article de Pascal Mérigeau, *Le Nouvel Observateur*, 5 mai 2005

Compréhension

1. Qu'est-ce que le Quai d'Orsay?
2. Quels continents sont représentés par les villes mentionnées dans le texte?
3. Quelles sortes d'établissements et d'institutions reçoivent les films en question?

Réflexion

A. Qu'est-ce que c'est qu'un réseau culturel? En tant que manifestation culturelle, les films sont-ils un moyen efficace pour promouvoir la culture d'un pays à l'étranger? Expliquez pourquoi.
B. Pourquoi l'Amérique du Nord ne figure-t-elle pas dans la liste de villes auxquelles le Quai d'Orsay envoie ses films? S'agit-il de raisons économiques, politiques, culturelles ou autres?

INTERACTIONS

Lisez le texte sur le film *Madame Brouette*. Ensuite, discutez de vos réponses aux questions suivantes avec un(e) partenaire.

1. Est-ce que ce film vous intéresse? Pourquoi?
2. A votre avis, à quel genre de film appartient *Madame Brouette*? Pourquoi?
3. Quels autres films connaissez-vous qui abordent le thème des difficultés des mères célibataires et/ou de la violence familiale?
4. Pouvez-vous penser à d'autres exemples de cinéma engagé? Lesquels?
5. A votre avis, est-ce qu'un film peut vraiment encourager les spectateurs à promouvoir des changements sociaux? Pourquoi ou pourquoi pas?

Le film: *Madame Brouette*
de Moussa Sene Absa (2002)

Intrigue: Mati est une jeune mère célibataire qui travaille comme vendeuse ambulante dans les rues de Dakar, au Sénégal. Equipée d'une seule brouette *(wheelbarrow)*, elle vend de petits produits divers aux passants. Indépendante et inlassable *(tireless)*, Mati travaille jour et nuit pour fournir aux besoins de sa fille et contribuer au revenu de ses parents. Travailleuse et ambitieuse, elle ne veut plus vivre toute sa vie sous le nom de «Madame Brouette». Elle rêve de devenir propriétaire de son propre café.

Le destin de Mati change quand elle fait la connaissance de Naago, un policier charmant mais corrompu. Au début de leur relation, Naago réussit à cacher ses défauts de caractère, et Mati tombe amoureuse de lui. A cause de cette déception, le bonheur du couple est éphémère. Mati est enceinte au moment où elle découvre les mensonges et la brutalité de Naago. Femme forte et autonome, Mati refuse de compromettre l'avenir de ses enfants à cause d'un homme. Quand un coup de feu éclate un matin chez le jeune couple et quand Naago est retrouvé mort, la vraie histoire commence. Tout le monde se demande: Qui est cette Madame Brouette? Quelle est l'histoire de sa vie? A-t-elle tué Naago? Pourquoi? Que deviendra-t-elle? Le mystère de la mort de Naago et l'histoire de la vie de Mati se démêlent peu à peu dans ce film rempli des sons, sensations et couleurs du Sénégal contemporain.

Cinéma engagé: Souvent caractérisé comme cinéaste engagé—un cinéaste qui travaille dans l'intérêt de promouvoir la conscience sociale du public—Moussa Sene Absa nous offre des images du Sénégal historique et contemporain. Par ses films, comme *Ça twiste à Poponguine* (1993), *Tableau Ferraille* (1997) et *Madame Brouette* (2002), Absa explore la complexité des problèmes sociaux au Sénégal. Sans défaillir, Absa affronte des sujets tels que la corruption politique, l'exploitation économique, les conflits religieux, la violence contre les femmes, la discrimination raciale et la stratification sociale dans l'espoir de stimuler la conscience, la communication et l'action chez ses spectateurs.

Situations écrites

A. Un(e) ami(e) français(e) désire mieux connaître le cinéma aux Etats-Unis. Faites une présentation sur le cinéma américain (les films à la mode, les vedettes à la mode, les types de films qui sont populaires, etc.). Ensuite, comparez votre description avec celles de vos camarades de classe.

B. Une étudiante suisse avec qui vous correspondez critique le cinéma américain en disant que les films américains sont souvent médiocres et trop violents. Réagissez à cette critique du cinéma américain. Etes-vous d'accord?

A lire

Texte de culture contemporaine

Sujets de réflexion

1. Lorsque vous réfléchissez au cinéma, imaginez-vous une activité artistique ou s'agit-il plutôt d'une entreprise commerciale?

2. Suivez-vous quelquefois les grands prix du cinéma: les Oscars, les Césars...? A la suite de quelles démarches de sélection les films sont-ils nominés? Y a-t-il un aspect médiatique de la compétition que vous aimez vraiment ou que vous n'aimez pas du tout?

Guide de lecture

L'univers du cinéma est composé de cinéastes, de réalisateurs, d'acteurs, de techniciens, etc. Mais on ne doit pas oublier qu'il y a aussi un public à atteindre et qu'il faut inciter ce public à acheter des billets d'entrée dans les salles de cinéma partout dans le monde. Voilà le véritable travail des vendeurs de film. Mais comment s'y prennent-ils? En quoi consiste le marché du film?

1. Faites une lecture rapide de l'article suivant. Quels sont les mots et expressions qui ont un rapport direct avec le *business* du cinéma?

2. Quelles sont les références à la vocation internationale du festival?

L'autre Festival de Cannes

klieg lights / red
carpet / Stock
exchange /
moles (spies)
jargon

Loin des sunlights° et du tapis rouge°, le marché de Cannes est la Bourse° du cinéma mondial. Les professionnels y vendent les films et n'hésitent pas à créer la rumeur,... [et à] utiliser des taupes°... L'un des meilleurs vendeurs français, François Yon, raconte...

5   Acheteurs et vendeurs parlent un langage qui n'appartient qu'à eux, un sabir°où se mêlent anglais, français, espagnol, tout ce qui leur vient sous la langue... Tout au long du festival, ils multiplient les rendez-vous, un toutes les trente minutes dans la journée, toutes les heures à la nuit tombée, s'efforcent de voir les films de la compétition, jonglent avec leurs téléphones multifonctions, passent d'une fête à l'autre
10 pour ramasser les infos sans lesquelles ils travailleraient moins, donc plus mal.

money (coll.)

Mieux que quiconque, ils savent que film et fric°sont deux mots indissociables...

Le Nouvel Observateur—*Que représente le Festival de Cannes pour un vendeur?*

François Yon—Même si le marché de Berlin a progressé ces dernières années, Cannes est toujours aussi incontournable° et représente de 25% à 30% de notre
15 chiffre d'affaires...

unavoidable,
essential
issues /day before

Le Nouvel Observateur—*Quels sont les grands enjeux° pour vous à la veille° du festival?*

François Yon—Avant d'être vendeur, il faut être acheteur. Nous achetons 90%
de nos films sur scénario: nous recevons 550 scénarios par an, à partir desquels
20 nous constituons un programme de 22 films. Au-delà de ce chiffre, nous ne pour-
rions pas nous occuper correctement des films...

Le Nouvel Observateur—*Comment les films sont-ils montrés aux acheteurs à Cannes?*

brawl   **François Yon**—La première grande bagarre° porte sur la date de présentation
des films. Sachant que la fin de la deuxième semaine est plus faible, les acheteurs
ayant déjà... : *have* 25 étant déjà repartis ou ayant déjà fait le plein°, et que le premier jeudi ne compte pas
already reached pour nous, tous les vendeurs veulent obtenir pour leurs films le vendredi, le samedi
their limit et le dimanche de la première semaine...

Le Nouvel Observateur—*Les salles du marché sont de capacité réduite et les*
selection *séances sont ouvertes à tous les professionnels. Comment faites-vous le tri°?*

30   **François Yon**—Il existe des séances pour lesquelles il faut presque mettre les acheteurs de force dans la salle et d'autres pour lesquelles nous devons limiter l'accès...
Il n'y a pas d'autre possibilité: les acheteurs sont 250, il n'y a que 60 places. Notre
métier, c'est de faire que le type voie le film... L'erreur à ne surtout pas commettre
est d'emmener le réalisateur à une projection de son film au marché: je l'ai fait une
fainted 35 fois, le type s'est évanoui°. Bon, c'est vrai que dans une salle du marché on a tous les
droits, on peut parler, dormir, téléphoner... Et puis un acheteur ne voit jamais un film
en entier. Les Américains envoient des *scouts*, qui passent quinze-vingt minutes dans
spotted chaque salle et téléphonent au décideur, qui ne se déplace qu'une fois le film repéré°...
tricks   *Le Nouvel Observateur*—*Quels sont les trucs° des vendeurs?*

40   **François Yon**—Il m'est arrivé de payer des gens pour qu'ils rient dans la salle! Je
me souviens d'un film français sous-titré en anglais dont je savais que les acheteurs
japonais seraient insensibles au comique, alors j'avais placé des gens dans la salle
qui devaient éclater de rire à chaque gag. Et ça a marché!...

Le Nouvel Observateur—*Quel rôle joue la presse dans votre commerce?*

45   **François Yon**—La presse quotidienne nationale est sans grand effet sur les
vendeurs. En revanche, les recensions données par «Variety» et «Screen» sont essentielles: leurs journalistes sont aussi des spécialistes du marché et ils évaluent le
potentiel commercial des films. «Variety», sutout est important... Un article favorable dans «Variety» ou «Screen» suscite de la demande. Il est essentiel pour nous
50 d'être toujours au courant de tout. C'est pour cela que nous avons toujours au moins
shuttles une taupe dans toutes les fêtes. Les navettes° qui transportent les invités depuis les
villas dans les collines de Cannes jusqu'aux hôtels de la Croisette sont des lieux très
boozed it up / speak appréciables pour les infos: les gens sont fatigués, ils ont picolé°, il se lâchent°...
openly   *Le Nouvel Observateur*—*Comment évolue l'image du cinéma français dans*
55 *le monde?*

    François Yon—Il reste placé en deuxième position, grâce à sa diversité et à sa
overall qualité d'ensemble°, mais son image s'est considérablement dégradée depuis dix ans,
fall et la dégringolade° s'est encore accélérée ces deux dernières années... La loi selon
laquelle un bon film s'impose toujours sur le marché n'est pas valable pour le cinéma
special 60 français: les bons films français ne s'imposent pas. Le cinéma français était singulier°
et populaire; il n'est plus, dans le meilleur des cas, que singulier. Que depuis vingt ans
aucun film français n'ait obtenu la Palme d'Or n'est tout de même pas un hasard!

Source: Pascal Mérigeau, «L'autre Festival de Cannes», *Le Nouvel Observateur*,
No 2270 du 8 au 14 mai, 2008, pp. 62–64

Après la lecture

1. Pourquoi les acheteurs de films à Cannes sont-ils si occupés? Que font-ils? Que cherchent-ils?

2. Pourquoi le Festival de Cannes est-il si important pour le marché mondial du film?

3. Quel est le meilleur moment du festival pour la vente des films? Expliquez.

4. Pourquoi est-il difficile d'avoir accès aux séances où les films sont présentés? Quelle est la méthode des Américains pour trouver de bons films?

5. Quel exemple François Yon donne-t-il d'un truc qu'il a employé pour vendre un certain film comique?

6. Pouquoi les articles de «Variety» sont-ils tellement importants?

7. Que font les «taupes» pour avoir des renseignements sur les films?

8. François Yon dit que le cinéma français est «singulier». En vous basant sur des films français que vous connaissez, discutez des différences entre le cinéma français et le cinéma américain.

9. Y a-t-il certains aspects de la vente des films qu'il faut absolument changer ou dont il faut se débarrasser? Défendez votre point de vue.

Texte littéraire

Sujets de réflexion

1. En général, pourquoi va-t-on au cinéma? Quelles sortes de films préférez-vous? Pourquoi?

2. Quels films classiques (c'est-à-dire de la période des années 20 jusqu'aux années 50) connaissez-vous? Lesquels aimez-vous particulièrement? Pourquoi?

3. Quelles tendances générales peut-on reconnaître dans les films américains modernes? Considérez, par exemple, la liste suivante de films:

   The Lord of the Rings
   Shrek
   The Departed
   Frost-Nixon
   The Dark Knight

   Lesquels de ces films avez-vous vus? Les avez-vous appréciés ou non? Pourquoi?

4. Quels films français connaissez-vous? A votre avis, quelles différences essentielles y a-t-il entre les films américains et les films français?

A propos de l'auteur...

François Truffaut (1932–1984) *est, de tous les réalisateurs français des années 50 jusqu'à aujourd'hui, celui qui représente, aussi bien pour les étrangers que pour les Français, le véritable style cinématographique français. Fils unique d'un père architecte et d'une mère secrétaire, Truffaut a connu une vie marquée par des déplacements fréquents et un certain isolement. Pour lui, le cinéma est devenu un refuge, surtout durant l'occupation de Paris par les forces allemandes pendant la Seconde Guerre mondiale. Après la guerre, ayant abandonné ses études, Truffaut a connu une période de délinquance, mais il a heureusement découvert les films d'Orson Welles, en particulier* Citizen Kane, *et est devenu un disciple du cinéaste André Bazin. Au cours des années 50, Truffaut a commencé à tourner ses propres films, tels que son premier chef-d'œuvre* Les Quatre cents coups, *et il a participé au mouvement spontané appelé la Nouvelle vague, composé de jeunes cinéastes qui allaient transformer pour toujours le cinéma moderne. Les films de Truffaut, qu'il a tournés jusqu'à sa mort subite en 1984 (*Jules et Jim, L'Argent de poche, Le Dernier Métro *et beaucoup d'autres) sont classés de nos jours parmi les vrais classiques du cinéma français. Marqué par un fort élément autobiographique, le cinéma de Truffaut est fidèle à la qualité essentielle de la Nouvelle vague dont les films représentent souvent une sorte de confession ou de journal intime. Mais c'est Truffaut qui a su interpréter, peut-être mieux que tout autre cinéaste de sa génération, les grands bouleversements de la société contemporaine au niveau de l'individu.*

Guide de lecture

Lisez rapidement chaque paragraphe de cet article de Truffaut, puis complétez en quelques mots les phrases suivantes pour résumer l'idée principale de chaque paragraphe.

a. Paragraphe 1: Les premiers films étaient caractérisés par un aspect...

b. Paragraphe 2: Très vite, le cinéma a voulu surpasser la réalité pour créer...

c. Paragraphe 3: Les cinquante premières années du cinéma ont été marquées par...

d. Paragraphe 4: Parce qu'on apprécie toujours les films classiques, on tourne...

e. Paragraphe 5: A la suite des progrès techniques, le cinéma a perdu...

f. Paragraphe 6: L'aspect artistique du cinéma nécessite une déformation de...

g. Paragraphe 7: La seule chose qui soit essentielle au cinéma, c'est...

h. Paragraphe 8: Truffaut a peur que les professeurs de cinéma amènent leurs étudiants à...

i. Paragraphe 9: Pour Truffaut, il ne doit pas y avoir de hiérarchie entre les films sérieux et comiques, et le seul aspect du cinéma qui soit vraiment important, c'est...

j. Paragraphe 10: Selon Truffaut, le vrai cinéaste est celui qui a la capacité de...

«Donner du plaisir ou le plaisir du cinéma»
(extrait de: *Le plaisir des yeux*)

(1) Les gens qui, à la fin du dix-neuvième siècle, ont inventé le cinématographe, n'ont pas été immédiatement conscients de bouleverser notre vie quotidienne, et cependant les premières bandes enregistrées° ressemblent, par leur aspect strictement *informatif* et *documentaire*, à ce qu'allait devenir à partir des années 5 cinquante la télévision.

(2) D'abord créé pour reproduire la réalité, le cinéma est devenu grandiose chaque fois qu'il a réussi à surpasser cette réalité en s'appuyant sur elle, chaque fois qu'il a pu donner de la plausibilité à des événements étranges ou des êtres bizarres, établissant ainsi les éléments d'une mythologie en images.

(3) De ce point de vue, les cinquante premières années de l'histoire du cinéma 10 ont été d'une richesse prodigieuse. Il est bien difficile aujourd'hui pour un «monstre» de l'écran de rivaliser avec *Nosferatu*, *Frankenstein* ou *King Kong*, impossible pour un danseur d'être plus gracieux que Fred Astaire, pour une vamp d'être plus énigmatique et dangereuse que Marlene Dietrich, pour un 15 comique d'être plus inventif et drôle que Charlie Chaplin.

(4) Le cinéma parlant, après quelques flottements°, a trouvé sa voie° en tournant les remakes des films muets et aujourd'hui, on tourne en couleurs les remakes des films noir et blanc!

(5) A chaque étape, à chaque progrès technique, à chaque nouvelle invention, 20 le cinéma perd en poésie ce qu'il gagne en réalisme. Le son stéréophonique, l'écran géant, les vibrations sonores ressenties directement sur les fauteuils ou encore les essais de relief° peuvent aider l'industrie à vivre et survivre, rien de tout cela n'aidera le cinéma à demeurer un art.

(6) L'art cinématographique ne peut exister que par une trahison° bien organi-25 sée de la réalité. Tous les grands cinéastes disent NON à quelque chose. C'est, par exemple, le refus des extérieurs réels dans les films de Federico Fellini, le refus de la musique d'accompagnement dans les films d'Ingmar Bergman, le refus d'utiliser des comédiens professionnels chez Robert Bresson, le refus des scènes documentaires chez Hitchcock.

30 (7) Si [...] le cinéma existe encore, c'est grâce à la seule chose dont vous ne trouverez aucune image [...]: un bon scénario, une bonne histoire racontée avec précision et invention. Avec *précision*, car il est nécessaire dans un film de clarifier et de classer toutes les informations pour garder l'intérêt du spectateur en éveil°, avec *invention*, car il est important de créer de la fantaisie pour donner du plaisir au 35 public. J'espère que la mention du mot PLAISIR ne choquera pas le lecteur. [...]

(8) Aujourd'hui, dans les universités, on enseigne le cinéma au même titre que la littérature ou les sciences. Cela peut être une bonne chose, à condition que les professeurs n'amènent pas leurs élèves à préférer la sécheresse° du documentaire à la fantaisie de la fiction, la théorie à l'instinct. N'oublions jamais que les idées 40 sont moins intéressantes que les êtres humains qui les inventent, les perfectionnent ou les trahissent.

bandes... : *film strips*

hesitations / way

3-D

betrayal

en... : *alert*

dryness

However

(9) Certains professeurs, journalistes ou de simples observateurs ont parfois l'ambition de vouloir décider eux-mêmes de ce qui est *culturel* et de ce qui ne l'est pas. [...] Or°, je crois fermement qu'il faut refuser toute hiérarchie de genres [films 45 sérieux et films comiques], et considérer que ce qui est *culturel* c'est simplement tout ce qui nous plaît, nous distrait, nous intéresse, nous aide à vivre.

bend

(10) Le cinéma est à son meilleur chaque fois que l'homme-cinéaste réussit à plier° la machine à son désir et, de cette manière, à vous faire entrer dans son rêve.

Source: François Truffaut, «Donner du plaisir ou le plaisir du cinéma» in
Le plaisir des yeux © *Les Cahiers du Cinéma*

François Truffaut

Après la lecture

1. Répondez aux questions suivantes sur l'article de Truffaut.

  a. Les gens qui ont inventé le cinéma avaient-ils l'intention, à l'origine, de créer une réalité nouvelle? Quelle sorte de films ont-ils créée?

  b. Pourquoi Truffaut n'aime-t-il pas les innovations technologiques au cinéma?

  c. Selon Truffaut, que faut-il créer pour donner du plaisir au public? Etes-vous d'accord?

  d. Pourquoi, selon Truffaut, ne faut-il pas considérer les comédies comme inférieures aux films sérieux?

  e. Selon Truffaut, quel est le but d'un bon film?

2. En général, parmi les films modernes, Truffaut n'aimait pas ceux qui emploient beaucoup d'effets basés sur les innovations technologiques; il préférait ceux qui ont «une bonne histoire racontée avec précision et invention». En petits groupes, parlez de différents films contemporains appartenant au type de films que Truffaut n'aimait pas et au type de films qu'il trouvait bons. Expliquez vos choix aux autres groupes et comparez vos sélections.

3. Quelles idées de Truffaut vous plaisent personnellement? Lesquelles appréciez-vous moins?

Pour mieux lire

Cet article de Truffaut est remarquable par son organisation et sa simplicité d'expression. Pour réaliser cet effet, Truffaut se sert d'expressions qui établissent des liens entre les idées des différents paragraphes et créent ainsi une progression logique. Répondez aux questions suivantes pour analyser l'emploi que fait Truffaut de ce genre d'expressions.

a. Au paragraphe 2, quelle idée l'expression «D'abord» sert-elle à introduire?

b. Au début du paragraphe 3, à quoi fait allusion l'expression «De ce point de vue»?

c. Le paragraphe 4 commence par l'expression «Le cinéma parlant», mais le lecteur sait déjà que Truffaut va faire une comparaison. Laquelle?

d. Quels éléments du paragraphe 5 servent à illustrer l'expression «A chaque étape»?

e. Quel mot sert à lier les idées centrales des paragraphes 5 et 6?

f. Au paragraphe 7, quand Truffaut écrit «Si le cinéma existe encore», de quelle sorte de cinéma parle-t-il?

g. Quelle sorte de transition le mot «Aujourd'hui», au début du paragraphe 8, assure-t-il dans cet essai?

h. Comment l'allusion à «Certains professeurs» rapproche-t-elle les paragraphes 8 et 9? En quoi cette allusion aux professeurs annonce-t-elle la notion de «culture» qui constitue l'idée centrale du paragraphe 9?

i. Le paragraphe 10 commence par une allusion au désir d'un cinéaste. Quelle idée-clé, exposée à la fin de l'essai, cette allusion sert-elle à préparer?

LIENS CULTURELS

1. Imaginez qu'il soit possible de réaliser un entretien entre François Truffaut (qui est mort en 1984) et le réalisateur américain Spielberg. Quelles attitudes manifestent-ils vis-à-vis du «culturel», de la «réalité» et de l'«instinct», par exemple?

2. Compte tenu des nouvelles technologies, de l'informatique, du numérique, de la réalité virtuelle, êtes-vous optimiste ou pessimiste en ce qui concerne l'avenir du cinéma? Rappelez-vous la constatation de François Truffaut: «A chaque étape, à chaque progrès technique, à chaque nouvelle invention, le cinéma perd en poésie ce qu'il gagne en réalisme.» Préférez-vous les films à grands effets spéciaux ou les films plus intimes ayant une bonne intrigue et un message à communiquer?

EXPANSION

A. Vous avez pu vous former une impression générale sur le cinéma français. Vous possédez assez d'informations pour pouvoir décrire les aspects principaux du cinéma français depuis ses débuts. Faites une liste des éléments qui devraient figurer dans une histoire du cinéma en France jusqu'à nos jours.

B. M. Toscan du Plantier (voir Note culturelle, page 214) parle du cinéma américain comme d'un monopole dans le domaine du cinéma mondial. A-t-il raison? A votre avis, qu'est-ce qu'il envisage pour le cinéma français lorsqu'il parle d'une «alternative au monopole»? Faut-il éviter le contrôle des images et des images cinématographiques?

ON S'EMBRASSE?
Court-métrage de
Pierre-Olivier Mornas,
Société de production:
Les Films de l'Espoir -
2000

PRIX ET RECOMPENSES

→ **Festival international du court-métrage (Bristol, Royaume-Uni):** Prix Pathé 5 Minutes 2001

→ **Ecran Libre (Aigues-Mortes):** 1er prix du jury 2001

→ **Journées romantiques (Cabourg):** Prix d'interprétation féminine et masculine 2001

NOTE LINGUISTIQUE

On dit en français populaire que quelqu'un «fait du cinéma» quand il ou elle fait une démonstration excessive de ses émotions et cherche à tromper les autres.

A considérer avant le film

Quand un cinéaste fait un film, il s'inspire plus ou moins du monde réel. Et pourtant, le monde réel peut aussi s'inspirer du cinéma. De quelles façons est-ce que les films populaires vous influencent? Entendez-vous quelquefois des mots et phrases tirés de dialogues cinématographiques dans les conversations de vos amis? Voyez-vous l'influence des films dans leurs vêtements? leur comportement? ailleurs? Y a-t-il un film qui vous a particulièrement influencé(e)?

On va au cinéma?

1. **Au café.** Ce film se passe dans un café parisien. Pour quelles raisons est-ce qu'on va au café en général?

   En général, on va au café…

parce qu'on a rendez-vous	pour boire un café	pour patienter
pour boire de l'alcool	pour lire le journal	pour travailler

2. **Un service.** Un inconnu s'approche de vous dans un café et vous demande un service. Imaginez trois demandes de services possibles et écrivez-les.

MODÈLE: *Excusez-moi. Pourriez-vous me prêter cinq euros?*

a. _____

b. _____

c. _____

3. **Rupture.** Vous entendez une scène de rupture dans un café français et vous remarquez que les scènes de rupture répètent souvent les mêmes clichés. Trouvez l'équivalent américain des expressions suivantes.

Je ne t'aime plus.	*What are we doing together?*
Je me suis détaché de toi.	*It's over.*
A quoi ça rime, la vie qu'on mène?	*I don't love you anymore.*
C'est fini.	*Don't be angry.*
Ne m'en veux pas.	*We've grown apart.*

Ça commence!

Premier visionnage

Le langage du cinéma. Voici quelques mots et expressions associés au cinéma. Soulignez ceux que vous entendez dans le film.

une audition	le plateau *set*	un scénario *screenplay*
faire réciter un texte *to help someone with his/her lines*	les répliques *the lines of dialogue*	une séquence *scene*
		un tournage *film shoot*

Maintenant, trouvez ces autres expressions utiles dans le dialogue.

ça marche *right away*	en souriant *while smiling, with a smile*	tire-toi *get lost*
d'un seul coup *all at once*		serré *strong [here, referring to an espresso]*
doucement *slowly*	malgé moi *unintentionally*	

Deuxième visionnage

Cherchez les renseignements suivants.

1. Pour demander un café, la jeune femme dit:
   a. Vous me donnez un café, s'il vous plaît?
   b. Je peux avoir un café, s'il vous plaît?
   c. Un café, s'il vous plaît.

2. Pour demander un service, la jeune femme dit:
   a. Pourriez-vous m'aider, monsieur?
   b. Excusez-moi. Je peux vous demander un service?
   c. Accepterez-vous de me rendre un service?

3. Pour accepter de rendre le service, le monsieur répond:
   a. D'accord.
   b. Je veux bien.
   c. Bon.

4. Avant de partir, la jeune femme dit:
   a. Merci, au revoir.
   b. Il faut que j'y aille.
   c. A bientôt, j'espère.

Troisième visionnage

Complétez les phrases avec les verbes qui manquent en les conjuguant au présent.

commencer	comprendre	faire	lire	pouvoir

—Je peux avoir un café, s'il vous plaît?

—Ça marche.

—Serré.

—Merci.

—Excusez-moi. Je peux vous demander un service? Voilà, je passe une audition pour un film dans deux minutes et je ne sais pas encore très bien mon texte. Vous _____ me le faire réciter? … Cinq minutes. Vous vérifiez juste que je ne me trompe pas.

—Bon… oui.

—Ça _____ là, «C'est fini Paul» et vous, vous _____ la suite—OK? Bon, j'y vais.

—C'est fini Paul.

—Je ne _____ pas.

—Moi, je suis Julie, et vous, vous _____ Paul. Vous lisez les répliques de Paul. Paul il dit euh… «Je comprends pas».

—Ah d'accord. Je comprends pas.

Et après
Observations

1. Pourquoi est-ce que la jeune actrice s'approche de cet homme inconnu et pas d'un autre?

2. Qu'est-ce que cet homme fait au café? Pourquoi, à votre avis, accepte-t-il de lui rendre service?

3. A votre avis, est-ce que la jeune femme a une audition pour un grand rôle dans un film important ou pour un petit rôle dans une série télévisée *(soap opera)*? Qu'est-ce qui vous donne cette impression?

4. Comment est-ce que l'homme inconnu aide la jeune femme à se préparer? Pourquoi sait-il ce qu'il faut faire pour rendre la scène plus émouvante?

5. Qui vient à sa table après le départ de la jeune actrice? Où était-elle?

Avant et après

1. Imaginez la vie des personnages avant le film. Où habitent-ils? Que font-ils dans la vie? Comment se décriraient-ils?

2. Que se passe-t-il dans la vie des personnages après le film? Est-ce que la jeune femme réussira son audition? Est-ce que le monsieur va retrouver le bonheur après sa rupture? Est-ce qu'ils vont se revoir un jour?

A vous de jouer

La scène. Voici la scène de rupture que la jeune femme prépare pour son audition.

—C'est fini, Paul.

—Je ne comprends pas.

—A quoi ça rime, la vie qu'on mène?

—A quoi ça rime?

—A rien.

—Je ne comprends pas.

—Je ne t'aime plus, Paul. C'est comme ça. Ça ne s'est pas fait d'un seul coup. J'me suis détachée de toi doucement, malgré moi. Ne m'en veux pas. Ne me regarde pas comme ça. Bon, je vais y aller. On s'embrasse?

—Non. Tire-toi.

Jouez cette scène avec un(e) partenaire. Ensuite, écrivez votre propre scène de rupture et jouez-la devant la classe.

Version anglaise/Version française

The title of the film *On s'embrasse?* has been translated (rather awkwardly) into English as *Can we kiss?* Based on your knowledge of French culture and your understanding of the subject matter, suggest a better title for the film.

Chapitre 7

Les transports et la technologie

Cultural Focus

❖ Technology and Transportation
❖ Rise of Technology in France

Readings

Contemporary Cultural *L'avion du futur ne fait pas rêver*

Literary Pierre Boulle: *La Planète des singes* (extrait)

Structures

I Object Pronouns
II Disjunctive Pronouns
III Possessive Pronouns
   Demonstrative Pronouns

Functions

Making Travel Arrangements

Indicating Possession

Indicating Distinctions

iLrn

Le TGV (train à grande vitesse) peut atteindre une vitesse maximale de 320 km/h.

Un peu de culture contemporaine

Dans l'air: Airbus

- En Europe, certains grands succès dans les transports aériens sont le fruit d'une collaboration internationale européenne. Ce fut le cas du Concorde, l'impressionnant avion supersonique des compagnies Air France et British Airways. C'est toujours le cas pour les divers modèles d'Airbus. Depuis les années 1970, le consortium européen EADS (France, Allemagne, Espagne et Grande-Bretagne) construit, aménage et administre la réalisation de plusieurs modèles d'Airbus. Parmi ses clients, on compte plusieurs compagnies aériennes non-européennes (par exemple, American Airlines) auxquelles on vend plus de 300 appareils par an.

L'A380: le dernier-né des Airbus

- L'A380, le dernier-né des Airbus (entrée en service en 2007), est un quadriréacteur à double pont *(double-deck)* qui possède une envergure *(wingspan)* de 80 mètres, une longueur de 73 mètres et une hauteur de 24 mètres—l'équivalent d'un immeuble de sept étages. Il peut transporter 555 personnes en trois classes ou 840 passagers en charter. Une dizaine d'aéroports, y compris Paris-Charles-de-Gaulle et New York-JFK, sont déjà prêts à le recevoir. Grâce à de nouvelles technologies et des matériaux composites plus légers, l'appareil est plus silencieux et plus économe que son rival américain, le Boeing 747.

Compréhension

1. Quel autre exemple de coopération internationale aérienne a précédé l'Airbus?
2. Depuis combien de temps le consortium EADS existe-t-il? Les avions Airbus sont-ils commercialisés exclusivement en France?
3. Donnez au moins cinq qualités extraordinaires que possède l'Airbus A380.

Réflexion

A. En quoi la France a-t-elle contribué à l'évolution de l'aviation durant les cinquante dernières années? Résumez en quelques phrases.
B. Quelle réaction avez-vous eue en lisant les dimensions de l'Airbus A380? Etes-vous d'accord avec l'idée qu'un avion de cette taille joue un rôle nécessaire dans l'industrie aéronautique d'aujourd'hui et de demain?

Dans l'espace: Ariane

Une fusée Ariane

Les satellites et les lanceurs Ariane qui les propulsent dans l'espace depuis 1984 sont produits, financés et commercialisés par Arianespace, une société européenne dont le siège est à Evry, près de Paris.

- La fonction des fusées Ariane est de mettre en orbite, à partir d'un vaste site à Kourou (en Guyane française, à 7 000 km de Paris), des satellites appartenant au domaine civil.

- Arianespace a effectué plus de 200 lancements de fusées Ariane et son dernier modèle, Ariane 5 ES, est devenu le premier lanceur du vingt et unième siècle. Aujourd'hui, plus de 60% des satellites opérationnels en orbite ont été lancés par Arianespace.

Compréhension

1. A quoi sert la fusée Ariane? D'où est-ce qu'on lance les fusées Ariane?
2. Quel pourcentage du marché Ariane 5 ES a-t-elle déjà capté?

Réflexion

A. Le mot latin *aster* (étoile) nous a donné le terme **astronaute** pour désigner une personne qui voyage ou navigue dans l'espace, vers les étoiles justement. Suivant ce modèle, comment appelle-t-on en français les voyageurs dans le cyberespace, ceux d'**Inter**net?

B. Cherchez Kourou sur une carte géographique. Pourquoi cet endroit est-il particulièrement bien placé pour le lancement des fusées dans l'espace?

C. Dans quelle mesure notre vie quotidienne est-elle influencée par des satellites de communication comme ceux qui sont lancés par Arianespace?

Sur les rails: *Le TGV et le tunnel sous la Manche*

Le nombre de voyageurs qui prennent le train augmente en France et le train à grande vitesse (TGV) représente plus de 50% du trafic ferroviaire (du chemin de fer).

- Depuis 1981, les lignes de TGV se multiplient sur une grande partie de la France (plus de 250 villes sur 6 zones).
- Le TGV peut atteindre une vitesse maximale de plus de 320 km/h, mais la vitesse moyenne, gare à gare, est de 264 km/h. Ses passagers effectuent le trajet Paris-Lyon en 2 heures et celui de Paris-Marseille en 3 heures.
- Le TGV Eurostar amène les passagers vers Calais d'où, en 35 minutes, ils se rendent à Folkestone en Angleterre via le tunnel sous la Manche *(English Channel)*.
- Le tunnel sous la Manche a été inauguré en 1984. A vrai dire, il s'agit de trois tunnels: un tunnel de service est relié à deux tunnels principaux par des points de communication. Les deux tubes identiques sont destinés au passage du train qu'on appelle «le Shuttle». Ces navettes transportent voitures, camping-cars, autocars et camions.

Compréhension

1. Qu'est-ce que le TGV? A quelle vitesse maximale peut-il rouler?
2. Combien de temps dure le trajet Paris-Marseille en TGV et celui sous la Manche en Shuttle?
3. Le tunnel sous la Manche est-il composé d'un tube unique? Expliquez.

Réflexion

A. Quels sont les progrès les plus remarquables réalisés depuis vingt ans dans le système ferroviaire en France?

B. Pourquoi des pays comme la France et l'Angleterre ont-ils tant investi dans l'amélioration du chemin de fer? Est-ce le cas dans votre pays? Expliquez pourquoi.

*Pour des activités culturelles supplémentaires, rendez-vous sur le site Web d'**Interaction*** www.cengage.com/french/interaction

Vocabulaire actif 🔊 CD2, Track 6

LES ACTIVITÉS

appuyer (sur un bouton) to press (a button)
attacher to fasten
atterrir to land
composter (son billet) to punch (a ticket)
décoller to take off
se déplacer to get around
enregistrer (ses bagages) to check (baggage)
éteindre to extinguish
faire une escale to stop over

se rendre to go
valider to validate

POUR VOYAGER

une agence de voyages travel agency
un aller-retour round-trip ticket
un aller simple one-way ticket
l'arrivée (f) arrival
le bureau de renseignements information counter
le comptoir airline ticket counter

une correspondance connection, transfer point
le départ departure
une grève strike
le *haut-parleur¹ loudspeaker
les heures de pointe (f pl) rush hour
l'horaire (m) schedule
un tarif (réduit) (reduced) fare
les transports en commun (m pl) mass transit
une valise suitcase

En avion

la ceinture seat belt
la compagnie aérienne airline
la piste runway
la porte gate
un steward / une hôtesse de l'air flight attendant
le vol flight

Dans le métro

un arrêt stop
une bouche de métro subway entrance

¹*Asterisk preceding the **h** indicates that it is aspirated. There is no elision or liaison with an aspirated **h**.*

Exercices de vocabulaire

A. Vous visitez Paris avec un(e) ami(e) qui n'a jamais pris le métro. Complétez les phrases suivantes par le terme approprié de la liste pour expliquer à votre ami(e) comment utiliser le métro à Paris.

Termes:
l'arrêt	la bouche de métro	un carnet	une correspondance
le plan	le quai	la rame	la sortie
la station	un ticket	valider	

1. D'abord, il faut trouver _____ la plus proche.

2. Ensuite, descends dans _____.

3. Cherche le distributeur ou le guichet et achète _____.

4. Pour économiser de l'argent, il est préférable d'acheter _____.

5. Consulte _____.

6. N'oublie pas de _____ ton ticket, tu risques d'être contrôlé(e).

7. Va sur _____ pour attendre _____.

8. Tu dois déterminer s'il faut prendre _____.

9. Arrivé(e) à _____ désiré, tu descends, et voilà. C'est très simple.

10. Enfin, tu cherches _____ pour quitter la station. Après, tu peux jeter ton ticket!

B. Vous prenez le train de Toulouse jusqu'à Paris pour vous rendre ensuite à l'aéroport de Roissy. Complétez cette conversation entre vous et l'agent de la SNCF par les termes convenables de la liste suivante.

Expressions: correspondance, voiture, à destination de, classe, composter, aller simple, voie, gare, tarif, place

Vous: Bonjour, monsieur. A quelles heures y a-t-il des trains de Toulouse _____ Paris? Je voudrais un _____, parce que je ne reviens pas à Toulouse.

un carnet (de tickets) book
of tickets
le distributeur (automatique)
(automatic) ticket dispenser
un plan map
le quai platform
une rame subway train
la RATP (Régie Autonome des
Transports Parisiens) Paris
bus and subway agency
le RER (Réseau Express
Régional) suburban rapid
transit line
la sortie exit

En bus
l'avant (m) front
le bouton button
le car intercity bus
le couloir aisle, bus lane

Par le train
le chemin de fer railroad
un compartiment
compartment
une couchette bunk
la gare station
l'indicateur (m) train schedule

la période creuse slack period
la place seat
un rapide express train
un réseau network
la SNCF (Société Nationale
des Chemins de fer
Français) French national
railroad system
le système ferroviaire train
system
la voie track
la voiture railway car,
subway car

LES CARACTÉRISTIQUES
à bord on board
à destination de bound for
affiché(e) posted
direct(e) non-stop
de location rental
en partance pour
departing for
en provenance de arriving
from

L'AGENT: Très bien. Comment désirez-vous voyager? En première ou en deuxième
_____?

VOUS: Je préfère une _____ en deuxième. Y a-t-il un _____ pour les
étudiants?

L'AGENT: Oui, en effet, les étudiants de moins de 25 ans paient moins cher les
billets de train.

VOUS: Aussi, je voudrais éviter (avoid) une _____. Je préfère un trajet direct.

L'AGENT: Il y a un TGV qui part à 14 heures de la _____ de Toulouse.

VOUS: Très bien. Je prends un billet pour le TGV de 14 heures.

L'AGENT: Voilà, monsieur / madame / mademoiselle. Votre train part de la
_____ 20, quai A, et votre place se trouve dans la _____ 12.
N'oubliez pas de _____ votre billet avant de monter dans le train.

VOUS: Merci, monsieur / madame / mademoiselle.

C. Vous arrivez à l'aéroport de Roissy avec un(e) ami(e) pour prendre votre vol
vers les Etats-Unis. Complétez les phrases par les termes appropriés de la liste
suivante.

Termes: attacher   atterrir   le comptoir   décoller
enregistrer   le haut-parleur   l'horaire   porte

1. D'abord, il faut chercher _____ Air France.

2. Est-il nécessaire d' _____ toutes nos valises?

3. On va consulter _____ pour voir si notre vol va partir à l'heure.

4. Ecoute, je crois que _____ annonce notre vol.

5. De quelle _____ part notre vol?

6. Ah, il y a un petit retard; notre vol va _____ à onze heures au lieu de dix
heures et demie.

7. Attention, il faut _____ ta ceinture, on y va!

8. Dans huit heures, on va _____ à New York.

D. Vous êtes arrivé(e) à la gare SNCF d'Arles. Regardez les symboles ci-dessous et complétez chacune des phrases par le(s) terme(s) qui correspond(ent) au symbole approprié.

1. Vous avez soif et désirez prendre quelque chose à boire avant de quitter la gare. Vous cherchez «_____».

2. Vous avez laissé un paquet dans le train de Dijon. Vous cherchez «_____».

3. Vous voulez laisser votre valise à la gare pendant votre visite de la ville. Vous cherchez «_____».

4. Vous désirez confirmer votre réservation pour le voyage de retour. Vous cherchez «_____».

5. Vous voulez vous asseoir et vous reposer un moment avant de quitter la gare. Vous cherchez «_____».

6. Vous désirez quitter la gare. Vous cherchez «_____».

Lexique personnel

LES MOYENS DE TRANSPORT

A Pour chacun des sujets suivants, dressez une liste personnelle de mots.

1. les moyens de transport que vous pouvez utiliser pour (a) rentrer chez vous, (b) partir en Europe, (c) aller faire du ski au Canada, (d) aller de Paris à Dijon, (e) traverser la ville de Washington aux USA.

2. comment acheter un ticket pour les transports en commun (avion, train, autobus, etc.)

3. l'expérience d'un voyage en avion

B En utilisant le vocabulaire du chapitre et votre lexique personnel, discutez en petits groupes des sujets suivants. Comparez vos réponses à celles des autres groupes.

1. Vous avez la possibilité de partir en France l'été prochain. Expliquez les divers moyens de transport que vous allez utiliser pour vous rendre de votre domicile jusqu'à votre hôtel à Paris.

2. Beaucoup d'étrangers croient que les Américains utilisent exclusivement la voiture pour se déplacer et ne prennent jamais les transports en commun. Décrivez l'emploi que font les Américains de ces moyens de transport.

Structures I

Object Pronouns

A. Direct-Object Pronouns: If a verb does not require a preposition and the noun object directly follows the verb, the noun object is replaced by the appropriate direct-object pronoun: **me, te, le, la, l', nous, vous, les.**

—Vous cherchez **le métro**?
—Oui, je **le** cherche.
—Alors, vous voyez **la bouche de métro**?
—Oui, je **la** vois.
—Descendez dans la station. Vous savez consulter **les plans**?
—Oui, je sais **les** consulter.

Some common verbs that do not require a preposition before a noun object are **acheter, aimer, amener, choisir, consulter, faire, lire, préférer, réserver, trouver, vendre.** (See also *Chapitre 6*, p. 207, and *Chapitre 9*, p. 324.)

RAPPEL!

Study the following examples in which the English pronoun *it* is used. Note that in French, a different pronoun is necessary in each case.

Je **le** vois.	*I see **it**.*	J'**en** ai besoin.	*I need **it**.*
J'**y** réponds.	*I answer **it**.*	J'écris avec **cela**.	*I write with **it**.*

To choose which object pronoun to use in French, you must know what preposition, if any, the verb requires when introducing a following noun object. If you concentrate first on the preposition, you can choose correctly every time.

1 Vous dites à un(e) ami(e) que vous allez faire un voyage au Québec. Il / Elle vous pose les questions suivantes. Répondez à ses questions en remplaçant les mots en **caractères gras** par le pronom qui convient.

1. Votre ami(e): Tu fais **ce voyage** à Québec cet été?
   Vous: Oui, je _____ fais cet été.

2. Votre ami(e): Tu prends **ta voiture**, n'est-ce pas?
   Vous: Oui, je _____ prends.

3. Votre ami(e): Tu vas visiter **les sites touristiques célèbres**?
   Vous: Oui, je vais _____ visiter.

4. Votre ami(e): Tu emmènes **tes copains** avec toi?
   Vous: Non, je ne _____ emmène pas!

B. Indirect-Object Pronouns: If the noun object is a person and is introduced by the preposition **à**, the preposition and its object are replaced by the appropriate indirect-object pronoun: **me, te, lui, nous, vous, leur.** Note that **lui** and **leur** replace both masculine and feminine nouns.

—Vous avez parlé **à l'agent**?   —Et vous avez écrit **à vos amis**?
—Oui, je **lui** ai parlé.   —Oui, je **leur** ai écrit.

C. *Y:* If the object of the preposition **à** is a thing, the preposition and its object are replaced by **y. Y** also replaces a preposition of location and its object (*dans* **le sac,** *sous* **la table,** *devant* **la porte,** etc.).

—Est-ce que la directrice a répondu **à votre lettre**?

—Oui, elle **y** a répondu.

—Et est-ce qu'on dîne assez bien **dans l'avion**?

—Oui, on **y** dîne assez bien.

For other verbs requiring the preposition **à** before a noun object, see *Chapitre 6,* p. 207, and *Chapitre 9,* p. 318.

2 Votre ami(e) vous interroge toujours au sujet de votre voyage au Québec. Répondez à ses questions en remplaçant les mots en **caractères gras** par les pronoms appropriés.

1. VOTRE AMI(E): Quand est-ce que tu vas **au Québec**?
   VOUS: J'_____ vais au mois de juillet.

2. VOTRE AMI(E): Tu as déjà téléphoné **aux copains** pour les inviter?
   VOUS: Bien sûr, je _____ ai déjà téléphoné.

3. VOTRE AMI(E): Tu écris souvent **à tes amis québécois**?
   VOUS: Oui, je _____ écris souvent.

4. VOTRE AMI(E): Et ils répondent **à tes e-mails**?
   VOUS: Bien sûr, ils _____ répondent.

5. VOTRE AMI(E): Ils habitent toujours **à Québec**?
   VOUS: Oui, ils _____ habitent toujours.

6. VOTRE AMI(E): Tu vas envoyer des cartes postales **à tes amis**, n'est-ce pas?
   VOUS: Oui, oui, je vais _____ envoyer des cartes comme d'habitude.

D. *En:* The pronoun **en** replaces the preposition **de** and its object when the object is a thing. When the noun object is introduced by a number or another expression of quantity (**beaucoup de, plusieurs, assez de,** etc.), **en** replaces the preposition, if any, and the noun, but the expression of quantity remains in the sentence.

—Elle a fait **deux voyages** en France.

—C'est vrai? Elle **en** a fait **deux**?

—Est-ce qu'on a besoin **de son passeport** pour aller en France?

—Oui, on **en** a besoin.

—Est-ce qu'elle a envoyé **beaucoup de cartes**?

—Oui, elle **en** a envoyé **beaucoup.**

—Est-ce qu'elle parle souvent **de ses voyages**?

—Ah, oui. Elle **en** parle souvent.

For other verbs requiring the preposition **de** before a noun object, see also *Chapitre 6,* p. 207, and *Chapitre 9,* p. 319.

E. Disjunctive Pronouns: When the noun object of **de** is a person, the preposition retains its original position in the sentence, and the person is replaced by the appropriate disjunctive pronoun: **moi, toi, lui / elle, nous, vous, eux / elles.** Note that third-person forms (**lui / elle** and **eux / elles**) show a gender distinction.

> —Vous parliez **de Marie**?
>
> —Oui, on parlait **d'elle.**
>
> —Vous parlez **des Ricard**?
>
> —Oui, qu'est-ce que vous pensez **d'eux**?

3 Vous parlez avec un(e) camarade d'un ami commun et d'un voyage qui n'a pas eu lieu. Remplacez les mots en **caractères gras** par les pronoms appropriés.

1. VOTRE CAMARADE: Mon ami rêve **d'aller en France.**

   VOUS: C'est vrai, il _____ rêve?

2. VOTRE CAMARADE: Oui, mais il a peur de prendre l'avion. Il a fait **deux longs voyages** en Californie et en Floride, mais jamais en avion.

   VOUS: Il _____ a fait deux sans prendre l'avion?

3. VOTRE CAMARADE: Oui. Et il parle toujours **d'un voyage en France.**

   VOUS: En effet, il _____ parle toujours.

4. VOTRE CAMARADE: Et il parle sans cesse **de son amie Suzanne** qui est allée en France l'année dernière.

   VOUS: Pourquoi parle-t-il si souvent d'_____?

5. VOTRE CAMARADE: Ah, ce n'est pas seulement de Suzanne qu'il parle; il parle aussi **de tous ses copains** qui ont visité la France.

   VOUS: Il parle d'_____, mais il n'a pas le courage de les imiter, hein?

6. VOTRE CAMARADE: C'est ça. Il n'a pas trop **de courage,** n'est-ce pas?

   VOUS: En effet, il n'_____ a pas trop.

4 Vous passez un semestre en France. Vous et votre colocataire préparez un voyage en Normandie pendant une période de congé. En vue de ce voyage, votre colocataire a fait des achats. Demandez-lui ce qu'il / elle a acheté.

MODELE VOUS: *Tu es allé(e) à l'épicerie?*
VOTRE COLOCATAIRE: *Oui, j'y suis allé(e).*
VOUS: *Tu as acheté de l'eau minérale?*
VOTRE COLOCATAIRE: *Oui, j'en ai acheté deux bouteilles.*

1. à la crémerie:
   fromage
   deux paquets

2. à la boulangerie:
   baguette
   une

3. à la pharmacie:
   shampoing
   une bouteille

4. au marché:
   fruits
   un sachet

5. au bureau de tabac:
   carte téléphonique
   une

6. à la charcuterie:
   tranches de pizza
   quatre

F. Prepositions with Object Pronouns: If the noun object is a person and is introduced by any preposition other than **à**, the preposition retains its original position in the sentence, and the person is replaced by the appropriate disjunctive pronoun.

—Ils partent en vacances **avec leurs copines**?

—Oui, ils partent **avec elles.**

—Ils ont réservé des places **pour les copines**?

—Oui, bien sûr. Ils ont réservé des places **pour elles.**

—Et **pour leur frère** aussi?

—Oui, **pour lui** aussi.

5 Employez les éléments indiqués pour poser des questions à d'autres étudiants. Ils doivent répondre aux questions en utilisant des pronoms objets dans leurs réponses.

1. tu / sortir souvent / avec tes copains?
2. tu / habiter toujours / chez tes parents?
3. tu / acheter quelquefois / un cadeau / pour ton (ta) meilleur(e) ami(e)?
4. tu / être assis(e) / devant *(nom d'un[e] étudiant[e])*?
5. tu / parler français / avec ton (ta) prof?
6. tu / aller au restaurant / avec ton (ta) meilleur(e) ami(e)?
7. tu / faire des courses / pour tes copains?
8. tu / voyager souvent / sans ta famille?

INTERACTIONS

Vous vous entendez bien? Mettez-vous en petits groupes. Demandez aux membres du groupe de décrire leurs relations avec les personnes indiquées.

MODELE —*Tu as une cousine?*
  —*Oui, elle s'appelle* (nom).
  —*Tu la vois souvent?*
  —*Je la vois de temps en temps.*
  —*Tu lui écris?*
  —*Je ne lui écris jamais.*

Qui?	Quoi?	Quand?
un copain / une copine	voir	souvent
un(e) colocataire	inviter	rarement
un(e) meilleur(e) ami(e)	téléphoner	jamais
un(e) ami(e) d'enfance	envoyer un e-mail	de temps en temps
un frère / une sœur	offrir un cadeau	régulièrement
un(e) voisin(e)	parler de tes problèmes	quelquefois
???	???	???

Position of Object Pronouns

Object pronouns are placed either directly before a conjugated verb or directly before an infinitive, depending on which verb the object pronoun logically accompanies. Never separate these pronouns from the verb form on which they depend. Note the position of pronouns in negative and interrogative sentences.

Vous **lui** parlez.   Vous **lui** avez parlé.
Vous ne **lui** parlez pas.   Vous ne **lui** avez pas parlé.
Lui parlez-vous?   **Lui** avez-vous parlé?

Il voudrait **la** voir.
Il ne voudrait pas **la** voir.
Voudrait-il **la** voir?

—Tu **lui** téléphones aujourd'hui?
—Non, je **lui** ai téléphoné hier.
—Tu veux toujours **la** voir?
—Oui, je veux bien **la** voir.

When two object pronouns are used together, the following order is used before the verb:

me	le	lui	y	en
te	la	leur		
se	les			
nous				
vous				

—Dis, tu as parlé **à ta mère de nos projets de voyage**?
—Oui, oui, je **lui en** ai parlé hier.
—Et tes parents vont **nous** prêter **la voiture**?
—Oui, ils vont **nous la** prêter.
—Super! Alors, nous cherchons **des copains** pour **nous** accompagner **jusqu'à Paris.**
—Oui, nous **en** cherchons pour **nous y** accompagner tout de suite.

Remember that in compound tenses, the past participle of a verb using **avoir** as the auxiliary agrees with any direct object pronoun preceding the verb.

J'ai vu **mes amies.**   Je **les** ai vu**es.**

When **le** and **les** are used as object pronouns, there is no contraction with **de** or **à.**

J'ai envie **de le** voir.   J'hésite **à les** acheter.

6 Voici quelques questions que des touristes en France posent à leur guide à propos du métro. Jouez le rôle du guide et répondez aux questions selon les indications données. Remplacez les mots en **caractères gras** par les pronoms appropriés.

1. D'abord, on cherche **une bouche de métro**, n'est-ce pas? (oui)
2. Et puis, on descend directement **dans la station**? (oui)
3. Il faut acheter **un carnet de tickets**? (non)
4. Le plan est toujours affiché **au mur**? (oui)
5. Il faut attendre longtemps **les rames**? (non)
6. Il y a beaucoup **de passagers** à six heures du soir? (oui)
7. Il est toujours nécessaire de prendre **une correspondance**? (non)

7 Voici les questions posées au guide à propos des trains. Continuez à jouer le rôle du guide en répondant aux questions. Remplacez les mots en **caractères gras** par les pronoms appropriés.

1. Et pour prendre le train, on achète **les billets** au guichet?
2. Est-ce qu'il est toujours nécessaire d'enregistrer **les valises**?
3. Vaut-il mieux réserver **une place**?
4. Il y a toujours **huit personnes** dans un compartiment?
5. Peut-on parler **aux autres passagers**?
6. On donne son billet **au contrôleur**?
7. L'horaire des trains est toujours précisé **sur l'indicateur**?
8. On attend le train **sur le quai**?
9. On demande **des renseignements**?
10. Il faut toujours composter **le billet**?

8 Une étudiante française qui passe l'année dans votre université vous pose les questions suivantes. Répondez à ses questions en utilisant les pronoms objets appropriés.

1. Est-ce que tes parents t'envoient quelquefois de l'argent?
2. Est-ce que le prof de français vous parle souvent français?
3. Est-ce que tes copains t'ont souvent rendu visite à l'université l'année dernière?
4. Est-ce qu'ils t'ont souvent téléphoné ce semestre?
5. Est-ce que les profs te parlent souvent après les cours?
6. Peux-tu me recommander un bon cours pour le semestre prochain?
7. Est-ce que les profs vous font passer beaucoup d'examens?
8. Veux-tu venir en France l'été prochain?

9 Vous avez visité Bruxelles avec un groupe d'amis. Racontez ce que vos amis y ont fait. Répondez aux questions suivantes en utilisant les pronoms appropriés.

1. Julien a laissé ses valises dans le train?
2. Jean-Claude a pris des photos?
3. Catherine a perdu son passeport?
4. Julie a écrit des cartes postales?
5. Tu as téléphoné à ton petit ami / ta petite amie?
6. Christine a acheté des souvenirs?
7. Le groupe a souvent mangé des frites?
8. Nous sommes arrivés en retard à la gare?
9. Suzanne a manqué le train?
10. On s'est bien amusés à Bruxelles?

INTERACTIONS

Votre vie à l'université. En petits groupes, posez des questions à vos camarades de classe en employant les éléments suivants. Vos camarades doivent répondre aux questions en utilisant des pronoms compléments d'objet dans leurs réponses.

1. aimer bien ton cours de français
2. téléphoner souvent à tes parents
3. avoir des colocataires
4. regarder souvent la télé
5. avoir une voiture
6. vendre tes livres à la fin du semestre
7. suivre quatre ou cinq cours
8. déjeuner au restaurant universitaire
9. parler souvent à tes amis
10. travailler à la bibliothèque
11. pouvoir facilement trouver une place sur le parking
12. parler souvent à votre prof de français
13. ???

Object Pronouns with the Imperative

Object pronouns used with a negative imperative immediately precede the verb and follow their normal order of placement.

Ne **lui en** donnez pas.

Ne **me la** donnez pas.

Ne **les y** mettez pas.

Ne **m'en** parlez pas.

With an affirmative imperative, the object pronouns immediately follow the verb, are connected to it by hyphens, and are placed in the following order:

(1) direct object (2) indirect object (3) **y** (4) **en**

Donnez-**lui-en.**

Passe-**la-moi.**

Mettez-**les-y.**

Parlez-**lui-en.**

Achètes-**en.**

Vas-**y.**

Donnez-**m'en.**

Parlez-**m'en.**

Me and **te** are replaced by **moi** and **toi** when they are the only or the last pronoun hyphenated to the imperative.

Donnez-**moi** le livre.	Donnez-**le-moi.**
Donnez-**moi** des livres.	Donnez-**m'en.**
Achète-**toi** ce livre.	Achète-**le-toi.**
Achète-**toi** des livres.	Achète-**t'en.**

10 Vous prenez le train avec des amis. Certains vous posent des questions. Composez une réaction à ces questions en utilisant la forme impérative du verbe et en remplaçant au moins un des noms par un pronom objet convenable.

MODELE —Alors, j'achète mon billet à la gare?
—*Oui, achète-le à la gare.* ou *Oui, achètes-y ton billet.*

1. Je fais une réservation pour le TGV?
2. J'arrive à la gare de bonne heure?
3. J'achète mon billet au guichet?
4. Je dois composter mon billet?
5. Je trouve la bonne voiture?
6. Je cherche mon compartiment?
7. Je mets mes affaires sur mon siège?
8. Je montre mon billet au contrôleur?

SYNTHESE

A. Votre ami(e) canadien(ne) pense aller en France cet été. Composez une réaction à chacune de ses questions en employant l'impératif affirmatif ou négatif et les pronoms convenables.

MODELE VOTRE AMI(E): Est-ce qu'il est préférable de prendre un vol direct?
Vous: Oui, *prends-en un*, parce que les vols directs sont plus agréables.

1. VOTRE AMI(E): Je dois rester à Paris pendant quelques jours?
Vous: Oui, absolument, _____ aussi longtemps que possible. C'est une ville très intéressante.

2. VOTRE AMI(E): Est-ce que je dois visiter le musée d'Orsay?
Vous: Oui, _____. Il y a des tableaux remarquables.

3. VOTRE AMI(E): Est-ce que cela vaut la peine d'aller au théâtre?
Vous: Oui, _____. C'est une bonne activité culturelle.

4. VOTRE AMI(E): Est-ce que je dois chercher un hôtel quatre étoiles ou autre chose?
Vous: Ah, non _____. Il y a beaucoup de bons petits hôtels pas chers.

5. VOTRE AMI(E): Est-ce possible d'aller aussi à Nice?
Vous: Oui, oui, _____. Vous pouvez facilement passer quelques jours à Nice.

6. VOTRE AMI(E): Pour aller à Nice, est-ce que je peux prendre le TGV?
Vous: Ah oui, _____. Tu arrives à Nice en quelques heures.

7. VOTRE AMI(E): Pour prendre le TGV, est-il nécessaire de réserver une place?
Vous: Oui, _____. C'est obligatoire.

8. VOTRE AMI(E): Est-il nécessaire d'enregistrer ma valise?
Vous: Non, _____. Tu peux mettre ta valise au-dessus de ton siège.

9. VOTRE AMI(E): Et à Nice, est-ce que je peux faire de la planche à voile?
Vous: Absolument, _____. C'est facile.

10. VOTRE AMI(E): Je vais te téléphoner de Paris, d'accord?
Vous: Oui, oui, _____. Je veux recevoir de tes nouvelles.

B. Interview: les moyens de transport. Posez les questions suivantes à d'autres étudiants. Ils doivent répondre aux questions en employant un pronom pour remplacer les noms compléments d'objet.

1. Tu as une voiture?
2. Tu prends ta voiture pour aller à l'université?
3. Tu mets ta voiture sur le parking?
4. Ta voiture consomme beaucoup d'essence?
5. Tu prends souvent le train?
6. Tu aimes prendre l'avion?
7. On prend souvent des taxis dans votre ville?
8. Il y a un système de bus dans votre ville?

Un train RER en région parisienne

INTERACTIONS

Lisez les renseignements à la page suivante tirés d'une brochure de la SNCF sur le TGV. Puis, répondez aux questions.

1. Avec quelle compagnie de voitures de location la SNCF est-elle partenaire? Où pouvez-vous aller chercher votre voiture de location? Quels sont les avantages de louer une voiture en même temps que d'acheter votre billet de train?
2. Quel choix d'hôtels y a-t-il si on réserve une chambre d'hôtel avec son billet TGV?
3. Quel service est-ce que la SNCF offre aux personnes qui prennent le TGV pour aller à l'aéroport Charles-de-Gaulle pour voyager à l'étranger?
4. Qu'est-ce qu'on peut prendre au bar dans le TGV?
5. Qu'est-ce qu'on peut acheter aux distributeurs automatiques?
6. A qui est-ce que vous vous adressez pour appeler un taxi?

TEMPS D'ALLER VITE

Une arrivée simplifiée

Voyage d'agrément ou déplacement professionnel? Profitez des formules «Train +» proposées par la SNCF et ses partenaires pour préparer votre voyage de la façon la plus simple.

• Train + Location de voitures

Gagnez du temps, grâce à la SNCF et son partenaire AVIS, en réservant votre voiture de location en même temps que votre billet de train: vous la retrouverez dès la descente du train dans près de 200 gares. Et si vous bénéficiez d'un tarif réduit sur votre billet TGV*, vous profitez de prix très avantageux sur la location de votre voiture.

Informations et réservations sur www.voyages-sncf.com, dans les points de vente SNCF ou auprès de la centrale de réservation AVIS: 0 820 05 05 05 (0,12 €/min). Brochure «Train + Location de voitures» disponible en gare.

*Hors tarifs sociaux et assimilés.

• Train + Hôtel

Réservez votre chambre d'hôtel et votre billet TGV en une seule démarche, à tarif préférentiel. La SNCF et ACCOR vous proposent un choix parmi plus de 1000 hôtels, sur plus de 250 destinations en France et en Europe.

Informations et réservations sur www.voyages-sncf.com, Ligne Directe, Minitel ou dans les points de vente SNCF. Soumis à conditions. Brochure «Train + Hôtel» disponible en gare.

• Train + Avion

Pour simplifier vos voyages vers l'étranger, vous pouvez, grâce à TGV AIR, combiner votre vol et votre parcours en TGV entre 15 villes de France* et la gare Aéroport-Charles-de-Gaulle TGV.

L'offre TGV AIR est commercialisée par les agences de voyages et les agences des compagnies aériennes Air France, Air Austral, American Airlines, Continental Airlines, Delta Airlines, Emirates, KLM, Lufthansa et United Airlines.

*Lille Europe, Lyon Part-Dieu, Nantes, Rennes, Le Mans, Angers St-Laud, St-Pierre-des-Corps, Poitiers, Bordeaux, Aix-en-Provence TGV, Avignon TGV, Marseille St-Charles, Montpellier, Nîmes et Valence TGV.

A BORD, VOYAGEZ TOUT CONFORT...

Pour vous assurer des conditions de voyage optimales, les rames TGV font l'objet d'améliorations régulières en termes de rapidité et de confort. Profitez des aménagements mis à votre disposition pour travailler, lire ou simplement vous détendre.

Vous restaurer pendant le voyage

Un petit creux? Pourquoi ne pas profiter de votre voyage pour vous restaurer.

• Au bar: à chacun ses envies

Sur tous les TGV qui ne sont pas au départ ou à destination de Paris, un bar vous propose une large gamme de produits (formules, sandwiches, plats chauds, salades, desserts et confiseries, boissons chaudes et fraîches...) pour satisfaire tous les appétits . . . sans oublier une sélection de magazines, en vente dans la quasi totalité des TGV.

• Les distributeurs automatiques

A bord de l'ensemble des TGV (à l'exception des TGV Duplex), ils vous offrent un choix de boissons chaudes ou fraîches, snacks ou friandises.

Taxis réservés à bord

Si vous voyagez en 1ère classe, vous pouvez réserver pendant votre voyage, auprès du contrôleur, un taxi qui vous attendra à votre gare d'arrivée. Vous réglez au chauffeur uniquement la course (elle inclut les frais d'approche).

Ce service est proposé, du lundi au vendredi, pour vos arrivées à Paris pour les voyageurs montés en gares de Lille Flandres, Lille Europe et Arras, et à l'arrivée à Lille Europe et Lille Flandres pour les voyageurs montés à Paris gare du Nord.

L'héritage culturel

Vers la technologie des transports modernes

Ascension d'une montgolfière à Versailles, 1783

Depuis toujours, l'être humain désire aller plus loin, plus vite. Dans le domaine des transports modernes, on peut dire que de véritables progrès se font depuis la fin du dix-huitième siècle.

- En septembre 1783, le peuple de Paris assiste à un spectacle extraordinaire: la première ascension du premier appareil plus léger que l'air, un ballon à air chaud. Les frères Joseph et Etienne de Montgolfier assurent le vol libre de leur «montgolfière». En décembre, J. Charles et N. Robert s'embarquent eux-mêmes dans une montgolfière. Cette fois-ci, suspendus à un ballon à hydrogène dans une nacelle *(wicker basket)*, ils partent des Tuileries (à Paris) et atterrissent 36 kilomètres plus loin, après un vol de deux heures.

- En 1900, la ville de Paris inaugure son premier *chemin de fer métropolitain* connu bientôt sous le simple nom de *métro*. Rapide, pratique et économique, le métro parisien est aussi une œuvre d'art: ses premiers architectes, comme Hector Guimard, ont voulu lui donner un style, et certaines des entrées les plus anciennes (*Anvers* ou *Bastille*, par exemple) ont été décorées dans le style «Art Nouveau» appelé «Modern Style» ou «style nouilles» par les Français. Voyager dans le métro est aussi une leçon d'histoire, car les stations portent souvent le nom de batailles ou de grands personnages: un véritable test scolaire!

Une entrée de métro de style Art Nouveau à Paris

- Dans les années 1920 et 1930, les transports en commun ont réalisé un véritable mariage entre la technologie et l'esthétique. Le style Art déco a transformé en voitures de luxe l'intérieur des trains-express de la Compagnie internationale des wagons-lits. L'Orient-Express en est un magnifique exemple.

- En 1935, le paquebot Normandie traverse 2 971 milles de l'Atlantique en 4 jours, 3 heures, 28 minutes. C'était un record de vitesse pour les passagers qui venaient de traverser la mer dans un paquebot non seulement rapide mais d'une architecture somptueuse.

Compréhension

1. Qui a été responsable du premier vol libre d'un appareil plus léger que l'air? En quelle année a-t-on effectué ce vol? Comment appelle-t-on ces premiers ballons? En quoi l'expérience de Charles et Robert est-elle différente de celle de leurs prédécesseurs?

2. A quelle époque la ville de Paris a-t-elle eu sa première ligne de métro? Quel style a été utilisé dans la décoration de certaines stations?

3. Quelles ont été certaines grandes innovations dans les transports maritimes et ferroviaires pendant les années 20 et 30?

A. En quoi consiste une montgolfière? Définissez ce mot en utilisant les éléments de vocabulaire du texte que vous venez de lire.

B. Quels types de voitures, de trains et de bateaux viennent à votre esprit lorsque vous imaginez l'époque que nous appelons les «années folles», c'est-à-dire les années 1920? Quels noms portent-ils?

Fernand Léger (1881–1955), peintre des temps modernes

L'art de Fernand Léger est le reflet de son époque.

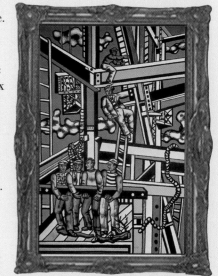

Les Constructeurs (1950) de Fernand Léger

- Pendant les années 1920, Léger va s'enthousiasmer pour le chaos des grandes villes de ces «années folles» avec ses affiches et ses vitrines de magasin aux couleurs pures: rouges, verts, jaunes.

- Les toiles de Léger prennent rapidement des formes architecturales et les corps de ses personnages se présentent sous forme de colonnes, d'ovales et de cylindres sur un fond de rectangles et de lignes droites.

- Le peintre s'attache de plus en plus à mettre en scène le monde ouvrier. Ses tableaux expriment une confiance dans l'avènement de l'ère industrielle du béton *(concrete)* et du métal. C'est l'époque des arts et techniques de la vie moderne.

Compréhension

1. Quelles sortes de couleurs préférait le peintre Fernand Léger?
2. Quelles formes Léger donnait-il souvent à ses personnages et objets?
3. Quelle classe sociale figurait souvent dans les peintures de Léger?
4. Quelle attitude envers l'avenir exprimaient les œuvres de Léger?

Réflexion

A. Imaginez que vous êtes un(e) artiste comme Fernand Léger. Par quelles images est-ce que vous représentez les progrès techniques d'aujourd'hui?

B. Quelles sortes d'artistes ou d'œuvres s'inspirent de la technologie actuellement? Dans quel sens peut-on dire que l'art précède la technologie?

Structures II

Disjunctive Pronouns

A. As Compound Subject or Object: As mentioned earlier, the disjunctive pronouns are **moi, toi, lui / elle / soi, nous, vous, eux / elles.** Compound subjects and objects may be composed of two or more disjunctive pronouns or a combination of nouns and pronouns. In such cases, the noun precedes the pronoun.

Charles et moi, nous allons au cinéma.

Nous avons invité **Pierre et elle.**

Eux et elles viennent aussi.

Vous et lui, vous pourrez nous accompagner.

The subject pronoun is normally repeated when it is **nous** or **vous; ils** is often omitted.

Nous y allons, **nous. Vous,** vous y allez aussi? **Eux** n'y vont pas.

B. To Emphasize a Single Element of the Sentence: In French, emphasis cannot be placed on a single element of the sentence with voice inflection as is done in English because each element of a sentence receives equal stress. Emphasis can be achieved by the addition of a disjunctive pronoun or by using the construction **c'est** or **ce sont** followed by the appropriate disjunctive pronoun.

Moi, je ne l'ai pas vu.	*I didn't see him.*
Je ne l'ai pas vu, **lui.**	*I didn't see **him.***
Ce n'est pas moi qui l'ai vu.	***I'm not** the one who saw him.*
C'est lui que j'ai vu.	***He's** the one I saw.*

A disjunctive pronoun stressing a subject can be placed either at the beginning or at the end of the sentence. A disjunctive pronoun used to stress an object is placed only at the end of the sentence.

Moi, je ne l'ai pas vu.	Elle l'a vu, **lui.**
Je ne l'ai pas vu, **moi.**	Nous les avons rencontrés, **eux.**

When using the construction **c'est / ce sont** followed by the disjunctive pronoun and a clause, be sure that the verb of the clause agrees in gender and number with the disjunctive pronoun.

C'est **moi** qui **suis** en retard.	C'est **nous** qui **voyageons** ensemble.
Ce sont **elles** qui **prennent** l'autobus.	C'est **vous** qui **conduisez.**

C. After a Preposition: Remember to replace the object of any preposition except **à** (+ person or thing) or **de** (+ thing) by the appropriate disjunctive pronoun. (See p. 238.)

D. In Special Constructions:

- Subject pronouns cannot stand alone without a verb. A disjunctive pronoun can be used alone.

  Qui est là?   **Moi.**   Qui vient avec vous? **Eux.**
  Qui a fait cela? **Lui.**

- When the impersonal subject pronoun **on** is used, **soi** is used as the object of a preposition.

  On est toujours bien chez **soi.**
  On aime travailler pour **soi.**

- The ending -**même**(s) added to any of the disjunctive pronouns reinforces the pronoun. In such cases, -**même** is the equivalent of the English -*self*, as in *myself, himself, yourself*, and agrees in number with the pronoun it accompanies.

  J'y vais **moi-même.**   Nous travaillons pour **nous-mêmes.**

- The disjunctive pronouns are used as direct objects following the negative expressions **ne... que** and **ne... ni... ni...**

  Il n'aime **qu'elle.**   Il **ne** comprend **ni elle ni moi.**
  Je **n'**accompagne **qu'eux.** Je n'ai vu **ni lui ni eux.**

- The disjunctive pronouns follow **que** in comparisons.

  Il court **plus vite que moi.** Elles voyagent **plus souvent que lui.**

- After the following verbs, when the object of the preposition **à** refers to people, a disjunctive pronoun is used.

  être à   Cette voiture **est à moi.**
  faire attention à   **Faites attention à elles.**
  s'habituer à   Nous **nous habituons à vous.**
  penser à   Je **pense à lui.**
  tenir à   Il **tient à eux.**

- However, even with the verbs in the preceding list, when the object of the preposition **à** is a thing, the object pronoun **y** is used.

  Je m'habitue **au climat.**   Je m'**y** habitue.
  Elles pensent **au voyage.**   Elles **y** pensent.

RAPPEL!

Remember, the preceding examples of **à** with a disjunctive pronoun are exceptions, and you should learn them as such.

In the majority of cases, a person as the object of the preposition **à** is replaced by an indirect object pronoun, which precedes the verb.

Je donne le carnet **à Paul.**   Je **lui** donne le carnet.

Ils téléphonent **à leurs copains.** Ils **leur** téléphonent.

1 Un groupe de jeunes Français parlent d'aller à un concert. Complétez chaque phrase par le pronom disjoint convenable.

1. Dis, Jean-Marc, tu as réservé des billets pour Jeanne et *(me)* _____?
2. Oui, oui, mais qui va payer ces billets? *(Me)* _____?
3. Nous partons avant Olivier et Catherine? Je veux arriver avant *(them)* _____.
4. Mais n'attendez pas Emma. *(She)* _____, elle va arriver en retard.
5. D'accord, mais *(I)* _____, je ne veux pas être en retard.
6. Et Charles et Jean-Pierre? Charles et *(he)* _____ vont nous accompagner?
7. Magali et Hélène ont leurs billets. Nous sommes assis derrière *(them)* _____.
8. Je vais conduire la voiture de Robert. Je connais la route mieux que *(him)* _____.
9. D'accord, c'est *(you)* _____ qui conduis.
10. Rachelle et son frère ne peuvent pas aller au concert. Je vais penser à *(them)* _____ pendant toute la soirée!

2 Posez des questions à vos camarades de classe en utilisant les éléments indiqués. Vos camarades doivent utiliser des pronoms dans leurs réponses.

MODELE aimer travailler avec ton petit ami / ta petite amie
—*Tu aimes travailler avec ton petit ami / ta petite amie?*
—*Non, je n'aime pas travailler avec lui / elle.*

1. s'habituer à notre prof de français
2. voyager souvent avec tes colocataires
3. penser souvent à ton petit ami / ta petite amie
4. travailler plus souvent que ton copain
5. rentrer tard à la maison plus souvent que tes colocataires
6. parler souvent de tes profs
7. faire attention à tes parents
8. vouloir me présenter à ton meilleur ami / ta meilleure amie
9. habiter toujours chez tes parents
10. acheter des cadeaux pour tes amis

SYNTHESE

A. Des étudiants nord-américains suivent un cours d'été à l'université de Dijon. Ils sont en train d'organiser une excursion à Paris pour y passer le week-end et aussi pour voir un concert de U2. Jouez le rôle des étudiants et répondez aux questions suivantes en employant les pronoms convenables.

1. On va prendre le train?
2. Nous retrouvons Kim à la gare, non?
3. Est-ce qu'on va descendre à l'hôtel?
4. Mark, tu as réservé des billets pour le concert, non?
5. On voyage avec Paul et Suzanne?
6. Jeff, est-ce que tu as expliqué tous les détails du voyage aux autres?
7. A quelle heure est-ce qu'il nous faut arriver au Palais des Sports?
8. Vous autres, vous avez déjà vu U2?
9. Chris, tu vas acheter beaucoup de souvenirs?
10. On a demandé à Jean-Marc de venir nous chercher à la gare?

B. De retour à Dijon, Kim raconte à une de ses copines françaises le séjour qu'elle vient de faire à Paris avec d'autres amis. Complétez chaque phrase en utilisant des pronoms disjoints ou des pronoms compléments d'objet.

1. Je dois _____ dire qu'on s'est beaucoup amusés à Paris.

2. J'ai logé chez Paul et Suzanne et je suis allée au théâtre avec _____.

3. Sarah et Matthew? Je ne _____ ai pas vus. Ils ne faisaient pas partie de mon groupe.

4. Chris? C'est _____ qui a choisi les films à voir à Paris et le groupe _____ a beaucoup appréciés.

5. Tout le monde est allé au concert du groupe U2. Paul et _____, nous _____ avons vu l'année dernière.

6. C'est _____ qui avions proposé ce concert au groupe.

7. J'ai beaucoup aimé le concert, mais Paul, _____, a trouvé ce concert moins bien que l'autre.

8. Pour rentrer, on a pris le TGV. Je _____ ai trouvé super rapide!

9. On a eu de bonnes places. Paul _____ avait réservées à l'avance.

10. La petite bande est rentrée à Dijon vers minuit. J'étais contente d' _____ arriver.

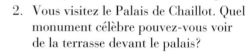

INTERACTIONS

Vous êtes à Paris. Répondez aux questions en consultant le plan de la ville de Paris.

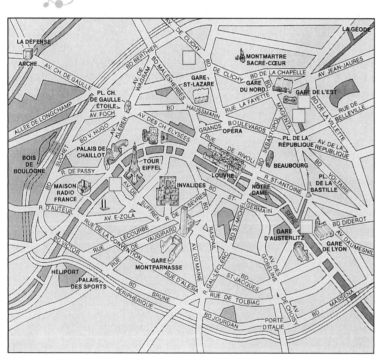

1. Vous êtes dans un hôtel près de la Gare du Nord. Dans quel quartier célèbre pouvez-vous vous rendre à pied?

2. Vous visitez le Palais de Chaillot. Quel monument célèbre pouvez-vous voir de la terrasse devant le palais?

3. Vous êtes assis(e) dans un café au coin des boulevards St-Michel et St-Germain. Quel monument pouvez-vous voir de la terrasse du café?

4. Vous êtes devant la Pyramide du Louvre et vous regardez vers la Place Charles-de-Gaulle-Etoile. Quelle avenue célèbre se trouve devant vous? Quel monument y a-t-il à l'autre bout?

5. Vous voulez voir les Invalides et le tombeau de Napoléon. Est-il préférable de faire la visite des Invalides après la visite de la tour Eiffel ou après la visite du musée d'art moderne à Beaubourg? Expliquez votre réponse.

6. A la fin de votre séjour à Paris, vous prenez le TGV pour aller à Avignon. Par quelle place célèbre est-ce que votre bus va peut-être passer pour arriver à la Gare de Lyon?

POUR S'EXPRIMER

🔊 **A l'écoute**

CD2, Track 7 Mise en scène

Avant de faire les activités qui suivent, écoutez la conversation entre Christelle et Magali qui parlent de leurs projets pour l'été.

Contexte: Nous sommes à Paris au début du mois de juillet. Christelle vient de terminer ses examens de deuxième année de médecine et envisage de rentrer chez ses parents à Bordeaux. Magali, quant à elle, se prépare à faire un stage à Montpellier dans un cabinet d'architecte pendant l'été. Sur le point de partir, chacune vers une destination différente, les deux amies discutent de leurs préparatifs.

Avant d'écouter

1. Lorsque vous partez en voyage, quels moyens de transport choisissez-vous d'habitude? Où êtes-vous allé(e) en avion?
2. Dans quelles villes d'Amérique du Nord y a-t-il un métro? Avez-vous déjà pris le métro en Amérique ou en Europe? Quelles sortes de difficultés se présentent lorsqu'on prend le métro dans une ville qu'on ne connaît pas?
3. Prenez-vous quelquefois le bus? Pourquoi?
4. Expliquez pourquoi vous prenez ou ne prenez pas le train pour voyager en Amérique?

Compréhension

A. Christelle et Magali mentionnent plusieurs moyens de transport au cours de leur conversation. Lesquels avez-vous notés?

B. Faites une liste des villes dont vous entendez les noms au cours du dialogue. Essayez de les situer sur la carte de France au début du livre. A quelle distance approximative sont-elles de la capitale?

C. Imaginez dans le détail l'emploi du temps de Magali le jour de son départ. Retracez son voyage à partir du moment où elle quitte son appartement à Paris.

D. Comparez le voyage de Christelle à celui de Magali. Pour chacun des moyens de transport mentionnés, à quels avantages et inconvénients est-ce que les deux amies font allusion?

👥 A vous la parole

Consultez la liste d'expressions utiles, à la page 252, pour proposer quelque chose et pour accepter ou refuser une proposition. Faites les propositions indiquées à un(e) camarade de classe qui va accepter ou refuser en expliquant sa décision.

1. donner une soirée le week-end prochain
2. partager un appartement l'année prochaine
3. prendre un pot ce soir
4. voyager en Europe l'été prochain
5. passer les vacances de Pâques chez mes parents
6. aller au concert de MC Solaar
7. passer les vacances en Floride
8. dîner dans un restaurant végétarien
9. préparer ensemble l'examen de français
10. ???

Les transports et la technologie **251**

Pour proposer	Pour accepter	Pour refuser
Tu veux m'accompagner... ? Si on allait... ? Ça te tente de... ? Dis, tu voudrais... ? Si on partageait les frais pour... ?	Oui, oui, je veux bien. Ah, oui, volontiers! Mais oui, bien sûr. D'accord. Je suis disponible. Pourquoi pas? Ça m'est égal.	Merci, mais je n'ai pas le temps. Je regrette, mais je suis très occupé(e) en ce moment. Franchement, ça ne me dit pas grand-chose. Non, vraiment, ça ne me tente pas. Je voudrais bien, mais je suis fauché(e) *(broke)*.

 Situations orales

A. Vous êtes à Paris et vous désirez prendre le train pour aller à Tours pendant deux jours afin de visiter quelques-uns des châteaux de la vallée de la Loire. Imaginez votre conversation avec l'agent de la SNCF à la gare.

B. Vous avez passé l'année scolaire à Bordeaux et maintenant vous voulez rentrer chez vous. Vous allez dans une agence de voyages pour préparer votre retour (le train vers Paris et le vol transatlantique). Jouez votre conversation avec l'agent de voyages. Quelles questions posez-vous?

Note culturelle

Les transports en commun à Dakar

Comme beaucoup de grandes villes autour du monde, Dakar témoigne d'une augmentation du nombre de voitures en dépit des problèmes d'embouteillages quotidiens. Peuplée de 1,5 million d'habitants, la capitale sénégalaise sert aussi de carrefour important aux commerces et aux échanges locaux et internationaux, ce qui nécessite de bons systèmes de transports en commun.

La manière la plus efficace de se déplacer, c'est le taxi privé. On peut en trouver partout, mais surtout près de l'aéroport, des hôtels et d'autres destinations touristiques. Avant de monter dans le taxi, il faut négocier un prix avec le chauffeur, même s'il y a un compteur. Il y a aussi des réseaux de bus à Dakar, désignés par couleurs. Les grands bus bleus s'appellent les *dem dikk* (c'est-à-dire aller-venir en wolof, langue parlée au Sénégal). Gérés par une compagnie privée, les *dem dikk* suivent des routes précises, même s'ils sont parfois bondés, surtout pendant les heures de pointe.

Pour les gens moins pressés, on peut aussi monter en calèche, un taxi tiré par un cheval qui suit les mêmes routes que les voitures. Normalement, les calèches accueillent trois ou quatre personnes en plus du chauffeur. Il est aussi possible de prendre une autre forme de transport en commun: le car rapide. Ces minibus aux couleurs vives, typiquement peints en bleu, blanc et orange, font des trajets locaux.

Pour voyager entre Dakar et d'autres destinations, il faut d'abord se rendre à l'une des cinq gares routières situées autour de la ville. A la gare routière, il y a typiquement deux possibilités de transport: le taxi brousse et le *Ndiaga N'diaye.* Normalement, le taxi brousse accueille sept passagers en route vers la même destination. Les *Ndiaga N'diaye*, nommés pour un grand transporteur sénégalais, sont des minibus blancs à environ 35 places. Souvent, les destinations des *Ndiaga N'diaye* sont annoncées à haute voix ou affichées sur le pare-brise du minibus. En principe, les *Ndiaga N'diaye* suivent le même système que les taxis brousses: on part seulement après avoir rempli le véhicule.

Un car rapide multicolore typique de Dakar

Compréhension

1. En quoi consiste le système de transports en commun à Dakar? Pourquoi les transports en commun sont-ils si importants dans cette ville? Quelle est la manière la plus efficace de se déplacer à Dakar? Qu'est-ce qu'un groupe de trois personnes peut prendre pour se déplacer à Dakar sans partager de véhicule avec d'autres personnes?

2. Qu'est-ce qu'un *dem dikk*? Et un car rapide?

3. Quelles sont les différences entre un taxi brousse et un *Ndiaga N'diaye*?

Réflexion

A. Pour voyager au Sénégal, quels moyens de transport préféreriez-vous utiliser? Expliquez votre réponse.

B. Comparez les moyens de transport au Sénégal et les moyens de transport chez vous. Identifiez les aspects qui sont semblables et ceux qui sont différents. A votre avis, quel système est préférable du point de vue de l'écologie et de l'environnement? Expliquez pourquoi.

Structures III

Possessive Pronouns

The possessive pronouns in French are equivalent to the English pronouns *mine, yours, his, hers, its, ours, theirs*. A possessive pronoun replaces the possessive adjective and the noun it modifies. The possessive pronoun must agree with the noun replaced, *not* with the possessor.

One Possessor	Single Possession	Plural Possessions
mine	le mien *(m)* / la mienne *(f)*	les miens *(m)* / les miennes *(f)*
yours *(fam.)*	le tien *(m)* / la tienne *(f)*	les tiens *(m)* / les tiennes *(f)*
yours *(formal)*	le vôtre *(m)* / la vôtre *(f)*	les vôtres *(m & f)*
his / hers / its	le sien *(m)* / la sienne *(f)*	les siens *(m)* / les siennes *(f)*

More Than One Possessor	Single Possession	Plural Possessions
ours	le nôtre *(m)* / la nôtre *(f)*	les nôtres *(m & f)*
yours	le vôtre *(m)* / la vôtre *(f)*	les vôtres *(m & f)*
theirs	le leur *(m)* / la leur *(f)*	les leurs *(m & f)*

Apportez votre livre et **le mien.**
Ils ont vérifié vos billets et **les miens.**
Tu peux prendre ma valise et **les tiennes.**
Jeanne a acheté mon carnet et **le sien.**
Je vais attacher ma ceinture et **la sienne.**

Voici votre compartiment et **le nôtre.**
Vous avez pris vos places et **les nôtres.**
J'ai réclamé ma valise et **la vôtre.**
Nous pouvons trouver notre train
  et **le leur.**

The pronoun forms corresponding to the adjectives **notre** and **votre** have a circumflex accent over the **o (ô)**, and, like **les leurs**, the plural forms show no gender distinction. The prepositions **à** and **de** contract with the definite article of the possessive pronouns.

Je pense à mon voyage et **au sien.**
Nous avons besoin de nos valises et **des leurs.**

RAPPEL!

The choices involving **le sien** and **le leur** sometimes pose a problem for the English speaker. When expressing *his* or *hers*, only one person is the possessor, so choose from among **le sien, les siens, la sienne,** and **les siennes** the form that agrees with the object possessed, not the possessor.

—Elle achète son billet?
—Oui, elle achète son billet à elle et **le sien.**
—Et lui?
—Il enregistre ses valises à lui et **les siennes.**

—*She's buying her ticket?*
—*Yes, she's buying her ticket and **his.***
—*And what about him?*
—*He's checking his bags and **hers.***

When expressing *theirs*, there is always more than one possessor, but they may possess either a single thing or more than one thing.

—Mon train part à midi. A quelle heure part **leur train?**
—**Le leur** part à trois heures.
—Alors, je vais mettre mes valises dans le compartiment. Et **leurs valises à eux?**
—Mettez **les leurs** dans le compartiment aussi.

To express the concept of possession, the two types of structures **elle est à moi** and **c'est la mienne** can be used.

The two constructions are not always interchangeable. When no comparison or contrast is implied in expressing ownership, French usage tends to prefer the form **il / elle / ce + être + à +** disjunctive pronoun. In making comparisons, the possessive pronoun would be preferred.

—Cette vidéo?   **Elle est à moi.** *(= statement of ownership)*

—C'est ma vidéo?   **—Non, c'est la mienne.** *(= mine, not yours)*

1 Vous venez de terminer un voyage en voiture avec des amis. Il reste quelques affaires dans la voiture et vous essayez de déterminer à qui elles appartiennent. Répondez aux questions selon les indications.

1. —J'ai déjà enlevé ma valise. Cette valise-là, elle est à Paul?
    —Oui, c'est _____ *(his)*.

2. —Jeanne, tu as déjà ton sac, non? Alors, ce sac-là est à Marie?
    —Oui, c'est _____ *(hers)*.

3. —Ce livre-ci est à moi. Et le livre qui est par terre?
    —C'est _____ *(theirs)*.

4. —Et ces petits gâteaux?
    —Ils sont _____ *(ours)*.

5. —Voilà aussi un carnet.
    —Il est _____ *(mine)*.

6. —Tout le monde a enlevé ses affaires. Les affaires qui restent sont à Paul et à Martin?
    —Oui, ce sont _____ *(theirs)*.

7. —J'ai aussi trouvé des CD.
    —Alors, les CD de Renaud sont à vous, non? Et les CD de MC Solaar sont _____ *(mine)*.

8. —Tu as vu mes lunettes de soleil *(sunglasses)*?
    —Oui, voilà tes lunettes et _____ *(his)*.

2 Vous et vos colocataires faites les préparatifs avant de partir pour une soirée chez des copains. Répondez aux questions suivantes en utilisant le pronom possessif qui correspond au pronom entre parenthèses.

1. On va prendre ma voiture ou ta voiture? *(yours)*
2. Tu apportes tes CD ou les CD de Marie? *(hers)*
3. C'est ton pullover ou le pullover de Jean-Claude? *(his)*
4. On apporte notre chaîne stéréo ou la chaîne stéréo d'Eric? *(his)*
5. Tu préfères tes CD ou les CD de ton ami(e)? *(mine)*

INTERACTIONS

Lisez les renseignements suivants tirés du *Guide des services multimédia mobiles*, puis répondez aux questions.

Cette offre Gallery, au final permet quoi et comment y accède-t-on ?

Elle vous permet, d'accéder directement à **plusieurs centaines de services mobiles** : Personnalisation de votre téléphone en pouvant télécharger des sonneries ou des fonds d'écrans pour votre nouveau téléphone couleur, consultation des infos, de la bourse, de la météo ou de la circulation, jouer, consulter votre horoscope, consulter des annuaires, discuter avec vos amis, etc...

L'intérêt réside surtout dans la façon d'y accéder, de retrouver la même ergonomie et les mêmes noms des services d'un opérateur à un autre. Ainsi, que vous passiez d'Orange à Bouygues ou à SFR, vous aurez toujours la possibilité d'aller sur Gallery et donc de continuer à trouver vos services favoris. Il y a donc bien une offre commune même si il faut signaler quand même que cela n'est pas simple pour les éditeurs de services qui doivent tout de même souscrire à des dossiers différents auprès des trois opérateurs.

L'offre **Gallery** est automatiquement activée dès lors que vous avez souscrit auprès de votre opérateur à une **offre multimédia mobile** ou que vous avez acheté un pack du même nom. Le plus simple reste à bien se faire confirmer ce point au moment où vous prenez votre abonnement. Reste aussi à bien vous faire confirmer que votre **modèle de mobile** est compatible avec l'offre **Gallery**.

Un marché en pleine expansion :

En France les mobiles continuent leur incroyable progression avec, début 2004 selon l'**ART*** (Autorité de Régulation des Télécommunications), un parc de près de **42 millions d'utilisateurs de téléphonie mobile** soit 69 % de taux de pénétration (nombre d'utilisateurs par rapport à la population française), soit un taux bien supérieur à celui des utilisateurs Internet. Les abonnés forfaitaires continuent de croître (13,8 % en un an) au détriment des abonnés en prépayé (-2,9 %). La facture mensuelle moyenne sortante par client est de 34,9 euros et le nombre moyen mensuel de SMS est de 19 messages par client.

Les terminaux « nouvelle génération » arrivés depuis l'année dernière, comportent encore plus de capacité de stockage, des écrans couleurs de plusieurs milliers de couleurs, l'appareil photo intégré et des logiciels de lecture de format vidéo, musique, etc... La convergence entre le téléphone et le PC est devenue une réalité.

Aujourd'hui avec son téléphone multimédia mobile, on peut envoyer ou recevoir des emails, communiquer par mini message SMS, s'envoyer des photos prises en vacances grâce aux MMS, ou encore surfer sur Internet ou accéder à de plus en plus de services d'informations, de jeux ou autres à travers les offres proposées par les trois opérateurs français.

Voici chez les trois opérateurs à quoi ressemble la page d'accueil de l'offre Gallery :

Vous connaissez le service    GALLERY ≫ Saisissez un code du service ou un mot clé :   **Vous recherchez un service**

Gallery

1. Qu'est-ce qu'il y a d'intéressant en ce qui concerne le service Gallery?
2. Quels services sont offerts par Gallery?
3. Avez-vous un téléphone multimédia? Quels services utilisez-vous?

Un marché en pleine expansion

1. Quel pourcentage des Français possèdent un portable?
2. Est-ce que les Français utilisent plus souvent le portable ou Internet?
3. Est-ce qu'il y a plus d'abonnés forfaitaires *(who paid a lump sum)* ou en prépayés?
4. A combien d'euros se monte la facture mensuelle moyenne? Croyez-vous que cette somme soit plus ou moins élevée que la facture typique dans votre pays?
5. Décrivez les avantages des terminaux «nouvelle génération».
6. Qu'est-ce qu'on peut faire avec son téléphone multimédia mobile?

Note culturelle

Les transports urbains: mode d'emploi

Pour se déplacer dans les villes, si on ne veut pas se servir de sa voiture, d'une voiture de location ou se déplacer à pied, les transports en commun sont un moyen efficace et plutôt facile à utiliser.

Le métro

A Paris, les entrées ou «bouches» des stations de métro sont marquées par un grand M, facilement visible du trottoir. On descend vers les quais souterrains en passant devant les guichets ou les distributeurs automatiques où l'on achète son billet. Le carnet de dix tickets coûte 11,40 (et, pour les personnes qui se servent du métro pendant plusieurs jours, le passe Navigo Découverte et le passe Navigo permettent un nombre illimité de voyages pendant une période donnée. Après avoir validé son ticket, on attend sur le quai. Quelques minutes plus tard, une des rames de la RATP se présente sur la voie. On monte en voiture et le petit voyage commence. En suivant le plan affiché dans chaque voiture, on peut déterminer à quel arrêt il faut descendre, mais attention, car aux heures de pointe il faut quelquefois faire un effort pour sortir de la voiture. Puis, arrivé sur le quai, on cherche la sortie du métro ou le passage qui mène à une station de correspondance, car il faut souvent changer de ligne pour arriver à sa destination dans Paris. Si on se destine vers la banlieue parisienne (pour se rendre à l'aéroport Charles-de-Gaulle ou pour visiter Disneyland Paris, par exemple), on doit souvent prendre le RER.

L'autobus et le tramway

Dans la plupart des villes de France, le moyen de transport en commun le plus populaire est l'autobus. Les municipalités maintiennent un réseau de lignes et chaque bus porte le numéro de la ligne qu'il dessert ainsi que le nom du terminus. Pour savoir quel autobus il faut prendre, on doit consulter le tableau qui se trouve à tous les arrêts. En montant par l'avant du bus, on peut aussi vérifier qu'on ne s'est pas trompé en posant la question au conducteur. Ensuite, on doit composter son ticket dans la machine à côté du chauffeur. Si on veut descendre, il faut appuyer sur un bouton spécial, puis à l'arrêt, on sort par la porte arrière ou celle du milieu.

Après bien des années d'absence, le tramway fait sa réapparition dans les rues de beaucoup de villes françaises. Depuis les années 80, une dizaine de villes ont réintroduit ce moyen de transport collectif aux trains modernes, élégants et silencieux. A Paris, Rouen, Grenoble, Strasbourg, Bordeaux, Montpellier et dans plusieurs autres grandes et moyennes villes, les trams circulent sur pneus ou sur rails de fer grâce à un système électrique alimenté soit par une ligne aérienne monofil, soit par une prise de contact au sol activée au passage du train. Ne roulant ni à l'essence ni au gazole *(fuel diesel)*, le tram réduit la pollution due aux particules rejetées dans l'atmosphère par les automobiles et les autobus. Le manque de pollution sonore plaît aussi aux Français pour qui le bruit est la principale source d'insatisfaction.

Compréhension

1. Expliquez ce qu'il faut faire pour prendre le métro à Paris.
2. Qu'est-ce qu'on peut prendre pour aller dans la banlieue autour de Paris?
3. Que faut-il faire en montant dans les bus et avant d'en sortir?
4. Quel avantage écologique présente le tramway comparé à la voiture ou à l'autobus?

Réflexion

A. Imaginez que vous faites du tourisme dans la capitale française. Quel moyen de transport en commun choisissez-vous pour vous rendre, par exemple, du Louvre à la place de la Bastille, de l'aéroport de Roissy au quartier de la gare Montparnasse, des Invalides au boulevard Saint-Michel? Expliquez vos choix en tenant compte des distances et du temps dont vous disposez. Si on est très pressé, quel autre moyen de transport peut-on prendre, même si cela coûte plus cher et doit être accompagné d'un pourboire? (Consultez le plan de la ville, page 250.)

B. Comparées aux systèmes de transports collectifs dans les villes de votre pays, les municipalités françaises semblent-elles encourager les personnes à utiliser les transports publics plutôt que leurs voitures? Justifiez votre comparaison avec des détails de la Note culturelle.

Demonstrative Pronouns

The demonstrative pronouns in French are equivalent to the English expressions *this one, that one, these,* and *those*. A demonstrative pronoun replaces a demonstrative adjective and the noun it modifies. It must agree in gender and number with the noun replaced.

	Singular	Plural
Masculine	celui	ceux
Feminine	celle	celles

Apportez-moi **ce** livre.

Apportez-moi **celui-là.**

Basic Uses of Demonstrative Pronouns

The demonstrative pronoun cannot stand alone and must be followed by one of the following constructions.

A. *-ci* **or** *-là:*

Cette voiture-là est sale; prenons **celle-ci.**	*That car is dirty; let's take **this one.***
Cet avion est dangereux; je préfère **celui-là.**	*This plane is dangerous; I prefer **that one.***
Les couchettes de ce côté sont plus commodes que **celles-là.**	*The bunks on this side are more convenient than **those.***
Ce trajet est plus facile que **ceux-là.**	*This trip is easier than **those.***

The demonstrative pronoun followed by **-ci** may also mean *the latter*; followed by **-là** it may mean *the former*. The **-ci** refers to the last element mentioned (the latter or closest one), whereas **-là** refers to the first element mentioned (the former or the farthest one).

Nous allons prendre ou le bateau ou l'avion. Moi, je préfère **celui-ci** car **celui-là** va trop lentement.	*We're going to take either the boat or the plane. I prefer **the latter**, because **the former** goes too slowly.*

B. A relative pronoun + clause:

De tous les trains, je préfère **celui qui est rapide.**	*Of all the trains, I prefer the* ***fast one.***
Montrez-moi ma place et **celles que vous avez réservées.**	*Show me my seat and* ***those you reserved.***
Voilà **celle dont j'ai besoin.**	*There's* ***the one I need.***

C. *De* + noun:

Voilà ma valise et celle **de Jean.**	*There's my suitcase and* ***John's.***
J'ai apporté mon horaire et **ceux de Paul et d'Hélène.**	*I brought my schedule and* ***Paul's and Helen's.***

Ceci and *cela*

The neuter demonstrative pronouns **ceci** and **cela** do not refer to a specific noun but to a concept or idea. **Ceci** announces an idea that is to follow, and **cela** refers to something that has already been stated.

Je vous dis **ceci**: ne prenez jamais le métro après 11 heures du soir.

Vous avez manqué le train, et je vous ai dit que **cela** allait arriver.

Cela (ça) is often used to translate *this* or *that* as the subject of a verb other than **être**. With **être**, **ce (c')** is used as the subject.
Ça is generally used only in spoken language; **cela** is used in written French.

C'est un trajet difficile.

Ça fait une heure qu'on attend.

3 Vous rentrez chez vous après un long voyage pendant lequel vous avez acheté des souvenirs pour tout le monde. Distribuez les souvenirs en utilisant un pronom démonstratif dans vos phrases.

1. Voilà un livre. C'est _____ d'Hélène.
2. Voilà une bague *(ring)*. C'est _____ que j'ai rapportée pour Josée.
3. Voilà une vidéo. C'est _____ de Marc.
4. Et ces bracelets en bois sont _____ qui se vendent partout en Afrique.
5. J'ai rapporté des photos aussi jolies que _____ qu'on trouve en carte postale.
6. Voilà un sac. C'est _____ d'Annick.
7. Enfin, une bouteille de cognac. C'est _____ d'Edouard.
8. Et ces excellents chocolats ? _____-là, je les garde pour moi.

4 Vers la fin d'un voyage en TGV avec des amis, vos amis et vous rangez vos affaires avant l'arrivée en gare. Inventez votre conversation.

MODÈLE —*C'est ton livre?*
—*Non, le mien est dans ma serviette.*
—*Alors, c'est celui d'Émilie?*
—*Oui, c'est probablement le sien.*

1. ton sac
   plus grand
   Nathalie

2. tes lunettes de soleil
   noires
   Marc

3. ta veste
   rouge
   David

4. tes valises
   en cuir
   Annie

5. votre serviette
   sous mon siège
   Jean

6. horaire
   dans mon sac
   Catherine et Paul

INTERACTIONS

Le Thalys est un système de trains à grande vitesse qu'on peut utiliser pour aller de Paris vers Bruxelles, Cologne et Amsterdam. Lisez la publicité pour le service ThalysNet et répondez aux questions.

1. De quoi a-t-on besoin pour pouvoir se servir de ThalysNet?

2. Quelle sorte d'activités peut-on faire en utilisant ThalysNet?

3. Quel est l'avantage de ce système pour les hommes et les femmes d'affaires qui prennent ces trains?

4. Quelles autres informations peut-on obtenir en utilisant ThalysNet?

5. Combien les passagers qui voyagent en Comfort 1 paient-ils le service ThalysNet? Quelles sont les méthodes de paiement pour les voyageurs en Comfort 2?

6. Pourquoi les voyageurs d'aujourd'hui s'intéressent-ils à une collaboration entre les services de transports et la technologie? Pour voyager, de quelles sortes de technologie vous servez-vous?

Bienvenue sur ThalysNet

Vous voulez vous connecter à Internet ou au réseau de votre entreprise ? Consulter des informations sur votre voyage ou réserver une place à bord de Thalys pour votre prochain déplacement ? Avec ThalysNet, vous pouvez continuer à travailler et à communiquer en toute simplicité à bord de Thalys. Il vous suffit d'ouvrir votre PC portable compatible WiFi, de démarrer votre navigateur Internet et vous voilà prêt à surfer !

Cinq bonnes raisons d'essayer ThalysNet :

Facilité
Pour vous connecter à ThalysNet, utilisez simplement votre PC portable compatible WiFi. Votre appareil n'a pas besoin d'être reconfiguré.

Confort
Grâce à la liaison haut débit de ThalysNet, vous disposez du même confort de connexion qu'au bureau ou à la maison. Résultat ? Que vous souhaitiez télécharger des documents, regarder des clips vidéo ou des présentations interactives, plus besoin d'attendre ! Démarrez votre navigateur, connectez-vous et c'est parti !

Fiabilité
ThalysNet utilise la technologie standard WiFi (Wireless Fidelity) certifiée pour vous assurer une connexion sans fil à Internet ou au réseau de votre entreprise. Cette technologie garantit une connexion performante de haute qualité.

Pratique
Restez connecté à vos activités professionnelles et privées pendant votre voyage à bord de Thalys. Echangez des courriels, mettez vos fichiers à jour sur le réseau de votre entreprise et surfez sur le Net. Tout cela, à 300 km/h !

Information
En plus de l'accès Internet, le portail ThalysNet vous offre des informations sur votre voyage en train, ainsi que sur Thalys et ses partenaires.

Que vous faut-il pour vous connecter à l'Internet ?

- Vous devez voyager dans un train Thalys équipé du service ThalysNet.

  Vérifiez que ce symbole est bien présent dans votre train Thalys :

  WiFi Inside

- Votre PC portable doit être équipé de la technologie WiFi (WiFi 802.11b ou g).

  Dans la plupart des cas, les PC portables de la dernière génération sont d'emblée compatibles WiFi. Si votre portable n'est pas équipé de la technologie WiFi, vous pouvez acheter une carte WiFi dans votre magasin d'informatique habituel.

- Un navigateur Internet tel que Internet Explorer©, Firefox© ou Safari©. (Mac ou PC)

Méthodes de paiement

Pour les passagers en Comfort 1
Accès Internet offert

Pour les passagers en Comfort 2
Paiement en ligne par carte de crédit ou à l'aide d'une carte prépayée. Les cartes prépayées sont en vente au Thalys Bar.

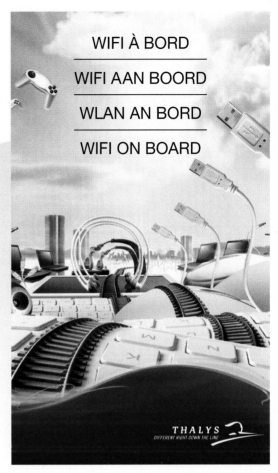

WIFI À BORD

WIFI AAN BOORD

WLAN AN BORD

WIFI ON BOARD

THALYS
DIFFERENT RIGHT DOWN THE LINE

Situations écrites

A. En basant vos idées sur les Notes culturelles, écrivez une composition qui compare les transports en France à ceux de votre pays. Par exemple, quels moyens de transport est-ce que vous utilisez souvent? Quels moyens de transport est-ce que les Français semblent employer plus souvent que vos concitoyens?

B. Vous envoyez un courrier électronique à votre correspondant(e) français(e) qui vous demande comment la technologie influence les modes de vie dans votre pays. Décrivez comment vous utilisez la technologie dans votre vie, par exemple à la maison, à l'université, au travail, etc.

A lire

Texte de culture contemporaine

Le Concorde

Sujets de réflexion

1. Quelle impression avez-vous du futur de l'aviation commerciale dans le monde? La dimension des avions va-t-elle changer? Les voyages vont-ils durer longtemps? Sur quelles bases vos impressions sont-elles fondées?

2. A quelle sorte d'avions rêviez-vous quand vous étiez enfant? D'où venait votre inspiration: des livres, des dessins animés, des progrès réels dans le domaine de l'aéronautique?

Guide de lecture

1. Jetez un coup d'œil rapide sur les paragraphes 1, 2 et 3 du texte suivant. Relevez dans ces paragraphes une comparaison négative entre le futur et le passé de l'aviation.

2. Le dernier paragraphe contient un chiffre important. De quoi s'agit-il?

L'avion du futur ne fait pas rêver

aircrafts   Les aéronefs° de demain ressembleront comme des frères aux avions actuels. Seule différence: ils seront plus sûrs, plus silencieux et pollueront moins.

    On est entré dans l'ère de l'après-Concorde, ce merveilleux supersonique qui
turns out to be   s'avère° sans descendance. Et aucun autre rêve excitant ne se profile à l'horizon
5 des tours de contrôle. Il faut s'habituer à l'idée que, contrairement à une vieille
if not   habitude, on ne volera pas plus vite demain qu'hier, voire° moins. Les bangs

ronger... : *to champ at*
the bit
elders
decades 10

supersoniques sont maintenant réservés aux avions militaires. En plus de ronger leur frein°, les jeunes voyageurs du civil vont devoir supporter les commentaires de leurs aînés°, du genre: «De mon temps, on pouvait aller à New York en moins de quatre heures...» Pour tout l'avenir prévisible, cela sur plusieurs décennies°, le vol Paris–New York est condamné à durer sept ou huit heures, exactement comme en 1956 avec le vieux 707.

put away

L'avenir promet donc surtout de ressembler au passé, et toutes les utopies volantes ont été remisées° au placard. [...] Telle est la conclusion d'une conférence [...]

de... : *the latest /*
relentlessly
unnoticed

15 qui réunissait les meilleurs spécialistes français impliqués dans la recherche aéronautique de pointe°. Bien sûr, tous ces chercheurs travaillent d'arrache-pied° pour améliorer les avions, [...] ils nous promettent des progrès très importants dans la conception des appareils. Mais ceux-ci risquent de passer inaperçus°, au moins pour la majorité des passagers que les détails technologiques ne passionnent pas. [...]

fuel 20
that is to say
deal

[Les avions] devront être plus économes en carburant° (réduction de 20% par passager transporté). Plus silencieux (réduction de 10 décibels, soit° deux fois moins de bruit). Et encore plus sûrs [...]. Telle est la nouvelle donne°: l'aéronautique est contrainte à des progrès aussi extravagants que peu spectaculaires. [...]

takes to the skies

Pour toutes ces améliorations, imperceptibles mais indispensables, il y a urgence 25 car il en va de l'avenir du transport aérien, condamné à devenir massif. Selon Yves Crozet (Laboratoire d'économie des transports à l'Université de Lyon-II), «dès 2010, chaque année 200 millions de Chinois prendront l'avion pour des vacances à l'étranger». Quand la Chine s'envolera°, le monde aéronautique tremblera... et c'est imminent.

Source: Fabien Gruhier, dans *Le Nouvel Observateur*, no 2118,
9 juin 2005

Après la lecture

1. L'article fait allusion au Concorde. De quoi cet avion est-il devenu le symbole dans le domaine de la technologie, de la politique et de l'économie?

2. Expliquez avec vos propres mots la citation «l'avenir promet donc de ressembler au passé» dans le contexte de cet article.

3. Les chercheurs travaillent beaucoup pour améliorer les avions de demain. Faites une liste des progrès auxquels nous pouvons nous attendre dans le transport aérien.

4. Etes-vous d'accord avec les conclusions de cet article? Croyez-vous que ce soit une erreur d'abandonner toute recherche sur les avions supersoniques? Expliquez votre point de vue. Y a-t-il un autre domaine où existent des possibilités pour ceux qui rêvent de voyages à grande vitesse dans l'espace?

Texte littéraire

Sujets de réflexion

1. Dans l'univers des voyages dans l'espace, il y a le rêve et la réalité. Que savez-vous de la légende grecque d'Icare? Quelles sortes de machines volantes dessinait Léonard de Vinci? Quels véhicules imaginait Jules Verne pour le voyage dans la Lune?

2. Quels films ou livres connaissez-vous où il est question de voyages interstellaires? Les avez-vous appréciés? Dites pourquoi.

3. Depuis 1957, nous avons lancé dans l'espace plus de 5 000 satellites qui nous observent et observent les autres planètes. Quelle planète a déjà reçu notre visite? A votre avis, la vie est-elle possible sur une autre planète? Selon vous, y a-t-il des êtres vivants ailleurs que dans notre galaxie?

4. Quelles sont les caractéristiques essentielles d'une œuvre de science-fiction? Quel est l'équilibre idéal entre les éléments familiers et étranges qui la composent?

A propos de l'auteur...

Pierre Boulle *est né à Avignon. Dans les années 30, il part en Asie du Sud-Est puis, pendant la Seconde Guerre mondiale il combat en Chine et en Birmanie. C'est de cette expérience qu'il tire son livre* Le Pont de la Rivière Kwaï *dont Hollywood fait une adaptation cinématographique mondialement célèbre. En littérature française, Boulle est un de ceux qui ont le plus contribué à la science-fiction. C'est en 1963 qu'il publie* La Planète des singes. *Ce roman, lui aussi, sera adapté au cinéma, d'abord en 1967 dans le film de Franklin Schaffner et plus récemment, en 2001, dans un film de Tim Burton.*

Pierre Boulle (1912–1994)

L'action de La Planète des singes *se déroule à 300 années-lumière de la Terre dans un endroit étrangement familier aux voyageurs. En partant explorer, le journaliste Ulysse Mérou et ses compagnons ne s'attendaient pas à trouver une planète qui ressemblait tant à la Terre. Ils l'appellent Soror (sœur, en latin), car ils y trouvent même des humains! Mais ces «hommes» vivent nus, semblent dénués de pensée et communiquent par des cris. Ce sont les autres habitants de la planète, les singes, qui sont habillés et qui parlent! Boulle renverse donc les rôles de domination et met en cause le comportement des hommes et leurs mépris des autres espèces.*

Ulysse Mérou, après avoir été subjugué par les singes de Soror, devient amoureux de Nova, un être humain, belle mais stupide. Bientôt Nova a un enfant avec Ulysse. L'amour et la maternité vont la tranformer lentement et lui rendre, petit à petit, toutes les caractéristiques humaines qu'elle avait perdues. Grâce à une ruse qui a bien réussi, tous les trois, Ulysse, Nova et leur petit enfant Sirius, échappent à la planète des singes et se dirigent vers la Terre.

Guide de lecture

1. Le retour d'Ulysse vers la Terre se divise en deux parties. Les paragraphes 1 à 10 sont consacrés au voyage lui-même. Ulysse raconte le trajet en utilisant bon nombre de termes techniques. Aussi fait-il allusion à certaines manœuvres qui nous sont devenues familières depuis l'époque où Boulle a écrit son roman. Mettez dans l'ordre logique les phrases suivantes, tirées du texte:
   a. Nous sommes dans l'atmosphère. Les rétrofusées entrent en action.
   b. Collés aux hublots, nous regardons la Terre s'approcher.
   c. L'abordage de notre vaisseau s'est bien passé.
   d. Le soleil grossit à chaque instant.
   e. C'est déjà la période de freinage, qui doit durer une autre année.

2. Dans la seconde partie du texte (paragraphes 11 à 18), il y a un manque de modernité, de progrès et même de vie humaine. Quelles images, surtout dans les paragraphes (11) et (13), se rattachent au passé?

La Planète des singes

Le... : *It's all over*
streaking
increases

(1) Le tour est joué°. Je vogue de nouveau dans l'espace, à bord du vaisseau cosmique, filant° comme une comète en direction du système solaire, avec une vitesse qui s'accroît° à chaque seconde.

(2) Je ne suis pas seul. J'emmène avec moi Nova et Sirius, le fruit de nos amours
5 interplanétaires, qui sait dire papa, maman et bien d'autres mots. Il y a également à bord un couple de poulets et de lapins, et aussi diverses graines, que les savants
effect of rays avaient mis dans le satellite pour étudier le rayonnement° sur des organismes très divers. Tout cela ne sera pas perdu...

The boarding
gaping
vehicle
exits / equipment

(3) L'abordage° de notre vaisseau s'est bien passé. J'ai pu m'en approcher peu
10 à peu, en manœuvrant le satellite, pénétrer dans le compartiment resté béant°, prévu pour le retour de notre chaloupe°. Alors, les robots sont entrés en action pour refermer toutes les issues°. Nous étions à bord. L'appareillage° était intact et le calculateur électronique se chargea de faire toutes les opérations du départ. Sur la planète Soror, nos complices ont prétendu que le satellite avait été détruit en vol,
15 n'ayant pu être placé sur son orbite.

(4) Nous sommes en route depuis plus d'un an de notre temps propre. Nous avons atteint la vitesse de la lumière à une fraction infinitésimale près, parcouru en un temps
slowing down très court un espace immense et c'est déjà la période de freinage°, qui doit durer une
tire autre année. Dans notre petit univers, je ne me lasse° pas d'admirer ma nouvelle
20 famille...

(5) Quelle émotion j'ai ressentie ce matin en constatant que le soleil commençait à prendre une dimension perceptible! Il nous apparaît maintenant comme une boule de billard et se teinte° de jaune. Je le montre du doigt à Nova et à Sirius. Je leur
se... : *becomes tinged* explique ce qu'est ce monde nouveau pour eux et ils me comprennent. Aujourd'hui,
25 Sirius parle couramment et Nova, presque aussi bien. Elle a appris en même temps que lui. Miracle de la maternité; miracle dont j'ai été l'agent. Je n'ai pas arraché
degradation tous les hommes de Soror à leur avilissement°, mais la réussite est totale avec Nova.
gets large / locate

(6) Le soleil grossit° à chaque instant. Je cherche à repérer° les planètes dans le télescope. Je m'oriente facilement. Je découvre Jupiter, Saturne, Mars et... la Terre.
30 Voici la Terre!

(7) Des larmes me montent aux yeux. Il faut avoir vécu plus d'un an sur la planète des singes pour comprendre mon émotion... Je sais, après sept cents ans, je ne retrouverai ni parents ni amis, mais je suis avide de revoir de véritables hommes.

windows

(8) Collés aux hublots°, nous regardons la Terre s'approcher. Il n'est plus besoin
35 de télescope pour distinguer les continents. Nous sommes satellisés. Nous tournons
pass by autour de ma vieille planète. Je vois défiler° l'Australie, l'Amérique et la France; oui,
en... : *sobbing* voici la France. Nous nous embrassons tous trois en sanglotant°.

(9) Nous nous embarquons dans la deuxième chaloupe du vaisseau. Tous les
ont... : *were made* calculs ont été effectués° en vue d'un atterrissage dans ma patrie, non loin de Paris,
40 j'espère.

retrorockets (10) Nous sommes dans l'atmosphère. Les rétrofusées° entrent en action. Nova me regarde en souriant. Elle a appris à sourire et aussi à pleurer. Mon fils tend les bras et ouvre des yeux émerveillés. Au-dessous de nous, c'est Paris. La tour Eiffel est toujours là.

45 (11) J'ai pris les commandes et me dirige d'une manière très précise. Miracle
technology / land de la technique°! Après sept cents ans d'absence, je parviens à me poser° à Orly, qui n'a pas beaucoup changé, au bout du terrain, assez loin des bâtiments. On a dû m'apercevoir; je n'ai qu'à attendre. Il ne semble pas y avoir de trafic aérien;
abandoned / aircraft l'aéroport serait-il désaffecté°? Non, voici un appareil°. Il ressemble en tout point
50 aux avions de mon époque!

(12) Un véhicule se détache des bâtiments, roulant dans notre direction. J'arrête
en... : *in the grips of* mes fusées, en proie à° une agitation de plus en plus fébrile. Quel récit je vais pouvoir faire à mes frères humains! Peut-être ne me croiront-ils pas tout d'abord, mais j'ai des preuves. J'ai Nova, j'ai mon fils.

55 (13) Le véhicule grandit. C'est une camionnette d'un modèle assez ancien: qua-
combustion tre roues et un moteur à explosion°. J'enregistre machinalement tous ces détails. J'aurais pensé que ces voitures étaient reléguées dans les musées.

(14) J'aurais imaginé volontiers aussi une réception un peu plus solennelle. Ils sont peu nombreux pour m'accueillir. Deux hommes seulement, je crois. Je suis stu-
60 pide, ils ne peuvent pas savoir. Quand ils sauront!...

(15) Ils sont deux. Je les distingue assez mal, à cause du soleil déclinant qui
shining joue° sur les vitres, des vitres sales. Le chauffeur et un passager. Celui-ci porte
military insignia un uniforme. C'est un officier, j'ai vu le reflet de ses galons°. Le commandant de l'aéroport, sans doute. Les autres suivront.

65 (16) La camionnette s'est arrêtée à cinquante mètres de nous. Je prends mon fils dans mes bras et sors de la chaloupe. Nova nous suit avec quelque hésitation.
fearful Elle a l'air craintive°. Cela lui
will get over it passera° vite.

(17) Le chauffeur est descendu.
70 Il me tourne le dos. Il m'est à
grass moitié caché par de hautes herbes° qui me séparent de la voiture. Il tire la portière pour faire descendre le passager. Je ne m'étais pas
75 trompé, c'est un officier; au moins un commandant; je vois briller de nombreux galons. Il a sauté à terre.

Une scène du film *La Planète des singes*

scream
motionless 80

Il fait quelques pas vers nous, sort des herbes et m'apparaît enfin en pleine lumière. Nova pousse un hurlement°, m'arrache son fils et court se réfugier avec lui dans la chaloupe, tandis que je reste cloué° sur place, incapable de faire un geste ni de proférer une parole.

(18) C'est un gorille.

Source: Pierre BOULLE, *La Planète des singes*, ©1994, éditions Julliard, 2001

Après la lecture

1. Le paragraphe (3) raconte la manière dont Ulysse et sa famille ont réussi à s'évader en satellite de la planète Soror. Quelles sont les indications, dans ce paragraphe du texte, qui expliquent cet événement?

2. Ulysse nous dit: «Je ne me lasse pas d'admirer ma nouvelle famille...» (4). Comment imaginez-vous les deux autres personnages, sa femme Nova et son fils Sirius, au moment où ils quittent Soror? Les paragraphes (5) et (10) peuvent vous aider.

3. Ce récit de voyage interstellaire est en même temps une sorte de leçon d'astronomie. Quels éléments de cette leçon se trouvent dans les paragraphes (6), (7) et (8)?

4. Ulysse a très envie de faire le récit de ses aventures à ses frères humains. Mais il doit faire face à un certain nombre de déceptions en atterrissant. Quels détails dans les paragraphes (13) et (14) ajoutent à cette déception?

5. La réaction de Nova, lorsqu'elle voit le visage de l'officier, est violente. Expliquez pourquoi.

Pour mieux lire

1. Le style de Pierre Boulle est plutôt direct et concret. De plus, il utilise un vocabulaire scientifique, indispensable pour communiquer dans le domaine de la technologie. Les phrases suivantes contiennent des mots en caractères gras. Ce sont des expressions scientifiques ou techniques que vous expliquerez en utilisant vos propres mots.
   a. Nous étions à bord. **L'appareillage** était intact et **le calculateur électronique** se chargea de faire toutes les opérations du départ.
   b. Nous avons atteint **la vitesse de la lumière** à une fraction infinitésimale près, parcouru en un temps très court un espace immense et c'est déjà **la période de freinage,** qui doit durer une autre année.
   c. Nous sommes dans **l'atmosphère. Les rétrofusées** entrent en action.

2. Maintenant, racontez avec vos propres mots l'épisode de *La Planète des singes* que vous avez lu. Si vous avez vu l'un des deux films tirés de ce roman, quelles sont les différences que vous avez pu noter entre le livre et le film?

LIENS CULTURELS

1. La lecture de *La Planète des singes* offre un exemple de la transformation, en littérature, de réalités scientifiques. Imaginez que vous êtes J. Charles ou N. Robert et que vous faites un des premiers voyages en ballon au dix-huitième siècle. Ecrivez une page dans votre journal de bord pour décrire ce que vous avez fait pour survoler la campagne française au départ de Paris.

2. A partir du dix-neuvième siècle, l'idée de la vitesse est devenue une obsession. Faites une liste des découvertes qui ont sensiblement accéléré le rythme de la vie moderne. Y a-t-il certaines de ces découvertes que vous jugez inutiles ou frivoles? Est-ce que les grandes découvertes dans le domaine de la technologie des transports ont été motivées par le désir d'aller toujours plus vite ou par d'autres préoccupations? Quelle est, à votre avis, la découverte la plus importante qu'on ait faite dans le domaine des transports? Expliquez votre réponse.

3. La technologie et l'art: Comparez l'utilisation de la technologie faite par Fernand Léger dans son tableau (page 246) et par Pierre Boulle dans le passage de *La Planète des singes* que vous avez lu (pages 265–267). Lequel des deux semble avoir plus confiance en la nature humaine?

EXPANSION

A. De quelle manière l'esprit qui a inspiré les frères Montgolfier continue-t-il à se manifester de nos jours?

B. Quelqu'un a dit que ce n'étaient pas les grands peintres qui créaient le style au vingtième siècle mais les ingénieurs. Etes-vous d'accord avec cette affirmation? Expliquez.

C. Si un gouvernement, dans la répartition des aides financières, doit choisir entre l'automobile, le chemin de fer et l'aéronautique, lequel de ces domaines doit, selon vous, avoir la priorité? Défendez votre point de vue.

Chapitre 8

A la fac

ⓘLrn

Des étudiants discutent devant l'entrée de la Sorbonne.

Un peu de culture contemporaine

L'Université de Paris X, Nanterre

L'amphithéâtre Richelieu à la Sorbonne

Les Universités de Paris

Depuis 1971, l'ancienne Université de Paris est composée de treize universités interdisciplinaires dans la capitale et sa banlieue portant chacune la désignation Université de Paris I, II, III, etc., en plus d'un nom qui lui est propre: Paris I Panthéon-Sorbonne, Paris II Panthéon-Assas, Paris III Sorbonne-Nouvelle, Paris IV Sorbonne... Certaines des universités de Paris occupent encore les locaux de la Sorbonne historique au cœur du Quartier latin. D'autres, de création plus récente comme Paris X Nanterre, ressemblent d'assez près aux campus à l'américaine avec résidences et restaurants universitaires, installations sportives et espaces verts.

- Les lycéens de la région parisienne, prêts à entrer à l'université, font souvent leurs demandes d'admission universitaire en fonction de la discipline qu'ils désirent étudier à Paris. Par exemple, les bacheliers qui se destinent aux études de droit font leur demande d'admission à Paris II. Ceux qui veulent étudier les «Humanités» vont de préférence à Paris IV. Ceux qui sont attirés par les études de médecine ou de science choisissent Paris VI Pierre-et-Marie-Curie ou Paris VII Diderot, les deux universités qui partagent le campus de Jussieu. Les futurs spécialistes de gestion ou des sciences des organisations privées et publiques s'inscrivent à Paris IX Dauphine.

- Parmi les élèves de la même génération en France, 70% arrivent au niveau du baccalauréat et 80% des bacheliers entrent dans l'enseignement supérieur. La part des jeunes de 19 à 21 ans qui poursuivent des études supérieures en France est de 40%. La France occupe ainsi le troisième rang parmi les pays occidentaux, derrière le Canada et l'Espagne, mais devant les Etats-Unis, l'Allemagne, le Royaume-Uni et l'Italie.

Compréhension

1. Pourquoi parle-t-on aujourd'hui des Universités de Paris au pluriel et non de l'Université au singulier?

2. Un jeune Parisien obtient son bac scientifique et a l'intention de devenir médecin. A quelles universités fait-il une demande d'admission?

3. Quel pourcentage des élèves de l'école secondaire poursuivent des études supérieures en France? Et chez vous?

Réflexion

La plupart des bacheliers français font leurs études supérieures dans l'université de la région où ils habitent. A Paris, le nombre de ces étudiants augmente de plus en plus. A votre avis, quelles sortes de problèmes pratiques se posent à l'administration des universités dans un pays où toute personne ayant le bac ou son équivalent peut s'inscrire à l'université?

L'Université française hors de la France métropolitaine

Plus de 25 000 étudiants sont inscrits dans des universités françaises situées loin de la France métropolitaine: l'Université des Antilles-Guyane, l'Université de la Nouvelle-Calédonie, l'Université de la Polynésie française et l'Université de la Réunion.

L'Université des Antilles-Guyane

- A 7 000 km de la France métropolitaine, les sept sites de l'Université des Antilles-Guyane (l'UAG) sont répartis sur l'archipel de la Guadeloupe, en Guyane, sur le continent sud-américain et sur l'île de la Martinique. Actuellement, 12 000 étudiants y font des études pluridisciplinaires menant à des diplômes des deux premiers niveaux universitaires.

- Les principaux campus de l'UAG à Schœlcher (Martinique), à Pointe-à-Pitre (Guadeloupe) et à Kourou (Guyane) forment un carrefour de communication et d'échanges intellectuels, car ils sont liés politiquement à l'Europe mais géographiquement et culturellement aux Antilles et aux Amériques.

Compréhension

1. Situez géographiquement les universités françaises hors de la France métropolitaine.
2. Expliquez ce qu'est l'UAG.

Réflexion

Imaginez une jeune Martiniquaise qui vient de réussir son bac et s'inscrit à l'UAG. En quoi la situation géographique de son université peut-elle influencer sa formation ainsi que son avenir professionnels?

Le Système de Transfert de Crédits Européens (ECTS) et le LMD

Pour créer un système commun de diplômes et d'enseignement supérieur en Europe, beaucoup de pays membres de l'Union européenne adoptent actuellement la réforme appelée **LMD** (pour les trois grades: Licence, Master, Doctorat).

- Dans le but de favoriser la mobilité des étudiants et leur accès au monde du travail en Europe, la scolarité est découpée en semestres. Pour chaque semestre validé, on obtient 30 **crédits européens (c.u.)** en vue de la préparation des grades universitaires nationaux qui sanctionnent les étapes terminales des trois cycles européens:

  - **la Licence** (bac + 3) = 6 semestres (3 ans) = 180 c.u.
  - **le Master** (bac + 5) = 4 semestres de plus (2 ans) = 120 c.u.
  - **le Doctorat** (bac + 8) = 6 semestres de plus (3 ans) = 180 c.u.

- Chaque cours ou **unité d'enseignement (UE)** porte un coefficient (de 1 à 3) et un poids ECTS. Le nombre de crédits par UE est défini en fonction du travail total requis de l'étudiant: les heures de cours, le travail personnel, le stage, la rédaction d'un mémoire, les projets et autres activités.

- D'autres **titres** déjà utilisés tels que le Diplôme d'Etudes Universitaires Générales ou **DEUG** (bac + 2: Licence 1 / Licence 2 = 120 crédits) et la **Maîtrise** (bac + 4 = Licence + 60 crédits) continuent d'être délivrés à la demande de l'étudiant et sont considérés comme des diplômes intermédiaires.

On obtient 30 crédits européens (c.u.) pour chaque semestre validé.

Compréhension

1. Selon le système de transfert de crédits ECTS, en combien de temps se prépare normalement une licence? Dans votre système universitaire, de quel diplôme est-ce l'équivalent?

2. Quels éléments sont pris en considération lorsque l'université calcule le nombre de crédits européens qui correspondent à une unité d'enseignement?

Réflexion

Imaginez le cas d'étudiants français qui ont effectué un séjour dans une autre université européenne avant le passage au nouveau système de transfert de crédits. A quelles difficultés administratives et pratiques ces étudiants ont-ils dû faire face?

La faculté de médecine de l'Université de Paris

  *Pour des activités culturelles supplémentaires, rendez-vous sur le site Web d'*Interaction www.cengage.com/french/interaction

Vocabulaire actif

🔊 CD2, Track 8

LES ACTIVITÉS

apprendre par cœur to memorize

assister à to attend

échouer to fail

faire des études (de) to study, to major (in)

_____ **supérieures** to go to university

faire une demande d'inscription to apply

former to educate, to prepare

s'inscrire to register, to enroll

loger to lodge, to live

s'orienter to choose a course of study

se préinscrire to preregister

prendre une décision to make a decision

se rattraper to make up

recevoir (un diplôme) to finish a course of study, to graduate

régler to settle, to pay

remplir to fill out

retirer to obtain, to withdraw

sécher un cours to cut a class (_coll._)

subir to undergo

À LA FAC

un amphithéâtre (amphi) lecture hall

un apprentissage apprenticeship

un bachelier / une bachelière baccalaureate holder

le BTS (Brevet de Technicien Supérieur) technical degree obtained at secondary level

la cité universitaire residence hall complex

une classe préparatoire preparatory class (for the entry exam to the **grandes écoles** or prestigious graduate institutes in France)

une conférence lecture

un conseiller / une conseillère advisor

le contrôle continu des connaissances periodic testing

une copie d'examen exam paper

un cours magistral lecture by the professor

un cursus course of study

la date limite deadline

le deuxième cycle second level of higher education

un diplôme diploma, degree

un dossier record, transcript

le droit law

le DUT (Diplôme Universitaire de Technologie) technical degree obtained at university level

l'enseignement (_m_) teaching, instruction, education

une épreuve test

une étape stage

les études (_f pl_) course of study

_____ **supérieures** post-**bac** studies

une fiche form

une filière track

Exercices de vocabulaire

A. Choisissez un mot ou une expression de chaque colonne pour créer des phrases qui décrivent la vie d'étudiant en France.

En France, les étudiants...

1. choisir   a. des épreuves

2. échouer   b. le(s) cours

3. s'inscrire   c. la cité universitaire

4. loger   d. des fiches

5. régler   e. une orientation

6. remplir   f. des travaux pratiques

7. sécher   g. un dossier

8. subir   h. les frais d'inscription

9. assister à   i. des conférences

B. Vous rencontrez quelques étudiants francophones qui passent l'année dans votre université. Ils sont un peu perdus par rapport au système universitaire nord-américain. Complétez les phrases suivantes par une des expressions indiquées afin d'expliquer la vie universitaire nord-américaine à ces étudiants.

une formation education, academic preparation

_____ **en alternance** alternating work-study

un domaine de _____ field of study

les frais d'inscription (m pl) tuition, registration fees

la gestion management

HEC (Ecole des Hautes Etudes Commerciales) prestigious business school

l'informatique (f) computer science

les inscriptions (f pl) registration

une insertion entry into

un IUT (Institut Universitaire de Technologie) technical institute

la Licence first diploma after the **bac** (bac + 3 years of university study)

une majeure major subject

une manifestation demonstration

le Master second diploma after the **bac** (two years beyond the **Licence**)

une matière subject

une mention honors (on an exam), degree concentration

une mineure minor

le Ministère de l'Education Nationale Department of Education

un module unit

une moyenne average

un niveau level

une note grade

une orientation direction of study

un polycopié reproduced set of lecture notes

un poste job or position in a company

la première next to last year of **lycée**

le repêchage second chance

le Resto U (RU) university restaurant

les sciences des organisations privées et publiques organizational systems

les sciences humaines social sciences

la scolarité schooling

une spécialisation major (field of study)

la terminale last year of **lycée**

les travaux pratiques (m pl) drill, laboratory, or discussion sections

une unité de valeur credit

la vie active work

LES CARACTÉRISTIQUES

admis(e) accepted

au fur et à mesure bit by bit

déçu(e) disappointed

démodé(e) old-fashioned

facultatif(-ive) optional

gratuit(e) free

provisoire temporary

reçu(e) passed (an exam)

sélectif(-ive) selective

supprimé(e) eliminated, canceled

surpeuplé(e) crowded

Expressions: cours obligatoires   cours magistraux   échouer
frais d'inscription   inscriptions   loger
faire des études   obtenir un diplôme   se préinscrire
sécher   notes   crédits

1. Vers la fin de chaque semestre, il faut _____ aux cours du semestre suivant.

2. Les _____ ont lieu juste avant le début de chaque semestre.

3. Si on a une moyenne de «B+», on a de bonnes _____.

4. Si on _____ à un cours, il faut le reprendre.

5. Pendant les deux premières années, il y a des _____ qu'il faut suivre.

6. On paie les _____ au moment de s'inscrire.

7. La plupart des étudiants américains _____ dans des résidences.

8. Assez souvent, on assiste aux _____ pour écouter des conférences faites par les professeurs.

9. Pour chaque cours qu'on réussit, on reçoit un certain nombre de _____.

10. Le vendredi après-midi, au printemps, les étudiants ont tendance à _____ les cours.

11. Un étudiant qui est très fort en français, peut choisir de _____ de français.

12. Aux Etats-Unis, normalement, on peut _____ en quatre ans.

C. Olivier est un étudiant très intelligent mais pas toujours très assidu *(industrious)*. Voici une conversation entre Olivier et sa mère. Reproduisez la conversation en choisissant des expressions synonymes dans le **Vocabulaire actif** pour remplacer les éléments soulignés.

MÈRE: Dis, Olivier, j'ai vraiment peur que tu <u>rates</u> cette année à la fac. Tu <u>vas régulièrement aux cours</u>?

OLIVIER: Bien sûr, maman. Et si je <u>manque</u> un cours, je cherche toujours <u>les copies des notes</u> de <u>la conférence</u> du professeur.

MÈRE: Tu sais, tu as déjà été obligé de <u>refaire une deuxième fois la première année</u>. Tu penses toujours <u>terminer tes études</u> à la fin de l'année prochaine?

OLIVIER: Oui, sauf si je décide de changer <u>la direction de mes études</u>. Je pense maintenant <u>me spécialiser en</u> informatique. C'est une spécialisation très pratique pour m'insérer dans <u>le monde du travail</u>.

MÈRE: Oh là là! Choisir une formation <u>pratique</u> va te demander encore des années d'études.

OLIVIER: C'est vrai. Mais je vais pouvoir réaliser mes ambitions, et toi, un jour, tu vas être heureuse que j'aie un poste.

Lexique personnel

À LA FAC

A Pour chacun des sujets suivants, dressez une liste personnelle de mots.

1. les cours obligatoires que vous avez suivis

2. les cours facultatifs que vous avez suivis

3. les cours que vous suivez ce semestre

4. votre spécialisation (**Je fais des études de...; Je me spécialise en...**)

5. la profession que vous pensez exercer (**Je pense devenir...**)

B En petits groupes, employez le vocabulaire du chapitre et de votre lexique personnel pour poser des questions à vos camarades de classe sur leurs études.

1. Vous êtes étudiant(e) en quelle année à l'université (première, deuxième, troisième, quatrième)?

2. Quels cours obligatoires avez-vous suivis?

3. Quelles études faites-vous à l'université?

4. Quels cours suivez-vous ce semestre? Sont-ils tous obligatoires?

5. Avez-vous un conseiller (une conseillère) pédagogique? Est-ce qu'il / elle vous aide à établir votre programme d'études?

6. Parmi les cours que vous suivez ce semestre, lesquels aimez-vous particulièrement?

Structures I

Formation of the Present Subjunctive

The subjunctive is a mood, that is, an entirely different way of talking about the world around us. The subjunctive is not used to report the world as it is (**Je pars**), as it was (**Je suis parti[e]**), or as it will be (**Je vais partir / Je partirai**); such cases call for the indicative. Rather, the subjunctive is used to express the world as one would like it to be (**Vous préférez que je parte**), as seen through the subjective filter of one's emotions (**Tu es surpris[e] que je parte**), or as viewed in one's opinions (**Tu n'es pas sûr[e] que je parte**). Actions are, therefore, presented not as facts but as hypotheses (**Je vais partir pourvu que vous veniez avec moi**), or as events influenced by the subjectivity of the person who is speaking (**Je vais partir, bien que tu viennes avec moi**).

The subjunctive is not prevalent in English today, although some of our common speech patterns may involve its use.

> *I wish John **were** here.*
>
> *It is imperative **that you be** here on time.*
>
> *I recommend **that he go** to the doctor.*

Modern French makes more extensive use of the subjunctive than does English. It is an important construction that you will hear often and need to know how to use. There are four tenses of the subjunctive mood: the *present*, the *past*, the *imperfect*, and the *pluperfect* subjunctive. The latter two are literary tenses that have limited use in modern French.[1] There is no future tense of the subjunctive. An action in the future is expressed by the present subjunctive.

Regular Subjunctive Forms

The formation of the present subjunctive is the same for all regular conjugations (**-er, -ir, -re**). To form the present subjunctive, drop the **-ent** ending of the **ils** form of the present indicative and add the following endings: **-e, -es, -e, -ions, -iez, -ent.**

parler (ils parlent)	**finir** (ils finissent)	**répondre** (ils répondent)
que je parle	que je finisse	que je réponde
que tu parles	que tu finisses	que tu répondes
qu'il / elle / on parle	qu'il / elle / on finisse	qu'il / elle / on réponde
que nous parlions	que nous finissions	que nous répondions
que vous parliez	que vous finissiez	que vous répondiez
qu'ils / elles parlent	qu'ils / elles finissent	qu'ils / elles répondent

Most irregular verbs in **-ir** and **-re** (**lire, écrire, dormir, partir, mettre**, etc.) follow a regular pattern in the formation of the present subjunctive.

[1]For a discussion of the imperfect and pluperfect subjunctive, see *Appendix A.*

1 Les parents adorent donner en exemple à leurs enfants ce que font «les autres». Ici, M. et Mme Dumont font allusion *(are referring)* aux amis de leurs enfants. Complétez la réaction des enfants en mettant le verbe en **caractères gras** à la forme appropriée du subjonctif.

1. —Ils **réussissent** au bac.
   —Et bien sûr, vous voulez aussi que nous _____ au bac.

2. —Ils **n'échouent** jamais aux examens.
   —Croyez-vous vraiment que nous _____ aux examens?

3. —Ils **écrivent** d'excellentes dissertations.
   —Mais même au niveau du secondaire, il faut que Bruno _____ de bonnes dissertations.

4. —Ils **s'entendent** bien avec leurs professeurs.
   —Vous ne croyez pas que je _____ bien avec mes profs?

5. —Ils **obéissent** à toutes les règles de l'université.
   —Mais, il est essentiel que tout le monde _____ aux règles de l'université.

6. —Ils **lisent** tous les manuels de cours.
   —Il n'est pas surprenant qu'ils _____ tous les manuels.

7. —Ils **suivent** les cours les plus difficiles.
   —Mais, il est essentiel qu'on _____ quelques cours difficiles.

Irregular Subjunctive Forms

Certain irregular verbs have regular subjunctive stems but undergo spelling changes in the **nous** and **vous** forms that correspond to similar irregularities in the stem of the present indicative.

croire (ils croient)	**voir** (ils voient)	**prendre** (ils prennent)	**devoir** (ils doivent)
que je croie	que je voie	que je prenne	que je doive
que tu croies	que tu voies	que tu prennes	que tu doives
qu'il / elle / on croie	qu'il / elle / on voie	qu'il / elle / on prenne	qu'il / elle / on doive
que nous **croyions**	que nous **voyions**	que nous **prenions**	que nous **devions**
que vous **croyiez**	que vous **voyiez**	que vous **preniez**	que vous **deviez**
qu'ils / elles croient	qu'ils / elles voient	qu'ils / elles prennent	qu'ils / elles doivent

venir (ils viennent)	**tenir** (ils tiennent)	**boire** (ils boivent)
que je vienne	que je tienne	que je boive
que tu viennes	que tu tiennes	que tu boives
qu'il / elle / on vienne	qu'il / elle / on tienne	qu'il / elle / on boive
que nous **venions**	que nous **tenions**	que nous **buvions**
que vous **veniez**	que vous **teniez**	que vous **buviez**
qu'ils / elles viennent	qu'ils / elles tiennent	qu'ils / elles boivent

Stem-changing verbs undergo the same spelling changes in the present subjunctive as in the present indicative.[2]

[2]See *Appendix B.*

A few verbs have totally irregular stems in the present subjunctive.

avoir	être	aller	faire
que j'**aie**	que je **sois**	que j'**aille**	que je **fasse**
que tu **aies**	que tu **sois**	que tu **ailles**	que tu **fasses**
qu'il / elle / on **ait**	qu'il / elle / on **soit**	qu'il / elle / on **aille**	qu'il / elle / on **fasse**
que nous **ayons**	que nous **soyons**	que nous **allions**	que nous **fassions**
que vous **ayez**	que vous **soyez**	que vous **alliez**	que vous **fassiez**
qu'ils / elles **aient**	qu'ils / elles **soient**	qu'ils / elles **aillent**	qu'ils / elles **fassent**

savoir	vouloir	pouvoir
que je **sache**	que je **veuille**	que je **puisse**
que tu **saches**	que tu **veuilles**	que tu **puisses**
qu'il / elle / on **sache**	qu'il / elle / on **veuille**	qu'il / elle / on **puisse**
que nous **sachions**	que nous **voulions**	que nous **puissions**
que vous **sachiez**	que vous **vouliez**	que vous **puissiez**
qu'ils / elles **sachent**	qu'ils / elles **veuillent**	qu'ils / elles **puissent**

2 Voici des phrases qui résument un désaccord typique entre parents et enfants au sujet des études. Complétez les phrases par la forme appropriée du subjonctif.

1. Mes parents veulent que je _____ des études de commerce. (faire)

2. Ils désirent que j' _____ une belle carrière et que je _____ membre d'une profession libérale. (avoir, être)

3. Pour moi, il faut qu'un individu _____ faire ce qu'il veut faire et qu'il _____ heureux. (pouvoir, être)

4. Mes parents ont peur que je n' _____ pas à l'université et que je ne _____ pas mon avenir au sérieux. (aller, prendre)

5. J'ai peur que mes parents ne _____ pas l'importance du bonheur individuel et ne _____ pas ce que je trouve important. (comprendre, savoir)

6. C'est dommage qu'ils n'_____ pas confiance en moi. (avoir)

7. Je veux que mes parents _____ fiers de moi. (être)

8. Mais, en même temps, je ne crois pas qu'on _____ mener sa vie pour les autres. (pouvoir)

Formation of the Past Subjunctive

The past subjunctive follows the same pattern of formation as the **passé composé.** It is formed by combining the present subjunctive of the auxiliary verb **avoir** or **être** with the past participle of the main verb.

parler	finir
que j'**aie parlé**	que j'**aie fini**
que tu **aies parlé**	que tu **aies fini**
qu'il / elle / on **ait parlé**	qu'il / elle / on **ait fini**
que nous **ayons parlé**	que nous **ayons fini**
que vous **ayez parlé**	que vous **ayez fini**
qu'ils / elles **aient parlé**	qu'ils / elles **aient fini**

répondre	partir
que j'**aie répondu**	que je **sois parti(e)**
que tu **aies répondu**	que tu **sois parti(e)**
qu'il / elle / on **ait répondu**	qu'il / elle / on **soit parti(e)**
que nous **ayons répondu**	que nous **soyons parti(e)s**
que vous **ayez répondu**	que vous **soyez parti(e)(s)**
qu'ils / elles **aient répondu**	qu'ils / elles **soient parti(e)s**

se lever
que je **me sois levé(e)**
que tu **te sois levé(e)**
qu'il / elle / on **se soit levé(e)**
que nous **nous soyons levé(e)s**
que vous **vous soyez levé(e)(s)**
qu'ils / elles **se soient levé(e)s**

3 Vous écrivez à un(e) correspondant(e) en France au sujet de votre premier semestre à l'université. Mettez les verbes entre parenthèses au **passé du subjonctif.**

1. Certains de mes amis sont surpris que je _____ à la fac. (aller)
2. Mais c'est la meilleure décision que j' _____. (prendre)
3. Les cours obligatoires sont les cours les plus difficiles que j' _____. (suivre)
4. Bien qu'on _____ beaucoup en cours d'anglais, ça a été un cours très utile. (écrire)
5. J'étais heureux (heureuse) qu'on _____ des livres si intéressants en cours d'anglais. (lire)
6. Le prof n'était pas content que tant d'étudiants ne _____ pas _____ à sa conférence. (venir)
7. Mes parents étaient contents que j' _____ un si bon travail en première année. (faire)
8. J'ai été surpris(e) qu'un de mes copains _____ à son examen de maths. (échouer)
9. Ma famille était heureuse que j' _____ dans tous mes cours et que je _____ en même temps. (réussir / s'amuser)

INTERACTIONS

Le week-end prochain. En petits groupes, employez les éléments indiqués pour poser des questions sur les projets de vos camarades de classe pour le week-end prochain. Ensuite, comparez les différentes réponses. Qui a le week-end le plus chargé? Qui a les projets les plus intéressants?

1. Il faut que / tu / faire des devoirs?
2. Il est nécessaire que / tu / aller à la bibliothèque?
3. Tu / vouloir que / tes amis / sortir / avec toi en boîte?
4. Tu / désirer que / ta famille / venir / te voir?
5. Tu es content(e) que / ton (ta) camarade de chambre / dormir si tard le matin?
6. Il est important que / tu / envoyer des courriels à tes copains?
7. Tu as peur que / ton (ta) petit(e) ami(e) / être en retard pour votre rendez-vous?
8. Il est surprenant que / tes amis / ne pas avoir des projets pour le week-end?

Note culturelle

Pour s'inscrire

Les élèves en année de terminale au lycée préparent non seulement l'examen du bac mais aussi leur vie pour l'automne suivant. S'ils ont l'intention de s'inscrire dans l'enseignement supérieur, il faut prendre certaines décisions. Va-t-on s'orienter vers une formation en faculté, les classes préparatoires aux concours d'entrée des grandes écoles, un Institut Universitaire de Technologie (IUT) pour préparer un Diplôme Universitaire de Technologie (DUT), un Brevet de Technicien Supérieur (BTS)... ? Les inscriptions en première année commencent en juillet, le jour des résultats du bac. Les futurs étudiants doivent se renseigner sur les inscriptions spéciales et les dates limites dans l'établissement où ils veulent aller. Lorsque les résultats du bac sont connus, les nouveaux bacheliers doivent obtenir un dossier d'inscription administrative à l'université. En cas d'admission, l'établissement fixe une date en septembre à laquelle les étudiants doivent se présenter pour l'inscription pédagogique définitive. Tous les bacheliers savent qu'ils vont trouver une place en fin de compte, mais qu'ils devront devenir de plus en plus autonomes au cours de leur première année dans l'enseignement supérieur.

Compréhension

1. Parmi quelles sortes d'options les nouveaux bacheliers peuvent-ils choisir s'ils veulent continuer leurs études?

2. Que doivent faire les futurs étudiants aussitôt que les résultats du bac sont connus?

3. Expliquez ce qu'est le DUT. Dans quels types d'établissement faut-il préparer ce diplôme?

Réflexion

Imaginez que vous êtes en terminale au lycée. Vous voulez établir votre calendrier pour cette année importante. Quels choix devez-vous faire en ce qui concerne votre future formation? Si vous choisissez une filière universitaire, que devez-vous faire dès que vous recevez les résultats du bac? A partir du mois d'octobre, que se passe-t-il? En quoi votre parcours est-il semblable ou différent de celui d'un(e) élève nord-américain(e)?

Structures II

Uses of the Subjunctive

The usual construction requiring the use of the subjunctive consists of a main clause containing a verbal expression that implies doubt or subjectivity followed by a subordinate clause with a change of subject introduced by **que.**

Il doute que je finisse à l'heure.   *He doubts that I'll finish on time.*

The use of the subjunctive in the subordinate clause is caused by an expression in the main clause that requires a shift in the mood of the verb from the indicative (fact) to the subjunctive (doubt or subjectivity).

The two essential elements that call for the use of the subjunctive are implied doubt or subjectivity and change of subject. If either one of these elements is missing, the subjunctive is not used.

- If you remove the element of doubt, the subjunctive is not required.

    Il est certain que je vais finir   *It is certain that I'll finish*
    à l'heure.   *on time.*

- If there is no change of subject, there is no need for a second clause with a verb in the subjunctive. In such cases, the main verb will be followed by an infinitive.

    Je **veux finir** à l'heure.   *I want to finish on time.*

The past subjunctive is used in the same type of construction as the present subjunctive. There is a main clause containing an expression that implies doubt or subjectivity followed by a subordinate clause with a different subject.

The verb in the subordinate clause is in the past subjunctive when the action of that verb has taken place prior to the action of the main verb.

Ses parents **doutent qu'il ait fait** de son mieux l'année dernière.

Le prof **n'était pas sûr qu'elle soit venue** en classe hier.

Nous **sommes contents que vous ayez réussi** à l'examen.

- Note from the preceding examples that the tense of the main verb has no effect on the tense of the subjunctive verb. If the subordinate action has taken place prior to the main action, use the past subjunctive. In all other cases, the present subjunctive is used.

RAPPEL!

The keys to using the subjunctive are:

1. Learn the specific types of expressions that may require the use of a subjunctive verb in a subordinate clause.

2. Check to see if the element of doubt or subjectivity is present in the main clause.

3. Verify whether the subjects of the two verbs are different or the same. When the two subjects are different, use the subjunctive in the subordinate clause. When the subjects are the same, use a conjugated verb followed by an infinitive.

4. Verify the sequence of the actions in the main clause and the subordinate clause. If the action of the subordinate clause has taken place prior to the action of the main clause, put the verb in the subordinate clause in the past subjunctive.

Expressions of Doubt, Emotion, Will, and Thought

Expressions of doubt, emotion, will, and thought usually require the subjunctive in the subordinate clause when there is a change of subject and when the context implies doubt or subjectivity.

A. Doubt: When used affirmatively or interrogatively, the expressions **douter** and **être douteux** require the subjunctive in a subordinate clause.

Je doute que le prof comprenne le problème.

Doutez-vous que je puisse réussir?

Il est douteux qu'il ait fait des études supérieures.

Est-il douteux qu'elles reçoivent leurs diplômes en juin?

When used negatively, however, expressions of doubt require the indicative in the subordinate clause.

Il n'est pas douteux qu'elles vont recevoir leurs diplômes en juin.

Je ne doute pas que M. Dubois est un très bon professeur.

1 Pour exprimer votre opinion, transformez les phrases suivantes en commençant par **je doute** ou **je ne doute pas.** Utilisez le subjonctif ou l'indicatif selon ce que vous voulez exprimer.

MODELE   Les cours obligatoires sont nécessaires.

> *Je doute que les cours obligatoires soient nécessaires.*
>
> *Je ne doute pas que les cours obligatoires sont nécessaires.*

1. Il y a assez de places sur les parkings de l'université.
2. Mes profs sont tous compétents.
3. Nous nous amusons le week-end.
4. La cuisine du restaurant universitaire est toujours excellente.
5. Tous les étudiants reçoivent leurs diplômes en quatre ans.
6. Mon ami peut avoir une bonne note en cours de *(nom d'une matière).*
7. Nous écrivons beaucoup de compositions en cours de français.
8. ???

B. Emotion: Expressions of emotion are considered to be subjective statements and require the subjunctive after a change of subject, whether used affirmatively, negatively, or interrogatively.

Je **suis contente qu'il ait été reçu** au bac.

Elle **est ravie que son ami aille** à la même université qu'elle.

M. Dumont **est triste que Philippe ne fasse pas** d'études de médecine.

Ses parents **étaient fâchés que Monique ait échoué** à un examen important.

Je **suis désolé que tu ne sois pas admis** à l'Institut Universitaire de Technologie.

Etes-vous **vraiment surpris que j'aie** une mauvaise moyenne en maths?

Nous **avons peur qu'il (n')y ait** trop d'examens dans ce cours.[3]

Je **regrette que vous n'ayez pas réussi** à l'examen.

- Note that after expressions of emotion, when there is no change of subject, an infinitive preceded by **de** is used.

  Je **suis content de réussir.**   *I'm happy to succeed.*
  Elle **est heureuse de venir.**   *She's happy to come.*

2 Quelles sont les réactions des personnes suivantes? Transformez les phrases selon le modèle.

MODELE   Robert ne fait pas d'études. Ses parents sont tristes ou contents?
       Ses parents sont tristes que Robert ne fasse pas d'études.

1. Ma sœur et moi, nous voyageons en France l'été prochain. Mes amis sont heureux ou jaloux?

2. Je rentre tard quelquefois. Mes camarades de chambre sont contents ou fâchés?

3. Je fais des études de *(spécialisation)*. Mes parents sont surpris ou fiers?

4. Nous ne sortons pas samedi soir. Mon ami est ravi ou désolé?

5. Je recevrai mon diplôme en *(année)*. Mes parents sont contents ou surpris?

6. J'ai une bonne moyenne en français. Mon prof est heureux ou surpris?

INTERACTIONS

Ma famille et moi. En petits groupes, dressez une liste de cinq de vos activités que votre famille approuve. Puis, faites une liste de cinq activités qui surprennent votre famille. Comparez les listes. Est-ce que les attitudes de vos familles sont semblables ou différentes?

[3]After **avoir peur** (and other expressions of fear) you may encounter **ne** before a subjunctive verb used in the affirmative. This is a stylistic device that has become optional in spoken French. If the subjunctive verb is used negatively, both **ne** and **pas** (or other negative) are required, as in any other negative construction.

3 Choisissez un élément dans chaque colonne, puis posez des questions à d'autres étudiants sur les préoccupations de leur famille et de leurs amis.

tes parents	être content(e) que	être à la fac
ton père	être surpris(e) que	choisir cette université
ta mère	être heureux(-euse) que	avoir une spécialisation pratique
ta famille	être fâché(e) que	suivre un cours de français
tes amis	avoir peur que	avoir une bonne / mauvaise moyenne
		trouver un bon poste
		réussir dans la vie
		faire des études de *(spécialisation)*

4 Voici des phrases entendues au cours d'une conversation entre des étudiants français. Combinez-les en suivant le modèle. Utilisez le **subjonctif** ou **l'infinitif,** selon le cas.

MODELES   J'échoue à l'examen. J'ai peur.
J'ai peur d'échouer à l'examen.

Tu ne finis pas ta dissertation. J'ai peur.
J'ai peur que tu ne finisses pas ta dissertation.

1. Notre copine réussit son bac. Nous sommes heureux.
2. Elle participe à un programme de formation professionnelle. Etes-vous surpris?
3. Elle fait un bon stage. Elle est heureuse.
4. Jean-Robert a raté son examen de physique. Nous sommes désolés.
5. Tu as de bons résultats. N'es-tu pas ravie?
6. Vous ne comprenez pas la difficulté de certaines séries du bac. J'ai peur.
7. Il ne peut pas faire un stage à l'étranger. Mon copain regrette.
8. Je fais un stage aux Etats-Unis. Je vais être content.
9. Je peux faire ce stage. Malheureusement, ma copine est jalouse.
10. Mes parents peuvent venir me voir aux Etats-Unis. Ils sont ravis.

INTERACTIONS

Des regrets. Avec un(e) partenaire, dressez une liste de cinq choses que vous regrettez. Ensuite, comparez votre liste à celles des autres groupes. Avez-vous des regrets semblables ou différents?

Note culturelle

Le cursus

La première étape des études comprend généralement trois années de cours qui mènent à un diplôme. Le DUT (Diplôme Universitaire de Technologie) et le BTS (Brevet de Technicien Supérieur), qu'on obtient dans certains lycées ou certaines écoles privées, sont des diplômes professionnels qui mènent directement à la vie active ou, éventuellement, à une licence professionnelle. La Licence est un titre national qui s'obtient dans une faculté universitaire et donne accès à l'enseignement supérieur long (le Master et au-delà *[beyond]*). Les nouveaux étudiants choisissent immédiatement la Licence qu'ils vont préparer. Neuf domaines sont possibles: droit, lettres et langues, arts, sciences humaines et sociales, sciences, technologie industrielle, économie et gestion, administration économique et sociale et STAPS (sciences et techniques des activités physiques et sportives). Au cours du mois de septembre, on choisit aussi une mention ou spécialité (par exemple, Histoire) et un parcours (par exemple, Histoire / Langue vivante ou Histoire / Géographie). L'accès au Master est automatique pour les étudiants titulaires d'une Licence de la mention correspondante.

Le Ministère de l'Education Nationale, dont dépendent toutes les universités d'Etat, cherche actuellement à rendre les formations universitaires plus souples et plus adaptées aux besoins des étudiants. Il y a plus de 1,5 million d'étudiants français inscrits en fac. Les droits d'inscription sont toujours assez modiques *(modest)* (de 300 € à 500 € par an), mais les étudiants dépensent en moyenne 700 € par mois pour le logement, les loisirs, l'alimentation et le transport.

Compréhension

1. Quelle décision importante est-ce que chaque étudiant doit prendre en s'inscrivant à l'université?
2. Qu'est-ce qu'on doit choisir au cours de la première année d'études à la fac?
3. Quel diplôme universitaire peut-on obtenir dans une fac à la fin de la troisième année après le bac?
4. Comparez les frais annuels de l'enseignement supérieur dans une fac française et dans votre université (droits d'inscription, logement, alimentation, etc.).

Réflexion

En ce qui concerne les premières années universitaires, quelles sont les différences principales entre votre propre expérience et celle des étudiants en France? Comparez la sélection des candidats, les décisions qu'il faut prendre en s'inscrivant, la souplesse ou la rigidité du système, etc.

C. **Will:** Expressions of will are considered to be statements of the speaker's personal desire or preference and require the subjunctive when there is a change of subject in the subordinate clause.

vouloir
Je **veux que vous finissiez** vos devoirs.
*I **want you to finish** your homework.*

désirer
Ils **désirent que j'aille** à l'université.
*They **want me to go** to the university.*

préférer
Elle **préfère que son fils soit** médecin.
*She **prefers her son to be** a doctor.*

souhaiter
Je **souhaite que tu finisses** tes études cette année.
*I **wish you would finish** your studies this year.*

The following verbs of ordering or forbidding are also expressions of will. In everyday conversation, however, these verbs are not used in ways that require the subjunctive. They are followed by a noun object introduced by **à,** which in turn is followed by an infinitive introduced by **de.** The noun object may be replaced by an indirect object pronoun that precedes the verb.

demander à (quelqu'un) **de** (faire quelque chose)
M. Dumont **a demandé à son fils de** faire des études de médecine.

dire à (quelqu'un) **de** (faire quelque chose)
On **dit aux étudiants de** s'inscrire.

permettre à (quelqu'un) **de** (faire quelque chose)
Le conseiller **permet à l'étudiant de** suivre cinq cours.

conseiller à (quelqu'un) **de** (faire quelque chose)
Le prof **me conseille de passer** l'examen en octobre.

RAPPEL!

To express a construction consisting of a verb of will followed by another verb form, you must determine if both verbs have the same subject. If the subjects are the same, the verb of will is followed by a dependent infinitive.

Je **veux finir** en juin.	*I **want to finish** in June.*
Il **désire parler** au prof.	*He **wishes to talk** to the professor.*
Ils **préfèrent aller** à l'IUT.	*They **prefer to go** to the IUT.*

However, if the subject of the verb of will and the subject of the second verb are not the same, the action in the subordinate clause must be expressed with the subjunctive.

Ses parents **veulent qu'il finisse** en juin.	*His parents **want him to finish** in June.*
Il **veut que nous parlions** au prof.	*He **wants us to talk** to the professor.*

Beware of the verb **vouloir** when the object of this verb is not the same as its subject. Do not confuse English usage (*He wants **me** to leave.*) with correct French usage (*Il veut que **je** parte.*).

5 A la terrasse d'un café en France en compagnie d'amis, vous discutez des relations parents-enfants et des études. Faites des phrases en employant les éléments indiqués. Assurez-vous de bien distinguer entre les phrases où il y a un changement de sujet et celles où le sujet reste le même.

1. les parents américains / désirer toujours / les enfants / réussir à l'école
2. beaucoup de familles / vouloir / les enfants / faire des études universitaires
3. par exemple / ma mère / souhaiter / je / devenir / architecte, comme elle
4. ah oui, en France / les parents / désirer / les jeunes / obtenir / leur bac
5. quelquefois / les jeunes / préférer / choisir une formation professionnelle
6. moi, par exemple / je / vouloir / être / informaticien(ne)
7. mais les parents / préférer / on / choisir / des programmes plus traditionnels
8. mais moi, je / vouloir / travailler en informatique

6 Quelquefois, il y a de vrais malentendus entre parents et enfants. Voici l'histoire d'Olivier. Reconstruisez ces phrases qui expliquent le problème qu'il a avec sa famille.

1. ses parents / lui / dire / aller à l'université
2. il / leur / demander / la permission / faire une formation professionnelle
3. ils / lui / interdire / s'inscrire dans une école privée d'hôtellerie
4. Olivier / demander / à son conseiller / lui / donner son opinion
5. le conseiller / lui / suggérer / commencer ses études dans une faculté de lettres
6. enfin, Olivier / demander / à ses parents / changer d'avis
7. ils / lui / défendre / faire les études qu'il veut
8. pauvre Olivier, / ses parents / l'empêcher / réaliser son rêve

7 Parlez des goûts des personnes suivantes en complétant chaque phrase par un verbe approprié.

1. Mes parents (ne) veulent (pas) que je...
2. Je désire que mes parents...
3. Mes amis préfèrent que nous...
4. Mes copains (ne) veulent (pas) que je...
5. Mes professeurs souhaitent que les étudiants...
6. Notre prof de français (ne) désire (pas) que nous...
7. Mon ami(e) (ne) veut (pas) que je...
8. Je (ne) veux (pas) que mon ami(e)...

INTERACTIONS

Qu'est-ce qu'on veut que vous fassiez? Faites une liste de cinq objectifs que vos parents (vos amis, votre petit[e] ami[e]) veulent que vous atteigniez. Comparez votre liste aux listes de vos camarades de classe. Quels souhaits sont les mêmes? Lesquels sont différents?

D. Thought (Opinion): The verbs **croire, penser,** and **espérer** require the subjunctive in a subordinate clause when used negatively or interrogatively. When used affirmatively, these verbs no longer imply doubt or subjectivity, and the verb in the subordinate clause is in the indicative.

—**Crois**-tu **qu'il comprenne** bien les conséquences de son choix?
—Oui, je **crois qu'il comprend** bien les conséquences de son choix, mais je **ne crois pas qu'il choisisse** bien son orientation.
—**Pensez**-vous **que ce soit** une bonne chose à faire?
—Je **ne pense pas qu'il soit** nécessaire de faire des études supérieures et je **pense qu'on peut** réussir dans la vie sans diplôme universitaire.

When used negatively or interrogatively, the expressions **être certain(e)(s)** and **être sûr(e)(s)** require the subjunctive in a subordinate clause.

Elle **n'est pas certaine que** vous vous **rattrapiez.**	*She **isn't certain that** you'll make it up.*
Sommes-nous **certains qu'elle fasse** de son mieux?	*Are we **certain that** she's doing her best?*
Nous **ne sommes pas sûrs qu'il parte.**	*We **are not sure that** he's leaving.*
Êtes-vous **sûr que je réponde** bien?	*Are you **sure that** I'm answering well?*

BUT:

Elle **est sûre qu'il fait** son travail.	*She **is sure that** he's doing his work.*
Je **suis certain qu'il dit** la vérité.	*I am **certain that** he's **telling** the truth.*

RAPPEL!

Pay special attention to the patterns in the uses of the subjunctive that you have studied to this point.

EXPRESSION	SUBJUNCTIVE	INDICATIVE
Doubt	Affirmatively Interrogatively	Negatively
Emotion	Affirmatively Negatively Interrogatively	
Will	Affirmatively Negatively Interrogatively	
Thought / Opinion	Negatively Interrogatively	Affirmatively

8 Pour exprimer votre opinion, mettez **je pense (je crois)** ou **je ne pense pas (je ne crois pas)** devant les éléments indiqués. En comparant vos opinions à celles de vos camarades de classe, ajoutez une idée supplémentaire pour expliquer votre opinion.

MODELE la réussite financière / être la chose la plus importante dans la vie

> *Je ne crois pas que la réussite financière soit la chose la plus importante dans la vie. L'amitié est aussi très importante.*

1. l'argent / faire le bonheur
2. les femmes / avoir les mêmes chances que les hommes
3. une formation professionnelle / être aussi bonne qu'un diplôme universitaire
4. tout le monde / devoir faire des études universitaires
5. il / être important de suivre un programme d'études générales
6. les cours de langue / être nécessaires
7. certaines spécialisations / garantir un bon poste
8. la réussite / dépendre des études qu'on a faites
9. tous les étudiants / pouvoir facilement trouver des bons postes
10. tous les étudiants / devoir faire du travail bénévole dans leur communauté

INTERACTIONS

Un sondage sur la vie à l'université. Vous voulez faire un sondage pour découvrir les principaux problèmes dans votre université. Préparez quatre questions à poser aux autres étudiants de la classe. Au sujet de quels problèmes est-ce que tout le monde est d'accord?

MODELE *Penses-tu qu'il y ait assez de parcs de stationnement sur le campus?*

L'héritage culturel

L'Université d'Etat

Au douzième siècle, l'Eglise décide que toute cathédrale doit maintenir une école pour assurer l'instruction de ses clercs. A Paris, c'est de l'une de ces écoles que va naître l'Université de Paris.

- Fondée en 1192, l'Université de Paris a gardé son importance mondiale pendant plusieurs siècles. En province, d'autres universités ont été créées sur le modèle de Paris (par exemple, en 1229 à Toulouse et en 1289 à Montpellier, où se trouve l'école de médecine la plus ancienne d'Europe).
- A la suite de la Révolution française de 1789, les universités ont été supprimées.
- En 1806, Napoléon Ier va donc pouvoir créer sa propre université impériale qu'il place sous le contrôle immédiat du Gouvernement. Le principe des universités d'Etat, administrées par le pouvoir central, a donc été formellement établi en France à partir de l'époque napoléonienne. Ce principe est toujours en vigueur.

Compréhension

1. Depuis combien de temps existe l'Université de Paris?
2. A partir de l'époque de Napoléon, qui administre les universités en France?

Réflexion

Retracez rapidement l'histoire des universités françaises. De quelle institution (l'Eglise ou l'Etat) dépendent-elles au Moyen Age, pendant le Premier Empire et à partir du dix-neuvième siècle? La tradition des universités dans votre pays ressemble-t-elle à celle-ci?

Le dôme de la Sorbonne: un excellent exemple du classicisme en architecture

La Sorbonne

La Sorbonne, symbole de l'université française, a longtemps été la Faculté de théologie, de philosophie et de lettres de Paris. En plus de son importance historique, cette université parisienne présente aussi un intérêt architectural.

- En 1257, Robert de Sorbon, confesseur et chapelain du roi Saint Louis, fonde un établissement pour faciliter l'étude de la théologie chez les étudiants (appelés écoliers) pauvres. A partir de la Renaissance (seizième siècle), cette faculté de théologie a été connue sous le nom de Sorbonne.
- Au dix-septième siècle, le cardinal Richelieu, Ministre du roi, demande à l'architecte Lemercier de reconstruire la Sorbonne. La magnifique chapelle de la Sorbonne, avec son dôme néo-classique de style Louis XIII, date de cette époque. Les bâtiments de la Sorbonne que nous admirons aujourd'hui ont été rénovés ou modifiés vers 1900.

Compréhension

1. Qui a fondé la Sorbonne? En quelle année? Pour quelle raison?

2. Qui a fait reconstruire la Sorbonne au dix-septième siècle? De quel style architectural s'agit-il?

Réflexion

Quelles raisons historiques, géographiques, esthétiques, etc., les étudiants actuels des universités de la Sorbonne peuvent-ils donner pour justifier leur inscription dans leur université?

Jules Ferry et l'école républicaine

Sous la Troisième République (1870–1940), la France a connu des progrès impressionnants en matière d'éducation. Certaines de ses «valeurs républicaines» exercent encore leur influence sur l'enseignement français contemporain.

- Jules Ferry (1832–1893) était Ministre de l'Instruction Publique lorsque la France a voté la «loi Jules Ferry» de 1882 par laquelle l'école primaire publique est devenue gratuite pour tous, laïque (c'est-à-dire neutre en matière de religion et de politique) et obligatoire de 7 à 13 ans.

- A partir de 1889, les instituteurs deviennent des fonctionnaires d'Etat et une instruction morale et civique remplace l'enseignement religieux.

- Au début, seule l'école primaire n'est pas payante. En 1932, les études secondaires deviennent également gratuites. A partir de 1924, l'enseignement dans les lycées de jeunes filles, institués par la loi de 1880, va s'aligner sur le modèle masculin.

Compréhension

1. Qui était Jules Ferry? Qu'est-ce qu'il a établi par la loi de 1882?

2. Depuis 1889, pour qui travaille tout éducateur de l'enseignement public?

3. Quand est-ce que l'enseignement secondaire est devenu complètement gratuit en France?

4. A quel moment l'enseignement secondaire des filles est-il devenu l'égal de celui des garçons?

Réflexion

Que veut dire le mot «république»? Dans quel sens un système éducatif peut-il avoir les valeurs républicaines dont Jules Ferry a été, en grande partie, responsable?

The Subjunctive after Impersonal Expressions

An impersonal expression is any verbal expression that exists only in the third-person singular form and has **il** or **ce** (meaning *it*) as its subject. Impersonal expressions normally require the subjunctive in a subordinate clause because such generalizations imply that the statement being made is open to doubt or is the subjective opinion of the speaker.

The following is a list of some impersonal expressions that require the subjunctive.

Impersonal Expressions with *être*		
il est nécessaire	*it is necessary*	Il est nécessaire que vous fassiez des études.
il est essentiel	*it is essential*	Il est essentiel qu'il aille en classe.
il est important	*it is important*	Il est important que je choisisse mes cours.
il est possible	*it is possible*	Il est possible que vous n'ayez pas compris.
c'est dommage	*it's a pity*	C'est dommage qu'il ne réussisse pas.
c'est triste	*it is sad*	C'est triste qu'elle ait échoué à l'examen.
il est surprenant	*it is surprising*	Il est surprenant que ce cours soit mauvais.
ce n'est pas la peine	*it's not worth the trouble*	Ce n'est pas la peine qu'il vienne me voir.

Impersonal Verbs		
il faut	*it is necessary*	Il faut que vous vous inscriviez.
il vaut mieux	*it's better*	Il vaut mieux que nous assistions aux cours.
il semble	*it seems*	Il semble que le cours finisse en juin.
il se peut	*it's possible*	Il se peut que vous ayez tort.

The following impersonal expressions require the indicative in the subordinate clause when used affirmatively.

il est certain	*it's certain*
il est sûr	*it's sure*
il est probable	*it's probable*
il est évident	*it's evident*
il est clair	*it's clear*
il est vrai	*it's true*
il paraît	*it seems*
il me semble[4]	*it seems to me*

Il est certain que vous avez raison.
Il est vrai qu'il connaît l'université.
Il me semble que vous séchez trop de cours.

[4]Note that the expression **il semble** always requires the subjunctive, whereas **il me semble** requires the subjunctive only when used negatively or interrogatively.

If these expressions are used in the negative or interrogative, the subordinate clause is in the subjunctive.

Il n'est pas sûr que je réussisse à cet examen.
Il n'est pas probable qu'elles aillent à l'université.
Est-il clair qu'elle ait compris?

RAPPEL!

In using impersonal expressions, if you are making a broad general statement rather than addressing a specific person, there is no need for a subordinate clause. In such cases, the impersonal expression is followed by an infinitive. The expressions involving **être** take the preposition **de** before the infinitive.

Il faut s'inscrire en août.

Il faut que vous vous inscriviez avant de partir en vacances.

Il vaut mieux assister à toutes les conférences.

Il vaut mieux qu'il assiste au cours de maths.

Il est nécessaire de remplir certains formulaires.

Il est nécessaire, monsieur, **que vous remplissiez** certains formulaires.

Il est important d'établir un bon programme.

Il est important qu'elles établissent un bon programme.

9 Après une soirée, il faut tout ranger. Transformez les phrases en utilisant **Il faut que** pour indiquer la distribution des tâches nécessaires.

1. Tu ranges la cuisine.
2. Nous lavons tous les verres.
3. On remet toutes les chaises à leurs places.
4. Quelqu'un fait la vaisselle.
5. Je rends ses CD à ma copine.
6. Mon copain reprend son lecteur de CD.
7. Nous nous couchons!
8. ???

10 Votre ami du Sénégal va venir passer l'année dans votre université. Vous lui écrivez pour lui donner des conseils. Complétez chaque phrase en mettant les verbes entre parenthèses à la forme appropriée du **subjonctif** ou de **l'indicatif.**

1. D'abord, il est possible que les frais d'inscription _____ plus élevés pour l'année prochaine. (être)
2. Il faut que tu _____ au bureau des inscriptions pour savoir s'il va y avoir une augmentation. (écrire)
3. Il est essentiel que tu _____ tout de suite aux cours que tu veux suivre. (s'inscrire)
4. Il est toujours possible que certains cours _____ complets. (être)
5. Il est important que tous les étudiants _____ à la première séance d'orientation. (venir)
6. Il est probable que tu _____ au moins un camarade de chambre. (avoir)
7. Il n'est pas sûr que nous _____ la même résidence. (habiter)
8. Il est important que ton conseiller _____ ta situation en tant qu'étudiant étranger. (comprendre)
9. C'est dommage que tu ne _____ pas arriver plut tôt. (pouvoir)
10. Il est certain que je _____ te chercher à l'aéroport. (venir)

INTERACTIONS

Un programme d'échange. Puisque vous parlez français, on vous demande d'accueillir deux Martiniquaises qui vont passer l'année dans votre université. Travaillez en groupes où quelqu'un joue le rôle d'une des étudiantes de la Martinique. Les autres membres du groupe lui donnent des conseils et la Martiniquaise pose des questions sur les conseils du groupe.

MODELE CONSEIL D'UN ÉTUDIANT: *Il faut que tu t'inscrives tôt pour choisir tes cours.*

QUESTION DE LA MARTINIQUAISE: *Combien de cours faut-il que je suive?*

SYNTHESE

A. Voici des phrases entendues au cours d'une soirée entre étudiants au moment de la rentrée. Composez une seule phrase en liant les deux propositions indiquées.

MODELES j'ai peur / Yves vient
J'ai peur qu'Yves (ne) vienne.

j'ai peur / je pars si tôt
J'ai peur de partir si tôt.

1. n'es-tu pas content / on vient chez toi ce soir
2. elle veut / on est à l'heure pour la soirée
3. nous sommes désolés / Jean-Luc ne peut pas venir
4. tout le monde souhaite / elle se rattrape
5. je crois / il va revenir cette année
6. penses-tu / il est arrivé avant la rentrée
7. mon prof de français a exprimé le désir / je suis un cours avancé
8. ma mère est triste / je veux quitter l'université avant d'avoir obtenu mon diplôme
9. mais j'ai peur / je ne réussis pas à ce cours
10. désires-tu / tu pars si tôt
11. je n'ai aucun doute / ce prof est sévère
12. elle préfère / on va au cinéma demain soir
13. je suis étonné(e) / il a changé de spécialisation
14. j'espère / il va me demander de sortir avec lui cette semaine
15. je souhaite / je finis mes études l'année prochaine

B. Complétez les phrases suivantes en exprimant vos opinions personnelles sur votre université.

1. Il me semble que les étudiants ici...
2. Je pense que les livres qu'on achète à la librairie...
3. Je suis certain(e) que les profs...
4. Je voudrais que la bibliothèque...
5. Je doute que les étudiants...
6. Il paraît que notre restaurant universitaire...
7. Il est important que ma spécialisation...
8. Je crois que les cours obligatoires...
9. Je voudrais que ma résidence...
10. Il me semble que le plus gros problème à l'université...

INTERACTIONS

Quelle formation choisir? Pour plusieurs jeunes en France, une formation professionnelle est plus intéressante et plus pratique qu'une formation traditionnelle à l'université. Discutez du portrait suivant.

Apprentie en CAP doreur à la feuille ornemaniste au CFA parisien de l'ameublement, Alice est salariée à l'atelier Mariotti d'Etréchy (Essonne).

Alice, 22 ans
« Lycée professionnel et CFA, les deux établissements m'ont été utiles »

« **Mes** années de collège sont plutôt un mauvais souvenir, car ayant redoublé ma quatrième, j'ai surtout cherché à éviter la voie générale. Par chance, je me suis rendue aux journées portes ouvertes de plusieurs lycées professionnels, et c'est en visitant la salle de dessin de l'atelier des ébénistes que j'ai flashé. J'ai ainsi enchaîné un CAP et un bac pro par la voie scolaire, en sachant profiter des avantages de cette filière. L'un de mes stages a eu lieu chez mon actuel patron, qui fait également de la dorure. Grâce à cette expérience, j'ai pu faire mon deuxième stage en dorure à Florence en bénéficiant du programme Leonardo. Au début de l'année dernière, mon patron m'a rappelée pour travailler sur un chantier très intéressant au Louvre : la restauration de l'une des salles, la galerie d'Apollon. Ce projet m'a décidée à commencer un CAP doreur à la feuille ornemaniste, mais cette fois-ci en apprentissage. Au CFA les rapports avec les profs sont plus humains, et comme on applique immédiatement chez l'employeur les techniques qu'on nous enseigne, on prend plus rapidement confiance en soi. »

1. Décrivez l'expérience d'Alice au collège.
2. Comment a-t-elle découvert la filière professionnelle qu'elle veut suivre?
3. Comment a-t-elle appris l'art de la dorure *(gilding)*? (N.B.: *ornemaniste* veut dire graveur / dessinateur de meubles ou d'objets d'art)
4. Où a-t-elle travaillé récemment? Qu'est-ce qu'elle y faisait?
5. Pourquoi aime-t-elle la formation professionnelle?

Parmi vos amis, est-ce que la formation professionnelle est aussi bien vue que la formation traditionnelle? Avez-vous des amis qui ont choisi une formation professionnelle? Si oui, laquelle? Comment avez-vous réagi à ce choix? Que pensez-vous de la formation professionnelle en général?

POUR S'EXPRIMER
A l'écoute
Mise en scène

CD2, Track 9

Ecoutez la conversation entre Jim et Sébastien au sujet du système éducatif français. **Contexte:** Jim passe sa troisième année universitaire dans une fac française. Sébastien vient d'arriver à la même université où il sympathise bientôt avec Jim. Chacun est curieux d'en savoir plus sur le système éducatif de l'autre. Il y a tant à apprendre sur les règlements, c'est-à-dire la partie officielle de l'enseignement supérieur, mais aussi sur son fonctionnement officieux *(unofficial)*, qui est souvent surprenant.

Avant d'écouter

1. Faut-il passer un examen national pour entrer à l'université aux Etats-Unis?
2. Est-ce qu'un mauvais résultat à un seul examen peut empêcher un(e) étudiant(e) d'être admis(e) à l'université?
3. Qu'est-ce qu'il faut faire pour s'inscrire aux cours dans votre université? Est-ce que le procédé des inscriptions est difficile?
4. Quels sont les frais d'inscription annuels?
5. Décrivez un peu la vie universitaire sur votre campus. Par exemple, expliquez où les étudiants habitent, où ils prennent leurs repas, s'il y a des confréries *(fraternities and sororities)*, s'il y a des équipes sportives, etc.

Compréhension

A. Sébastien décrit les cours qu'il a dû suivre pendant son année de terminale au lycée. En quoi consiste le programme qu'il a suivi? Est-ce très différent de ce que vous avez fait en dernière année? Quels résultats a-t-il obtenus à la fin de l'année?

B. Comme beaucoup de Français, Sébastien emploie des abréviations, comme «amphi» pour amphithéâtre, dans la conversation. Combien de ces formes abrégées pouvez-vous trouver dans le dialogue? Faites une liste de toutes celles que vous ne comprenez pas du premier coup. Le contexte vous permet-il d'en deviner au moins le sens général?

C. Imaginez que c'est Sébastien qui vous demande: «Et ça coûte cher, tout ça?», en parlant des études universitaires chez vous. Répondez-lui. Employez, si possible, le vocabulaire du dialogue.

D. D'après l'explication donnée par Sébastien sur la vie sociale dans les universités françaises, en quoi celle-ci ressemble-t-elle à la vie associative dans votre propre université? Quelles sont les différences?

 ## A vous la parole

Voici une liste d'expressions souvent employées pour présenter une opinion personnelle ou pour discuter d'idées abstraites.

A mon avis, il est évident que...	Moi, je crois que...
Ah non, je ne crois pas que...	Personnellement, je regrette que...
A vrai dire, je ne suis pas sûr(e) que...	Pour ma part, je suis certain(e) que...
Franchement, je suis désolé(e) que...	Quant à moi, je doute que...
Je ne pense pas que...	Vraiment, je suis surpris(e) que...
Je pense que...	

Voici certains sujets de discussion souvent abordés par les étudiants. Utilisez les expressions précédentes pour formuler vos propres opinions sur les déclarations suivantes. Faites tous les changements nécessaires. Un(e) camarade de classe doit ensuite donner sa propre opinion.

1. Pour réussir dans la vie, tout le monde a besoin de faire des études universitaires.
2. Les études universitaires doivent être plus orientées vers une formation professionnelle.
3. Les frais d'inscription coûtent trop cher.
4. L'énergie nucléaire est trop dangereuse.
5. Les manipulations génétiques vont beaucoup apporter à l'humanité.
6. L'union libre mène à des mariages plus durables.
7. Le Gouvernement doit avoir un droit de censure sur les paroles des chansons de rock.
8. Il est nécessaire d'augmenter les impôts pour garantir une assurance maladie à tous les citoyens des Etats-Unis.

Situations orales

A. Plusieurs membres de la classe donnent leur avis sur ce qu'il est nécessaire (important, essentiel, bon, etc.) qu'une personne fasse (possède, soit, etc.) pour être heureuse dans la vie. Les autres étudiants vont donner leurs opinions. Selon l'ensemble des réponses, qu'est-ce qui constitue le bonheur dans la société d'aujourd'hui?

B. L'organisation internationale de l'OTAN *(NATO)* offre un stage rémunéré pour travailler dans ses bureaux de Bruxelles pendant l'été. Les candidats intéressés doivent se présenter pour un entretien avec le comité de sélection aux Etats-Unis. Travaillez en groupes. Une personne joue le rôle du candidat (de la candidate) et donne un bref résumé de son expérience académique et professionnelle. Les autres membres du groupe représentent le comité et posent des questions sur l'expérience et les projets professionnels du candidat (de la candidate).

Structures III

The Subjunctive after Certain Conjunctions

The following conjunctions are followed by a subordinate clause with a verb in the subjunctive when there is a change of subject. If there is no change of subject, these conjunctions are followed by an infinitive. Note that in such cases, **que** is dropped, and some of the conjunctions take **de** to introduce the infinitive.

[5]These expressions may be followed by the pleonastic **ne** before the subjunctive verb.

	Change of Subject	Single Subject
(que / de) before	Mon conseiller me parle **avant que je (ne)**[5] **m'inscrive.**	Je parle à mon conseiller **avant de m'inscrire.**
sans (que) without	Il quitte l'école **sans que ses parents** le **sachent.**	Il quitte l'école **sans l'annoncer.**
à moins (que / de) unless	Il va quitter l'école **à moins que ses parents (ne)** le **laissent** vivre à la résidence universitaire.	Il va quitter l'école **à moins de changer** d'avis.
afin (que / de) so that	Je me spécialise en biologie **afin que mes parents soient** heureux.	Je me spécialise en biologie **afin de trouver** un bon poste.
pour (que) in order that / to	**Vous** venez **pour que nous** vous **passions** des polycopiés.	**Vous** venez nous voir **pour avoir** des polycopiés.
de peur (que / de) for fear that / of	Il a bien étudié **de peur que le prof (ne) donne** un examen.	Il a bien étudié **de peur d'échouer.**

The following conjunctions must always be followed by a verb in the subjunctive, even when there is no change of subject.

	Change of Subject	Single Subject
bien que *although*	Il aime le cours **bien que le sujet soit** difficile à comprendre.	Il aime le cours **bien qu'il n'y aille pas** souvent.
quoique *although*	Vous séchez des cours **quoique vos notes soient** mauvaises.	Vous séchez des cours **quoique vous ayez** de mauvaises notes.
pourvu que *provided that*	Je vais suivre ce cours **pourvu que la classe soit** peu nombreuse.	Je vais suivre ce cours **pourvu que j'aie** le temps.
jusqu'à ce que *until*	Nous allons travailler **jusqu'à ce que vous arriviez.**	Nous allons travailler **jusqu'à ce que nous comprenions** ce problème.

RAPPEL !

The conjunctions **après que, pendant que, parce que, aussitôt que,** and **dès que** are not followed by the subjunctive because they introduce a clause that is factual rather than hypothetical.

Il m'a parlé **après que vous êtes partie**.	*He spoke to me **after you left.***
Je vais travailler **pendant qu'elle est** à l'école.	*I'm going to work **while she's** at school.*
D'habitude, ils partaient **aussitôt que j'avais fini**.	*They usually left **as soon as I had finished**.*

1 Il y a toujours beaucoup de choses à faire avant de quitter le campus à la fin de l'année universitaire. Reliez les deux phrases indiquées en employant **avant que**.

MODELE   Je rends mes livres à la bibliothèque. Elle ferme.
Je rends mes livres à la bibliothèque avant qu'elle ferme.

1. Nous devons dire au revoir aux amis. Ils s'en vont.

2. Je dois téléphoner à ma famille. Elle vient me chercher à la fac.

3. Il faut ranger notre chambre. Nous partons.

4. Tous les étudiants vont revendre leurs manuels de cours. La librairie est fermée.

5. Il est nécessaire de bien organiser mes affaires. Nous les mettons dans la voiture.

6. Il faut se mettre en route. Il fait nuit.

7. ???

2 Votre amie Emma vient passer une année aux Etats-Unis. Elle doit s'incrire dans votre université et vous lui envoyez un e-mail avec des conseils pratiques. Complétez la liste par la forme appropriée des verbes entre parenthèses.

1. Je vais t'envoyer de la documentation avant que tu ne _____ de Montpellier. (partir)
2. Bien que les inscriptions ne _____ pas très compliquées, tu as besoin de t'inscrire tôt. (être)
3. Je vais t'envoyer une des brochures que l'université a préparées pour qu'on _____ quels cours sont au programme. (savoir)
4. Tu peux suivre n'importe quels cours, pourvu qu'il y _____ de la place. (avoir)
5. Tu dois te préinscire avant d'_____ sur le campus. (arriver)
6. On peut attendre jusqu'à ce que tu _____ sur le campus pour t'inscrire définitivement. (être)
7. Tu vas pouvoir avoir les cours que tu veux, pourvu que tu n'_____ pas trop longtemps pour envoyer ton dossier. (attendre)
8. Tu ne dois pas aller plus loin sans _____ un dossier. (préparer)
9. Je vais t'envoyer le nom d'un conseiller pour que tu lui _____ avant d'_____ aux Etats-Unis. (écrire / arriver)
10. Nous pouvons nous retrouver dès ton arrivée pour _____ ensemble de ta vie à l'université américaine. (parler)

3 Maintenant, c'est à vous d'exprimer quelques-unes de vos opinions sur la vie d'étudiant chez vous. Complétez chaque phrase logiquement.

1. Je fais de mon mieux pour que mes parents...
2. Je ne m'inscris jamais à un cours sans...
3. J'aime bien le professeur pourvu qu'il / elle...
4. Je ne sèche jamais mon cours de *(nom d'une matière)* de peur...
5. J'ai choisi de faire des études universitaires pour...
6. J'étudie le français bien que...
7. J'ai réussi quoique...
8. J'accepte l'opinion de mon conseiller (ma conseillère) pourvu que...

INTERACTIONS

Un voyage en Belgique. Vous faites partie d'un groupe qui va passer quinze jours à Bruxelles pour visiter quelques-unes des organisations de l'Union européenne. Avec un(e) partenaire, dressez une liste des préparatifs pour ce voyage.

MODELE —*Il faut prendre nos billets d'avion bien à l'avance pour obtenir les meilleurs tarifs.*

—*Je vais prendre un taxi pour me rendre à l'aéroport pourvu que ça ne coûte pas trop cher.*

Note culturelle

Établissements privés et apprentissage

La formation en alternance associe une formation dans un établissement d'enseignement à un stage pratique en entreprise.

Dans la tradition française, l'université forme des penseurs, des étudiants sélectionnés sur la base de l'intelligence conceptuelle. Mais de plus en plus de Français cherchent une réconciliation entre la théorie et la pratique. C'est la mission que se donnent actuellement beaucoup d'établissements privés, surtout ceux qui sont orientés vers le monde de l'entreprise.

• La préparation par un enseignement commercial se fait très souvent dans des établissements d'enseignement supérieur technique privés. Beaucoup de ces instituts et écoles offrent à leurs élèves des possibilités d'insertion professionnelle rapide «dès la sortie» de l'école.

• La formation par apprentissage offre un excellent moyen de préparer un diplôme de l'enseignement technique reconnu et offre, en même temps, une expérience professionnelle.

• La formation en alternance, c'est partager son temps entre les bancs de l'école et un poste en entreprise tout en touchant un salaire pour le travail en contrat à durée déterminée et, parfois, indéterminée.

Compréhension

1. Est-ce que l'intelligence conceptuelle, favorisée par les universités, s'associe plutôt à la théorie ou à la pratique?

2. Quelle sorte d'enseignement reçoit-on souvent dans les établissements d'enseignement privés?

3. Quelle sorte de préparation et d'opportunités la formation par apprentissage et la formation en alternance offrent-elles?

Réflexion

La plupart des universités françaises sont publiques et fonctionnent sous l'administration de l'État. Dans le secteur privé, les écoles ou instituts qui assurent un enseignement supérieur sont de caractère essentiellement différent des établissements publics. Quel est le profil des étudiants qui s'inscrivent dans le privé? S'agit-il de la même motivation chez vous et en France? Expliquez les différences.

The Subjunctive after Indefinite Antecedents

When a subordinate clause refers to a concept (or antecedent) in the main clause that is indefinite, the subordinate verb is in the subjunctive. The context of the sentence will indicate that the existence or nature of the antecedent is doubtful or open to question.

Je cherche **une voiture qui soit** économique.

*I'm looking for **a car that is** economical.*

> Il veut trouver **une chambre qui ait** une belle vue.
>
> He's looking for **a room that has** a good view.
>
> Nous voulons **une spécialisation qui nous permette** de réussir.
>
> We're looking for **a major that will permit us** to succeed.
>
> Elles cherchent **des amis qui fassent** aussi des études.
>
> They're looking for **friends who are** also going to school.

When the context of the sentence indicates that the subordinate clause refers to a definite person or thing, the verb is in the indicative.

> J'ai acheté **une voiture qui est** très économique. *(You know the car exists.)*
>
> Il a loué **une chambre qui a** une belle vue. *(He knows the room has a view.)*
>
> Nous avons choisi **une spécialisation qui nous permet** de réussir. *(We know that the major will help us succeed.)*
>
> Elle a **des amis qui font** aussi des études. *(She has these friends already.)*

If the antecedent is preceded by a definite article, this is normally a good indication that the verb in the subordinate clause should be in the indicative.

> Voilà **la voiture qui est** si chère.
>
> Nous voulons voir **la chambre qu'il a louée.**

4 Au moment de la rentrée, des copains parlent de différents aspects de la vie d'étudiant. Complétez leurs phrases par la forme appropriée du verbe entre parenthèses.

1. J'espère trouver une chambre qui ne _____ pas trop chère. (être)
2. Nous cherchons une librairie qui _____ des livres bon marché. (vendre)
3. Moi, je veux trouver une spécialisation qui _____ utile. (être)
4. Connaissez-vous quelqu'un qui _____ la date des inscriptions? (savoir)
5. J'ai déjà suivi des cours qui _____ obligatoires. (être)
6. Il faut trouver un prof qui _____ les problèmes des étudiants. (comprendre)
7. J'ai un colocataire qui _____ des études de commerce. (faire)
8. Je ne veux pas suivre un de ces cours où il y _____ une centaine d'étudiants. (avoir)
9. J'ai un conseiller qui _____ bien m'aider à choisir mes cours. (savoir)
10. Nous voulons trouver une colocataire qui _____ le même horaire que nous. (avoir)

5 Vous parlez de votre vie à l'université avec un(e) ami(e). Complétez les phrases suivantes par la forme appropriée des verbes entre parenthèses.

1. Moi, je cherche des copains qui _____ intéressants. (être)
2. Ma copine a des amis qui _____ marrants *(amusing)*. (être)
3. Je voudrais trouver une spécialisation qui _____ des débouchés *(career options)* intéressants. (offrir)
4. Il me faut trouver un poste qui _____ bien. (payer)
5. Toi, tu as choisi des cours qui _____ difficiles. (être)
6. Nous avons trouvé des filières que nous _____ bien. (aimer)
7. Je dois chercher un(e) colocataire qui ne _____ pas jusqu'à deux heures du matin. (sortir)
8. Pour le semestre prochain, pouvez-vous m'aider à choisir un emploi du temps qui ne _____ pas si chargé? (être)

6 Avec un(e) ami(e), vous parlez de votre vie à l'université. Complétez les phrases suivantes pour indiquer votre point de vue.

1. Moi, je cherche des copains qui...

2. Toi, tu choisis des cours qui...

3. Notre université cherche des étudiants qui...

4. Je voudrais trouver une spécialisation qui...

5. Je suis spécialiste de *(spécialisation)* et il me faut trouver un poste qui...

INTERACTIONS

Projets d'été. En petits groupes, posez des questions à vos camarades de classe sur leurs projets pour l'été et pour l'année prochaine. Ensuite, comparez les réponses.

MODELE —*Quelle sorte de job cherches-tu pour l'été?*

—*Je cherche un job qui ne soit pas situé trop loin de chez moi.*

The Subjunctive in Superlative Statements

When a superlative is followed by a subordinate clause, the verb in the subordinate clause is normally in the subjunctive because most superlatives are subjective statements of opinion.

La chimie, c'est **le cours le plus difficile qu'on puisse** suivre ici.	*Chemistry is **the hardest course you can** take here.*
Mme Roland est **le meilleur prof qui soit** à l'université.	*Mme Roland is **the best professor who is** at this university.*

Remember that **personne, rien,** and **le seul** may be used as superlatives and require the subjunctive in a following subordinate clause.

Il n'y a **personne qui puisse** réussir à ce cours.	*There is **no one who can** pass this course.*
Je ne vois **rien qui soit** intéressant dans le cursus du semestre.	*I don't see **anything that is** interesting in the course offerings this semester.*
Une mauvaise moyenne en maths n'est pas **le seul problème qu'il ait** ce semestre.	*A bad average in math isn't **the only problem** he has this semester.*

The subjunctive is not used following a superlative that is a statement of fact rather than an expression of opinion.

C'est **le plus avancé des cours qu'elle suit** ce semestre.	*It is **the most advanced course that she is taking** this semester.*

7 Voici plusieurs affirmations superlatives entendues parmi les étudiants. Complétez les phrases ci-dessous par la forme appropriée du verbe entre parenthèses.

1. C'est l'examen le plus difficile qu'on _____ imaginer. (pouvoir)

2. Il n'y a personne qui ne _____ pas de soucis avant un examen important. (se faire)

3. Tu vois ces hommes là-bas? C'est le plus grand qui _____ mon prof de biologie. (être)

4. C'est le meilleur cours que je _____ ce semestre. (suivre)

5. Le prof nous a dit que la note la plus basse _____ de soixante pour cent. (être)

6. J'ai donné la seule réponse que je _____. (savoir)

7. Il n'y a pas un seul étudiant qui _____ tout le temps, pas vrai? (réussir)

8. Un D en maths? Ce n'est pas la plus mauvaise note qu'on _____ avoir. (pouvoir)

9. Les étudiants en quatrième année sont les seules personnes qui _____ la possibilité de s'inscrire avant les autres. (avoir)

INTERACTIONS

Selon toi... Posez des questions à votre partenaire en utilisant le superlatif pour déterminer quelques-unes de ses opinions. Partagez-vous les mêmes idées?

MODELE *Quel est le meilleur film que tu aies vu?*
Quel est le cours le plus difficile que tu suives ce semestre?

SYNTHESE

A. Vous écoutez une conversation entre plusieurs jeunes Bruxellois qui parlent de leur année universitaire. Complétez chaque phrase par la forme convenable des verbes entre parenthèses.

1. Oh là là! Ce cours de maths est le cours le plus difficile que je _____. (suivre)

2. L'année prochaine, je vais essayer de trouver des cours qui ne _____ pas si durs. (être)

3. Tu cherches un appartement que tu _____ partager avec d'autres étudiants? (pouvoir)

4. Oui, et j'ai bien trouvé un petit appart qui _____ situé très près de la faculté. (être)

5. Il faut que vous _____ certaines décisions avant de _____ en vacances. (prendre, partir)

6. Il est certain que je _____ travailler pendant l'été pour payer mes frais de scolarité. (devoir)

7. Dans mon cours de Science Po, la note la plus mauvaise à l'examen _____ un huit sur vingt. (être)

8. Il est probable que nous ne _____ pas nous revoir pendant les vacances. (pouvoir)

9. Mes parents sont très contents que je _____ un stage aux Etats-Unis cet été. (faire)

10. Je veux que vous m'_____ tous des e-mails pendant les vacances. (écrire)

B. Interview: la vie d'étudiant. Posez les questions suivantes à un(e) camarade de classe.

1. Est-ce que tes professeurs te demandent de faire trop de travaux pratiques?

2. Penses-tu que certains professeurs soient trop indulgents? Lesquels? Y en a-t-il d'autres qui sont trop sévères? Lesquels?

3. Crois-tu que les étudiants américains doivent apprendre beaucoup de choses par cœur? Si oui, pour quels cours?

4. Penses-tu qu'il faille apprendre une langue étrangère pour acquérir une bonne instruction? Pourquoi?

5. Au mois de septembre, avant le premier examen, est-ce que tu as peur que certains professeurs soient trop exigeants? En quoi sont-ils parfois exigeants?

6. Penses-tu que les rapports entre la plupart des étudiants et leurs professeurs soient bons? Peux-tu en donner des exemples?

7. Es-tu surpris(e) que bien des étudiants aient des problèmes d'argent? Qu'est-ce qu'ils font pour trouver des solutions à ces problèmes?

8. Quel est le cours le plus intéressant que tu aies jamais suivi? Pourquoi?

9. Quels avantages ou inconvénients y a-t-il à habiter dans une résidence universitaire? Crois-tu qu'on soit plus heureux dans un appartement que dans une chambre en résidence universitaire?

10. Penses-tu que les étudiants américains soient suffisamment sérieux en ce qui concerne leurs études? Pourquoi?

RAPPEL!

Occasionally for stylistic reasons, it is possible to avoid a subjunctive construction by choosing an alternative means of expression such as:

1. two independent sentences or a compound sentence containing two independent clauses rather than a single complex sentence containing a subordinate clause (It may be necessary to invert the order in which the ideas are expressed.)

   Ma copine est désolée **que je n'aie pas été reçu.**
   Je n'ai pas été reçu, et ma copine (en) est désolée.

2. a conjunction that does not trigger the subjunctive

   Je suis quatre cours actuellement **bien que (quoique) cela soit** difficile.
   Je suis quatre cours actuellement **même si cela est** difficile.

Situations écrites

Comme candidat(e) à la bourse de l'OTAN (voir la page 297), vous devez rédiger un CV accompagné d'une lettre de motivation. En utilisant les documents suivants comme modèles, rédigez votre propre CV, puis écrivez une lettre de motivation pour le stage rémunéré de l'OTAN à Bruxelles.

••• Bien rédiger son CV

Le curriculum vitae est votre carte de visite. Il doit être concis, c'est-à-dire tenir sur une seule page, et développer un certain nombre de rubriques.

Le CV de Linda est dans l'ensemble bien présenté, et sans faute d'orthographe. Les rubriques sont claires et concises. La jeune fille a su retenir l'essentiel de son parcours. Quand on rédige son CV, il faut prendre soin de ne pas « lasser » le lecteur et toujours penser qu'il doit pouvoir intégrer les informations en un coup d'œil.

Linda Durand
28, rue Lamennais, 75010 Paris
Tél. 00.00.00.00.00
Née le 12/03/1984
Célibataire

Formation visée
2002/2003 – Préparation d'un BTS assistant de direction en alternance.

Diplômes obtenus
2002 – Baccalauréat professionnel secrétariat.
2000 – BEP métiers du secrétariat.

Expérience professionnelle/Stages
Septembre 2002 – Secrétaire commerciale chez Alcatel.
Standard, accueil, fax, saisie des factures, planning, prise de commandes, photocopies, classement.
Septembre/octobre 2001 – Secrétaire au service formation de l'hôpital Saint-Antoine.
Relations téléphoniques, classement, saisie et envoi du courrier, dispatching du courrier, télécopie.
Février/avril 2001 – Secrétaire au service communication de la Fédération professionnelle du bâtiment.
Standard, fax, archivage, saisie de courrier, mise en page de revues de presse, travaux administratifs liés à la préparation d'une grande opération de communication.

Connaissances informatiques
WORD
SAP, CIEL, QUALIAC
EXCEL
ACCESS

Connaissances linguistiques
Anglais : bonnes notions.
Espagnol : lu, parlé, écrit couramment.
Portugais : bonnes notions.

Soigner sa lettre de motivation

La lettre de motivation est le complément indispensable du CV. Là encore, il n'existe pas de modèle type, puisque la lettre reflète votre personnalité. Pensez-y, la lettre de motivation n'est pas faite pour répéter le CV, mais pour susciter l'intérêt du lecteur. Il ne faut pas perdre de vue que l'objectif est de décrocher un rendez-vous pour proposer ses services et ses compétences.

Mademoiselle Linda Durand
28, rue Lamennais
75010 Paris

A l'attention de Mme Veille

Paris, le 5 octobre 2006

Objet : demande de candidature.

Madame,
Je vous remercie vivement pour l'entretien téléphonique que vous m'avez accordé hier après-midi.
Je vous envoie ci-joint, comme convenu, mon curriculum vitae qui vous apportera les informations me concernant.
Titulaire d'un baccalauréat professionnel des métiers du secrétariat, je souhaite préparer un BTS assistant de direction en contrat de qualification.
Je peux être pour vous une employée polyvalente, maîtrisant les outils informatiques essentiels, pour un coût avantageux.
Sur deux ans, les trois quarts de mon temps seraient accordés à travailler dans votre entreprise, le quart restant à ma formation au Centre européen de formation professionnelle.

L'école de formation où je suis inscrite me demande d'intégrer une entreprise d'ici à fin octobre 2006.
Merci de bien vouloir prendre en considération au plus vite ma candidature.
Je reste à votre disposition pour un entretien et vous prie d'agréer mes salutations distinguées.

(Signature)

A lire

Texte de culture contemporaine

Sujets de réflexion

Il y a plusieurs types de baccalauréat: le bac général donne accès aux études supérieures; le bac professionnel se prépare dans un lycée d'enseignement professionnel et mène à la vie active ou aux études professionnelles, c'est-à-dire de métier; le bac technologique permet une inscription dans les formations courtes des études supérieures, plus particulièrement dans les secteurs industriels ou les services. Pour beaucoup de jeunes bacheliers et bachelières, et surtout ceux ou celles qui désirent préparer un certificat de qualification professionnelle, le contrat d'apprentissage avec un employeur offre la possibilité de partager son temps entre un travail salarié en entreprise et une formation.

1. Quels avantages ou inconvénients peut-il y avoir à ce type de formation?
2. Votre propre formation vous permet-elle de poursuivre un emploi en même temps que vos études?

Guide de lecture

Le mot **formation** veut souvent dire apprentissage ou études préparant à l'exercice d'un métier ou d'une profession. Imaginez que vous vous destinez à une carrière dans les transports aériens.

1. A quel secteur de l'industrie vous intéressez-vous? En quoi consiste le travail que vous désirez obtenir?
2. Que faites-vous pour commencer votre recherche d'un emploi dans ce domaine?
3. Avez-vous les qualifications nécessaires pour être engagé(e) en vue de ce travail? Quelles sont-elles?
4. Comparez le parcours que vous devez suivre avec celui de Maï dans le texte suivant.

Les Centres de Formation des Apprentis (CFA)

aviation industry

domain
formation au travail
et à l'école

metal workers
to bustle

Dans l'aérien°, les principaux besoins portent sur les services commerciaux (vente, réservation, accueil) et sur les métiers de la maintenance aéronautique. Trois CFA sont d'ailleurs spécialisés dans ce créneau°. Air France, principale entreprise du secteur à investir dans l'alternance°, a recruté près de quatre cent cinquante jeunes en
5 alternance en 2003.

Renseignements sur le site www.airfrance.fr, rubrique Emploi, espace jeunes
Mécanicienne aéronautique: Maï, 21 ans

Aérogare Orly-Nord. Dans un vaste hangar, mécaniciens, chaudronniers°, chefs d'équipes... ils sont une centaine à s'affairer° autour d'un Airbus A340. Dans cet
10 univers, essentiellement masculin, Maï appartient à une équipe en charge de toute la maintenance électrique des instruments de bord et de la radio des avions d'Air

landing light
tests

France. Respecter les procédures et les règles de sécurité est son premier souci... «Quelle que soit notre intervention (révision de certains circuits, phare° cassé, nouveau câblage à installer...), on doit systématiquement effectuer des essais° pour vérifier que rien n'a été altéré par nos opérations.»

horaires... : *staggered hours / forms a part of*

Ses conditions de travail: sur une base de 35 heures, Maï travaille en horaires décalés°, car des équipes interviennent nuit et jour sur les avions. Elle intègre° le plus souvent une équipe de deux ou trois personnes.

hired

Ses projets d'avenir: être embauchée° par Air France.

20 *Sa formation:* BEP électrotechnique, bac professionnel aéronautique (option mécanicien systèmes-avionique).

Salaire débutant: 1 200 € et des prix préférentiels sur les billets d'avion.

Source: *L'Etudiant*, édition 2004–2005 hors-série, «Le guide de l'alternance et des formations rémunérées»

Après la lecture

1. Quel secteur d'Air France a recruté Maï? Où travaille-t-elle?

2. Quelle sorte de métier exerce Maï? Qui exerce traditionnellement ce métier?

3. En quoi consiste la journée de travail typique de Maï? Dans quelle mesure peut-on dire que ce travail demande une certaine vigilance, selon Maï?

4. Faites le portrait de Maï: son âge, la région où elle travaille, sa formation, son salaire, ses attentes professionnelles, etc.

5. Si vous étiez à la place de Maï, quel type de formation en apprentissage pourriez-vous envisager pour vous-même? Préparez une fiche qui représente vos propres qualifications personnelles et professionnelles.

Texte littéraire

Sujets de réflexion

1. D'où vient le mot «civilisé», d'après vous? On dit parfois que les gens qui habitent la campagne ont des mentalités sensiblement différentes de celles des gens qui habitent la ville. Il y a même une fable qui met en scène le «rat de ville» et le «rat des champs» (en anglais: *city mouse* et *country mouse*). Dans quels domaines est-ce vrai, à votre avis? En quoi les «campagnards» se distinguent-ils eux-mêmes des «citadins»?

2. Tout le monde est d'accord que l'on apprend beaucoup dans les livres. Mais il y a aussi d'autres façons d'apprendre. Quelles sont d'autres sources d'enseignement en dehors de l'école?

A propos de l'auteur...

Guy Tirolien

Guy Tirolien (1917–1988) *est né à Pointe-à-Pitre (Guadeloupe). Il a fait ses études primaires et secondaires dans les écoles de langue française en Guadeloupe avant de partir en France où il a fait carrière dans le domaine littéraire aussi bien que dans l'Administration des colonies. Pendant son enfance, Guy Tirolien a connu certaines conditions communes à beaucoup d'autres jeunes gens dans les pays colonisés: l'apprentissage d'une langue étrangère qu'on devait utiliser obligatoirement, du moins à l'école, et un enseignement fondé sur des bases très différentes des traditions présentes dans le milieu familial. Prière d'un petit enfant nègre, un poème publié en 1948, raconte la douleur et le mécontentement ressentis par un enfant noir à qui l'on impose cette école étrangère.*

Guide de lecture

1. Si un enfant fait une prière au Seigneur à propos de l'école, qu'est-ce que l'enfant demande d'habitude?

2. Les vers 1–20 forment une première unité. Lesquels contiennent la prière du petit enfant? Quels vers nous montrent ce que l'enfant veut faire?

3. Quelles réponses donnent souvent les adultes lorsqu'un enfant leur demande pourquoi il faut aller à l'école? Quelle réponse contiennent les vers 21–28?

Pointe-à-Pitre

Prière d'un petit enfant nègre (1943)

Seigneur je suis très fatigué.
Je suis né fatigué.
Et j'ai beaucoup marché depuis le chant du coq
small mountain (creole expression) et le morne° est bien haut qui mène à leur école.
5 Seigneur, je ne veux plus aller à leur école,
Faites, je vous en prie, que je n'y aille plus.
Je veux suivre mon père dans les ravines fraîches
Quand la nuit flotte encore dans le mystère des bois
glide / dawn Où glissent° les esprits que l'aube° vient chasser.
paths 10 Je veux aller pieds nus par les rouges sentiers°
Que cuisent les flammes de midi,
mango trees Je veux dormir ma sieste au pied des lourds manguiers°,
Je veux me réveiller
roars Lorsque là-bas mugit° la sirène des Blancs
factory 15 Et que l'Usine°
sugar cane Sur l'océan des cannes°
Comme un bateau ancré
crew Vomit dans la campagne son équipage° nègre...

Seigneur, je ne veux plus aller à leur école,
20 Faites, je vous en prie, que je n'y aille plus.
Ils racontent qu'il faut qu'un petit nègre y aille

pareil... : just like the Pour qu'il devienne pareil
Aux° messieurs de la ville

comme... : proper Aux messieurs comme il faut°.
25 Mais moi je ne veux pas
Devenir, comme ils disent,
Un monsieur de la ville,
Un monsieur comme il faut.

dawdle / sugar factories Je préfère flâner° le long des sucreries°
full 30 Où sont les sacs repus°
swells Que gonfle° un sucre brun autant que ma peau brune.
Je préfère vers l'heure où la lune amoureuse

coconut trees Parle bas à l'oreille des cocotiers° penchés
Ecouter ce que dit dans la nuit
35 La voix cassée d'un vieux qui raconte en fumant

compère... : equivalent Les histoires de Zamba et de compère Lapin°
of Brer Rabbit Et bien d'autres choses encore
Qui ne sont pas dans les livres.
Les nègres, vous le savez, n'ont que trop travaillé.
40 Pourquoi faut-il de plus apprendre dans des livres
Qui nous parlent de choses qui ne sont point d'ici?
Et puis elle est vraiment trop triste leur école,
Triste comme
Ces messieurs de la ville,
45 Ces messieurs comme il faut

flesh Qui ne savent plus danser le soir au clair de lune
Qui ne savent plus marcher sur la chair° de leurs pieds
tales / evening gatherings Qui ne savent plus conter les contes° aux veillées°.
Seigneur, je ne veux plus aller à leur école.

Source: *Anthologie de la nouvelle poésie nègre et malgache de langue française,*
L.S. Senghor, Ed. P.U.F., 1948.

Après la lecture

1. Imaginez la journée typique de ce «petit enfant nègre», c'est-à-dire la journée qu'il désire ne pas passer. A quelle heure se lève-t-il? Quel chemin doit-il suivre? Que fait-il à l'école? Faites une liste des vers où vous trouvez les réponses à ces questions.

2. Comment l'enfant imagine-t-il sa vie idéale? Faites une liste d'au moins dix activités préférables selon l'enfant.

3. Les vers 34, 35, 36 et 48 font allusion à des histoires. Peut-être s'agit-il de fables? Quelles histoires de ce genre avez-vous écoutées quand vous aviez l'âge du petit garçon? Quelle est leur importance dans le contexte de ce poème?

4. Lorsque l'enfant répète la phrase *Seigneur, je ne veux plus aller à leur école,* de quelle école parle-t-il? «Leur» se réfère à qui, à votre avis?

Pour mieux lire

1. Dans les vers 20, 21 et 22, nous relevons plusieurs exemples de l'emploi du subjonctif. Expliquez pour quelles raisons cet emploi grammatical est nécessaire dans ces vers.

2. La répétition de certaines images est souvent utilisée par les poètes pour souligner une idée ou un élément important. Comment peut-on justifier cet emploi poétique de la répétition dans les vers suivants?

   a. *Seigneur, je ne veux plus aller à leur école* (vers 5, 19, 49)

   b. *Aux messieurs de la ville*   *Un monsieur de la ville*

      Aux messieurs comme il faut.   *Un monsieur comme il faut.*

      (vers 23–24)   (vers 27–28)

   c. *Qui ne savent plus danser le soir au clair de lune*

      Qui ne savent plus marcher sur la chair de leurs pieds

      Qui ne savent plus conter les contes aux veillées. (vers 46, 47, 48)

3. La métaphore est un procédé de langage qui consiste à modifier le sens d'un mot par une substitution. On emploie, par exemple, un terme concret dans un contexte abstrait (au vers 8: *la nuit flotte*). Trouvez, dans le poème, au moins trois autres exemples de métaphores.

4. Quelles images du poème préférez-vous? Expliquez pourquoi.

LIENS CULTURELS

1. Entre 1192—date de sa fondation—et 1970—quand elle a donné naissance à treize universités—l'Université de Paris a subi plusieurs transformations au sujet desquelles vous possédez maintenant certains détails. Quelle est votre impression du système universitaire français?

2. L'école en question dans le poème de Guy Tirolien est l'école coloniale française. Que savez-vous au sujet de l'enseignement primaire public en France (la loi Jules Ferry, par exemple)? Pourquoi l'éducation dans une école de langue française à la Guadeloupe semble-t-elle si étrangère à l'enfant du poème?

EXPANSION

Dans beaucoup de pays, y compris la France, l'enseignement primaire et secondaire public dépend du Ministère de l'Education Nationale. Quel est le système pratiqué dans votre pays? A votre avis, est-ce un avantage ou un inconvénient d'avoir un système d'éducation uniforme? Quels sont les points forts et les points faibles d'une éducation nationale?

RIEN DE GRAVE
Court-métrage de
Renaud Philipps,
Les productions du
Trésor - 2004

Interaction cinéma

PRIX ET RECOMPENSES

→ **Festival des Héraults du Cinéma au Cap d'Agde 2006:** Prix de la réalisation

→ **Festival de Fréjus 2006:** Prix du public, mention spéciale du jury

→ **Short Shorts Film Festival, à Tokyo 2005:** Grand prix au prix du meilleur court-métrage étrange

→ **Festival d'Alpes d'Huez 2005:** Prix du meilleur court-métrage

A considérer avant le film

Vous êtes-vous déjà servi(e) d'une cabine pour téléphoner? Décrivez (ou imaginez) cette expérience. Quelles autres technologies démodées pouvez-vous citer et décrire?

On va au cinéma?

1. **L'image du film.** Les affiches font partie de ce qui nous attire vers le cinéma. Faites une description détaillée de l'affiche pour le film *Rien de Grave*. Quelles premières impressions du film est-ce qu'elle vous donne? Quel genre de film annonce-t-elle? Est-ce qu'elle vous rappelle d'autres affiches que vous connaissez? Lesquelles?

Film poster and all video stills from **Rien de grave** - *Court métrage de Renaud Philipps*, Société de production: Les productions du Trésor - 2004

2. Il était une fois. Il y a vingt-cinq ans, très peu de gens avaient accès à un téléphone portable. Aujourd'hui il semble y en avoir partout. Pourquoi avez-vous décidé, oui ou non, d'avoir un téléphone portable? Vous en servez-vous souvent? Pour quelles raisons? Imaginez la vie moderne sans téléphone portable: Est-ce que tous les changements seraient négatifs?

3. Un avenir technique. Voici quatre idées du succès. Laquelle vous intéresse le plus?

a. un mari/une femme qui m'aime
b. une grande maison et une belle voiture
c. une carrière passionnante
d. des enfants

Dans quel aspect particulier de votre avenir est-ce que la technologie vous sera la plus utile? Est-ce que certains aspects de cette vie future sont menacés par le progrès technologique? Lesquels?

Ça commence!

Premier visionnage

Paris contrôle, il y a un problème. Le personnage central du film aura des problèmes avec la technologie dont il se sert. Notez ce qui lui arrive avec chaque objet mentionné.

1. la clef automatique

2. le téléphone

3. la voiture

4. la carte de crédit

Quels éléments du film contribuent à donner une atmosphère de suspens aux més aventures de l'homme?

Deuxième visionnage

Le bon ordre. Mettez les actions du personnage principal dans l'ordre chronologique.

___1___ Il perd le signal en téléphonant de sa voiture et s'arrête au bord d'une route déserte.

_____ Il reste bloqué dans la cabine.

_____ Il doit trouver un tournevis pour déloger une pièce qui est tombée sous le sol de la cabine.

_____ Il fait tomber ses clefs et ne peut pas monter dans sa voiture.

_____ Il veut payer avec une carte de crédit mais la machine ne les accepte pas.

_____ Il continue sa conversation avec la cliente.

_____ Sa voiture se met à rouler en arrière toute seule.

_____ Un avion fait un atterrissage d'urgence à côté de lui.

_____ Il n'arrive pas à lire le numéro qu'il a marqué.

_____ Il voit arriver une voiture et se jette devant.

Troisième visionnage

M'entendez-vous? Choisissez la phrase la plus logique dans chaque paire.

1. *a.* Ici Paris contrôle. Quel est votre indicatif?
   b. Ici Paris contrôle. Où êtes-vous actif?

2. *a.* J'ai fait un faux numéro.
   b. Je me suis trompé de numéro.

3. *a.* Oui chère dame, le téléphone s'est arrêté.
   b. Oui chère dame, on a été coupé.

Et après
Observations

1. Le film commence avec un appel au secours. De quelle situation urgente s'agit-il?

2. A qui est-ce que le chauffeur de la voiture parle au début du film? Pourquoi est-ce que la conversation est importante pour lui?

3. Qui est dans la voiture que l'homme fait arrêter vers la fin du film? Avec qui parle-t-il?

4. Commentez la fin du film. Est-ce que l'atterrissage de l'avion vous semble vraisemblable? Et la réaction de l'homme au téléphone? Quel en est l'effet?

Avant et après

1. Imaginez la carrière du personnage central. Quel genre d'études a-t-il fait? Pour qui travaille-t-il? Que fait-il tous les jours pour réussir? Pourquoi se concentre-t-il sur sa carrière? Que souhaite-t-il à l'avenir?

2. Quelles seront les conséquences des actions de ce personnage, d'après vous?

A vous de jouer

1. **Intervention.** Le personnage principal du film devra changer son comportement envers les autres. Quels conseils lui donneriez-vous?

   Il est important que...   Il est regrettable que...

   Je suggère que...   Il faut que...

   Il serait préférable que...

2. **Technologie et controverses.** Prenez une position pour ou contre une des affirmations suivantes et discutez-en avec d'autres étudiants dans votre classe.

   Notre société profite énormément des bienfaits de la technologie. Les dangers sont regrettables mais nécessaires.

   La technologie rend le monde plus petit mais les êtres humains sont de plus en plus distants les uns des autres.

3. **Selon les autres.** Des trois citations suivantes, laquelle exprime le mieux le thème du film? Expliquez votre choix.

   «Le téléphone, en rendant la communication facile et rapide, l'a, simultanément, rendue superficielle.»—Claude ZYLBERBERG, *Le Monde*, octobre 1979

   «Il est hélas devenu évident aujourd'hui que notre technologie a dépassé notre humanité.»—Albert Einstein

   «Si la technologie de communication est de plus en plus développée, pourquoi sommes-nous chaque jour plus sourds et plus muets?»
   —Eduardo Hughes Galeano, *Sens dessus dessous.*
   L'école du monde à l'envers (1998)

Version anglaise/
Version française

Quel titre anglais donneriez-vous au film?

Chapitre 9

La francophonie

Cultural Focus
❖ The Francophone World
❖ The Francophone Identity

Readings
Contemporary Cultural *Le Canada: La francophonie*

Literary Tahar Ben Jelloun: Interview with *Le Monde; L'Enfant de sable* (extrait)

Structures
I Prepositions with Infinitives
II Other Uses of Prepositions
   The Present Participle
III Relative Pronouns

Functions
Expressing Intention

Specifying the Purpose or Nature of Objects

Indicating Location or Duration

Qualifying Information

iLrn

Le phare du port des Saintes, sur l'île de Terre-de-Haut à la Guadeloupe

Un peu de culture contemporaine

Qui parle français actuellement?

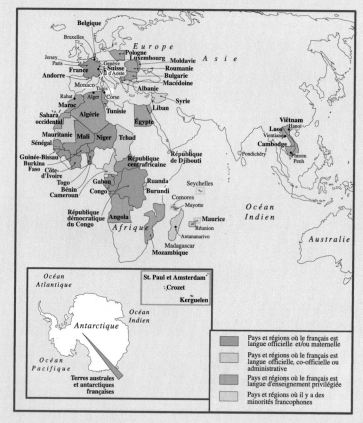

Il y a 200 millions de francophones dans le monde entier. Où peut-on les trouver? Dans cinq continents et de nombreuses îles de langue française. Soixante-dix millions de personnes parlent français...

en Europe:

- cinquante-huit millions d'habitants en France métropolitaine;
- neuf millions dans le reste de l'Europe (première langue de 4,5 millions en Belgique, 1,2 million en Suisse, 300 000 au Luxembourg et 27 000 à Monaco)

outre-mer:

- dans les départements et régions d'outre-mer (DOM-ROM) où les habitants ont la nationalité française: la Martinique, la Guadeloupe, la Guyane, l'île de La Réunion
- dans les territoires d'outre-mer (TOM): les Terres australes et antarctiques françaises
- dans les collectivités d'outre-mer (COM): l'île de Mayotte (départementale), les îles St-Pierre-et-Miquelon (territoriale) et les îles de Saint Barthélemy et de Saint-Martin
- dans les pays d'outre-mer (POM): la Polynésie française et la Nouvelle Calédonie

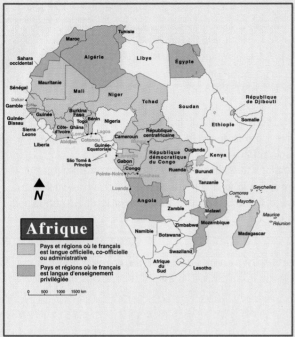

en Afrique:

- en Afrique du Nord (le Maghreb: l'Algérie, le Maroc, la Tunisie)—l'arabe y est la langue officielle, mais le français est souvent une langue d'enseignement à statut privilégié, employée dans les milieux diplomatiques et administratifs

- dans le sud du Sahara (le Burundi, le Cameroun, la République centrafricaine, les Comores, le Congo, la Côte d'Ivoire, la République de Djibouti, le Gabon, la Guinée, Madagascar, le Mali, l'île Maurice, la Mauritanie, le Ruanda, le Sénégal, les Seychelles, le Tchad, le Togo)—le français y est une langue officielle ou administrative

en Amérique:

- au Canada (le Québec et le Nouveau-Brunswick)
- en Louisiane
- en Haïti

Compréhension

1. Donnez quelques indications du nombre de personnes qui parlent français dans divers endroits du monde. Structurez votre réponse en suivant une répartition par continent.

2. Sur quel continent y a-t-il le plus de francophones?

3. Expliquez les sigles *(acronyms)* DOM-ROM, TOM, COM et POM. Où se trouvent ces régions et pays?

Réflexion

A. Dans plusieurs pays d'Afrique, le français est soit une langue officielle, soit une langue privilégiée. (Cherchez sur Internet un site qui vous donne plus de précisions sur l'un de ces pays.) Pourquoi est-il logique que la langue française soit actuellement employée comme langue de communication entre tant de pays africains?

B. Pour certains pays, comme l'Algérie, le français a perdu son statut de langue officielle ou administrative. Quelles raisons politiques et culturelles pouvez-vous suggérer pour expliquer ces circonstances particulières?

La Francophonie et le statut de la langue française

L'emblème de la Francophonie

La Francophonie est une organisation internationale composée de 56 pays membres et 14 pays observateurs. Liés par une langue commune, les pays membres partagent le but de promouvoir la langue française et aussi d'encourager la diplomatie, la paix et les droits humains dans le monde. La désignation Francophonie (avec un **F** majuscule) porte des connotations politiques, car elle représente l'ensemble de pays membres de l'Organisation Internationale de la Francophonie (l'OIF). L'appellation francophone (avec un **f** minuscule) est moins formelle et désigne la communauté mondiale de locuteurs de langue française. La Francophonie est donc limitée aux pays membres de l'organisation officielle. Par contre, l'appartenance à la francophonie est ouverte à tout le monde et comprend 200 millions de personnes dans le monde. Pour comprendre la vaste étendue de la langue française dans le monde, il faut d'abord expliquer les différents statuts de la langue et comment ils fonctionnent dans le monde francophone.

Langue maternelle:

Environ 100 millions de personnes parlent français comme *première langue* ou *langue maternelle*. Pour la plupart, ces locuteurs habitent en France, au Canada, en Belgique et en Suisse, mais ils se trouvent ailleurs aussi—en Afrique, en Asie, en Europe et dans les Amériques.

Langue officielle ou co-officielle:

Le français est *langue officielle* ou *co-officielle* dans 32 pays membres de l'OIF. Comme langue officielle, le français est langue administrative et juridique et souvent celle de la diplomatie, de l'enseignement, du commerce et des médias. Mais la situation linguistique peut varier d'un pays à l'autre. Dans la plupart des pays francophones d'Afrique, le gouvernement désigne les *langues nationales*. Typiquement les langues nationales sont identifiées comme importantes aussi sur le plan local. Elles sont promues par les systèmes éducatifs et les manifestations culturelles régionales. De plus, elles font partie de la vie quotidienne, au marché ou à la gare routière, par exemple, où les langues nationales sont des *langues véhiculaires* qui permettent aux personnes de langues maternelles différentes de pouvoir communiquer.

D'autres statuts:

Dans d'autres pays et régions francophones, le français profite d'un statut privilégié. Là, on l'utilise comme langue d'enseignement, des médias, de la diplomatie et du commerce. Parfois, le français est aussi enseigné comme *langue seconde* dans des pays n'ayant aucune affiliation avec l'OIF malgré la présence de locuteurs maternels, comme aux Etats-Unis et au Royaume Uni.

Compréhension

1. Etes-vous membre de la Francophonie ou de la francophonie? Expliquez votre réponse.
2. Que veulent dire les termes suivants: langue maternelle, langue officielle, langue nationale, langue véhiculaire, langue seconde?

Réflexion

A. Dans quelles circonstances pouvez-vous envisager le besoin de parler la langue française? Avec quels types de locuteurs? Pourquoi la connaissance de la langue française vous est-elle désirable?

B. Dans quel sens peut-on dire que le français est toujours une langue universelle?

TV5 monde

TV5 est la première chaîne mondiale de télévision en français. Plus de 160 millions de foyers peuvent recevoir TV5 par câble ou satellite dans plus de 200 pays et territoires.

- Sept des huit signaux de TV5 sont diffusés de Paris à destination de l'Afrique, de l'Amérique latine, de l'Asie-Pacifique, des Etats-Unis, de l'Europe, de la France / Belgique / Suisse et de l'Orient; le huitième signal, Québec-Canada, est diffusé de Montréal.

- Un réseau formé de dix partenaires internationaux offre à TV5 une programmation qui fait connaître au monde le pluralisme des cultures et la diversité des points de vue.

- Actuellement, 3 millions de chambres d'hôtels et 9 compagnies aériennes diffusent les programmes de TV5 aux voyageurs francophones, et plus de 30 000 enseignants s'en servent dans leurs méthodes pour apprendre et enseigner.

Compréhension

1. Environ combien d'abonnés y a-t-il à TV5? Où se trouvent-ils?

2. Les dix partenaires qui forment le réseau de TV5 sont de provenance internationale. Comment cela assure-t-il une programmation pluriculturelle?

3. Où peut-on regarder les émissions de TV5 quand on est en voyage?

Réflexion

A. Visitez le site TV5.org sur Internet. Si l'on compare TV5 à d'autres chaînes (CNN, Telemundo, BBC, etc.) qui ont également une diffusion internationale, quelles différences peut-on constater?

B. En plus de sa mission d'informer et de divertir le grand public, TV5 peut aussi être utile dans l'apprentissage du français langue étrangère. Que pensez-vous de la télé comme instrument pédagogique? Avez-vous déjà suivi des émissions télévisées en français? Quelles ont été vos impressions de ces émissions?

 Pour des activités culturelles supplémentaires, rendez-vous sur le site Web d'Interaction www.cengage.com/french/interaction

Vocabulaire actif

LES ACTIVITÉS

conserver to preserve
élargir to broaden
établir to establish
s'étendre to extend
naviguer to sail

LA FRANCOPHONIE

un(e) anglophone English-speaking person
le carnaval d'hiver winter carnival
un colon colonist
des communautés *(f pl)* communities

la conquête conquest
le créole language spoken in several territories and formed by a mixture of indigenous languages, with French, Spanish, and Portuguese influences
un département administrative division of France

un divertissement recreation, entertainment
la douceur de vivre pleasant lifestyle
une fête festival
un(e) francophone French-speaking person
la francophonie French-speaking world

Exercice de vocabulaire

 Questions pour un champion *(Jeopardy)*. Complétez les questions qui correspondent aux réponses indiquées.

1. Un autre nom pour la France.

   Qu'est-ce que c'est que l'_____?

2. Un festival d'hiver.

   Qu'est-ce que c'est que le _____ de Québec?

3. Une division administrative en France.

   Qu'est-ce que c'est qu'un _____?

4. La Guadeloupe et la Martinique.

   Quelles îles sont des départements _____?

5. Une langue que parlent tous les Guadeloupéens.

   Qu'est-ce que c'est que le _____?

6. La France pour les Français.

   Qu'est-ce que c'est que la _____?

7. Les pays de l'Afrique du Nord.

   Qu'est-ce que c'est que le _____?

8. Pour les Français et les Belges.

   Pour qui est-ce que le français est une langue _____?

9. Une personne d'Afrique du Nord.

   Qu'est-ce que c'est qu'un _____?

10. Les pays où le français est une langue unique ou officielle.

    Qu'est-ce que c'est que la _____?

11. Toutes les personnes qui habitent en France.

    Qui habite en France _____?

12. Les pays comme la Lybie, la Syrie et l'Egypte.

    Quels sont quelques pays du _____?

l'**Hexagone** *(m)* the Hexagon (term for France stemming from its six-sided shape)
un **lien** link
le **Maghreb** geographic term for North African countries
un(e) **Maghrébin(e)** person from North Africa

la **mer des Antilles (ou des Caraïbes)** Caribbean Sea
la **métropole** mainland France
le **Moyen-Orient** Middle East
un **palmier** palm tree
la **patrie** homeland
un **pays** country
la **peau** skin

la **plage** beach
le **sable** sand
un **sport d'hiver** winter sport

LES CARACTÉRISTIQUES

destiné(e) (à) intended (for)
d'outre-mer from overseas

fier (fière) proud
francophone French-speaking
indigène native
maternel(le) native (language)
métropolitain(e) of / from continental France

Lexique personnel

QU'EST-CE QUE JE SAIS DU MONDE FRANCOPHONE?

A Pour chacun des sujets suivants, dressez une liste personnelle de mots.

1. les pays francophones que vous avez visités (indiquez les articles)
2. les pays francophones que vous voulez visiter (indiquez les articles)
3. les noms (de famille ou d'endroits) d'origine française que vous connaissez aux Etats-Unis

 B On vous offre vos vacances idéales. En petits groupes, faites une description des vacances idéales dans un (ou plusieurs) pays francophone(s). Comparez votre composition à celles des autres groupes.

Le Grand Palais à Bruxelles, Belgique

Structures I

Prepositions with Infinitives

When a conjugated verb in French is followed by another verb in the same clause, the second verb will be in the infinitive form.

The equivalent English construction may often involve the *-ing* form of the verb, but in French this second verb *always* takes the infinitive form.

Je **veux travailler.**	*I want to work.*
Je **continue à travailler.**	*I continue working.*
J'ai **fini de travailler.**	*I have finished working.*

Note in the preceding models that some verbs require no preposition to introduce a dependent infinitive. Other verbs take **à** and still others use **de** before the dependent infinitive. This usage is not determined by the infinitive, but rather by whether the conjugated verb takes a preposition to introduce the infinitive form. English usage often gives no clue as to when a French verb requires a preposition; you must learn this for each verb. Following are lists of some common verbs requiring no preposition and others requiring **à** or **de** before a dependent infinitive.

Conjugated Verb + Infinitive

aimer	Anne **aime voyager.**
aller	Nous **allons visiter** la Martinique.
croire	Ils **ont cru entendre** un mot de créole.
désirer	Elle **désire** m'**accompagner.**
devoir	Il **doit prendre** les billets à l'avance.
espérer	Nous **espérons arriver** à l'heure.
faire	Elles vont **faire réserver** des places.
falloir	Il **faut visiter** le marché de Rabat.
penser	Je **pense rentrer** en mars.
pouvoir	Est-ce qu'on **peut prendre** l'avion?
préférer	Elles **préfèrent rester** ici.
savoir	A La Réunion, on **sait danser** le séga.
souhaiter	Le groupe **souhaite voir** Tahiti.
vouloir	Moi, je **veux descendre** en ville.

Conjugated Verb + *à* + Infinitive

aider à	Le guide **aide** les touristes **à commander** au restaurant.
s'amuser à	Il **s'amuse à parler** aux visiteurs.
apprendre à	On va **apprendre à apprécier** la cuisine créole.
arriver à	Avec beaucoup d'efforts, on **arrive à comprendre** ce dialecte.
commencer à	Nous **commençons à comprendre** la langue.
continuer à	Ils **continuent à voyager** après Noël.
enseigner à	On **enseigne** aux touristes **à danser** le séga.
s'habituer à	Je m'**habitue à voyager** en avion.
hésiter à	Nous **hésitons à traverser** l'Atlantique.
inviter à	Mes amis m'**invitent à voyager** avec eux.
se mettre à	Elle **s'est mise à rire.**
réussir à	J'ai **réussi à prendre** un billet.
tenir à[1]	Mes parents **tiennent à voyager** en été.

[1]The verb **tenir** means *to hold*. **Tenir à** means *to insist (on)*.

Conjugated Verb + *de* + Infinitive

accepter de	J'ai accepté de venir.
s'arrêter de	Le guide s'est arrêté de parler.
avoir envie de	J'ai envie de rester ici.
avoir peur de	Elle a peur de voyager.
choisir de	Nous avons choisi de partir en mars.
décider de	Il a décidé de quitter son pays.
essayer de	Il essaie de gagner de l'argent.
finir de	Il finit de préparer son voyage.
manquer (de)	Elle a manqué de tomber dans l'avion.
oublier de	J'ai oublié de consulter l'agent.
refuser de	Ils refusent de partir en avril.
regretter de	Nous regrettons de ne pas rester plus longtemps ici.
risquer de	Ils risquent d'être en retard.
venir de[2]	Elle vient de visiter La Réunion.

[2]Remember that **venir de** + infinitive means *to have just.*

Après + Past Infinitive

With the preposition **après,** use the past infinitive form, which is the infinitive **avoir** or **être** followed by the past participle of the main verb.

> **Après avoir voyagé,** ils sont retournés chez eux.
>
> ***After having traveled,*** *they returned home.*

> **Après être allés** en ville, ils sont rentrés.
>
> ***After having gone*** *downtown, they went home.*

Note: As opposed to the use of **après** + past infinitive, **avant** is followed by **de** when it introduces an infinitive or a past infinitive.

> **Avant de voyager** en Europe, ils ont consulté Internet.
> Nous avions fait des recherches **avant d'avoir** pris nos billets.

1 Employez les éléments indiqués pour poser des questions à un(e) camarade de classe. Utilisez la préposition appropriée, si nécessaire.

1. tu / aimer / voyager?
2. tu / tenir / voyager / dans des pays exotiques?
3. dans quels pays / tu / désirer / aller?
4. dans quels pays / tu / ne pas vouloir / aller?
5. tu / espérer / faire un voyage en Europe?
6. tu / commencer / économiser de l'argent pour un voyage?
7. tu / hésiter / quelquefois / prendre l'avion?
8. tu / avoir peur / prendre l'avion?

2 Voici l'histoire de Kandioura, un Sénégalais qui a fait des études supérieures en France. Complétez le récit (ci-dessous et à la page 320) en mettant les verbes entre parenthèses au **passé composé.** Ajoutez la préposition appropriée, si nécessaire.

Kandioura est né dans un village du Sénégal. A l'école, il (apprendre) _____ parler français. Il (se mettre) _____ parler français tous les jours, mais il (essayer) _____ conserver sa langue maternelle, le wolof, en même temps. Kandioura (arriver) _____ obtenir son bac sans difficulté, et il (décider) _____ aller à Paris. Fidèle à ses origines sénégalaises, il (refuser) _____ abandonner sa propre culture, même s'il (choisir) _____ faire ses études universitaires en France. Là, il (s'habituer) _____ travailler beaucoup et la vie n'était pas toujours facile. A un moment, il (regretter) _____ avoir quitté son pays et il (penser) _____ y retourner. Mais il (décider) _____ rester en France pour devenir professeur de français. Quelques années plus tard, il (réussir) _____ obtenir un poste de professeur dans une université américaine. Cependant, il (vouloir) n' _____ pas _____ renoncer à sa nationalité et il retourne souvent au Sénégal pour les vacances.

Au Sénégal

3 Employez les verbes et les expressions des listes suivantes pour poser des questions à un(e) camarade de classe.

MODELE *Tu vas regarder la télé ce soir?*

Verbes: aimer aller s'amuser apprendre s'arrêter commencer décider
essayer hésiter pouvoir regretter savoir vouloir

Activités:
aller à des concerts de rock   aller au cinéma
apprendre le français   choisir une spécialisation
faire des projets pour l'été   faire du ski
fumer   parler français en cours
réfléchir à ton avenir   regarder la télé
retrouver tes amis en ville   travailler
voyager pendant les week-ends   ???

Plage martiniquaise

Famille marocaine

INTERACTIONS

Activité 1: Projets de voyage. Choisissez un pays que vous voulez visiter et répondez aux questions suivantes. Ensuite, les autres étudiants de la classe vont vous poser des questions supplémentaires.

1. Où voulez-vous aller?
2. Comment allez-vous vous y rendre et comment allez-vous voyager à l'intérieur du pays?
3. Quels sites touristiques souhaitez-vous visiter?
4. Qu'est-ce que vous espérez faire pendant votre séjour à l'étranger?

Activité 2: Ma journée. Racontez en huit ou dix phrases ce que vous avez fait vendredi dernier. Indiquez l'ordre chronologique des événements en faisant l'enchaînement par l'emploi des termes suivants: **alors, avant de** + infinitif, **après** + nom, **après** + infinitif passé, **ensuite.**

Structures II

Other Uses of Prepositions

A. It is + Adjective + Preposition + Verb: A frequent problem for the English speaker is expressing the idea *it is* followed by an adjective that in turn introduces an infinitive: *It is difficult to solve this problem.*

Do *not* rely on English structure to determine whether **c'est** or **il est** should be used to introduce the infinitive. Instead, look for the object of the infinitive in French. If the object of the infinitive is in its normal position—immediately after the infinitive—use **il est** and the preposition **de** to introduce the infinitive.[3]

Il est difficile de résoudre *ce problème.*

Il est impossible d'acheter *nos billets.*

If the object of the infinitive is in any other position, or if it is omitted, use **c'est** and the preposition **à** to introduce the infinitive.

C'est *un problème* (object of **résoudre**) **difficile à résoudre.**

C'est difficile à résoudre.

[3]In conversational French, one often hears **C'est** rather than **Il est** + adjective + **de...**

① Un(e) camarade de classe raconte un voyage qu'il / elle a fait. Complétez ses déclarations par **c'est... à** ou **il est... de.**

Je suis allé(e) en Guadeloupe et je peux dire que _____ une île _____ voir. On y parle créole, et _____ possible _____ comprendre au moins quelques mots de cette langue. Mais _____ difficile _____ prononcer.

_____ facile _____ visiter toute l'île de la Guadeloupe car elle n'est pas grande. Mais _____ important _____ avoir un bon guide, car _____ possible _____ se tromper de route. Et _____ une situation _____ éviter.

_____ amusant _____ passer la soirée à danser et à bavarder avec les autres membres du groupe. En somme, _____ agréable _____ passer des vacances en Guadeloupe.

B. **Prepositional Phrases Describing Nouns:** Prepositional phrases are frequently used in French to describe or qualify a noun.

- The preposition **à** denotes purpose, function, or nature.

une machine **à laver**	*a washing machine*
une glace **à la vanille**	*vanilla ice cream*
un verre **à vin**	*a wine glass*
une maison **à un étage**	*a two-story house*

- The preposition **de** denotes contents or composition.

une robe **de coton**	*a cotton dress*
un problème **de maths**	*a math problem*
un verre **de vin**	*a glass of wine*
une boîte **de haricots**	*a can of beans*

- The preposition **en** denotes substance.

une maison **en brique**	*a brick house*
une montre **en or**	*a gold watch*
une pièce **en vers**	*a play in verse*

C. **Prepositions Referring to a Location:** When referring to a location, **à** is used in a general sense to mean *at*, **dans** is used to mean *in* (in the physical sense) or *inside of*, and **par** is used to mean *through*.

Je travaille **à la bibliothèque.**	Elles sont **au Resto U** maintenant.
Le laboratoire est **dans ce bâtiment.**	Allez **dans la salle de classe.**
Ils regardent **par la fenêtre.**	Passez **par la porte principale.**

D. **Prepositions with Expressions of Time:** To refer to a period of time, **à** is used with hours of the day and **en** is used with months, years, and all seasons except **au printemps.**

Le groupe est parti
$\begin{cases} \text{\textbf{à trois heures.}} \\ \text{\textbf{en mars.}} \\ \text{\textbf{en 2009.}} \\ \text{\textbf{en hiver.}} \end{cases}$

- To denote the duration of time, **en** means within a certain time frame and **dans** denotes a specified time in the future.

  Je travaille vite et je peux finir **en une heure.**
  Le concert va se terminer **dans deux heures.**

- The concept *for* is expressed by **pendant** when referring to actual duration and by **pour** when referring to intended duration.

  Il a vécu à Paris **pendant deux ans.**
  Je vais rester à Paris **pour une semaine.**
  Elle est allée à Paris **pour une semaine,** mais elle y est restée **pendant six mois.**

E. **Prepositions with Modes of Transportation:** To describe modes of transportation the preposition **en** is often used, except when referring to train travel, in which case **par le** is often used.

Ils ont voyagé
$\begin{cases} \text{\textbf{en voiture.}} \\ \text{\textbf{en avion et en bateau.}} \\ \text{\textbf{par le train.}} \end{cases}$

F. The Preposition *pour* Used to Express Intention: The preposition **pour** introduces an infinitive to denote the intention of an action. In English, the idea of *in order to* is often replaced by *to*, but this idea must be expressed in French whenever the infinitive conveys intention.

Je travaille **pour gagner de l'argent.**

Pour faire un gâteau, il faut du sucre.

G. The Preposition *chez:* The preposition **chez** has a variety of meanings in French.

Nous allons dîner **chez Pierre.** *(at someone's home)*

Il est **chez le médecin.** *(at someone's business)*

Chez les Martiniquais, le français est une langue commune. *(within a group)*

C'est une attitude bien connue **chez le président.** *(within the nature of a person)*

Chez Camus, il y a beaucoup de descriptions du désert. *(within the work of an author or artist)*

H. Prepositions with Geographical Locations: Most names of geographical locations that end in **e** in French are feminine and are preceded by **en** to mean *to*, *at*, or *in*.

en France	**en** Asie	**en** Angleterre	**en** Australie
en Provence	**en** Colombie-Britannique	**en** Bourgogne	**en** Californie

Exceptions: au Mexique; **au** Cambodge; **au** Mozambique; **au** Zimbabwe

Names of geographical locations that end in any other letter in French are masculine and are preceded by **à** + definite article to mean *to*, *at*, or *in*.

au Portugal	**aux** Etats-Unis	**au** Colorado
au Texas	**au** Canada	

Other masculine names beginning with a vowel are preceded by **en.**

en Israël	**en** Afghanistan	**en** Irak
en Iran	**en** Illinois	

It is possible to use dans **l'état de** or **dans le** with states of the United States, especially the masculine ones.

dans l'état de Washington   **dans le** Colorado

With names of cities, the preposition **à** is always used to mean *to*, *at*, or *in*. No article is used unless the name of the city itself contains an article, such as **Le Havre (*au* Havre).**

à Paris	**au** Havre	**à** La Nouvelle-Orléans
à Chicago	**au** Caire	

To express the concept of *coming from* or *originating in*, use **de** before feminine nouns and **de** + definite article before masculine nouns.

Ce sont des vins **de** France.   Je viens **des** Etats-Unis.

Note the following elision:
Ce sont des oranges **d'**Israël.   Je viens **d'**Israël.

I. **Prepositions with Noun Objects:** Most verbs in French do not require a preposition when they are followed by a noun object. The following is a list of some of these verbs.

apprendre	Elle **apprend le français.**
comprendre	Maintenant, il peut **comprendre le français.**
écouter	Elle **écoute Radio France Internationale.**
essayer	Ils **essaient la cuisine créole.**
étudier	On **étudie les pays francophones.**
parler	Son ami haïtien **parle créole.**
payer	Ses parents **paient son voyage** en France.
prendre	Elle **prend l'avion** pour y aller.
recevoir	Nous **recevons des cartes** de nos amis.
savoir	Nous **savons la date** de leur retour.
visiter	Ils **visitent la Martinique.**
voir	Ils **voient les sites touristiques** de l'île.

A few verbs require the preposition **de** before a noun object.

s'agir de	Il **s'agit d'un voyage** au Canada.
avoir besoin de	J'**ai besoin d'argent** pour voyager.
parler de	Nous **parlons du Canada** en cours.

Other verbs take the preposition **à** before a noun object.

dire à	Le prof **dit à la classe** d'étudier le monde francophone.
s'intéresser à	Elles **s'intéressent à la culture francophone.**
penser à	Elles **pensent à leurs amis martiniquais.**
permettre à	Les parents vont **permettre à leurs filles** de visiter la Martinique.

2 François Nzabi, un étudiant du Gabon, vient passer l'année dans votre université. Vous voulez lui donner des renseignements sur la vie universitaire. Complétez les phrases par les prépositions appropriées.

1. D'abord, si vous n'habitez pas une chambre _____ une des résidences, vous devez venir au campus _____ voiture.

2. Dans chacune des résidences, il y a des machines _____ laver. J'ai vécu _____ une résidence _____ toute ma première année à l'université.

3. _____ faire toutes les dissertations, il faut souvent travailler _____ la bibliothèque.

4. La bibliothèque, c'est le bâtiment _____ brique là-bas, _____ deux étages.

5. C'est bien de manger _____ Resto U, mais c'est mieux d'être invité _____ des amis.

6. _____ trois heures, il y a un cours de cinéma francophone.

7. _____ hiver, il fait assez froid ici, mais _____ printemps, il fait un temps splendide.

8. Si, _____ l'année, vous voulez visiter les principaux sites touristiques de la région, vous pouvez y arriver _____ moins de deux heures, surtout si vous voyagez _____ le train.

9. Vous allez souvent dîner _____ vos nouveaux amis américains? On a l'habitude d'inviter les étrangers _____ pouvoir mieux connaître leur culture.

10. Si vous voulez, je vous retrouve ce soir _____ six heures _____ restaurant universitaire _____ vous aider à choisir vos cours.

3 Vous parlez toujours avec François Nzabi. Il raconte un peu sa vie. Complétez chaque phrase par la préposition appropriée.

1. Bien sûr, je suis né _____ Gabon, mais très jeune, je suis allé habiter _____ des cousins _____ Brazzaville, _____ Congo.

2. Après avoir réussi mon bac, j'ai décidé de faire des études _____ Montpellier, _____ France.

3. Là, j'ai fait la connaissance de Sylvia qui est originaire _____ Virginie, _____ Etats-Unis.

4. Quand j'ai terminé mon doctorat, j'avais le choix entre retourner _____ Gabon, aller _____ Canada où j'ai des amis qui viennent _____ Gabon ou m'installer _____ Etats-Unis.

5. J'ai été admis dans des universités _____ Nouvelle-Orléans et _____ Chicago, mais j'ai voulu rester près de Sylvia. J'ai donc choisi de venir _____ Virginie pour faire des études.

6. Sylvia et moi, nous allons nous marier _____ printemps, et je viens de recevoir l'offre d'un poste comme professeur _____ l'université _____ New York. Nous allons passer l'été _____ les parents de Sylvia et puis partir pour arriver _____ New York avant la rentrée.

4 Posez les questions suivantes à des camarades de classe en ajoutant la préposition appropriée.

1. Tu viens à l'université _____ voiture ou _____ train?

2. Tu habites _____ une résidence universitaire?

3. Tu travailles souvent _____ la bibliothèque ou _____ ta chambre?

4. Qu'est-ce que tu fais _____ gagner de l'argent?

5. Tu retrouves quelquefois tes amis _____ restaurant universitaire?

6. Tu travailles beaucoup _____ tes cours?

7. Tu passes les vacances _____ tes parents?

8. Tu vas obtenir ton diplôme _____ 20 _____ *(année)*?

INTERACTIONS

Mettez-vous en petits groupes. Posez les questions suivantes aux membres du groupe pour déterminer quelques-uns des endroits qui sont importants pour eux.

1. Où habite votre famille?

2. Où habite votre meilleur(e) ami(e)?

3. Où est-ce que vos copains vont à l'université?

4. Quels pays ou villes avez-vous visités?

5. Où est-ce que vous voudriez voyager?

6. Où est-ce que vous voudriez habiter un jour?

SYNTHESE

A. Un(e) de vos ami(e)s, qui a été coopérant(e) *(Peace Corps volunteer)*, vous raconte ses expériences en Afrique. Complétez ses commentaires à l'aide des prépositions appropriées ou par **il est... de / c'est... à.**

1. _____ avoir une bonne idée de l'immensité de l'Afrique, il faut traverser le continent _____ voiture, mais _____ est difficile _____ faire.

2. _____ 2008, j'ai passé un an _____ Togo. J'ai habité _____ un petit village où toutes les maisons étaient fabriquées _____ bois. J'étais au village _____ aider à construire une école. _____ les gens du village, il y avait souvent des fêtes.

3. Un jour, je suis allé(e) _____ la cafétéria de l'ambassade américaine _____ Lomé et j'ai pris un sandwich _____ fromage et _____ jambon, un verre _____ thé glacé, une salade _____ tomates et une glace _____ la vanille. Quelle joie de retrouver la cuisine américaine!

4. Puis nous sommes rentrés _____ Etats-Unis. Notre groupe est parti _____ hiver, _____ janvier plus précisément, _____ trois heures de l'après-midi. Nous nous sommes rendus à l'aéroport _____ voiture et puis nous avons fait le voyage transatlantique _____ avion. J'étais très triste de quitter le Togo parce que j'y avais vécu _____ toute une année.

B. Vous êtes coopérant(e) et vous travaillez en Afrique. Un jeune Africain du Togo vous pose des questions. Répondez à ses questions.

1. De quel pays venez-vous?
2. Dans quel état habitez-vous?
3. Quels autres pays avez-vous visités?
4. Où pouvez-vous aller pour entendre parler français en Amérique du Nord? Et pour entendre parler espagnol?
5. Dans quels états se trouvent les villes de Dallas, de Chicago et de Miami?
6. Dans quels états américains est-ce qu'on produit du vin?
7. Quels pays étrangers voulez-vous visiter?
8. Quels autres pays ou régions francophones voulez-vous visiter?

INTERACTIONS

Le tour du monde. On vous a demandé d'arranger un voyage autour du monde. Il y a douze pays à visiter. En groupes de trois ou quatre personnes, organisez une partie de l'itinéraire de ce voyage. Chaque groupe doit choisir un pays et expliquer aux autres étudiants de la classe pourquoi le pays choisi fait partie de l'itinéraire.

MODELE *Nous allons partir des Etats-Unis pour aller en Angleterre.*

En Angleterre, on peut visiter le palais de la reine.

L'héritage culturel

Histoire de l'expansion de la langue française dans le monde

Pour comprendre l'histoire de l'expansion de la langue française dans le monde, il faut d'abord parler de l'histoire de la colonisation.

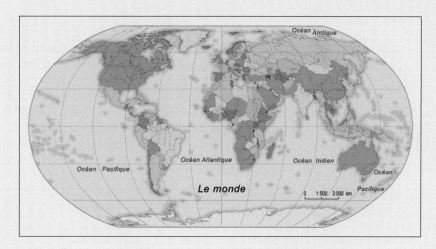

Le Nouveau Monde

1534	Le Français Jacques Cartier prend possession du Canada sous le roi François Ier.
1604–08	Samuel de Champlain fonde l'Acadie (Nouvelle-Ecosse actuelle) et la ville de Québec.
1635	La Compagnie des Iles d'Amérique occupe la Guadeloupe et la Martinique.
1682	Cavelier de La Salle colonise la Louisiane.

Les descendants des colons français au Canada forment une partie des 6,8 millions de Franco-Canadiens concentrés aujourd'hui au Québec où l'on a conservé le français comme langue maternelle. Aux Etats-Unis, à partir des années 1840 jusqu'en 1930, de nombreux immigrants canadiens se sont installés en Nouvelle-Angleterre où ils ont fondé des communautés ayant leurs propres églises et écoles francophones. En Louisiane, l'héritage des Acadiens (expulsés d'Acadie par les Britanniques) et des Français est toujours évident dans la cuisine, les danses folkloriques et la musique aussi bien que dans le nom de beaucoup de villes.

Afrique, Inde, Asie, Océanie

1659   Au Sénégal, la France établit une installation commerciale à St. Louis. (La conquête du Sénégal date de 1854.)

1830   Les troupes françaises prennent Alger.

1832–47   C'est l'époque des établissements en Côte d'Ivoire, au Gabon, à Madagascar, à Mayotte et à Tahiti.

1842–67   La France s'implante en Nouvelle-Calédonie, en Cochinchine et au Cambodge.

1881   C'est le début du protectorat français en Tunisie.

1912   La France occupe le Maroc.

Entre 1880 et 1934, la France établit de nombreux mandats, protectorats et colonies en Afrique, au Moyen-Orient (Syrie, Liban), en Polynésie et en Indochine. Cette période marque aussi l'apogée de l'influence politique et linguistique de la France dans le monde. A la suite de la Seconde Guerre mondiale, et surtout pendant les années 1960, la grande majorité de ces pays ont gagné leur indépendance, mais le français y est souvent resté l'une des langues officielles.

Compréhension

1. A quelle époque les Français ont-ils commencé à explorer le monde?

2. Quels navigateurs sont associés aux premières explorations françaises outre-atlantique?

3. Dans quelles parties des Etats-Unis reste-t-il une présence française?

4. Quels pays d'Afrique du Nord ont connu un régime colonial français?

5. Consultez la carte à la page 313 et indiquez au moins trois pays au sud du Sahara où il y a eu une présence française. Dites avec précision où ils se trouvent.

6. A quelle époque beaucoup de pays africains ont-ils obtenu leur indépendance?

Réflexion

A. Sur la carte géographique à la page 327, tracez l'expansion coloniale de la France et indiquez l'année de chaque colonisation. Quelles motivations peut-on suggérer pour expliquer une politique de colonisation?

B. Mettez-vous à la place des francophones du Canada. Vous êtes entourés de concitoyens parlant une autre langue maternelle et dont les origines culturelles diffèrent des vôtres. Au sud, il y a le puissant grand voisin américain, les Etats-Unis. Dans quel sens vous sentez-vous menacés?

C. Quel est l'héritage français sur le territoire des Etats-Unis? Quels événements historiques pouvez-vous citer pour expliquer cette présence, surtout en Louisiane et en Nouvelle-Angleterre?

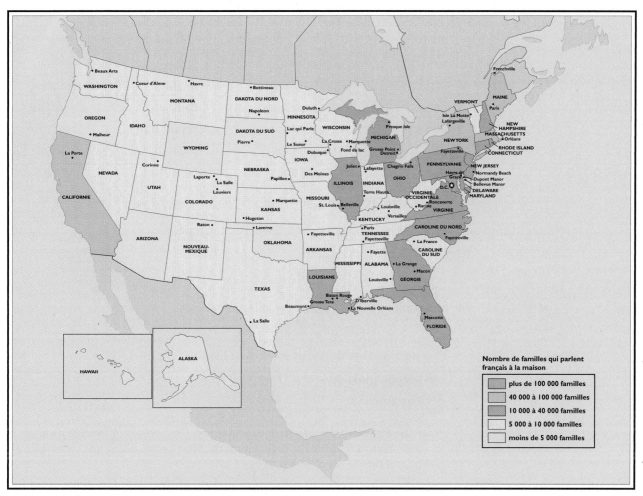

Répartition de la population francophone aux Etats-Unis

La Nouvelle-Orléans

The Present Participle

To form the present participle in French, drop the -**ons** ending from the **nous** form of the present indicative and add the ending -**ant.**

parler	nous **parlons**	**parlant**	*speaking*
finir	nous **finissons**	**finissant**	*finishing*
répondre	nous **répondons**	**répondant**	*answering*
partir	nous **partons**	**partant**	*leaving*
voir	nous **voyons**	**voyant**	*seeing*

Only **avoir, être,** and **savoir** have irregular present participles.

avoir	**ayant**
être	**étant**
savoir	**sachant**

The present participle is used in the following ways.

- **As an Adjective.** When used as an adjective, the present participle must agree in gender and number with the noun it modifies.

  une histoire **plaisante**

  des jeux **amusants**

- **After the Preposition** *en.* After most prepositions, use the infinitive form of the verb. However, after the preposition **en,** the present participle is used to mean *by, while, upon* + verb + *-ing.*

En voyageant, j'ai beaucoup appris.	***By traveling,*** *I learned a lot.*
En visitant le Maroc, nous avons vu le Sahara.	***While visiting*** *Morocco, we saw the Sahara.*
En arrivant à La Nouvelle-Orléans, il a cherché un hôtel.	***Upon arriving*** *in New Orleans, he looked for a hotel.*

5 Vous venez de faire un voyage à Québec et vous en parlez à un(e) ami(e). Complétez chaque phrase par la forme appropriée du verbe entre parenthèses.

1. J'avais envie de _____ une ville francophone près de chez moi. (voir)

2. En _____ par le train, j'ai économisé de l'argent. (voyager)

3. En _____ à la gare, je suis allé(e) directement à l'hôtel. (arriver)

4. J'ai eu la chance de _____ des excursions magnifiques. (faire)

5. En _____ des visites guidées, je n'ai eu aucune difficulté à _____ la ville de Québec en trois jours. (faire / voir)

6. En _____ par le train, j'ai passé mon temps à _____ les paysages québécois. (rentrer / regarder)

POUR S'EXPRIMER

CD2, Track 9

A l'écoute

Mise en scène

Avant de faire les activités qui suivent, écoutez la conversation entre Héla et Amruta qui expliquent comment il se fait qu'elles parlent français.

Contexte: Nous sommes à Washington et Héla et Amruta, deux francophones, sont très heureuses de se parler en français dans cette ville universitaire des Etats-Unis. En échangeant des idées, Héla et Amruta vont découvrir que, malgré leurs différences, elles ont beaucoup en commun. Ecoutons-les.

Avant d'écouter

1. Imaginez un scénario où vous étudiez dans une université francophone. Un jour, au restaurant universitaire, vous entendez quelqu'un qui parle anglais. Vous vous approchez de cette personne. Qu'est-ce que vous lui dites?

2. Quelles sortes de personnes parlent français même si ce n'est pas leur langue maternelle?

Compréhension

A. Héla et Amruta viennent de quels pays? Où sont-elles lorsqu'elles se rencontrent? Que font-elles?

B. Comment Héla explique-t-elle le fait qu'elle parle français? Comment a-t-elle appris à le parler? Et Amruta? Qui parle français dans son pays?

C. Quelle est la langue maternelle de Héla? Quels exemples donne-t-elle de l'influence du français sur sa propre langue?

D. Que savez-vous de l'expansion coloniale de la France en Afrique du Nord? Quelle est l'attitude de Héla vis-à-vis de ce passé?

E. Amruta mentionne les villes indiennes de Pondichéry, Mahé et Yanam comme étant d'anciens comptoirs *(trading posts)* français. Situez ces villes sur une carte. Expliquez en quoi leur situation géographique est stratégique pour le commerce. Quels exemples Amruta donne-t-elle de la présence française actuelle dans ces régions?

Le capitole à Washington

A vous la parole

Trouvez dans la liste suivante un élément de liaison qui facilite le passage de la phrase (a) à la phrase (b). Il y a souvent plus d'un choix possible.

alors là...	*on that point . . .*
attends...	*wait a minute . . .*
bref...	*to make a long story short . . .*
d'ailleurs...	*what's more . . .*
écoute...	*listen . . .*
en fait...	*in fact . . .*
regarde...	*look . . .*
tu sais...	*you know . . .*
tu comprends...	*you understand . . .*

1. a. C'est une histoire longue et compliquée.
   b. Kandioura a fini par trouver un poste en France.

2. a. Ma copine va bientôt faire un stage au Sénégal.
   b. Elle part ce mois-ci.

3. a. Tu crois que l'anglais doit être la seule langue internationale.
   b. Je ne suis pas d'accord avec toi.

4. a. Où va notre groupe après le séjour à Québec?
   b. Je vais consulter l'itinéraire.

5. a. Tu ne vas pas demander de bourse pour étudier en Suisse?
   b. Ce n'est pas une bonne idée.

6. a. Tu as besoin de renseignements sur la culture maghrébine.
   b. Maryse peut peut-être t'aider.

7. a. Je vais visiter la Martinique au mois de mai.
   b. Il fait très beau là-bas au printemps.

8. a. Son séjour chez les Cantin a été très agréable.
   b. Ils l'ont invitée à revenir cet été.

Situations orales

A. Avez-vous déjà visité un pays de langue française? Racontez votre voyage à la classe. OU: La classe peut vous poser des questions pour essayer de deviner où vous êtes allé(e).

B. Au cours d'un trajet en taxi à Paris, le chauffeur se met à décrire les problèmes posés par l'immigration en France. Il vous demande de lui expliquer la situation de l'immigration chez vous. Qu'est-ce que vous lui répondez?

Note culturelle

La francophonie et la littérature

La francophonie se fonde sur le partage de la langue française pour l'enrichissement de tous les pays qui la composent. Or, une langue trouve son accomplissement dans l'activité littéraire, qui mobilise toutes ses ressources, qui la célèbre dans toutes ses beautés, qui l'oblige parfois à se renouveler ou à inventer des formes d'expression innovatrices. Une langue ne vit et ne prospère que parce que des écrivains, des conteurs, des poètes—tous ouvriers du mot—la plient à leur volonté créatrice, la montrent dans tous ses états, la font penser, rire, rêver, agir... Les écrivains figurent donc au premier rang des artisans de la francophonie.

Les littératures francophones procèdent toutes d'un désir parallèle de manifester une présence au monde. Se développant dans des situations de contacts, et même de déséquilibres culturels, la production littéraire d'expression française devient le moyen de définir et de proclamer une identité, qui peut être problématique.

Beaucoup de textes disent l'urgence d'une parole longtemps empêchée, qui s'épanouit enfin dans l'expression littéraire: ce sont les littératures des peuples colonisés, des communautés autrefois dominées, des minorités toujours menacées. L'objectif premier est alors de «prendre la parole», dans toute la force du terme—comme ailleurs on a pris la Bastille. Littératures où les écrivains se font la voix de ceux qui n'avaient pas de voix.

Compréhension

1. Donnez au moins trois raisons qui nous permettent de dire que c'est dans la littérature qu'une langue trouve son accomplissement.
2. Quelles sortes de libertés les littératures francophones donnent-elles aux peuples qui les produisent?

Réflexion

A. A une époque dite post-coloniale, quelles justifications peut-on suggérer pour le maintien des littératures francophones dans le monde?
B. Etes-vous d'accord avec l'idée que la littérature peut servir de moteur à l'esprit révolutionnaire? Pouvez-vous envisager des situations réelles ou imaginaires où l'écrivain a inspiré un peuple à la révolte?
C. Quels thèmes peut-on s'attendre à découvrir en lisant ces littératures francophones?

Structures III

Relative Pronouns

Relative pronouns are used to join two thought groups by relating one clause to a word or concept in another clause. The word or concept referred to by the subordinate clause is called the antecedent.

Le garçon **qui nous accompagne** est le frère de Marie.

*The boy **who is coming with us** is Marie's brother.*

The relative pronoun is often omitted in English but must always be used in French.

L'endroit **que** nous avons visité est un territoire d'outre-mer.

*The place **(that)** we visited is an overseas territory.*

A single French form may have several possible English meanings. For example, **qui** may mean *who, whom, which, what,* or *that.* Choosing the correct relative pronoun in French depends on the pronoun's function in the sentence (subject, direct object, object of a preposition) and on whether the verb following the relative pronoun requires a preposition.

Subject of the Clause

It is easy to recognize when a relative pronoun is the subject of the clause it introduces because there will be no other subject in the clause. **Qui** as subject may refer to either persons or things.

Le garçon **qui vient à la fête** est le frère de Marie.

Ce pays **qui se trouve dans le Pacifique** est une ancienne colonie.

When there is no specific word or definite antecedent for the relative pronoun to refer to, an antecedent must be provided by adding **ce.**

Il raconte **ce qui se passe actuellement en Algérie.**

Ils indiquent **ce qui est intéressant en Belgique.**

Relative pronoun constructions that include **ce** are often translated as *what* and refer to a situation or idea rather than to a specific object or person.

Object of the Clause

When the clause introduced by a relative pronoun already has a subject, the relative pronoun is the object of the verb of the clause it introduces. **Que** also refers to either persons or things.

Le garçon **que vous avez invité** vient à la fête.

Les pays **que nous visitons** sont en Asie.

Again, if there is no definite antecedent for the relative pronoun, you must provide one by adding **ce.**

Voilà **ce que vous avez demandé.**

Je ne sais pas **ce qu'il veut.**

1 Vous rédigez *(are composing)* vos notes pour un exposé sur le monde franco-phone. Complétez chacune de vos phrases en utilisant **qui, que, ce qui** ou **ce que.**

1. Un francophone est une personne _____ parle français.
2. Le français est une langue _____ ils emploient assez souvent.
3. Ils savent peut-être _____ se passe dans l'Hexagone.
4. L'Hexagone est un nom _____ l'on donne à la France.
5. Quelquefois, ils ignorent _____ les Français font chez eux.
6. La langue et la culture franco-canadiennes sont très importantes pour les personnes _____ habitent le Québec.
7. Un Martiniquais est une personne _____ habite la Martinique.
8. Le créole est une des langues _____ l'on parle à la Martinique.

2 Vous êtes allé(e) au Canada où vous avez fait la connaissance de plusieurs per-sonnes. Vous montrez vos photos à vos camarades de classe. Combinez les deux phrases en utilisant **qui** ou **que.**

MODELES   Voilà Marc. (Il habite à Montréal).
          Marc est un garçon qui habite à Montréal.

          Voilà Rachèle. (Je la connais depuis longtemps.)
          Rachèle est une fille que je connais depuis longtemps.

1. Voilà Jean-Pierre. (C'était mon camarade de classe.)
2. Voilà Marie-Claire. (Elle était dans mon cours de français.)
3. Voilà Simone. (Je l'ai rencontrée à l'université.)
4. Voilà Nathalie. (Elle m'a invité[e] à une soirée.)
5. Voilà Robert. (Il a des parents au Vermont.)
6. Voilà Antoine. (Je l'ai accompagné pour faire du ski.)
7. Voilà Nicole. (Elle a assisté au carnaval avec moi.)
8. Voilà Thomas. (Je l'ai vu tous les week-ends.)

Object of a Preposition

In French, if the verb following the relative pronoun requires a preposition, this preposition is incorporated into the body of the sentence in one of the following ways.

A. ***Dont* and *ce dont*:** The preposition **de** is absorbed into the forms **dont** and **ce dont,** which refer to both persons and things.

Voici le livre **dont vous avez besoin.**	*Here is the book **that you need.*** (*to need* = **avoir besoin** *de*)
Voilà le guide **dont je parlais.**	*There's the guide **that I was talking about.*** (*to talk about* = **parler** *de*)

If there is no definite antecedent for **dont,** you must add **ce.**

Ce dont elle a peur n'est pas clair.	*It's not clear **what she's afraid of.*** (**avoir peur** *de*)
Apportez **ce dont vous avez besoin** pour le voyage.	*Bring **what you need for the trip.*** (**avoir besoin** *de*)

Dont is used to express *whose, of whom,* and *of which.* After **dont** meaning *whose,* the word order in French is always subject + verb + object. This may be the reverse of the English order.

Voilà le guide **dont le frère est français.**	*That's the guide **whose brother is French.***
Voilà le touriste **dont vous avez réparé la voiture.**	*There's the tourist **whose car you repaired.***

3 Votre ami(e) et vous préparez un voyage au Maroc. Complétez les phrases suivantes avec **ce qui, ce que (ce qu')** ou **ce dont.**

1. Tu as acheté...

   _____ était sur notre liste?

   _____ nous avons besoin?

   _____ j'ai indiqué?

2. Notre professeur nous a expliqué...

   _____ il faut faire au Maroc.

   _____ est intéressant au Maroc.

   _____ il a parlé au sujet du Maroc.

3. Il faut faire tout...

   _____ on a envie de faire au Maroc.

   _____ est nécessaire pour préparer notre départ.

   _____ nous avons prévu pour le voyage.

4. A notre retour, nous pouvons parler à nos camarades de classe de...

   _____ est arrivé pendant le voyage.

   _____ nous avons vu au Maroc.

   _____ on se souvient le mieux du voyage.

B. *Qui* **and** *lequel:* If the verb following the relative pronoun requires any preposition other than **de,** this preposition must be placed before the appropriate relative pronoun. In such cases, **qui** is usually used to refer to people and the appropriate form of **lequel (laquelle, lesquels, lesquelles)** to refer to things.

Voilà mon ami **pour qui** j'ai acheté le cadeau.

C'est l'école **dans laquelle** on étudie les langues.

Allez chercher les chèques **avec lesquels** nous allons payer les billets.

When **lequel, lesquels, lesquelles** are preceded by the preposition **à** or **de,** the appropriate contractions must be made.

Voilà le livre **auquel** notre professeur a fait allusion.

Duquel parlez-vous?

RAPPEL!

Remember that in both spoken and written French, you may not place a preposition at the end of the sentence. In English, you might hear *There's my friend I bought the present for* or *That's the course I went to.* In French you would have to say:

Voilà mon amie **pour qui** j'ai acheté le cadeau.

C'est le cours **auquel** j'ai assisté.

The Relative Pronoun *où*

If the antecedent is a period of time, **où** is used as the relative pronoun in all cases.

J'étais préoccupée le jour **où** j'ai passé l'examen.

Il est venu au moment **où** je partais.

If the antecedent is a location and you want to convey the meaning of **dans, de, à, sur, vers,** etc., use **où.**

Voilà l'école **où** (= **dans laquelle**) on étudie les langues.

Voilà l'endroit **où** (= **vers lequel**) il faut aller.

If the antecedent is a location and the verb does not require a preposition before a noun object, use the relative pronoun **que** or **qui.**

Voilà le musée **que** nous avons visité.

C'est un musée **qui** possède une excellente collection.

RAPPEL!

The following steps will help in choosing the correct relative pronoun to use in French.

1. Identify the relative clause and remember that in French you must use a relative pronoun, even if it can be omitted in English.

2. Find the subject of the relative clause. If there is none, use **qui** or **ce qui** as the relative pronoun.

3. Verify whether the verb of the relative clause requires a preposition. If the verb requires **de,** use **dont** or **ce dont** as the relative pronoun. If the verb requires any other preposition, use **qui** for persons or a form of **lequel** for things (preceded by the preposition).

4. If the relative clause has a subject and the verb requires no preposition, use **que** or **ce que** as the relative pronoun or **où** if the antecedent is a period of time. If the antecedent is a location, use **où** if the verb requires a preposition before a noun object and **que** or **qui** if no preposition is involved.

4 Vous avez passé l'année au Canada pour faire un stage. Vous montrez des photos à votre ami(e). Complétez les phrases suivantes.

MODELE Voici le bâtiment dans *lequel j'ai travaillé.*

1. Voici la compagnie pour _____.
2. Voici les collègues avec _____.
3. Voici le bureau dans _____.
4. Voici la femme pour _____.
5. Voici l'ordinateur portable sur _____.
6. Voici le technicien avec _____.

5 Pour accompagner votre exposé, vous montrez les photos d'un voyage que vous avez fait dans un pays francophone. Voici vos commentaires sur les photos. Complétez chaque phrase ci-dessous et à la page suivante à l'aide du pronom relatif approprié, précédé d'une préposition, si nécessaire.

1. C'étaient des vacances _____ j'avais besoin pour apprendre le français.
2. Voilà l'Airbus dans _____ j'ai voyagé.
3. Et voilà l'île _____ je vais vous parler.
4. C'est l'endroit _____ j'ai passé quinze jours.
5. Il s'agit ici d'un Club Med, et voilà les petits jetons *(tokens)* avec _____ on paie toutes les activités.

6. Voilà des gens à _____ je parlais souvent.

7. Regardez la pendule. C'est l'heure _____ l'on dîne dans ce pays.

8. Ici, le guide nous dit _____ on a besoin pour faire des promenades autour de l'île.

9. Nous sommes en décembre et c'est un mois _____ l'on peut nager et se promener sur la plage.

10. Me voici de retour! Ce sont des vacances _____ je vais me souvenir toute ma vie.

Club Med La Caravelle, en Guadeloupe

6 Décrivez quelques aspects de votre vie en complétant les phrases suivantes à l'aide des pronoms **qui** et **que.**

MODELE Ce semestre, j'ai des cours *qui me plaisent beaucoup.*
Ce semestre, j'ai des cours *que je trouve un peu difficiles.*

1. J'ai des amis...

2. Mes colocataires sont des personnes...

3. J'ai des profs...

4. Mon cours de français, c'est un cours...

5. Mon copain / Ma copine est une personne...

INTERACTIONS

Les qualités d'un bon professeur. En petits groupes, composez cinq ou six phrases à ce sujet. Comparez vos réponses à celles des autres groupes et faites le portrait du professeur idéal.

MODELE *Je préfère les professeurs qui ont de la patience.*
Je préfère les professeurs avec qui on peut discuter.

SYNTHESE

A. Des projets pour un week-end intéressant. Complétez les phrases avec le pronom relatif convenable.

1. Je vais sortir avec des amis...
   _____ je t'ai parlé.
   _____ j'ai rencontrés le week-end dernier.
   _____ sont amusants.
   avec _____ je m'entends très bien.

2. Nous allons dîner dans un restaurant...
   _____ ma copine a recommandé.
   _____ n'est pas trop cher.
   dans _____ on mange très bien pour peu d'argent.
   _____ tout le monde parle.

3. Tu veux voir le film...

_____ Spielberg est le metteur en scène?

_____ passe actuellement en ville?

_____ nos amis ont déjà vu?

dans _____ il y a plusieurs acteurs célèbres?

4. Tu veux aller dans une boîte...

_____ est très à la mode actuellement?

_____ on parle beaucoup?

_____ tout le monde fréquente ces temps-ci?

dans _____ on s'amuse bien?

5. On va à une soirée...

_____ on fait pour l'anniversaire de notre ami Robert.

pour _____ tout le monde va apporter quelque chose.

_____ a lieu dans l'appartement de nos copains.

_____ tout le monde va se souvenir longtemps.

6. Il y a des copains...

_____ nous n'allons pas voir ce week-end.

pour _____ le week-end ne va pas être intéressant.

_____ vont rester à la résidence.

_____ les parents vont venir au campus ce week-end.

B. Ce qui est important à l'université. Quelques étudiants sont en train de parler de leurs études. Complétez leurs remarques à l'aide du pronom relatif approprié.

1. Je veux une formation _____ me permette de réussir dans la vie.

2. Ce sont les cours obligatoires _____ on doit suivre pendant les deux premières années.

3. Des cours plus pratiques? Voilà _____ nous avons besoin.

4. Nous avons vraiment besoin d'un endroit _____ l'on puisse se réunir pour étudier en groupe.

5. M. Duval est un prof avec _____ on apprend beaucoup.

6. La faculté de lettres est la partie de l'université dans _____ on étudie les langues vivantes.

7. Je n'ai pas eu de bons résultats à ce cours. J'étais très préoccupé(e) le jour _____ j'ai passé cet examen.

8. _____ m'intéresse vraiment, c'est l'informatique.

9. M. Roche? C'est le prof d'histoire _____ la femme est médecin.

10. _____ je ne comprends pas, c'est qu'il faut payer les droits d'inscription avant la fin des inscriptions.

C. Les avantages du voyage. Transformez chaque phrase en employant **en** + participe présent. Attention à la logique de la phrase.

MODELE Elle apprend quand elle voyage.
          Elle apprend en voyageant.

1. Quand on fait un effort, on apprend beaucoup de choses au sujet des étrangers.
2. On rencontre des gens sympathiques quand on visite des pays étrangers.
3. Si on prend le train, on voit le paysage.
4. Quand vous allez dans un autre pays, vous découvrez une autre façon de vivre.
5. Si vous restez quelque temps dans un pays étranger, vous pouvez souvent apprendre un peu la langue de ce pays.

Note culturelle

L'écrivain et sa langue

Le problème de la relation de l'écrivain d'expression française avec sa langue d'écriture alimente des débats toujours renouvelés. La revue *La Quinzaine littéraire* avait adressé un questionnaire à un ensemble d'écrivains représentatifs des littératures francophones. La première question était: «L'utilisation du français comme moyen d'expression et de création a-t-elle été pour vous un choix naturel ou vous a-t-elle été imposée pour des raisons institutionnelles, d'enseignement ou de pression sociale? Dans la nécessité de vous faire entendre, avez-vous choisi le français par opportunité ou par obligation?»

Les réponses reçues se rassemblent sur quelques options fondamentales:

- Il n'est plus possible de présenter le français comme la langue de toutes les supériorités.
- Il n'est pas pensable non plus d'en réserver la propriété aux seuls Français.
- C'est la langue qui s'impose à l'écrivain et non l'écrivain qui choisit arbitrairement sa langue d'écriture.
- Si la langue d'écriture est le lieu d'affirmation de l'identité, elle invite aussi à l'expérience de l'exil et de l'étrangeté; c'est l'impureté fondatrice du français des francophones qui lui permet d'atteindre à l'universel.

Qui choisit qui?

- «Non, il ne s'agit pas de choix. Imposée ou pas, la langue française était là toute séduction dehors, m'environnant. L'école et l'avenir. Comme le petit Breton, le petit Alsacien. En plus pour moi, la civilisation passait par le français, c'était dit. Mon père (instituteur) aidant, je me suis appliqué à apprendre, parler, écrire, penser, regarder..., vivre.»

  Tchicaya U Tam'Si (Congo)

- «Francophonie, yes. Je n'ai pas choisi la langue française, elle m'a choisi. Et j'en suis très content. Je veux la garder. [...] Je veux pouvoir mélanger en elle ma raison et ma folie, mon présent difficile et ma mémoire, prolonger ma vie autant que possible [...], lui organiser d'autres fêtes, inviter d'autres mots à partager ses merveilles [...], lui dire que je n'aime qu'elle parce que c'est vrai, la tromper avec d'autres langues parce que ça fait partie de la vérité, de l'Histoire qui m'a été donnée et dans laquelle je me débats comme je peux.»

  Jean-Claude Charles (Haïti)

La langue et l'identité

- «Le français est ma langue maternelle. J'écris dans ma langue maternelle. Ma langue paternelle est aussi le français. J'écris aussi dans ma langue paternelle. La langue du Québec est aussi le français. J'écris aussi dans la langue du Québec. [...] C'est ma langue et je n'en ai pas d'autre.»

  Suzanne Jacob (Québec)

- «La grande leçon que donne l'écrivain africain [de langue française]: faire du français, langue de l'Ancien Maître, le lieu d'assomption de sa propre identité.»

  Mukala Kadima-Nzuji (République démocratique du Congo [ex-Zaïre])

- «C'est cette langue [l'arabe, langue de mon père] qui m'est familière et inconnue, que je veux présenter dans les livres que j'écris en français, ma langue maternelle, à travers les personnages romanesques en exil comme moi, déplacés, dispersés, coupés de la terre familiale et de la langue maternelle. A la croisée, pour toujours, dans le jeu avec la vie, la folie, la mort.»

Leïla Sebbar (France / Algérie)

En guise de conclusion

- «Pour clore définitivement la question, parce que je ne vais pas passer ma vie à m'expliquer, encore moins à me justifier pourquoi j'écris en français, j'emprunte une phrase à Henry James, cité par Maurice Blanchot dans *Le Livre à venir:*

  "Nous travaillons dans les ténèbres—nous faisons ce que nous pouvons—nous donnons ce que nous avons. Notre doute est notre passion, et notre passion notre tâche. Le reste est folie de l'art."»

Tahar Ben Jelloun (Maroc)

 ## Compréhension

En groupes de trois ou quatre personnes, composez un résumé (d'une ou deux phrases) de chacune des citations précédentes pour indiquer ce que l'idée de la «francophonie» représente pour chacun des auteurs cités.

Réflexion

A. En quoi les écrivains francophones contribuent-ils au développement et à l'évolution de la langue française?

B. Qu'est-ce que les écrivains francophones essaient de définir en se servant de la langue française comme moyen de production littéraire?

INTERACTIONS

Qui est-ce? Faites le portrait d'un personnage célèbre sans dire son nom. Les autres étudiants de la classe vont essayer de deviner de qui vous parlez.

MODELE *Je pense à une personne qui est morte il y a quelques années: une grande vedette. Elle était très amusante. C'était une actrice comique que tout le monde aimait et respectait. Elle avait les cheveux roux et elle a été la vedette de plusieurs séries à la télévision. Elle était mariée à un musicien cubain. Qui est-ce?*

Situations écrites

A. Un ami guadeloupéen vous demande s'il y a une présence francophone aux Etats-Unis. Composez une réponse à sa question.

B. Vous cherchez un poste dans une société ayant beaucoup de contacts dans les pays francophones. On vous demande de composer une biographie et de décrire vos études. On vous demande aussi dans quels pays francophones vous aimeriez bien travailler.

A lire

Texte de culture contemporaine

Le Château Frontenac et le quartier Petit
Champlain à Québec

La mascotte du Carnaval de Québec, le
Bonhomme Carnaval

Sujets de réflexion

1. Quelles impressions avez-vous du Canada francophone? Croyez-vous que la
    vie culturelle des francophones du Canada soit sensiblement différente de celle
    des anglophones? A partir de quelles expériences pouvez-vous expliquer vos
    constatations?

2. Quelles régions bilingues ou multiculturelles connaissez-vous ailleurs en
    Amérique du Nord ou dans le monde? Y a-t-il des lois qui existent pour garan-
    tir leur indépendance ou leur existence? Quelles sortes d'éléments menacent les
    populations minoritaires?

Guide de lecture

1. Dans chaque paragraphe de la lecture nous trouvons des dates importantes
    pour la compréhension de l'histoire de la francophonie canadienne. Faites une
    liste des dates principales et de leur importance.

2. Quelle est l'importance de la phrase: «Définir l'identité canadienne relève de la
    gageure.» (dernier paragraphe)? Quelles sont les dates que vous avez relevées
    (question 1) qui vous permettent de mieux comprendre cette phrase? Donnez
    deux ou trois exemples dans le texte pour appuyer votre réponse.

Le Canada: La francophonie

On peut dire que, par différence avec les anglophones, les francophones [du Canada] retirent de leur situation culturelle et linguistique le sentiment de constituer une éternelle minorité, dont aucune loi ne parviendra jamais à assurer l'avenir. Le Québec même a, pour une large part, trouvé son identité dans la conviction qu'il
5 formait, en Amérique du Nord, une communauté coupée très tôt de ses racines culturelles européennes, et minoritaire, à la fois par sa démographie et par sa culture. Pourtant il sera la première communauté de langue à résister à ce que Blair Neatby appelle «l'anglo-homogénéisation» [*Nos deux langues officielles au fil des ans*, 1991] et que proposait Lord Durham dans son plan d'assimilation des populations
defeated 10 francophones d'une Nouvelle-France vaincue° et rattachée à l'Empire britannique.
Se... : *To cling to* Se raccrocher° à sa langue était la meilleure façon de s'opposer en marquant sa différence. En 1867, la Confédération qui prend pour pivot central la province à majorité anglophone et celle où sont regroupés la plupart des francophones, *set forth* l'Ontario et le Québec, s'oblige à énoncer° le principe d'égalité des deux langues
15 devant la loi fédérale, au parlement, devant les tribunaux et dans les deux chambres *survival* de la Législature du Québec (art. 133). La survie° du français s'en trouvait officiel-*sketched out* lement confortée, en même temps que se trouvait esquissée° la reconnaissance du *status / henceforth* statut° bilingue et biculturel du pays. Les francophones étaient désormais° reconnus comme l'un des deux peuples fondateurs du Canada. [...] Or, dans les faits, la
20 bataille linguistique était loin d'être gagnée, et les francophones peu susceptibles de pouvoir vivre en français.

Le français devra se réfugier pendant longtemps encore dans des écoles primaires bilingues qui accueillent avec réticence les enfants ne parlant pas encore la langue nationale, l'anglais. [...] La loi de 1969 [sur les langues officielles...] va non seule-
25 ment confirmer l'égalité du français vis-à-vis de l'anglais dans le Canada fédéral, c'est-à-dire dans les institutions, dans ses sociétés et auprès de leurs personnels, mais encore provoquer (grâce à d'importants renforts financiers fédéraux transférés au terme de l'entente fédérale-provinciale de 1970 sur l'enseignement de la langue *support* de la minorité et de la langue seconde) un mouvement de soutien° à la langue fran-
30 çaise dans les provinces où sont installées les minorités francophones. Ce soutien s'exercera essentiellement dans le domaine de l'éducation et dans ceux des services à rendre à ces communautés dans leur langue (santé, logement, emploi, etc.). [...] *willing* Pour aussi volontariste° et active qu'ait été la politique du bilinguisme, elle ne semble cependant pas avoir modifié le poids du français vis-à-vis des autres langues et
35 singulièrement de l'anglais.

A l'extérieur du Québec (province où le français langue maternelle [légalement, «la langue apprise dès l'enfance et toujours comprise»] représente 82,1% de la population) la francophonie canadienne (au total 24,3% de la population en 1991, 24,3% en 1986, 25,2% en 1981 et 29% en 1951) est inégalement dispersée dans
interplay 40 toutes les provinces et partout en recul. [...] Or, par le jeu° de l'immigration et des *will succeed* migrations internes, seul le Québec parviendra° à conserver un pourcentage de francophones à peu près constant entre 1941 et 1991.

Mais derrière ces chiffres, se profile une réalité sociale, celles des minorités franco-phones dites «hors Québec», terme qui prend tout son sens lorsque l'on sait que
45 ces minorités ont poursuivi leur combat pour la reconnaissance de leurs différences, souvent sans l'appui° de la Vieille capitale [Québec], avec le sentiment d'en être abandonnées et livrées à elles-mêmes depuis l'émergence d'un Québec national. [...] Les Acadiens ont prouvé récemment leur retour en force sur la scène constitu-tionnelle en se faisant reconnaître comme «peuple fondateur» du Canada et en
50 organisant en 1994 à Moncton (Nouveau-Brunswick) leur premier rassemblement mondial. [...]
Définir l'identité canadienne relève de la gageure°. Loin d'être monolithique, la culture qui la sous-tend ne repose sur aucune idéologie bien définie et s'exprime plutôt à travers des diversités régionales. Néanmoins, cette identité, difficile à
55 cerner° et à réduire à des schémas simples, s'est lentement modelée en s'imprégnant de l'évolution prudente et patiente de l'espace-temps de cet immense et jeune pays. Elle fut d'abord faite d'une tentative d'entente° et de réconciliation entre deux nations fondatrices, période plutôt mal vécue par les deux partenaires qui furent unis au bout d'un siècle par une politique de bilinguisme et de biculturalisme offi-
60 ciels. Ces rapports ont récemment été rendus plus flous° et plus ambigus, voire plus antinomiques°, par les impératifs d'une multiculture de circonstance°, mettant en avant le caractère allogène° de la nouvelle société canadienne.

aid

seemingly impossible task

define

understanding

blurred

contradictory / de... : of convenience / non-native

Source: Jean-Claude Redonnet, *Le Canada*, Presses Universitaires de France, 1996

Après la lecture

1. La population francophone du Canada, et surtout du Québec, a très tôt com-pris qu'elle allait marquer sa différence culturelle en s'opposant à tout projet d'assimilation. Expliquez cette politique en évoquant les origines coloniales du Canada et les événements historiques qui expliquent la présence de deux langues officielles sur le territoire et de leurs statuts respectifs.

2. Qu'est-ce qu'on entend par le principe de «l'anglo-homogénéisation» au Canada? Comment ce principe devait-il encourager l'assimilation des fran-cophones au sein de la Confédération? Le projet a-t-il réussi à votre avis? Pourquoi?

3. Quel effet important la loi de 1969 sur les langues officielles a-t-elle eu sur les minorités francophones? La langue française est-elle devenue, dans la réalité, aussi importante que l'anglais? Sur quels faits appuyez-vous votre réponse?

4. A l'extérieur du Québec, la population francophone est-elle restée plutôt stable au cours du vingtième siècle? Quel autre groupe francophone non-québécois a manifesté son importance dernièrement? En quoi ce phénomène met-il en relief la conclusion du texte, à savoir qu'il est difficile de définir l'identité canadienne?

Texte littéraire

Sujets de réflexion

1. A votre avis, quels sont les aspects d'une culture qui donnent à ses membres une «identité»? Pensez aux cultures hispanique, afro-américaine, japonaise, par exemple.

2. Actuellement la question de l'identité sexuelle repose de moins en moins sur des stéréotypes. Pourtant, y a-t-il toujours des traits qui sont considérés comme «typiques» des hommes et des femmes?

3. Il y a beaucoup de films où des hommes se déguisent en femmes et des femmes en hommes, comme *Victor / Victoria, Mrs. Doubtfire, Tootsie, Mr. Headmistress, La Cage aux folles (Bird Cage)*, pour n'en mentionner que quelques-uns. Pourquoi, à votre avis, le public semble-t-il s'intéresser tellement à ce thème?

A propos de l'auteur...

Tahar Ben Jelloun *est né à Fez, au Maroc, en 1944. Quand il est âgé de dix ans, ses parents s'installent à Tanger. Ces deux villes vont laisser une forte empreinte sur l'imaginaire de son œuvre littéraire. Après avoir été élève au lycée français de Tanger, il étudie la philosophie à l'université de Rabat. Il commence à enseigner à Tétouan, puis à Casablanca. En 1971, il part à Paris étudier la sociologie et la psychiatrie sociale. Sa thèse et son activité professionnelle dans ce domaine le familiarisent avec les problèmes d'adaptation des immigrés maghrébins en France. Plusieurs de ses livres posent le problème du déracinement et de la position de l'individu face à l'hégémonie du groupe, et ils dénoncent sans complaisance tout ce qui porte atteinte aux droits ou à la dignité de l'homme.*

Tahar Ben Jelloun

Interview avec Tahar Ben Jelloun:
«Tahar Ben Jelloun—Raconteur d'histoires de notre temps»

Romancier, nouvelliste, poète, prix Goncourt 1987 pour *La Nuit sacrée*, intervenant au journal *Le Monde* et à la télévision française sur des questions autant littéraires que politiques, Tahar Ben Jelloun, non, n'a pas réponse à tout. S'il est si demandé, c'est justement parce qu'il est capable de penser plus loin que le bout de son stylo, de
5 faire réfléchir, d'être et de rendre les autres conscients des mouvements du monde.

Qu'est-ce qui vous fait courir, Tahar Ben Jelloun?

obsession **(1) TBJ:** J'ai une hantise°, c'est l'injustice! Témoigner est ma passion. Je suis un justicier! Et puis ensuite, j'aime raconter des histoires. Pas pour s'endormir, pas pour passer le temps, mais pour se réveiller. J'ai une fille de 9 ans, je lui raconte des
10 histoires sur le chemin de l'école. Les histoires, ça sert à penser, à être conscient de ce qui se passe autour de soi. Pour cela, il y a l'école, bien sûr, mais les histoires, ça rajoute de la vie.

Pourquoi écrivez-vous en français?

(2) TBJ: Je suis né à Fez, au Maroc. C'est une très belle ville, très traditionnelle,
old section of a 15 pleine de petites ruelles, la médina°. Puis à 10 ans, ma famille est allée s'installer à
Moroccan town Tanger. Là, je suis allé au lycée. On étudiait davantage le français que l'arabe. J'ai été formé par les deux langues. L'arabe est ma langue maternelle, mais j'ai pensé que j'avais quelque chose à gagner si je maîtrisais le français. Je m'investissais beaucoup dans la langue française. Puis, j'ai continué. Je n'ai jamais écrit en arabe.
20 Le français était un défi, une richesse de plus.

Quand écrivez-vous? Vous servez-vous de l'ordinateur?

(3) TBJ: J'écris le matin. Je n'utilise pas d'ordinateur. J'ouvre mon cahier et j'attends. Parfois rien n'arrive. Il faut que l'esprit et le corps s'habituent. Un livre est quelque chose
literary characters de très vivant. J'y pense tout le temps. Il est très excitant de créer des personnages°, de les
25 faire vivre. Je m'habitue à eux, et tous les matins je les retrouve. On vit ensemble dans le même espace mental. Je crée un univers à côté de l'univers réel.

Comment avez-vous décidé de devenir écrivain?

(4) TBJ: Je ne l'ai jamais décidé. Mais c'est quelque chose de très fort. Vous sentez que c'est là que vous êtes le mieux, quand vous racontez des histoires. A 20 ans, j'ai
30 écrit des poèmes, contre l'injustice, contre des choses horribles et inadmissibles dans la société.

Vous évoquez beaucoup dans vos livres la condition des femmes. Pourquoi?

(5) TBJ: Je suis quelqu'un qui témoigne et qui dénonce. Une des grandes injustices est la condition qui est faite aux femmes dans le monde arabe. Je suis très sensible
35 à la manière dont on les traite. Il y a eu une évolution qui est due aux femmes elles-mêmes, pas au gouvernement. Bien sûr, il y a le code de la famille qui est
backward rétrograde°, pas à l'honneur du pays, mais la société est en avance. Les mœurs se sont libéralisées, les femmes se battent, 33% d'entre elles travaillent. L'avenir leur appartient. Les hommes ont le pouvoir politique, les femmes le pouvoir social,
40 même si ce n'est inscrit nulle part dans les textes.

Dans vos conversations courantes, quand vous êtes en France, vous dites «ils»
en parlant des Français, ou «nous»?
(6) **TBJ:** Je dis rarement «nous». J'établis une distance entre ce que je suis et ce
que je vois, mais j'établis cette distance partout, même au Maroc, où je dis «les
45 Marocains». Mon parti pris est celui de l'objectivité, je suis un observateur. J'ai une
relation d'équilibre entre les deux pays, et j'ai la même exigence critique. Il est dur
de devoir choisir. Nulle part il n'y a de satisfactions garanties.

Vous ne vous sentez pas apatride?
roots (7) **TBJ:** Non, pas du tout. J'ai des racines° claires, précises. Je suis marocain, de
50 culture musulmane humaniste et modérée. Je me sens marocain partout où je vais,
culturellement et psychologiquement. Je suis aussi adepte des valeurs des droits
de l'homme, de la Révolution française, de l'état de droit. En même temps, je suis
fasciné par la générosité, l'hospitalité, la convivialité et la largesse d'esprit des
Marocains. Ce sont des choses qui se sont un peu perdues en Europe.

Source: *Le Journal Français*, 1996

Compréhension

1. Cet entretien semble assez facile à lire parce que les questions posées à Tahar
Ben Jelloun par le journaliste servent à établir le contexte des réponses. En
considérant les questions du journaliste, faites une liste des sujets dont Ben
Jelloun va parler.

2. Pourquoi Tahar Ben Jelloun aime-t-il raconter des histoires?

3. A quelle époque de sa vie Tahar Ben Jelloun a-t-il commencé à étudier le
français? Pourquoi a-t-il choisi d'écrire en français?

4. Comment voit-il les personnages qu'il a créés?

5. Pourquoi Tahar Ben Jelloun parle-t-il si souvent de la condition des femmes
dans ses livres?

Réflexion

A. Quelle est la passion de Tahar Ben Jelloun? Dans quel sens pourrait-on comparer
ses motivations à celles des auteurs afro-américains comme Toni Morrison, par
exemple?

B. Quel contraste la dernière réponse de Tahar Ben Jelloun offre-t-elle entre les
valeurs françaises et marocaines?

Guide de lecture

1. Dans le premier paragraphe de l'extrait suivant de *L'Enfant de sable*, dégagez
les mots qui indiquent qu'Ahmed veut aborder avec son père le sujet de son
apparence physique.

2. Lisez rapidement le cinquième paragraphe de l'extrait et dégagez-en les mots
qui expriment le conflit intérieur d'Ahmed par rapport à sa situation.

3. A la fin de cet extrait, il y a une idée surprenante qui souligne le paradoxe
que le père d'Ahmed a créé. A la fin du cinquième paragraphe, que demande
Ahmed?

L'Enfant de sable (extrait)

Avec son livre, *L'Enfant de sable* (1986) Tahar Ben Jelloun a séduit un large
public en recourant à la forme du conte° pour poser le problème de l'identité
aléatoire°: la huitième fille de Hadj Ahmed est déclarée de sexe masculin, mais
comment vivre cette identité impossible?... Toute l'œuvre de Tahar Ben Jelloun est
5 écrite pour conjurer l'enfermement dans cette impossibilité.

Humilié de ne pas avoir de fils, d'héritier° mâle, mais «seulement» des filles, un
riche commerçant avait décidé de faire passer sa dernière-née pour un garçon.
Ainsi, la petite fille fut appelée Ahmed. Habillée et éduquée comme un vrai garçon,
elle devait mener une étrange existence, privée de sa vie de jeune fille, mêlée aux
10 hommes, prise par tous pour un homme.

(1) Un jour Ahmed alla voir son père dans son atelier et lui dit:
— Père, comment trouves-tu ma voix?
— Elle est bien, ni trop grave ni trop aiguë.
— Bien, répondit Ahmed. Et ma peau°, comment tu la trouves?
15 — Ta peau? Rien de spécial.
— As-tu remarqué que je ne me rase pas tous les jours?
— Oui, pourquoi?
— Que penses-tu de mes muscles?
— Quels muscles?
20 — Ceux par exemple de la poitrine°... [...] Père, je vais me laisser pousser la
moustache.
— Si cela te fait plaisir!
— Dorénavant, je m'habillerai en costume, cravate...
— Comme tu veux, Ahmed.
25 — Père! Je voudrais me marier...
— Quoi? Tu es trop jeune encore...
— Ne t'es-tu pas marié jeune?
— Oui, c'était un autre temps...
— Et mon temps, c'est quoi?
30 — Je ne sais pas. Tu m'embarrasses.

(2) — N'est-ce pas le temps du mensonge°, de la mystification? Suis-je un être ou
une image, un corps ou une autorité, une pierre dans un jardin fané° ou un arbre
rigide? Dis-moi, qui suis-je?

(3) — Mais pourquoi toutes ces questions?

35 (4) — Je te les pose pour que toi et moi nous regardions les choses en face. Ni toi ni
moi ne sommes dupes.

(5) Ma condition, non seulement je l'accepte et je la vis, mais je l'aime. Elle
m'intéresse. Elle me permet d'avoir les privilèges que je n'aurais jamais pu connaître. Elle m'ouvre des portes et j'aime cela, même si elle m'enferme ensuite dans
40 une cage de vitres. Il m'arrive d'étouffer° dans mon sommeil. Je me noie° dans ma
propre salive. Je me cramponne° à la terre mobile.

J'approche ainsi du néant°. Mais, quand je me réveille, je suis malgré tout heureux
d'être ce que je suis. J'ai lu les livres d'anatomie, de biologie, de psychologie et

Marginal glosses:
- tale (conte)
- problematic (aléatoire)
- heir (héritier)
- skin (peau)
- chest (poitrine)
- lie (mensonge)
- faded (fané)
- suffocate / drown (étouffer / noie)
- hold on to (crampoenne)
- void (néant)

même d'astrologie. J'ai beaucoup lu et j'ai opté pour le bonheur. La souffrance, le
m'en… : *rid myself of /* 45 malheur de la solitude, je m'en débarrasse° dans un grand cahier°. En optant pour
notebook la vie, j'ai accepté l'aventure. Et je voudrais aller jusqu'au bout de cette histoire.
Je suis homme. Je m'appelle Ahmed selon la tradition de notre Prophète. Et je
demande une épouse. […] Père, tu m'as fait un homme, je dois le rester. Et, comme
dit notre Prophète bien-aimé, «un musulman complet est un homme marié».

disarray 50 (6) Le père était dans un grand désarroi°. Il ne savait quoi répondre à son fils ni
à qui demander conseil. Après tout, Ahmed poussait la logique jusqu'au bout. Il
n'avait pas tout dit à son père, car il avait un plan. Un grand silence chargé de
malaise. Ahmed était devenu autoritaire. […]

Source: Tahar Ben Jelloun, *L'Enfant de sable* © Editions du Seuil, 1985

Après la lecture

1. Quelle est la réaction du père d'Ahmed aux premières questions de son «fils»? Qu'est-ce que cette réaction indique sur les motivations et les attitudes du père?

2. Au quatrième paragraphe, Ahmed indique pourquoi il (elle) décide d'avoir cette conversation avec son père. Quelle était sa motivation?

3. Pourquoi Ahmed dit-il (elle): «Ma condition… je l'aime»? En quoi cette attitude de la part d'Ahmed est-elle ironique?

4. A la fin de l'extrait, quelle attitude d'Ahmed le père critique-t-il? Est-ce que cette attitude est habituellement considérée comme un trait masculin ou féminin? Expliquez l'ironie de cette réaction du père d'Ahmed.

5. Expliquez le titre de cette œuvre de Tahar Ben Jelloun. En quoi ce titre évoque-t-il l'univers marocain de l'auteur? Quelles seraient les caractéristiques d'un enfant fait «de sable»?

Pour mieux lire

1. Associez les mots anglais de la colonne de droite aux prépositions en caractères gras trouvées dans les extraits de l'interview avec Tahar Ben Jelloun.

1. «Romancier […] intervenant au journal *Le Monde* […] **sur** des questions aussi bien littéraires que politiques…»
2. «Pas pour s'endormir, pas **pour** passer le temps…»
3. «… je lui raconte des histoires **sur** le chemin de l'école.»
4. «J'ai été formé **par** les deux langues.»
5. «Je n'ai jamais écrit **en** arabe.»
6. «Je crée un univers **à côté de** l'univers réel.»
7. «… j'ai écrit des poèmes **contre** l'injustice…»
8. «J'établis une distance **entre** ce que je suis et ce que je vois…»
9. «Je suis né **à** Fez, **au** Maroc.»

a. *by*
b. *in opposition to, against*
c. *in / in*
d. *parallel to*
e. *in order to / for the purpose of*
f. *on (au sens physique)*
g. *between*
h. *on (au sujet de)*
i. *in*

2. Ben Jelloun emploie souvent des mots qui vont par paires. Quelquefois ces mots constituent une suite logique, d'autres fois ils représentent un contraste. Dans les deux cas, si vous connaissez la signification de l'un de ces mots, vous pouvez assez facilement deviner le sens de l'autre. Dans les phrases suivantes, tirées de *L'Enfant de sable*, indiquez la signification des mots en italique.

   1. «Elle [ta voix] est bien, ni trop *grave* ni trop *aiguë*.»
   2. «... je m'habillerai en costume, *cravate*...»
   3. «Suis-je un *être* ou une *image*?»
   4. «La *souffrance*, le *malheur* de la solitude...»
   5. «Je suis *homme* [...] Et je demande une *épouse*...»

LIENS CULTURELS

1. Dans l'interview, Tahar Ben Jelloun dit: «J'ai une hantise, c'est l'injustice!» Dans quel sens peut-on dire qu'il parle de deux sortes d'injustices à la fois dans *L'Enfant de sable*? Cette œuvre de Tahar Ben Jelloun constitue aussi une parabole culturelle. En quoi cet auteur francophone pratique-t-il, lui aussi, une sorte de déguisement? Dans le monde d'aujourd'hui y a-t-il des personnes (femmes, minorités, etc.) qui «se déguisent» quelquefois pour plaire aux autres ou pour mieux réussir? Donnez-en quelques exemples.

2. A partir des renseignements que vous avez obtenus en lisant les textes **Un peu de culture contemporaine** (pages 312–315) et **L'héritage culturel** (pages 327–329), avez-vous l'impression que la politique coloniale de la France a eu des résultats positifs aussi bien que négatifs dans les pays colonisés? Expliquez votre point de vue.

EXPANSION

A. Pour beaucoup d'habitants de pays francophones, il y a souvent un problème d'identité qui se pose. Quels avantages y a-t-il à être francophone de nos jours?

B. Comment pourriez-vous expliquer à un(e) francophone le problème de l'identité culturelle qui se manifeste actuellement aux Etats-Unis? Possédez-vous, vous-même, deux cultures (hispanique, japonaise, afro-américaine, vietnamienne, coréenne, par exemple)? Comment est-ce que vous vous voyez en tant qu'«Américain(e)»?

Chapitre 10

Découvrir et se découvrir

iLrn

Un bungalow sur une plage de Tahiti, en Polynésie française

Un peu de culture contemporaine

Club Med: l'exotisme démocratisé

Les vacances et le voyage

Le voyage a toujours fait rêver le monde comme étant un moyen d'échapper au quotidien.

- Au 19e siècle en France, à l'époque du romantisme, on aime se rapprocher de la nature. Le chemin de fer va peu à peu réduire les distances et modifier les destinations en vogue.

- Au 20e siècle, la Provence et la Côte d'Azur attirent d'abord une clientèle privilégiée puis, après la Seconde Guerre mondiale, un public plus large qui fréquente les festivals, comme ceux d'Avignon, d'Aix, d'Orange, ou les stations balnéaires le long de la Méditerranée, comme Saint-Tropez. Tous les moyens de transport sont à la disposition du public, mais l'utilisation de la voiture, surtout lorsque plusieurs personnes voyagent ensemble, rend le voyage moins cher et permet une plus grande autonomie.

- Au 21e siècle, les vacances de luxe ne sont plus réservées aux personnes ayant un pouvoir d'achat élevé. Tout le monde semble prêt à faire des sacrifices sur d'autres dépenses pour pouvoir s'offrir des vacances exceptionnelles. Par ailleurs, le développement d'Internet, avec ses «forfaits à la carte», où la somme est fixée d'avance, permet aux voyageurs de personnaliser leurs vacances tout en conservant un certain contrôle des dépenses.

Compréhension

1. Quelles innovations dans les transports vont permettre aux gens des 19e et 20e siècles de mieux connaître la nature?

2. Au 20e siècle, dans quelles régions de la France passe-t-on souvent des vacances de luxe?

3. Quelles nouvelles possibilités offre Internet en ce qui concerne la planification des vacances?

Réflexion

A. A votre avis, en quoi consiste la notion de vacances de luxe? Quelle est la première fonction de telles vacances? Pensez-vous que ces vacances ne sont plus réservées aux riches? Expliquez votre point de vue.

B. Dans quelle mesure les vacances se sont-elles démocratisées depuis le 19e siècle? Quels éléments socio-économiques ont facilité cette démocratisation?

L'écotourisme dans le monde francophone

L'écotourisme, un mouvement de tourisme responsable, équitable et écologique, devient de plus en plus populaire en France et dans le monde francophone. Quelquefois appelé (abusivement) le tourisme vert, l'écotourisme cherche surtout à promouvoir la préservation des animaux et de la nature tout en soutenant les besoins financiers des habitants des communautés rurales. De plus, l'écotourisme vise à protéger les cultures et les traditions qui sont actuellement menacées par les influences de l'urbanisation et de la mondialisation. Le niveau d'engagement dépend de la destination sélectionnée, de l'organisation coordinatrice et des souhaits des voyageurs. Les itinéraires varient entre des visites aux sites écotouristiques et des projets bénévoles dans les chantiers et les écoles des communautés locales.

Le Maroc offre un grand nombre de sites intéressants aux écotouristes, particulièrement dans les régions montagnardes du Moyen et du Haut Atlas qui proposent des activités d'immersion dans la culture berbère. Dans les camps écotouristiques de ces régions, les activités culturelles sont souvent organisées en coordination avec des villageois et donnent un aperçu des habitudes alimentaires et linguistiques, des traditions musicales et folkloriques et des produits textiles et artisanaux de la région. Grâce aux activités culturelles, les touristes profitent d'une expérience riche et individualisée qui les met en contact avec le peuple, la nature, les traditions et les coutumes locales. Par exemple, ils peuvent savourer les plats régionaux comme le couscous, le bourjeje (les crêpes salées) et le méchoui (un plat de mouton rôti au beurre naturel dans un four artisanal) ou goûter la boisson nationale du Maroc, le nana (un thé à la menthe et un symbole de l'hospitalité marocaine), chez les villageois. Ils peuvent également écouter de la musique berbère traditionnelle qui est souvent chantée ou jouée à la flûte de bambou, au tambour et à la tambourine ou contempler les tapis berbères qui sont embellis de décorations aux formes de diamants, de triangles et de chevrons. D'autres activités peuvent comprendre une visite au souk (un marché où une variété de produits alimentaires, textiles et artisanaux est disponible) ou au hammam (des bains traditionnels de vapeur humide) pour prendre part aux expériences quotidiennes des villageois.

En général, ces projets écotouristiques marocains partagent une mission écologique qui vise à protéger l'environnement et la culture de la région. Ils promeuvent la conservation de l'eau et de l'énergie et la protection des animaux et des plantes. Les activités proposées préservent l'intégrité et la beauté naturelle de l'environnement. De plus, les villageois bénéficient de dons et de l'argent que les écotouristes leur apportent. Grâce aux revenus des projets touristiques, les villageois font beaucoup d'améliorations dans leurs communautés, surtout pour subvenir aux besoins des initiatives éducatives.

Compréhension

1. Qu'est-ce que c'est, l'écotourisme? Quels en sont les buts principaux?

2. Identifiez les aspects écotouristiques que les régions montagnardes du Moyen et du Haut Atlas au Maroc offrent à leurs visiteurs. En quoi les touristes aussi bien que les villageois bénéficient-ils de ces vacances écotouristiques?

Réflexion

A. Est-ce que l'écotourisme vous intéresse? Pourquoi ou pourquoi pas? A votre avis, quels sont les avantages et les désavantages de l'écotourisme?

B. Imaginez que vous visitez un camp écotouristique au Maroc. Racontez vos expériences dans une carte postale que vous envoyez à un(e) ami(e) francophone.

C. En petits groupes, discutez du sujet de l'écotourisme proposé par le site Web The Green Family Tour à la page suivante: Quels sont les inconvénients du tourisme de masse traditionnel? Ces tours proposent d'intégrer les participants à la vie des villages de Provence. Cette formule vous intéresse-t-elle? Quel aspect de ces tours les rend financièrement intéressants? Seriez-vous tenté(e) de faire un tel séjour? Pourquoi ou pourquoi pas?

 *Pour des activités culturelles supplémentaires, rendez-vous sur le site Web d'**Interaction** www.cengage.com/french/interaction*

eco-tourisme en Provence

www.thegreenfamilytour.eu

Eco-tourisme en Provence pour grands et petits...

Concept

The Green Family Tour s'évertue à concevoir des voyages à thématique naturaliste permettant la connaissance, la compréhension et la découverte.

Région

Dans la région Provence-Alpes-Côte-d'Azur.
Des calanques méditerranéennes aux sources du Verdon en passant par le canyon des Gorges.

Le but

Nous souhaitons mettre l'accent sur la nécessité d'innover et d'inventer le tourisme de demain. Le tourisme de masse, tel qu'il est organisé aujourd'hui, est plus un facteur de séparation, presque de conflit, plutôt qu'un moyen de se rencontrer entre humains. La préservation de l'environnement et la mise en tourisme des espaces naturels deviennent donc une condition sine qua non d'un développement touristique durable. The Green Family Tour permet aux familles la rencontre des populations de village tout en étant sensibilisées aux richesses patrimoniales et culturelles.

Les moyens

En intégrant un milieu à travers un accueil local sélectionné selon des critères humains et environnementaux et des activités choisies pour l'éveil et la compréhension.

Pour qui

Nous vous proposons des séjours en semi-autonomie afin que nos voyages soient financièrement accessibles au plus grand nombre tout en facilitant l'échange et la rencontre.

The Green Family Tour propose des séjours d'écotourisme en semi-autonomie.

Vocabulaire actif

🔊 CD2, Track 10

LES ACTIVITÉS

se baigner to swim
bénéficier (de) to benefit (from)
bricoler to putter
se faire bronzer to get a suntan
faire des économies to save money
flâner to loaf around

s'occuper de to take care of
profiter de to take advantage of
se renseigner to obtain information

LES POSSIBILITÉS DE VACANCES

la Côte (d'Azur) the French Riviera

un dépliant brochure, flyer
une escale stopover
un forfait vacances vacation package deal
les moyens *(m pl)* (financial) means
un rabais discount
une randonnée hike

une résidence secondaire vacation home
une station balnéaire seaside resort
des vacances vertes *(f pl)* ecotourism
des vols-vacances *(m pl)* reduced airfares for vacation travel

Exercices de vocabulaire

A. Vous étudiez pendant l'année en France et vous préparez un voyage pour les grandes vacances. Voici une liste de questions que vous désirez poser à votre agent de voyages. Complétez chaque question à l'aide d'un terme approprié de la liste suivante.

Termes: un dépliant   faire des économies   un forfait   une escale
       intéressant   un rabais   le séjour   un tarif réduit

1. Pour aller au Maroc, avez-vous _____ vacances à me proposer?

2. Y a-t-il un vol direct ou faut-il faire _____?

3. Est-ce que les étudiants bénéficient d'_____?

4. C'est-à-dire, y a-t-il _____ pour les étudiants?

5. Combien coûtent le vol et _____ à l'hôtel, petit déjeuner compris?

6. Avez-vous _____ qui explique les détails du voyage?

7. C'est le prix le plus _____ que vous puissiez proposer?

8. Pour me permettre ce voyage, il va me falloir _____, n'est-ce pas?

B. Voici une conversation entre Julie et Jean-Claude au sujet de leurs projets de vacances. Substituez une expression de la liste suivante à chacune des expressions en caractères gras.

Expressions: un séjour, me renseigner, un gîte, compris, se baigner, des randonnées, un tarif réduit, intéressants

JULIE: Jean-Claude, moi, je voudrais aller à la plage où on peut **aller dans l'eau.**

JEAN-CLAUDE: Mais tu sais, Julie, moi, j'aime plutôt faire **des promenades** en montagne.

POUR VOYAGER EN VOITURE

l'autoroute *(f)* superhighway
la batterie battery
faire le graissage to lubricate (the car)
faire le plein to fill the gas tank
faire la vidange to change the oil

les freins *(m pl)* brakes
un(e) garagiste garage operator
le *Guide Michelin* popular French travel guide
la mise au point tune-up
un pneu tire
la pression pressure
rouler to drive
signaler to indicate

A L'HÔTEL

un acompte deposit
une auberge hostel, inn
un gîte rural country lodging with cooking facilities
l'hébergement *(m)* housing
un hôtelier / une hôtelière hotel manager
la réception front desk
le séjour stay

un tarif (réduit) a (reduced) rate

LES CARACTÉRISTIQUES

casanier(-ière) stay-at-home
compris(e) included
forfaitaire all-inclusive
intéressant(e) (financially) advantageous

JULIE: Je viens de **demander des renseignements** dans une agence de voyages. En allant vers Nice, on pourrait peut-être faire les deux.

JEAN-CLAUDE: Si on fait des recherches sur Internet, nous pourrons peut-être trouver des prix **pas chers,** non?

JULIE: On pourrait aussi trouver des hôtels où il y a **une réduction** sur les prix des chambres. Quelquefois, le petit déjeuner est aussi **inclus dans le prix de la chambre.**

JEAN-CLAUDE: Ou bien on pourrait prendre **un logement rural de location.** Comme ça, nous aurons **une période de vacances** qui ne nous coûtera pas trop cher. Allons-y!

C. Vous faites un voyage en voiture et vous arrivez dans une station-service près de Strasbourg où vous demandez à la garagiste de jeter un coup d'œil à votre voiture. Complétez les phrases en utilisant les mots suivants.

Mots: la batterie   les freins   le graissage
       le plein   la pression   la vidange

1. Vérifiez _____ des pneus, s'il vous plaît.

2. J'ai besoin d'huile aussi. Faites _____.

3. Ma voiture est un peu lente à démarrer *(start up)* le matin. Vérifiez le niveau d'eau dans _____.

4. Il y a un grincement *(squeaking noise)* bizarre sous la voiture. Faites _____ aussi.

5. J'ai un peu de difficulté à arrêter la voiture. Vérifiez _____.

6. Enfin, faites _____ d'essence, s'il vous plaît. Merci, madame.

Lexique personnel

A Pour chacun des sujets suivants, dressez une liste personnelle de mots.

1. les endroits où vous avez passé des vacances

2. les endroits où vous voudriez passer des vacances

3. les moyens de transport que vous employez le plus souvent pour voyager

4. vos projets de vacances pour l'été prochain

 B Employez les éléments indiqués pour poser des questions à un(e) camarade de classe.

1. que / tu / faire / pendant les grandes vacances?

2. tu / faire / souvent / des voyages?

3. comment / tu / voyager / normalement?

4. tu / préférer / voyager / en voiture, en avion ou par le train?

5. quel / être / ton voyage / le plus intéressant?

6. tu / faire / déjà / un voyage organisé?

7. tu / profiter / déjà / d'un voyage à prix forfaitaire?

8. combien / on / payer / le vol, le séjour à l'hôtel et les repas quand on va en Floride?

Un train Eurostar en gare

Structures I

Formation of the Future and the Future Perfect

Formation of the Future

The future tense indicates that an action *will* be performed at a future time. To form the future tense, use the infinitive as the stem and add the appropriate endings: **-ai, -as, -a, -ons, -ez, -ont.** For **-re** verbs, drop the **e** from the infinitive.

voyager	part[...]	prendre
je voyager**ai**	je partir**ai**	je prendr**ai**
tu voyager**as**	tu partir**as**	tu prendr**as**
il / elle / on voyager**a**	il / elle / on partir**a**	il / elle / on prendr**a**
nous voyager**ons**	nous partir**ons**	nous prendr**ons**
vous voyager**ez**	vous partir**ez**	vous prendr**ez**
ils / elles voyager**ont**	ils / elles partir**ont**	ils / elles prendr**ont**

A list of the most important verbs with irregular future stems follows.

aller	**ir-**	faire	**fer-**	savoir	**saur-**
avoir	**aur-**	falloir	**faudr-**	valoir	**vaudr-**
devoir	**devr-**	pleuvoir	**pleuvr-**	venir	**viendr-**
envoyer	**enverr-**	pouvoir	**pourr-**	voir	**verr-**
être	**ser-**	recevoir	**recevr-**	vouloir	**voudr-**

[1] For the future of stem-changing verbs, see *Appendix B.*

Unless a verb has an irregular future stem, its future is formed regularly, even if the verb is irregular in the present tense.[1]

1. Votre correspondante française vous invite à passer l'été en France. Vous lui écrivez pour parler de vos projets d'été. Complétez les phrases suivantes en mettant au futur les verbes entre parenthèses.

    1. Le semestre _____ en mai. (finir)

    2. Je _____ en France début juin. (arriver)

    3. Est-ce que nous _____ faire une excursion en Bretagne? (pouvoir)

    4. Mon meilleur ami / Ma meilleure amie _____ certainement m'accompagner. (vouloir)

    5. Tu _____ de ton mieux pour lui trouver un logement à Paris, n'est-ce pas? (faire)

    6. Par exemple, tes parents le / la _____ pendant quelques jours? (recevoir)

    7. Mon prof de français _____ à Paris aussi. (être)

    8. Nous _____ au théâtre un soir. (aller)

    9. Après trois ou quatre jours, _____ -nous dans le Midi? (descendre)

    10. On _____ le train ou la voiture? (prendre)

    11. Où est-ce que nous _____? (habiter)

    12. Je sais que je _____ beaucoup cet été. (s'amuser)

2 Vous voulez savoir ce que vos camarades de classe feront la semaine prochaine. Complétez les questions suivantes par le futur des verbes entre parenthèses.

1. Tu _____ à la bibliothèque après les cours? (aller)

2. Tu _____ un examen? (avoir)

3. Tu _____ tes devoirs? (faire)

4. Tu _____ te détendre un peu le soir? (pouvoir)

5. Tu _____ un repas au restaurant universitaire? (prendre)

6. Tu _____ dur? (travailler)

7. A quelle heure est-ce que tu _____? (rentrer)

8. A quelle heure est-ce que tu _____? (se coucher)

Formation of the Future Perfect

The future perfect tense (**futur antérieur**) indicates that an action will have been performed prior to another action at a future time. The future perfect is formed with the future of the auxiliary **avoir** or **être** and the past participle of the main verb. The future perfect of all verbs is formed this way.

Au mois de septembre, quand vous serez prêts pour la rentrée, Sylvie et Dominique **seront** déjà **parties** pour la Côte. Elles **auront pris** la voiture, elles **auront roulé** pendant quelques heures et elles **seront arrivées** à Fréjus. Sylvie **aura** beaucoup **conduit** et Dominique **aura fait** des excursions en montagne. Elles **se seront** beaucoup **amusées,** et vous, vous **aurez beaucoup** travaillé. Ce n'est pas juste.

INTERACTIONS

Des projets de week-end. Mettez-vous en petits groupes. Posez des questions aux membres de votre groupe en employant les expressions suivantes afin de connaître leurs projets pour le week-end. Décidez qui a les projets les plus intéressants, le week-end le plus chargé ou le week-end le plus ennuyeux.

Expressions:

aller à la bibliothèque	arriver en cours de français
avoir un examen	se coucher
déjeuner au Resto-U	faire des devoirs
faire du sport	se lever
prendre la voiture	regarder la télé
rentrer	retrouver des amis
travailler	venir au campus

L'héritage culturel

Exploration et utopie

17e siècle: Les Français commencent à connaître l'Asie et les Amériques grâce aux récits des explorateurs et des missionnaires.

- L'Orient, connu depuis les Croisades et les voyages de Marco Polo, devient plus accessible aux Français dans ses structures politiques, sociales et économiques. Le médecin et philosophe François Bernier publie ses *Voyages* (1699) sur la civilisation musulmane aux Indes. Les religieux, surtout les missionnaires jésuites, font connaître l'Inde, la Chine et le Japon dans leurs *Lettres édifiantes.*

Toutes ces régions inspireront à la littérature contemporaine un certain exotisme, quelquefois comique, comme dans la parodie des Turcs du *Bourgeois gentilhomme* de Molière.

- Les Amériques (de la Nouvelle France jusqu'au Brésil) donnent aux navigateurs et aux missionnaires l'occasion de rapporter à leurs lecteurs francophones des observations sur la nature, les populations, la végétation et les bêtes du Nouveau Monde.

Ces récits de voyage contribuent à la création d'un mythe, celui du «bon sauvage» dont nous trouvons une description chez le Père Du Tertre, missionnaire aux Antilles: «Les sauvages de ces îles sont... tels que la nature les a produits, c'est-à-dire dans une grande simplicité et naïveté naturelle; ils sont tous égaux, sans que l'on connaisse presque aucune sorte de supériorité ni de servitude.» (*Histoire générale des Antilles*, 1667)

Compréhension

1. Grâce à quelles personnes les Français ont-ils commencé à connaître les Amériques et l'Asie? Citez quelques exemples de récits de voyage publiés au 17e siècle.
2. Quelles sortes de descriptions se trouvent d'habitude dans les textes dits «exotiques»?
3. Vers quels pays les premiers explorateurs se sont-ils dirigés?

Réflexion

A. Donnez une définition du terme «exotisme» en utilisant vos propres mots.
B. Mettez-vous à la place des Européens du 17e siècle. Que pensez-vous du récit du Père Du Tertre? Est-il objectif ou bien s'agit-il d'une sorte de propagande? Expliquez votre point de vue.

Joyeuseté (Arearea) de Paul Gauguin

Gauguin et l'exotisme océanien
Paul Gauguin (1848–1903)

- Vers 1890, Gauguin s'enfuit vers la Polynésie pour vivre dans l'univers calme de son art.
- A Tahiti, il découvre une peinture primitive: teintes plates et intenses, volumes simplifiés d'une nature pure et sauvage.
- La couleur permet à Gauguin de dessiner son sujet et de construire son tableau en attribuant aux couleurs une fonction psychique.
- Au contact des peuples de la Polynésie, Gauguin produit un art authentique, simple et naïf.

Compréhension

1. Où le peintre Gauguin est-il allé poursuivre l'élaboration de son art? Situez cet endroit sur une carte géographique.

2. Donnez trois caractéristiques de l'art de Gauguin.

Réflexion

A. En quoi le tableau de Gauguin vous paraît-il simple et naïf? A votre avis, pourquoi Gauguin a-t-il éprouvé le besoin de quitter l'Europe pour pouvoir peindre?

B. Faites une recherche sur Internet au sujet de Gauguin. L'exotisme de cet artiste est-il aussi surprenant pour vous que pour le public de son époque? Quels sont les éléments universels de son art qui n'ont pas vieilli? Y a-t-il encore de la place pour l'exotisme à la Gauguin dans notre vie?

La Clef des champs de René Magritte

Magritte et l'art surréaliste
René Magritte (1898–1967)

- Peintre belge, Magritte se considère comme un penseur plutôt qu'un peintre au sens usuel du terme. Selon lui, la peinture sert à évoquer ce qui nous importe le plus, c'est-à-dire le mystère du monde.

- Surréaliste, Magritte représente presque toujours des objets ou des éléments familiers mais dans un assemblage qui incite les spectateurs à s'interroger sur les énigmes d'un monde mystérieux. Tout se passe dans notre univers mental, nous dit-il. Il suffit quelquefois du choc visuel produit par une de ses œuvres pour que nous pénétrions un peu plus loin dans le nôtre.

Compréhension

1. A quel mouvement artistique Magritte est-il associé? Faites une description de son tableau *La Clef des champs.* Notez bien que l'expression «la clef des champs» veut dire «la liberté».

2. Quel univers Magritte cherche-t-il à évoquer dans ses peintures?

Réflexion

A. Qu'est-ce qui se passe dans votre «univers mental» quand vous regardez ce tableau de Magritte? En quoi consiste le choc mental que Magritte cherche à provoquer ici?

B. Faites une recherche sur Internet pour découvrir d'autres tableaux de Magritte. Expliquez en quoi ces œuvres vous semblent «*sur*-réelles».

Structures II

Uses of the Future and the Future Perfect

Uses of the Future

The simple future tense expresses an action that will take place at a future time. It is the equivalent of the English *will (shall)* . . .[2]

Je **vais partir** tout de suite.	*I am going to leave right now.*
Je **partirai** peut-être un jour.	*I **will** perhaps **leave** one day.*
Je **partirai** en juillet.	*I'll leave in July.*
Ils **prendront** le train.	*They **will take** the train.*

The future tense can also be used to express a command in the second person singular and plural (**tu, vous**).

Tu **fermeras** la porte à clé avant de partir.	***Lock** the door before you leave.*

In conversation, the present tense is sometimes used instead of the future.

—Quand est-ce que vous **partez**?

—Je pars demain.

The verb **devoir** used in the future expresses the idea *will have to* . . . **Devoir** in the present tense followed by the infinitive is also used to express an action that is probable in the future.

On **devra prendre** le bateau.	*We **will have to take** the boat.*
Il **doit arriver** bientôt.	*He **must be arriving** soon.*

1 Vous quittez votre chambre le matin et vous désirez laisser un petit mot à vos colocataires pour les informer de vos activités de la journée. Complétez chaque phrase par un verbe approprié au **futur.**

1. A neuf heures...
2. Après mon premier cours...
3. Pour le déjeuner...
4. Pendant l'après-midi...
5. Vers six heures...
6. Avant de me coucher...

Uses of the Future Perfect

The future perfect tense is used to express the idea that one action in the future will take place and be completed before another action in the future takes place. It expresses the English *will have* + past participle.

Quand il ira à l'université en septembre, il **aura** déjà **fait** son voyage en France.	*When he goes to college in September, he **will have** already **taken** his trip to France.*
Nous **serons parties** à trois heures demain.	*We **will have left** by three o'clock tomorrow.*

[2]The future formed with **aller** + infinitive expresses an action that is more certain and immediate and is equivalent to the English *to be going to* + infinitive. Although these two future constructions are technically not interchangeable, the distinction between them is very fine, and in conversation a strict distinction is not always observed. Note that in the negative, the future would be used instead of the immediate future: **Je *vais partir* demain. Je ne *partirai* pas demain.**

The Future after *après que, aussitôt que, dès que, lorsque, quand*

As shown in the following table of tense sequences, after the expressions **après que, aussitôt que, dès que, lorsque,** and **quand** you must use a future tense in French where English uses the present.

Quand il viendra, nous pourrons partir.

When he comes, *we will be able to leave.*

	subordinate clause	main clause
si	+ present tense	future + imperative present
aussitôt que dès que lorsque quand	+ future future perfect	+ future imperative[3]
après que	+ future perfect	+ future imperative

[3]With **quand** and **lorsque** the future perfect may also be used in the main clause. See ***Rappel*** below. This principle may be easier to remember if you realize that French structure is actually more logical than English on this point, given that *when* (**quand, lorsque**), *as soon as* (**dès que, aussitôt que**), and *after* (**après que**) all refer to actions that have not yet taken place.

Si tu **arrives** à l'hôtel avant minuit, **téléphone**-moi.

S'il **fait** beau, nous **ferons** un voyage.

BUT:

Quand (Lorsque) tu **téléphoneras** à l'hôtel, tu **pourras** réserver une chambre.

Lorsque vous **serez** en France, **venez** me voir.

Dès que (Aussitôt que) j'**aurai réglé** mes affaires, je **partirai.**

Après que j'**aurai fait** le plein, vous **devrez** vérifier les freins.

RAPPEL!

Note that if you use the simple future in the subordinate clause, you are implying that the actions of both clauses will take place in the same time frame.

The future perfect in the subordinate clause implies that the action of that clause must take place and be completed before the main action can take place.

This distinction is sometimes up to the speaker, and both the simple future and the future perfect are used following the conjunctions in question.

Quand il	partira, sera parti,	nous irons en vacances.
Dès que vous	achèterez aurez acheté	les billets, nous partirons.

BUT:

Après que j'aurai consulté une agence de voyages, nous prendrons une décision.

2 Après avoir passé quelques mois dans une famille à Paris, vous pensez faire une excursion avec la fille de vos hôtes pendant les grandes vacances. Vous parlez de ces projets d'été à la mère de la jeune fille. Complétez la conversation suivante par le **futur**, le **futur antérieur** ou le **présent** des verbes entre parenthèses selon le contexte.

VOUS: Donc, j'_____ besoin de louer une voiture pour faire ce voyage. (avoir)

LA MÈRE: Si tu _____ des économies, tu pourras avoir assez d'argent pour louer la voiture et payer l'essence. (faire)

VOUS: D'accord, mais je _____ réserver la voiture bien avant notre départ. Après que je _____ la voiture, il faudra aussi retenir une chambre dans un hôtel du Midi. (devoir, réserver)

LA MÈRE: Quand tu _____ à l'hôtel, tu pourras leur donner le numéro de ta carte bancaire pour retenir la chambre. (téléphoner)

VOUS: Vous _____ nous prêter une carte Michelin? (pouvoir)

LA MÈRE: Oui, bien sûr. Comme ça, si tu _____, tu pourras la consulter. D'ailleurs, vous _____ peut-être plus vite si tu prends les routes nationales au lieu de prendre l'autoroute. Au début des grandes vacances, il _____ énormément de circulation sur les autoroutes. (se perdre, rouler, y avoir)

VOUS: Vous avez raison. En plus, les petites routes _____ plus agréables. Nous _____ souvent pour regarder le paysage et visiter les endroits intéressants. (être, s'arrêter)

LA MÈRE: Quand tu _____ là-bas, mets la voiture dans un garage. Comme ça, tu n'_____ pas d'ennuis. Et quand tu _____ le voyage de retour, téléphone-moi. (arriver, avoir, commencer)

VOUS: Oui, oui, d'accord. Nous vous _____ connaître nos projets après que nous _____. (faire, tout organiser)

3 Vous parlez de votre avenir avec des amis. Complétez logiquement chaque phrase.

1. Quand j'aurai terminé mes études...
2. Si je trouve un bon poste...
3. Lorsque je gagnerai un salaire intéressant...
4. Avant l'âge de trente ans...
5. Je me marierai quand...
6. J'aurai des enfants si...
7. Je voyagerai si...
8. Je serai heureux(-euse) quand...

INTERACTIONS

Projets d'été. Quels sont vos projets pour l'été qui suivra la fin de vos études universitaires? Quand vous aurez obtenu votre diplôme, que ferez-vous pour fêter cet événement? Travaillerez-vous? Voyagerez-vous? Racontez vos projets à la classe. Les autres étudiants vous poseront des questions.

SYNTHESE

A. Vous partez en voyage avec des amis et vous faites une liste de préparatifs avant de partir. Complétez chacune des phrases suivantes par la forme appropriée du **futur** des verbes entre parenthèses.

1. D'abord, nous _____ une agence de voyages. (consulter)
2. Avec l'agent de voyages, on _____ un itinéraire. (choisir)
3. Un de mes copains _____ des chambres. (réserver)
4. J'_____ acheter des chèques de voyage. (aller)
5. Nous _____ les billets. (acheter)
6. Mes colocataires _____ la maison et _____ la lessive. (ranger, faire)
7. Je _____ mes valises. (faire)
8. Enfin, nous _____ ! (partir)

B. Des amis parlent d'un voyage qu'ils vont faire ensemble à Paris. Complétez leurs phrases en mettant les verbes entre parenthèses aux temps qui conviennent.

1. Quand nous _____ à Paris, je ferai du lèche-vitrines sur les Champs-Elysées. (être)
2. Si Beth en a l'occasion, elle _____ au marché aux puces de Saint-Ouen. (aller)
3. Après que tu _____ le Louvre, tu pourras voir la collection des impression-nistes au musée d'Orsay. (visiter)
4. Si nous _____ de la chance, nous trouverons un bon petit hôtel. (avoir)
5. Dès que nous aurons trouvé un hôtel, Paul _____ réserver des billets pour un concert. (pouvoir)

C. Monique écrit un petit mot à une amie au sujet d'un voyage qu'elle va faire. Mettez les verbes entre parenthèses aux temps qui conviennent.

Chère Sandrine,

Je (partir) _____ ce soir. Demain (être) _____ le premier jour de mes vacances et je (aller) _____ chez mes cousins à Toulouse. Je (prendre) _____ l'autoroute pour y aller, mais quand je (rentrer) _____, je (revenir) _____ par les routes départe-mentales. Il (falloir) _____ sûrement faire beaucoup de détours, mais je (pouvoir) _____ ainsi mieux apprécier le paysage. Quand je (être) _____ de retour, je (devoir) _____ me remettre au travail.

Bisous,
Monique

D. Interview. Posez des questions logiques au **futur** en employant les éléments suivants. Quand votre partenaire aura répondu, posez-lui une question supplémentaire.

1. partir de la fac aujourd'hui
2. aller après tes cours
3. faire des courses cet après-midi
4. rentrer tôt ou tard
5. regarder la télé
6. faire pendant le week-end
7. aller voir un film
8. sortir avec tes amis
9. dîner au restaurant
10. se coucher tôt ou tard

INTERACTIONS

Vous allez en vacances. Vous passez l'année universitaire en France et vous voyez cette annonce pour des excursions pendant les week-ends. En groupes, discutez des différents forfaits voyages offerts. Chaque groupe doit décider laquelle des excursions le groupe veut faire. Expliquez votre choix.

Infos et promos

WEEK-END ✔

⟳ 110 €* FRANCE
3 JOURS / 2 NUITS

VOSGES

Séjour dans le Haut-Rhin, à la station du lac Blanc située dans le superbe environnement du Parc Naturel des Ballons des Vosges. Cette station familiale propose un panel d'activités comme des randonnées sur les crêtes grâce aux nombreux sentiers balisés par le Club Vosgiens, possibilité de découvrir les vastes espaces du domaine en VTT, à moins que vous souhaitiez vous initier à la course d'orientation avec des parcours permanents. Le Lac Blanc Parc d'Aventure avec ses 6 parcours de tous niveaux (bleu, vert, rouge et noir) ouvert aux enfants dès 8 ans, les plus petits dès 4 ans pouvant s'initier au parcours Ourson en toute sécurité sous le regard des parents. Après les activités de nature, venez déguster les spécialités culinaires et les produits du terroir que la nature offre ici pour séduire les papilles des plus gourmands. Votre séjour se déroulera en ferme auberge dans la vallée de Kaysersberg, entre vignoble et montagne.
Ce prix comprend : 2 nuits en ferme auberge en demi-pension, un panier du terroir, une visite de cave avec dégustation et remise de bouteille, une carte de randonnée, une entrée pour les 4 parcours du Lac Blanc parc d'aventures.
Juin / Juillet : 110 €*

✔ OT de la vallée de Kaysersberg :
   03 89 78 22 78

⟳ 150 €* FRANCE
3 JOURS / 2 NUITS

AUVERGNE

Week-end attelage ou équitation en forêt de Tronçais dans le cadre majestueux de la plus belle chênaie d'Europe. Découvrez le domaine de Bellevue à Meaulne. 50 ha de parc au cœur de la forêt de Tronçais formant l'écrin d'un château style renaissance, époque Napoléon III, équipé d'écuries d'attelages et d'une ferme équestre à l'ancienne. Balades inoubliables en forêt au rythme de l'attelage ou initiation à l'équitation sur des pistes cavalières privées. Table et chambres d'hôtes au château ajoutent au charme confortable de l'escapade.
Ce prix comprend : l'hébergement en chambre d'hôtes, la pension complète, l'encadrement par un accompagnateur.
Juin / Juillet : 150 €*

✔ Loisirs Accueil Allier : 04 70 46 81 60

NOUS AIMONS !

⟳ 155 €* ANGLETERRE
2 JOURS / 1 NUIT

LONDRES

Londres est une ville passionnante historique et culturelle. Découvrez 2000 ans d'histoire et d'apparats, visitez ses 300 musées et galeries d'art, goûtez les délices du monde dans l'un de ses 6000 restaurants. Assistez à la cérémonie du changement de la garde qui se tient tous les deux jours à Buckingham Palace. Adeptes du shopping, vous n'aurez que l'embarras du choix. De Bond Street aux ruelles foisonnantes du marché aux puces de Camden, Notting Hill ou Brick Lane, Londres possède plus de 3000 boutiques et magasins de mode mondialement réputés qui feront le bonheur des fashion victim. L'hôtel est flambant neuf. Il est situé à proximité du stade de Chelsea, dans un quartier calme à 10 mn à pied de la station de métro Fulham Broadway et à moins de 20 mn de Picadilly Circus, haut lieu de la nuit londonienne. Un hôtel idéal si vous êtes à la recherche du meilleur rapport qualité/prix.
Ce prix comprend : le transport en train Eurostar 2ème classe Paris / Londres, la chambre double, les petits-déjeuners continentaux.
Juin / Juillet : 155 €*

*Hôtel Jury's Inn Chelsea 3**

✔ Partirpascher.com : 01 53 14 60 00

⟳ 160 €* FRANCE
3 JOURS / 2 NUITS

BORDEAUX

Venez découvrir l'ambiance conviviale de la fête du vin à Bordeaux le vendredi soir. La journée du samedi 3 juillet débutera par la visite du château de Cadillac. Déjeuner au restaurant gastronomique l'Entrée Jardin à Cadillac, puis vous poursuivrez par une randonnée pédestre dans le vignoble. Vous aurez alors tout le loisir de flâner le long des coteaux bercés par les rayons du soleil et de sillonner le vignoble. Le dimanche 4 juillet, vous visiterez le Château du Grand Branet où une dégustation des Premières Côtes de Bordeaux vous attend. Déjeuner sur place avec un panier du terroir. Dans l'après-

midi, vous visiterez l'abbaye de la Sauve Majeure, chef d'œuvre de l'art roman du XIIème siècle. Week-end des 2, 3 et 4 juillet 2004.
Ce prix comprend : la chambre double, la demi-pension, un dîner, un déjeuner et un casse croûte, les visites, le livret de randonnée pédestre.
Juin / Juillet : 160 €*

Chambre d'hôtes Bacchus 3 épis

✔ OT de Cadillac : 05 56 62 12 92

Super PROMOS sur www.vol-sec.com

⟳ 166 €* FRANCE
3 JOURS / 2 NUITS

BRETAGNE

Les îles, proches et lointaines, d'une beauté rare vous offrent le plus merveilleux des dépaysements en toute saison. Laissez-vous bercer par le grand bleu à Belle-Ile en Mer. Ile des couleurs où la lumière habille les paysages à son gré : criques encaissées baignées d'eau turquoise, vastes plages de sable doré, falaises déchiquetées, petits villages de maisons blanches et fleuries, vallons boisés, ciels changeants... Fasciné par le caractère sauvage de Belle-Ile, nombreux sont ceux qui y ont posé le chevalet pour saisir la beauté de l'instant présent : Claude Monet, Henri Matisse, Charles Cottet, Maxime Maufra, Marcel Gromaire... A ne pas manquer : la citadelle Vauban et son musée, un ensemble unique mis en valeur de façon exemplaire par un couple de Mécènes.
Ce prix comprend : chambre double, petits-déjeuners, un dîner, la location d'un vélo pour 2 jours, l'entrée à la Citadelle Vauban, la traversée Aller / Retour en bateau au départ de Quiberon.
Juin / Juillet : 166 €*

*Hôtel 2**

✔ Formule Bretagne : 01 53 63 11 53

⟳ 199 €* FRANCE
4 JOURS / 4 NUITS

POITOU-CHARENTES

Circuit régional pour découvrir le Futuroscope, le Marais poitevin, la Rochelle et Cognac. Escapade entre océan et campagne. Au programme : Lundi : arrivée dans le département de la Vienne. Le Futuroscope vous ouvre les portes du sensationnel dans un fabuleux voyage à travers le temps et l'espace. Chaque pavillon est un apprentissage. Une vingtaine d'attractions sont réparties sur 60 ha. La grande nouveauté de cette année, c'est le magnifique film "les

Note culturelle

Les congés et la semaine de 35 heures

Pour les Français, les vacances sont sacrées et, parmi les Européens, ils sont particulièrement avantagés pour en profiter. Comparée aux autres pays développés, la France arrive en première position pour le nombre de jours de congés payés.

- Depuis 1936, année où les salariés *(wage earners)* français sous le gouvernement de gauche du Front Populaire ont obtenu le droit à deux semaines de congés payés par an, les vacances annuelles sont devenues de plus en plus longues.

- Une cinquième semaine a été accordée en 1982. Le phénomène des congés payés a eu une influence considérable sur la conception des loisirs en France. Aujourd'hui, beaucoup se demandent s'il est préférable de diviser leur année en onze mois de dur labeur avec, en perspective, un mois de détente, ou s'il ne vaudrait pas mieux concevoir un meilleur équilibre en fractionnant les congés tout au long de l'année.

Depuis 2001, année de la mise en place de la loi sur la Réduction du Temps de Travail (RTT), les salariés en France bénéficient d'une semaine de travail de trente-cinq heures. De ce fait, le temps libre de beaucoup de Français s'est accru de façon spectaculaire.

- Dans beaucoup de pays, la notion de «week-end», c'est-à-dire deux jours consécutifs sans travail en fin de semaine, existe depuis longtemps. En France, le dimanche est jour de repos, mais le samedi (ou le lundi pour les commerçants) ne l'a pas toujours été. L'idée de pouvoir disposer de deux jours pour se promener, flâner à la maison, bricoler ou se détendre est une conquête assez récente et a été confirmée dans les familles par la suppression de l'école élémentaire le samedi. L'arrivée de la semaine de trente-cinq heures a aussi modifié pour beaucoup de salariés la notion des week-ends qu'ils prolongent jusqu'à trois jours, souvent pour les passer chez eux ou pour faire un déplacement de courte durée.

- On estime qu'il y a environ 2,5 millions de résidences secondaires en France, ce qui expliquerait pourquoi tant de gens passent si souvent un week-end prolongé chez des parents ou des amis au cours de l'année. Et le repas du dimanche midi, en famille, reste bien enraciné dans les mœurs des Français, qu'on reste chez soi ou qu'on se retrouve chez d'autres.

Compréhension

1. A quelle époque les salariés français ont-ils bénéficié des premiers congés payés? Quelle a été l'importance historique de la décision du gouvernement du Front Populaire en 1936 par rapport aux congés payés des Français? Les habitudes de vacances des Français ont-elles évolué? Combien de semaines de vacances leur sont assurées actuellement?

2. La semaine de travail typique en France est-elle la même que dans votre pays?

3. Quelle a été l'évolution de la notion de «week-end» en France? Que font la plupart des gens le week-end?

Réflexion

A. A quelle idéologie attribuez-vous la décision du gouvernement français d'accorder à tous les salariés cinq semaines de vacances par an?

B. Que pensez-vous de la semaine de trente-cinq heures? Plus de la moitié des Français pensent que les trente-cinq heures disparaîtront prochainement. Quelles raisons pouvez-vous suggérer pour expliquer leur attitude?

POUR S'EXPRIMER

CD2, Track 11

A l'écoute

Mise en scène

Avant de faire les activités qui suivent, écoutez la conversation de ce jeune couple qui se demande où aller en vacances cet été.

Contexte: L'été approche. Sophie et Thomas, des jeunes mariés, commencent à préparer leurs vacances. Elle voudrait rendre visite à ses parents dans le Sud; lui aimerait aller voir les siens en Bretagne, dans le Nord.

Avant d'écouter

Imaginez que vous êtes en couple et que vous préparez vos vacances d'été. Quelles questions vous posez-vous avant de décider de l'endroit où vous allez les passer? Prenez-vous en considération le climat, la distance à parcourir, les endroits ou les gens que vous voulez voir?

Compréhension

A. On entend mentionner dans le dialogue quatre noms de lieux: une région et trois villes. Quels sont ces noms? Quels renseignements dans le texte vous permettent de les situer en France?

B. L'homme et la femme ont des idées bien arrêtées en ce qui concerne leurs grandes vacances! Combien d'arguments la femme donne-t-elle pour convaincre son mari qu'elle a raison? Pourquoi le mari veut-il aller ailleurs?

C. Qui propose le compromis? Y a-t-il, à votre avis, une autre solution? Qu'auriez-vous fait à la place de la femme ou du mari dans une situation pareille?

D. Quel moyen de transport sera utilisé pour partir en vacances? Quels préparatifs faudra-t-il faire avant de se mettre en route?

A vous la parole

On emploie aussi le verbe **aller + infinitif** pour parler des actions à venir. Il y a une distinction entre cette forme et une action exprimée au **futur simple,** par exemple, **je vais travailler / je travaillerai.** Normalement, on utilise **aller + infinitif** pour exprimer un futur proche et le verbe au **futur simple** pour parler d'actions qui sont plus éloignées dans le temps. Il s'agit d'une distinction qui ne se fait pas rigoureusement, mais qu'on a tendance à faire, même dans la conversation.

Posez les questions suivantes à vos camarades de classe. Il faut choisir entre la forme **aller + infinitif** ou le **futur simple,** selon le contexte.

1. Après ce cours, est-ce que tu _____ à la bibliothèque? (travailler)
2. Quand est-ce que tu _____ ton diplôme? (recevoir)
3. Le week-end prochain, tu _____ au restaurant? (dîner)
4. A quelle heure est-ce que tu _____ ce soir? (rentrer)
5. Dans cinq ans, tu _____ la même ville? (habiter)
6. Quand est-ce que tu _____ tes études? (finir)
7. Pendant la semaine, est-ce que tu _____ au cinéma? (aller)
8. Où est-ce que tu _____ tes vacances d'été? (passer)
9. Où est-ce que tu _____ habiter dans cinq ans? (vouloir)
10. Tu _____ au restaurant universitaire aujourd'hui? (déjeuner)

Situations orales

A. Vous êtes déjà à Paris et vous voulez continuer votre voyage en Europe par le train. Allez à l'agence de voyages et demandez les renseignements nécessaires.

B. Vous avez loué une voiture pour faire une excursion en France. Maintenant, vous vous trouvez à Orléans et votre voiture ne démarre pas. Imaginez la conversation avec le (la) garagiste. Un(e) autre étudiant(e) jouera le rôle du (de la) garagiste.

Il faut appeler un garagiste!

Structures III

Formation of the Conditional and the Past Conditional

Formation of the Conditional

To form the conditional, use the infinitive as the stem and add the appropriate endings: **-ais, -ais, -ait, -ions, -iez, -aient.** For **-re** verbs, drop the **e** from the infinitive.

voyager	partir	prendre
je voyager**ais**	je partir**ais**	je prendr**ais**
tu voyager**ais**	tu partir**ais**	tu prendr**ais**
il / elle / on voyager**ait**	il / elle / on partir**ait**	il / elle / on prendr**ait**
nous voyager**ions**	nous partir**ions**	nous prendr**ions**
vous voyager**iez**	vous partir**iez**	vous prendr**iez**
ils / elles voyager**aient**	ils / elles partir**aient**	ils / elles prendr**aient**

Note that the stem for the conditional is the same as for the future and that the endings are the same as for the imperfect.

The verbs that have irregular future stems use the same stems for the formation of the conditional.[4]

aller	**ir-**	faire	**fer-**	savoir	**saur-**
avoir	**aur-**	falloir	**faudr-**	valoir	**vaudr-**
devoir	**devr-**	pleuvoir	**pleuvr-**	venir	**viendr-**
envoyer	**enverr-**	pouvoir	**pourr-**	voir	**verr-**
être	**ser-**	recevoir	**recevr-**	vouloir	**voudr-**

1 Les différents membres du Club de français parlent avec Sophie, une étudiante française qui passe l'année dans votre université, de ce qu'ils aimeraient faire pendant les grandes vacances. Complétez les phrases en y mettant les verbes entre parenthèses au **présent du conditionnel.**

1. Je _____ bien un voyage en France. (faire)
2. Nous _____ au Canada si nous avions assez d'argent. (aller)
3. Il _____ que je travaille beaucoup pour me payer un voyage. (falloir)
4. Je _____ content(e) d'aller à la plage. (être)
5. Mes copains _____ aussi pour la plage. (partir)
6. Ma copine _____ aux Etats-Unis pour me rendre visite. (venir)
7. Sophie, tu _____ rester ici pendant l'été? (vouloir)
8. Je _____ d'abord pour gagner de l'argent. (travailler)
9. Et j'_____ le mois de juillet pour prendre mes vacances. (attendre)
10. Tes copains et toi, où _____-vous vos vacances? (prendre)

[4]For the conditional forms of stem-changing verbs, see *Appendix B.*

Formation of the Past Conditional

The past conditional is formed with the conditional of the auxiliary **avoir** or **être** and the past participle of the main verb. All verbs form the past conditional in this way.

j'aurais voyagé	nous **serions parti(e)s**
il **aurait pris**	elle **serait arrivée**
vous **auriez fait**	ils **seraient allés**
elles **auraient fini**	tu **te serais levé(e)**

2 Nous regrettons quelquefois de ne pas avoir fait certaines choses. Composez des phrases au **passé du conditionnel** pour dire ce que vous auriez fait l'été dernier, si vous aviez pu.

MODELE *L'été dernier, j'aurais travaillé davantage pour gagner plus d'argent.*

RAPPEL!

Be careful not to confuse the English *would* used hypothetically with *would* meaning *used to.*

J'**irais** en France l'été prochain si c'était possible.

*I **would go** to France next summer if possible.*

J'**allais** à la plage tous les jours quand j'étais plus jeune.

*I **would go** to the beach every day when I was younger.*

In the first example, the action in question has not yet taken place and depends on other circumstances.

In the second example, you can recognize that *would* means *used to* because the context is in the past.

Uses of the Conditional and the Past Conditional

The conditional tense expresses an action that is hypothetical or subject to some condition before it can take place. It has the English equivalent *would . . .*

Je **voudrais** visiter la Bretagne.   *I **would like** to visit Brittany.*

Ils **voyageraient** en voiture.   *They **would travel** by car.*

The past conditional tense expresses an action in the past that was dependent on certain conditions before it could take place. It expresses the English idea *would have* + past participle.

L'année dernière, Sylvie et Dominique ont fait le tour de la France en quinze jours. Mais elles n'ont pas tout vu. Si elles avaient eu le temps, elles **se seraient** aussi **rendues** en Bretagne et elles **seraient** aussi **allées** en Corse.

The conditional tenses are used following the expression **au cas où,** meaning *in case.*

Je viendrai de bonne heure **au cas où** vous **arriveriez** avant midi.

J'étais venu(e) de bonne heure **au cas où** vous **seriez arrivés** avant midi.

Verbs such as **vouloir, pouvoir, être,** and **aimer** are often used in the conditional to indicate a more polite tone for a request.

> —Dis, Sylvie, tu **voudrais** me rendre un petit service? **Pourrais**-tu aller à l'agence de voyages pour demander des plans de Fréjus et des Alpes-Maritimes?

> —Ah, j'**aimerais** bien t'aider, mais je ne peux pas y aller aujourd'hui. Est-ce que je **pourrais** faire cette commission demain?

> —Bien sûr. Demain **serait** parfait.

The past conditional of **devoir** is sometimes called the tense of regret.

Cet après-midi, je **devrais** faire les courses.	*This afternoon, I **ought to (should)** do the shopping.*
J'**aurais dû** les faire hier, mais je n'ai pas pu.	*I **ought to have (should have)** done it yesterday, but I wasn't able to.*

3 Quelques-unes des personnes avec qui vous voyagez en France ne sont pas aussi au courant de la culture française que vous. Aidez-les à s'exprimer plus poliment en mettant leurs verbes au **présent du conditionnel.**

1. Monsieur, je veux de l'eau, s'il vous plaît.
2. Et moi, je prends volontiers le coq au vin avec des légumes.
3. Pardon, madame, pouvez-vous m'indiquer l'heure, s'il vous plaît?
4. Monsieur, avez-vous la monnaie de vingt euros?
5. Mademoiselle, savez-vous par hasard à quelle heure ouvre le Louvre?
6. Marie-Laure, peux-tu m'aider à déchiffrer ce plan de métro?

RAPPEL!

The conditional tenses are often used in the main clause in conditional *(if . . ., then)* statements *(If I had the time, I would love to visit Brittany).*

The English speaker must choose the correct tenses to use in both the *if* clause and the main clause. (See the following table.)

The key to the tense sequences outlined in the table is that they never vary, although there may be several possible translations in English for the verb in the *if* clause.

si j'avais le temps		*if I had the time*
		if I were to have the time

	Subordinate Clause	Main Clause
si	imperfect	conditional
	pluperfect[5]	past conditional

Si j'**avais** le temps, j'**aimerais** visiter la Belgique.
S'ils **trouvaient** un hôtel, ils **iraient** sur la Côte d'Azur.
Si j'**avais eu** l'argent, je **serais allée** en Tunisie.
Si nous **étions arrivés** en juin, nous **aurions pu** assiter au festival.

[5]Remember that the pluperfect is formed with the imperfect of **avoir** or **être** and the past participle.

4 Vous parlez de vos projets d'avenir, pour le moment hypothétiques. Complétez chaque phrase par le **présent du conditionnel** ou l'**imparfait** des verbes entre parenthèses selon le contexte.

1. Si je _____ mon diplôme en mai, je ferais d'abord un long voyage. (recevoir)

2. Si je trouvais un emploi tout de suite, j'_____ une nouvelle voiture. (acheter)

3. Si mon meilleur ami / ma meilleure amie avait le temps, il / elle _____ me rendre visite. (venir)

4. Ma famille et moi, nous _____ en vacances ensemble, si tout le monde était libre. (partir)

5. Mes copains français viendraient me voir, si j'_____ mon propre appartement. (avoir)

6. Si ma famille me donnait un peu d'argent, je _____ chercher un appartement. (pouvoir)

7. Mes amis feraient des économies, s'ils _____ partager un logement pendant un an ou deux. (pouvoir)

8. Si je ne trouvais pas de poste tout de suite, je _____ des demandes d'admission dans les universités pour faire des études supérieures. (faire)

9. Si, en septembre, ma copine n'avait pas de poste, elle _____ en Californie. (aller)

10. Et moi, si je ne trouvais pas de travail, mes frères et sœurs _____ m'aider un peu. (pouvoir)

5 Posez les questions suivantes à vos camarades de classe. Complétez chaque question par la forme appropriée du verbe entre parenthèses.

1. Si tu étais riche, qu'est-ce que tu _____? (acheter)

2. Si tu _____ en France, qu'est-ce que tu voudrais voir? (aller)

3. Si tu faisais le tour du monde, où est-ce que tu _____? (aller)

4. Si tu _____ de l'argent, que ferais-tu? (avoir)

5. Si tu pouvais réformer notre université, qu'est-ce que tu _____? (changer)

6. Si tu pouvais changer ta vie, qu'est-ce que tu _____ de différent? (faire)

7. ???

6 Le passé du conditionnel est le temps de ce qui n'a pas eu lieu. Complétez les phrases suivantes par un verbe au **passé du conditionnel** pour exprimer ce que vous auriez fait.

1. Si j'avais eu plus d'argent,...

2. Si j'avais eu plus de temps,...

3. Si je n'étais pas allé(e) à cette université,...

4. Si j'avais pu parler plus franchement à mes parents,...

5. Si j'avais pu dire la vérité à mon prof,...

6. Si j'avais choisi d'autres colocataires,...

RAPPEL!

Contrast the following tense sequences involving the future and the conditional tenses.

		future
si	+ present	+ present
		imperative
si	+ imperfect	+ conditional
	pluperfect	past conditional
quand		
lorsque	+ future	+ future
dès que	future perfect	imperative
aussitôt que		
après que	+ future perfect	+ future
		imperative

The key to manipulating these tense sequences is to concentrate on the tense of the main verb, which will be easily identified as the imperative, present, future, conditional, or past conditional. Then determine the tense of the verb in the subordinate clause according to the conjunction in question.

INTERACTIONS

Voyage en francophonie. A la fin d'un séjour en France, des amis et vous décidez de profiter de tarifs intéressants pour passer quinze jours dans une région francophone. En petits groupes, lisez les brochures à la page 376 et décidez lequel des voyages vous voudriez faire. Ensuite, comparez les réponses des différents groupes. Y a-t-il un voyage particulier qui est très populaire?

NOUS AIMONS !

➲ 320 € MAROC

8 JOURS / 7 NUITS

MARRAKECH

Marrakech souvent appelée "Ville Impériale" ou encore "Perle du Sud", vous surprendra avec ses palais, ses mosquées, ses jardins et ses palmeraies. A l'ombre du célèbre minaret de la Koutoubia se trouve la mythique place Jemaa-El-Fna, lieu incontournable où règne l'essentiel de l'animation et où se côtoient les artisans, les charmeurs de serpents conteurs, les jongleurs, les vendeurs d'eau aux costumes multicolores dignes des Contes des Mille et Une Nuits. L'immense souk coloré de la Médina regorge de toutes sortes de trésors que ce soient des épices, des souvenirs en tout genre, des bijoux étincellants, de magnifiques tableaux, etc... L'hôtel se situe à cinq minutes en taxi de cette place, dans le quartier calme et résidentiel de Semlalia du Guéliz. L'avenue Mohamed V, bordée de commerces et cafés est à quinze minutes à pied. Il faut savoir que Marrakech est une ville idéale pour les amateurs de lieux "cosy" pour boire un verre dans un décor agréable en fin de journée. Vous pourrez notamment vous arrêter au "Paris-Marrakech", bar où la décoration est faite de coussins aux couleurs chatoyantes, de bougies parfumées, de pétales de roses. Idéal pour vos soirées détente.
Ce prix comprend : les vols A/R, les transferts, la chambre double, la demi-pension.
Juin : 320 €*
Juillet : 440 €*

*Hôtel Ayoub 3**

✔ *Partirpascher.com* : 01 53 14 60 00

➲ 1025 €* SEYCHELLES

9 JOURS / 7 NUITS

VICTORIA

Petit bout de paradis au cœur de l'océan Indien, les Seychelles, c'est une destination paradisiaque pour les amoureux de plages immaculées. L'hôtel est situé sur la côte ouest de la plus grande des îles, Mahé. Il est à 15 km de la capitale Victoria, au bord de la plage de sable blanc de Barbarons, au cœur d'un jardin exotique. Depuis la piscine, vous avez un accès direct à la magnifique plage de sable blanc. Pour vos loisirs, gymnastique aquatique, tennis, pétanque, ping-pong, volley-ball, mini-golf, promenade en forêt ou sur les plages. Vos soirées seront animées par des orchestres et groupes musicaux de 20 h 30 à 23 h 00. Un superbe hôtel de la chaîne Méridien qui vous garantit la qualité de ses prestations. N'hésitez pas à vous rendre sur les principales îles telles que La Digue et Praslin, vous y découvrirez des plages et des paysages uniques au monde.
Ce prix comprend : le vol Paris / Mahé A/R, les transferts A/R, le logement en chambre double, les petits-déjeuners.

Juin : 1025 €*
Juillet : 1325 €*

*Hôtel Méridien Barbarons 4**

✔ *Partirpascher.com* : 01 53 14 60 00

➲ 950 €* ILE MAURICE

9 JOURS / 7 NUITS

POINTE AUX PIMENTS

L'Ile Maurice est le symbole de la gentillesse et de la joie de vivre. Les paysages majestueux sont composés de plaines sucrières verdoyantes qui contrastent avec le lagon turquoise aux eaux toujours chaudes de cette île de rêve. Découvrez les lacs volcaniques dans le nord et la terre aux 7 couleurs, à Chamarel, dans le sud. Vous ne pouvez venir à Maurice sans visiter Port-Louis, sa capitale et ses nombreuses boutiques, le fameux jardin botanique de Pamplemousse, le lagon de la côte Est, Trou aux Cerfs, Grand Bassin, le lac sacré des Hindous... Petite unité conviviale entourée d'un jardin tropical, l'hôtel ne comprend que 52 chambres réparties en petits bungalows sur deux étages, simplement décorées et équipées de toutes les commodités nécessaires. Pour vos moments de détente, une piscine avec bassin pour enfants est à votre disposition. Elle donne directement sur l'océan et sa plage de sable blanc bordée de palmiers. Activités : tennis, ping-pong, billard, pétanque, beach-volley, jeux de société, water-polo, kayak et pédalo. 4 fois par semaine, l'hôtel organise des soirées musicales avec orchestre ou DJ.
Ce prix comprend : le vol Paris / Port-Louis A/R, les transferts A/R, le logement en chambre double, la pension complète "All Inclusive".
Juin : 950 €*
Juillet : 1090 €*

*Hôtel Pointe aux Bîches 3**

✔ *Partirpascher.com* : 01 53 14 60 00

➲ 590 €* LA REUNION

9 JOURS / 7 NUITS

SAINT GILLES LES BAINS

Volcan jailli des profondeurs de l'océan Indien, île-jardin aux parfums suaves de fleurs et d'épices, La Réunion s'adresse aux amateurs de paysages sauvages et de randonnées. La nature lui a légué des montagnes fabuleuses, lunaires comme le piton de la Fournaise, luxuriantes comme le cirque de Salazie, mystérieuses comme le cirque de Mafate, où l'on ne pénètre qu'à pied ou en hélicoptère. L'hôtel La Rocaille se situe à Saint Gilles les Bains, petite ville de pêcheurs dôtée de belles plages. Dans un cadre sympathique au cœur d'un quartier typiquement créole, l'hôtel est entouré de jardins tropicaux. Convivial, il dispose de 18 chambres de 2 à 4 personnes, salle de bains, climatisation, télévision et téléphone. Toutes ont un balcon ou une terrasse donnant sur la piscine. Au cœur du jardin se trouve une piscine équipée de transats et parasols.
Ce prix comprend : le vol Paris/Saint Gilles Les Bains A/R, le logement en chambre double pour 7 nuits, les petits-déjeuners.
Juin : 590 €*

*Hôtel La Rocaille 2**

✔ *Partirpascher.com* : 01 53 14 60 00

Note culturelle

Les vacances d'hiver

Depuis quelques années, une nouvelle pratique s'est aussi ajoutée aux habitudes des Français: celle des vacances d'hiver.

- Ce sont surtout les jeunes, les cadres *(management)* ou directeurs d'entreprise et les membres des professions libérales qui en profitent pour partir aux sports d'hiver ou pour séjourner à la campagne.

- Les vacances scolaires, quinze jours en décembre-janvier, puis quinze jours en février-mars, ont également encouragé l'élargissement des types de loisirs d'hiver offerts aux jeunes ainsi qu'aux parents qui les accompagnent parfois pour profiter des activités sportives d'hiver.

- Les vacances d'hiver sont restées, malgré tout, un phénomène d'élite, et concernent surtout les Parisiens ainsi que les familles de cadres et de membres des professions libérales.

Compréhension

1. Dans quelles catégories sociales y a-t-il le plus grand nombre de personnes qui partent pendant les vacances d'hiver?

2. Qu'est-ce qui permet aux élèves du primaire et du secondaire de faire un séjour aux sports d'hiver?

Réflexion

A l'époque où vous étiez encore à l'école, partiez-vous quelquefois aux sports d'hiver? De quels facteurs faut-il tenir compte lorsqu'on envisage de partir faire du sport en hiver (hébergement, transport, équipement, etc.)?

INTERACTIONS

Autrement. Mettez-vous en petits groupes, puis posez les questions suivantes aux membres du groupe. Si vous n'étiez pas venu(e) faire des études ici, qu'est-ce que vous auriez fait? Seriez-vous allé(e) à une autre université? Auriez-vous habité à l'étranger? Où auriez-vous travaillé? En quoi est-ce que votre vie aurait pu être différente? Comparez les différentes réponses du groupe. Qui aurait le plus changé de vie?

SYNTHESE

A. En attendant votre train, vous entendez d'autres voyageurs qui parlent de vacances et de voyages. Complétez chaque phrase par le **présent du conditionnel** ou le **passé du conditionnel** du verbe entre parenthèses.

1. Si le temps n'était pas désagréable, je _____ à la plage. (aller)
2. Si j'avais le temps, je _____ aller en Belgique. (aimer)
3. Si j'avais eu les moyens, je _____ du côté de Saint-Tropez. (aller)
4. Elle _____ la bonne route si elle regardait la carte. (voir)
5. Je _____ si j'avais eu le temps. (se renseigner)
6. Il _____ écouter les prévisions météorologiques si vous faisiez un voyage dans les Alpes. (falloir)
7. Je _____ savoir s'il avait déjà réglé ses affaires. (vouloir)
8. Nous _____ compter sur du beau temps, si nous voyagions en été. (pouvoir)
9. S'il avait fait du soleil, vous _____ le voyage si désagréable. (ne pas trouver)
10. Tu _____ pour les Alpes-Maritimes si tu aimais la montagne. (partir)

B. Interview: les études. Posez les questions suivantes à un(e) camarade de classe.

1. Si tu avais l'argent, à quelle université irais-tu?
2. Qu'est-ce que tu aurais fait de différent dans tes études?
3. Si tu avais su que les études étaient si difficiles, les aurais-tu commencées?
4. Quelle autre ville universitaire aurais-tu choisie si tu n'étais pas venu(e) dans celle-ci?
5. Quels autres cours suivrais-tu si tu avais le temps?
6. Est-ce que tu t'achèterais un meilleur ordinateur pour t'aider dans tes études si tu en avais les moyens?

C. Plusieurs étudiants francophones parlent de leurs vacances. Qu'est-ce qu'ils ont fait? Que vont-ils faire? Que feraient-ils s'ils avaient le temps ou l'argent nécessaire? Complétez leurs déclarations par le temps approprié des verbes entre parenthèses.

1. Aussitôt qu'il y _____ de la neige, j'irai à la montagne pour faire du ski. (avoir)
2. S'il _____ demain, je ferai de la planche à voile. (ne pas pleuvoir)
3. S'il avait fait beau hier, je _____ à la plage. (aller)
4. Si j'_____ les moyens, je ferais des excursions. (avoir)
5. S'ils _____ un voyage dans les Alpes, ils auraient vu de la neige en été. (faire)
6. Je travaillerai cet été si je _____ trouver un poste. (pouvoir)
7. Si nous descendons vers le sud, nous _____ sûrement du beau temps. (avoir)
8. Demain, nous partirons plus tôt que prévu au cas où il y _____ de la pluie. (avoir)
9. S'il _____ chaud à Paris, il fera encore plus chaud à Nice. (faire)
10. Si vous aviez su que la pluie allait arriver, est-ce que vous _____ à Paris ce week-end-là? (aller)

D. Mes projets de vacances. Vous écrivez un e-mail à votre copine au Canada. Complétez le message en mettant les verbes aux temps appropriés.

Salut, Véro!

Cet été, je _____ (travailler) bien sûr parce que j'_____ (avoir) besoin d'argent quand le semestre prochain _____ (commencer). Quand j'_____ (avoir) l'argent, je _____ (venir) te voir à Montréal. Si je _____ (pouvoir), je _____ (aller) aussi à la plage, mais je doute que deux voyages soient possibles pour moi cet été. Après que j'_____ (finir) de travailler, mes parents et moi, nous _____ (rendre visite) à mes grands-parents. Si tu _____ (pouvoir), viens me voir en automne. Je _____ (être) très content(e) si tu _____ (passer) un week-end chez moi à l'université.

A bientôt, j'espère.

E. Voici des expressions qui s'emploient souvent avec le conditionnel. Réagissez à chacune des phrases suivantes en utilisant une de ces expressions dans une phrase au **conditionnel.**

Expressions: à ta place   au cas où   pendant les vacances qui viennent
si c'était moi   si j'étais toi

1. Je vais suivre des cours d'été.
2. Je vais travailler pour ma mère.
3. Je voyagerai en Egypte.
4. Je ferai un stage dans une entreprise internationale en Afrique.
5. Je serai moniteur / monitrice de colonie de vacances.
6. Je trouverai un emploi à Disney World.
7. Je vais assister à une grande réunion de famille.
8. ???

INTERACTIONS

Le rêve et la réalité. Mettez-vous en petits groupes. Chaque membre du groupe doit composer quatre phrases au **conditionnel** pour exprimer ce qu'il / elle voudrait à l'avenir et quatre phrases au **futur** pour dire ce qui arrivera probablement. Comparez les réponses du groupe.

Note culturelle

Des vacances de rêve à la mer!

Les grandes vacances

Les Français sont assez nombreux à partir en vacances plusieurs fois pendant l'année. Mais depuis 1936, ce sont encore les mois de juillet et d'août qui constituent la période des «grandes vacances». Le fait de prendre des vacances à cette époque de l'année s'est généralisé dans la population. La façon dont on passe son temps libre dépend, cependant, de la catégorie sociale à laquelle on appartient.

- La moitié des vacanciers restent chez eux pendant les vacances d'été, soit pour travailler dans la maison, soit parce qu'ils n'ont pas les moyens de faire autre chose.

- Parmi ceux qui partent, la plupart, surtout les plus de 30 ans, restent en France. On pourrait suggérer deux hypothèses pour expliquer ce phénomène (qui est nettement moins marqué dans les autres pays européens): d'une part, la France est un pays dont les attraits touristiques sont suffisamment variés (climat, diversité des paysages et des sites à visiter, etc.) pour encourager les Français à y rester; d'autre part, beaucoup de Français se sentent mieux et plus en sécurité dans leur propre pays.

- Chez les jeunes de moins de 30 ans, si on pratique des sports, c'est surtout le tennis et le cyclisme ou, à la mer, la planche à voile et d'autres sports nautiques qui attirent les vacanciers. Où qu'ils aillent, les gens de tout âge semblent aussi profiter de ce temps libre pour lire. Et où pratiquent-ils la lecture? La moitié d'entre eux partent à la mer et à la recherche du soleil, malgré la foule, les prix élevés et les difficultés de circulation dans les stations balnéaires. Les autres voyagent vers l'intérieur du pays, à la campagne ou à la montagne.

Peut-être les Français ont-ils raison d'être casaniers? Certes, les images télévisées de la campagne française pendant le Tour de France les incitent à mieux connaître leur propre pays. Mais la France est aussi la destination européenne la plus souvent choisie par les touristes étrangers. Il n'y a pas de fumée sans feu!

Compréhension

1. A quel moment le concept des «grandes vacances» est-il entré dans les habitudes des Français?

2. Quel serait un élément contribuant à la décision de passer son temps libre de telle ou telle manière?

3. Quels mois constituent la période des «grandes vacances» en France?

4. Où est-ce que la moitié des Français passent leurs grandes vacances?

5. Où vont la majorité des Français qui partent en vacances? Pourquoi?

6. Quels sports sont pratiqués par beaucoup de jeunes en vacances?

7. Pourquoi de nombreux Français choisissent-ils de rester chez eux pendant leurs vacances d'été?

8. Quelle est la destination européenne la plus souvent choisie par les touristes étrangers?

Réflexion

A. Dans le milieu social que vous connaissez le mieux (chez vous, vos parents, vos voisins, etc.), combien de semaines de vacances annuelles prend-on? Est-ce comparable à la moyenne nationale? Quels facteurs déterminent le nombre de jours de vacances et la durée des vacances que l'on prend au cours de l'année? Les vacances des Français ressemblent-elles à celles que l'on prend dans votre milieu social?

B. Relisez les renseignements que la **Note culturelle** vous donne sur les vacances en France. Planifiez des vacances pour une famille française typique. Expliquez vos choix.

INTERACTIONS

Le mythe du voyage. Le mot «voyage» a un fort contenu symbolique. Un voyage, au sens propre, permet de changer de lieu, d'identité, d'activité, d'habitudes, bref, de vie. Mais on peut aussi «voyager» au sens figuré, s'évader de soi-même. Pour chacun des «voyages» suivants, décrivez ce qu'on voudrait trouver.

Disneyland Paris

1. Une croisière *(cruise)* en Méditerranée offre un confort, une qualité de vie et une sécurité supérieurs à ceux que l'on trouve localement.

2. Disneyland Paris a pour vocation de faire entrer les visiteurs dans un monde magique, plus beau que la réalité.

3. Les jeux vidéo et les techniques de «réalité virtuelle» sont d'autres exemples, plus élaborés, de cette volonté de simuler la vie.

Situations écrites

A. Une question que l'on pose souvent aux candidats lors d'un entretien d'embauche est la suivante: «Où voudriez-vous en être dans cinq ans?» Imaginez que vous cherchez un poste à IBM France. Composez une réponse à cette question.

B. Au cours d'une conversation avec des étudiants français, on commence à parler de sujets comme l'avenir de la société nord-américaine, l'état de l'économie, la drogue, la violence et le terrorisme. Composez une description de la société de l'Amérique du Nord du futur. Comparez vos réponses à celles de vos camarades de classe afin de faire le portrait complet de la société nord-américaine de l'avenir.

A lire

Texte de culture contemporaine

Sujets de réflexion

1. De combien de semaines de vacances l'Américain typique bénéficie-t-il? Est-ce suffisant à votre avis?
2. En général, où les Américains préfèrent-ils passer leurs vacances? Y a-t-il des endroits qui sont favorisés par les gens riches pour passer leurs vacances? Et par les moins riches?
3. Aux Etats-Unis, quelles catégories socio-professionnelles peuvent se payer une résidence secondaire ou même un deuxième domicile?

Guide de lecture

1. Chacun des cinq premiers paragraphes de la lecture commence par une phrase d'introduction. A partir de chacune de ces phrases, dites ce dont, à votre avis, il s'agira dans le texte qui les suit.
2. Les trois derniers paragraphes font, en quelque sorte, l'historique des grandes vacances en France. Pour chacune des dates principales qui sont mentionnées dans cette partie du texte, indiquez le fait historique auquel cette année est associée.

Les tribus° des Français en vacances

Etes-vous plutôt Saint-Tropez ou île de Ré?

tribes

moved

get a hold of themselves / summer

break

deprived of

Rien ne les aura empêchés de partir. [...] Ni la hausse du prix de l'essence, ni la baisse du pouvoir d'achat [...]. Entre le 14 juillet et le 15 août, les Français sont mus° par un instinct de survie. Répondant à l'impérieux appel du soleil, [...] et du plaisir, ils se ressaisissent°, bouclent leurs valises et s'échappent vers la mer, la campagne, la mon-
5 tagne. [...] Ils sont les rois. Ils sont en vacances. [...] «*Les vacances estivales° ne sont pas négociables, elles font partie de la norme. Les Français sont très attachés à cette trêve°, à cette liberté...*» explique Jean Viard, sociologue des loisirs.

Bien sûr, il y a ceux qui ne partent jamais et qu'on oublie trop vite: quatre Français sur dix proscrits° des vacances, dont la moitié pour raisons économiques, qui ne
10 pourront pas raconter à leur voisin, à leur collègue, à leur prof ce qu'ils ont fait de cette parenthèse forcément enchantée. Et pour les autres—ceux qui ont les moyens de s'évader—, il ne s'agit sûrement pas, cet été, de faire chauffer la carte de crédit.

Partir en France est donc plus tendance que jamais. 85% de nos compatriotes choisissent l'Hexagone pour passer leurs congés estivaux. [...] Nos compatriotes pla-
15 cent encore et toujours la mer et le soleil en tête de leurs priorités. [...] Les Français sont nombreux à se faire inviter pour limiter les frais: plus de quatre estivants° sur six dégotent° un hébergement° gratuit en famille ou chez des amis. [...]

summer vacationers
scrounge / lodging

Dis-moi où tu pars, je te dirai qui tu es... Sous des apparences démocratiques, les vacances reproduisent les distinctions sociales. Pour nos élites, généralement
20 propriétaires dans les lieux mythiques, il s'agit de faire savoir qui l'on est en se

singularisant. A chacun sa villa, son petit coin de paradis. [...] Les maîtres du monde vont à Saint-Tropez. Le petit port du bout du monde découvert par Colette et Sagan, et popularisé par Bardot allie «people attitude» et culte du business. [...] La «saint-tropization», voilà le danger pour beaucoup de stations mythiques. La gauche-caviar qui a fait l'île de Ré souffre de la popularisation d'un site dont elle se sent un peu propriétaire. [...] Pour les célébrités, il est de bon ton de s'intéresser au peuple, même si l'on vit à l'abri derrière les murs d'une villa. [...]

have a eye on — Elitiste, la frénésie vacancière? Et comment! Tout le monde guigne° la même *motor boats* — plage, mais les riches y vont en hors-bord° ou en yacht. Sur le port de Saint-Trop', *lounge* 30 la jet-set se prélasse° sur des palais flottants et se laisse scruter à distance par la foule de touristes moyens, ceux qu'elle surnomme les «suceurs de glace». [...]

Nos vacances, il est vrai, ont une origine aristocratique. L'été, la noblesse se mettait au vert dans les châteaux et les manoirs. Un rythme saisonnier imité, dès les an-
of independent means — nées 1820, par la noblesse rentière° et la bourgeoisie industrielle. Les Britanniques 35 les plus fortunés passent alors leurs hivers à Nice, sur la fameuse Promenade des Anglais. On invente les agences de voyages en même temps que le chemin de fer,
seaside — les bains de mer et les stations touristiques, des villes d'eaux et des cités balnéaires° comme Deauville. Progressivement, ce mode de vie se répand à la moyenne bourgeoisie de l'entre-deux-guerres.

40 Le peuple, lui, n'accède aux congés payés qu'en 1936. [...] Après la grande grève de juin 1936, le Front Populaire de Léon Blum donne le signal du grand départ: quinze jours de liberté. [...] Bientôt étendus à trois semaines (1956), puis quatre (1969) et cinq (1981) et accompagnés par des aides sociales, les congés payés per-
thirty-year boom period — mettent l'apparition d'un tourisme de masse pendant les Trente Glorieuses°. Les
after World War II 45 Français refont le chemin de l'exode rural à l'envers: les campagnes—à deux heures de transport des villes—deviennent l'eldorado des résidences secondaires. La civilisation des loisirs est née, symbolisée par l'essor du Club Méditerranée. Avec mai
protest — 68 [...], un vent de contestation° se lève. Désormais, l'avant-garde des vacanciers recherche l'authenticité. [...] C'est aussi l'heure du retour à la nature, [...] le grand
preserving nature 50 départ des randonneurs, la vogue du naturalisme°. [...]

L'individualisme triomphe dans les années 1980. On prend ses vacances pour soi. [...] Où en est-on aujourd'hui? Comme dans d'autres domaines, les Français, devenus consommateurs et donc zappeurs, se composent des programmes à la carte: quelques jours en famille, une escapade culturelle, une visite à des amis. Très mo-
55 biles, les Parisiens se distinguent: ils sont 75% à partir et n'hésitent pas à fraction-ner leurs congés pour effectuer plusieurs séjours au cours de l'été. [...]

Une chose est sûre, le triomphe des valeurs vacancières a enclenché une profonde mutation du territoire. Devenues très désirables, les régions d'accueil voient affluer les nouveaux habitants en quête de qualité de vie. *«La population française autour de*
60 *la Méditerranée a doublé en trente ans. Les Alpes sont en plein boom et l'on assiste à l'explosion de la région de Nantes, La Rochelle et Bordeaux»*, note le sociologue Jean Viard. Déclin de l'industrie, économie du service et des nouvelles technologies et réduction du temps de travail accompagnent ce mouvement vers le «modèle cali-fornien» qui fait rêver les élites. Certains cadres sup° des professions intellectuelles ou
superior, upper-level — libérales se partagent ainsi entre deux domiciles. D'autres s'installent définitivement
executives 65 au soleil ou au vert. Ainsi, l'espace-temps du travail devient celui des vacances. [...]

Source: Sylvain Courage, «Etes-vous plutôt Saint-Tropez ou île de Ré?», *Le Nouvel Observateur*, No 2282, du 31 juillet au 6 août 2008, pp. 42–45

Après la lecture

1. Pourquoi la période des grandes vacances est-elle si importante pour les Français? Combien de Français ne peuvent pas partir en vacances? Pourquoi?

2. Quel pourcentage des Français restent en France pendant leurs vacances? Préfèrent-ils la mer ou la campagne pour passer leurs vacances?

3. Quelle est l'attitude des célébrités envers les gens qui séjournent dans les mêmes villes balnéaires qu'elles?

4. Résumez l'évolution des congés payés en France.

5. On dit que les Français sont devenus des «zappeurs» dans la façon dont ils composent leurs vacances. Qu'est-ce que cela veut dire?

6. Expliquez l'idée du «modèle californien» qui se substitue aux vacances traditionnelles pour certains Français. En quoi le phénomène du télé-travail pourra-t-il changer la notion des grandes vacances?

Texte littéraire

Sujets de réflexion

1. Où allez-vous et que faites-vous pour échapper aux problèmes et aux ennuis de la vie de tous les jours?

2. Faites la description de ce qui serait pour vous un endroit idéal où vous auriez la possibilité de vous évader de la réalité quotidienne.

A propos de l'auteur...

Autoportrait de Baudelaire

Charles Baudelaire, *poète du 19ᵉ siècle, est connu comme l'auteur qui a su introduire le modernisme dans le domaine de la poésie. En 1857, il a publié* Les Fleurs du mal, *un recueil de poèmes qui approfondissent principalement deux thèmes: la dualité de la nature humaine et l'ennui de l'homme face aux limitations intellectuelles et spirituelles de la vie. En 1861, Baudelaire reprendra une forme déjà expérimentée par d'autres écrivains, le poème en prose. Dans ses* Petits poèmes en prose, *il développe à nouveau certains des thèmes qu'il avait déjà abordés dans* Les Fleurs du mal.

Guide de lecture

1. Faites une liste d'images tirées du poème *L'Invitation au voyage* (à la page 385) qui représentent les éléments fondamentaux de cette vision de l'idéal de Baudelaire.

2. Ce poème évoque-t-il la ville ou la campagne? De quelle sorte de climat s'agit-il? Ce poème s'inspire d'un endroit réel. Où se trouve cet endroit?

3. Le refrain du poème est composé de cinq éléments: l'ordre, la beauté, le luxe, le calme et la volupté. Dans ce poème, dégagez les images qui illustrent ces différents éléments.

L'Invitation au voyage (poème)

Mon enfant, ma sœur,
Songe à la douceur
D'aller là-bas vivre ensemble!
Aimer à loisir,
5 Aimer et mourir
Au pays qui te ressemble!

dampened Les soleils mouillés°
murky De ces ciels brouillés°
Pour mon esprit ont les charmes
10 Si mystérieux
De tes traîtres yeux
Brillant à travers leurs larmes.
Là, tout n'est qu'ordre et beauté,
Luxe, calme et volupté.

lustrous 15 Des meubles luisants°,
Polis par les ans,
Décoreraient notre chambre;
Les plus rares fleurs
Mêlant leurs odeurs
20 Aux vagues senteurs de l'ambre,
Les riches plafonds,
Les miroirs profonds,
La splendeur orientale,
Tout y parlerait
25 A l'âme en secret
Sa douce langue natale.
Là, tout n'est qu'ordre et beauté
Luxe, calme et volupté.
Vois sur ces canaux
30 Dormir ces vaisseaux
Dont l'humeur est vagabonde;
satisfy C'est pour assouvir°
Ton moindre désir
Qu'ils viennent du bout du monde.
35 Les soleils couchants
Revêtent les champs,
Les canaux, la ville entière,
D'hyacinthe et d'or;
Le monde s'endort
40 Dans une chaude lumière.
Là, tout n'est qu'ordre et beauté,
Luxe, calme et volupté.

Source: Baudelaire, *L'Invitation au voyage*

L'Invitation au voyage (poème en prose)

pays... : *land of peace and plenty*

(1) Il est un pays superbe, un pays de Cocagne°, dit-on, que je rêve de visiter avec une vieille amie. Pays singulier, noyé dans les brumes de notre Nord, et qu'on pourrait appeler l'Orient de l'Occident, la Chine de l'Europe, [...] tant elle l'a patiemment et opiniâtrement° illustré de ses savantes et délicates végétations.

obstinately

5 (2) Un vrai pays de Cocagne, où tout est beau, riche, tranquille, honnête; où le luxe a plaisir à se mirer dans l'ordre; où la vie est grasse et douce à respirer; d'où le désordre, la turbulence et l'imprévu° sont exclus; où le bonheur est marié au silence; où la cuisine elle-même est poétique, grasse et excitante à la fois; où tout vous ressemble, mon cher ange°.

unexpected

angel

10 (3) Tu connais cette maladie fiévreuse qui s'empare de nous dans les froides misères, cette nostalgie du pays qu'on ignore, cette angoisse de la curiosité? Il est une contrée qui te ressemble, où tout est beau, riche, tranquille et honnête, où la fantaisie a bâti et décoré une Chine occidentale, où la vie est douce à respirer, où le bonheur est marié au silence. C'est là qu'il faut aller vivre, c'est là qu'il faut aller mourir!

(4) Oui, c'est là qu'il faut aller respirer, rêver et allonger les heures par l'infini

15 des sensations. Un musicien a écrit l'*Invitation à la valse*; quel est celui qui composera l'*Invitation au voyage*, qu'on puisse offrir à la femme aimée, à la sœur d'élection?

(5) Oui, c'est dans cette atmosphère qu'il ferait bon vivre,—là-bas, où les heures

clocks 20 plus lentes contiennent plus de pensées, où les horloges° sonnent le bonheur avec une plus profonde et plus significative solennité.

(6) Sur des panneaux luisants, ou sur des cuirs dorés et d'une richesse sombre,

blissful vivent discrètement des peintures béates°, calmes et profondes, comme les âmes des artistes qui les créèrent. Les soleils couchants, qui colorent si richement la salle à

filtered / fabrics 25 manger ou le salon, sont tamisés° par de belles étoffes° ou par ces hautes fenêtres

lead ouvragées que le plomb° divise en nombreux compartiments. Les meubles sont

locks vastes, curieux, bizarres, armés de serrures° et de secrets comme des âmes raffinées.

decorated Les miroirs, les métaux, les étoffes, l'orfèvrerie et la faïence° y jouent pour les yeux

earthenware une symphonie muette et mystérieuse; et de toutes choses, de tous les coins, des fis-

30 sures des tiroirs et des plis des étoffes s'échappe un parfum singulier, un *revenez-y* de Sumatra, qui est comme l'âme de l'appartement.

(7) Un vrai pays de Cocagne, te dis-je, où tout est riche, propre et luisant, comme une belle conscience, comme une magnifique batterie de cuisine, comme une splen-

striped, rainbow- dide orfèvrerie, comme une bijouterie bariolée°! Les trésors du monde y affluent,

colored 35 comme dans la maison d'un homme laborieux et qui a bien mérité du monde entier. Pays singulier, supérieur aux autres, comme l'Art l'est à la Nature, où celle-ci est réformée par le rêve, où elle est corrigée, embellie, refondue.

(8) Qu'ils cherchent, qu'ils cherchent encore, qu'ils reculent sans cesse les limites de leur bonheur, ces alchimistes de l'horticulture! Qu'ils proposent des prix de soi-

former coins 40 xante et de cent mille florins° pour qui résoudra leurs ambitieux problèmes! Moi, j'ai trouvé ma *tulipe noire* et mon *dahlia bleu*!

(9) Fleur incomparable, tulipe retrouvée, allégorique dahlia, c'est là, n'est-ce pas, dans ce beau pays si calme et si rêveur, qu'il faudrait aller vivre et fleurir? Ne

framed serais-tu pas encadrée° dans ton analogie, et ne pourrais-tu pas te mirer, pour parler

45 comme les mystiques, dans ta propre correspondance?

(10) Des rêves! toujours des rêves! et plus l'âme est ambitieuse et délicate, plus les rêves l'éloignent du possible. Chaque homme porte en lui sa dose d'opium naturel, incessamment sécrétée et renouvelée, et, de la naissance à la mort, combien comptons-nous d'heures remplies par la jouissance positive, par l'action réussie et
50 décidée? Vivrons-nous jamais, passerons-nous jamais dans ce tableau qu'a peint mon esprit, ce tableau qui te ressemble?

(11) Ces trésors, ces meubles, ce luxe, cet ordre, ces parfums, ces fleurs mira-culeuses, c'est toi. C'est encore toi, ces grands fleuves et ces canaux tranquilles. Ces énormes navires qu'ils charrient, tout chargés de richesses, et d'où montent
55 les chants monotones de la manœuvre, ce sont mes pensées qui dorment ou qui roulent sur ton sein. Tu les conduis doucement vers la mer qui est l'Infini, tout en réfléchissant les profondeurs du ciel dans la limpidité de ta belle âme;—et quand, *sea / laden*   fatigués par la houle° et gorgés° des produits de l'Orient, ils rentrent au port natal, ce sont encore mes pensées enrichies qui reviennent de l'Infini vers toi.

Source: Baudelaire, *L'Invitation au voyage*

Après la lecture

1. Dans chaque paragraphe du poème en prose:
   a. Soulignez l'idée principale.
   b. Soulignez les images qui se rapportent à l'idée centrale du paragraphe.
   c. Indiquez les idées ou les images qu'on ne trouverait pas normalement dans un texte en prose.

2. Dégagez du poème les images qui se rapportent à cette «vieille amie» que le poète mentionne au premier paragraphe. Quelle relation y a-t-il, selon vous, entre le poète et cette personne?

3. Composez une liste d'images qui sont les mêmes dans les deux textes de Baudelaire.

4. Quels sont les mots du poème en prose qui illustrent le refrain du poème en vers? Quels mots, dans le reste du poème, reflètent les mots du refrain?

5. Est-ce que le portrait de l'«amie» du poète est semblable dans les deux poèmes? Pourquoi?

6. Au dernier paragraphe du poème en prose, le poète indique de façon assez directe les clés des symboles fondamentaux du poème en vers. Que symbolise ce pays? Et les bateaux qui le traversent? Que cherche le poète? Avez-vous l'impression qu'il cherche la même chose dans les deux textes? Expliquez.

Pour mieux lire

Une des grandes contributions de Baudelaire à la poésie moderne est sa théorie des corres-pondances. Pour montrer l'association entre le monde réel et le monde de l'imagination et pour créer des images nouvelles et frappantes, Baudelaire associe souvent deux concepts qui n'ont aucun lien logique entre eux (par exemple, un son et une odeur). Il ne s'agit pas de traduire ces images, mais de les interpréter. Dans les deux textes, trouvez et interprétez au moins trois exemples des correspondances de Baudelaire.

LIENS CULTURELS

1. *L'Invitation au voyage* de Baudelaire (poème en vers et poème en prose) nous incite, en tant que lecteurs, à imaginer un ailleurs, un lieu autre que celui où nous sommes. Gauguin et Magritte, dans le domaine de la peinture, nous invitent eux aussi à nous servir de notre imagination. En vous rappelant votre définition de l'exotisme ainsi que la notion de correspondances chez Baudelaire (le rapprochement de deux éléments appartenant à des registres différents), dites si vous trouvez plus de similarités entre Baudelaire et Gauguin ou entre Baudelaire et Magritte.

2. Quelles sortes de «voyages imaginaires» sont à la mode dans notre culture actuelle? Par exemple, quels livres et quels films ont comme but de nous transporter dans le monde de l'imagination? Pourquoi croyez-vous que de tels films et de tels livres sont toujours à la mode? Expliquez votre point de vue.

EXPANSION

A. Vous avez sans doute déjà utilisé le mot «exotique» dans vos conversations. Que veut dire ce mot quand vous l'employez? Dressez une courte liste d'exemples de situations, de lieux et de circonstances exotiques.

B. Quel rôle joue «le fantastique» dans les réactions du public du 19e siècle devant les récits des explorateurs et dans celles du public d'aujourd'hui devant les récits de science-fiction? Y a-t-il des similarités à relever entre ces deux époques?

C. Aux pages 361–362, lequel des deux tableaux préférez-vous, celui de Gauguin ou celui de Magritte? Faites une petite analyse de vos réactions personnelles devant chacun de ces tableaux. Aimez-vous le réalisme en art ou êtes-vous attiré(e) par d'autres genres? Expliquez votre point de vue.

LE CHANDAIL
Court-métrage de Sheldon Cohen, Société de production: Office National du Film du Canada - 1980

PRIX ET RECOMPENSES

→ **Festival du dessin animé - 1984, Les Menuires – France:** Prix l'Etagne - Grand Prix, Prix Le Bouquetin, Prix Le Cabri

→ **Learning A-V Magazine – 1982:** Prix du magazine

→ **Itinérant - American Film and Video Festival – 1982:** Prix Red Ribbon

→ **British Academy of Film & Television Awards, 1981:** Prix du meilleur court-métrage

Pour en savoir plus sur ce film, visitez le site officiel: www.onf-nfb.gc.ca

A considérer avant le film

Le célèbre Québécois Maurice Richard a joué pour les Canadiens de Montréal de 1942 à 1960. Il a été le premier joueur à avoir marqué 50 buts en 50 jeux et a aidé son équipe à gagner 8 coupes Stanley. Son talent exceptionnel a fait de lui un grand héros pour les Québécois de son époque. Qui était le plus grand héros de votre enfance? Pour quelles raisons admiriez-vous cette personne? Est-ce que votre enthousiasme était partagé par d'autres?

Pour mieux comprendre le film

Expressions utiles

en pleine poitrine *in the middle of the chest*

étroit et déchiré *narrow and torn*

les formules de commande *order forms*

la prochaine partie *the next game*

Vocabulaire

l'arbitre *referee*

le baton *stick*

briser *to break*

le chef d'équipe *team captain*

la colle *hair cream*

deception *disappointement*

le disque *puck*

s'élancer *to hurry forward*

une équipe *team*

se fâcher *to get angry*

la feuille d'érable *maple leaf*

lacer *to lace*

les mites *moths*

la patinoire *ice rink*

les patins *skates*

prier *to pray*

le sifflet *whistle*

le vicaire *priest*

On va au cinéma?

1. **Souvenir d'enfance.** *Le Chandail* est un souvenir d'enfance. De quels éléments de votre jeunesse vous souvenez-vous le mieux?

2. **Les vêtements:** Quels types de vêtements portiez-vous quand vous étiez enfant? Qui choisissait ces vêtements pour vous? Y avait-il des vêtements que vous refusiez de porter? Vous souvenez-vous d'un vêtement préféré?

3. **Le sport:** Quels sports aimiez-vous en grandissant? Dans quelles circonstances et avec qui y jouiez-vous? Si vous n'aimiez pas le sport, à quels autres passe-temps collectifs participiez-vous?

4. **Le climat:** Tandis que d'autres régions francophones sont associées à la grande chaleur, la neige et le froid font surtout partie de la vie québécoise. Comment est-ce que le climat de votre ville vous influence? Quel pays francophone marquerait le plus grand changement pour vous en ce qui concerne le climat? Quels seraient les avantages et désavantages de ce changement de climat?

Ça commence!
Premier visionnage

L'importance du décor.

D'après les images présentées dans le court-métrage, quelles sont vos impressions de la ville dans laquelle le narrateur a grandi? Notez les éléments visuels associés à la vie québécoise. Quelles impressions vous donnent-ils de ce lieu à cette époque?

Deuxième visionnage

Actions et répliques. Quelles actions accompagnent les répliques suivantes?

1. C'était injuste! C'est de la persécution!

2. Et Goal - Maurice Richard! Et maintenant 3 à 2 pour les Canadiens.

3. Les larmes aux yeux, je trouvais assez de force pour dire que je ne porterais jamais cet uniforme-là.

a. Roch court dans sa chambre pour célébrer avec son chandail.

b. Il imagine les vaches à la place de la patinoire.

c. Il regarde le chandail avec horreur.

d. Il essaie d'échapper à sa mère.

4. J'avais toujours porté le chandail bleu, blanc, rouge des Canadiens de Montréal.

5. Si tu te fais une idée des choses sans les même essayer, mon garçon, tu n'iras pas bien loin dans la vie.

6. Le printemps va arriver et tu n'auras joué une seule partie.

7. Vous ne me mettrez jamais dans la tête de porter le chandail des Maple Leafs de Toronto.

e. Sa mère lui met le chandail de force.

f. Il croise les bras et imagine le soutien de son héros.

g. Il jette son bâton sur la glace.

Troisième visionnage

Conjuguez! Complétez le paragraphe au passé avec les verbes suivants.

aimer	devenir	être	recevoir
comprendre	envoyer	pouvoir	

Un jour, mon chandail des Canadiens de Montréal était _____ trop étroit; puis il _____ déchiré ici et là, troué. Ma mère me dit: «Avec ce vieux chandail, tu vas nous faire passer pour des pauvres!» Et elle fit ce qu'elle faisait chaque fois que nous avions besoin de vêtements. Elle commença par feuilleter le catalogue que la compagnie Eaton nous _____ par la poste chaque année. Ma mère était fière, elle n'a jamais voulu nous habiller au magasin général; seule _____ nous convenir la dernière mode du catalogue Eaton. Ma mère n' _____ pas les formules de commande incluses dans le catalogue. Elles étaient écrites en anglais et elle n'y _____ rien. Pour commander mon chandail de hockey, elle fit ce qu'elle faisait d'habitude; elle prit son papier à lettres et elle écrivit de sa douce calligraphie d'institutrice: «Cher Monsieur Eaton, auriez-vous l'amabilité de m'envoyer un chandail de hockey des Canadiens pour mon garçon, Roch, qui a dix ans et qui est un peu trop grand pour son âge, et que le docteur Robitaille trouve un peu trop maigre? Je vous envoie trois piastres et retournez-moi le reste s'il en reste. J'espère que votre emballage va être mieux fait que la dernière fois.» Monsieur Eaton répondit rapidement à la lettre de ma mère. Deux semaines plus tard, nous _____ le chandail.

Et après
Observations

1. Pour quelles raisons est-ce que Maurice Richard est devenu le héros de son village?

2. Comment est-ce que les garçons comme Roch montrent leur admiration pour lui?

3. Pourquoi est-ce que la mère de Roch doit écrire à la compagnie Eaton?

4. Pourquoi n'aime-t-elle pas les formules de commande?

5. Pourquoi est-ce que Roch ne veut pas mettre son nouveau chandail quand il arrive de Toronto?

6. Comment est-ce que sa mère arrive à le lui faire mettre?

7. Comment expliquez-vous l'erreur dans la commande?

8. Qu'est-ce qui arrive à Roch quand il essaie de jouer avec son nouveau chandail?

9. Etes-vous d'accord avec lui quand il dit que c'est de la persécution?

Avant et après

1. Si le chandail de Roch n'est pas dévoré par des milliers de mites, que va-t-il lui arriver? Est-ce que Roch continuera à le mettre? Est-ce que les autres apprendront à l'accepter?

2. Quels changements auront eu lieu *(will have happened)* dans la petite ville de Sainte Juste dans les soixante ans qui vont suivre les événements racontés dans *Le Chandail*? Qui sont les héros des jeunes joueurs de hockey québécois aujourd'hui? Où et quand ces jeunes jouent-ils au hockey? Comment s'habillent-ils? Quels autres changements imaginez-vous dans leurs vies quotidiennes?

A vous de jouer

La plus grande déception de ma vie. Vous souvenez-vous d'un moment de déception ou d'injustice dans votre enfance? Quel âge aviez-vous à l'époque? Où et avec qui habitiez-vous? Qu'est-ce qui vous est arrivé(e)? Pourquoi était-ce un moment difficile pour vous? Comment est-ce que cet événement vous a influencé(e) plus tard?

> ## C'est une histoire qui s'appelle…
>
> L'histoire de Roch et de son chandail a d'abord eu pour titre *Une abominable feuille d'érable sur la glace.* Quel titre préférez-vous? Pourquoi? Quelle traduction anglaise donneriez-vous au titre de cette histoire?

Appendice A

This appendix contains a discussion of the passive voice, indirect discourse, the literary tenses, and special uses of the definite article.

The Passive Voice

Formation of the Passive Voice

The passive voice is limited to transitive verbs that take a direct object, i.e., verbs not used with a preposition preceding the object of the verb. In a passive construction, the word receiving the action of the verb becomes the subject of the sentence. All verbs in the passive voice are formed by conjugating the verb **être** in the appropriate person and tense, followed by the past participle of the action verb. The past participle always agrees in gender and number with the subject of **être.**

An active voice construction becomes passive when transformed according to the following model:

Active Construction	subject ↓	transitive verb ↓	direct object ↓
Passive Construction	agent	**être** (conjugated) followed by past participle of action verb	subject

Note that if the agent (person or thing) performing the action is expressed in the sentence, it is preceded by the preposition **par** *(by)* and sometimes **de.**

ACTIVE VOICE	PASSIVE VOICE
Les supermarchés attirent la clientèle *Supermarkets attract customers.*	**La clientèle est attirée par** les supermarchés. ***Customers are attracted by** supermarkets.*
Tout le monde l'aimait. *Everyone loved her.*	**Elle était aimée de** tout le monde. ***She was loved by** all.*
Tout le groupe a fait l'excursion. *The whole group made the trip.*	**L'excursion a été faite par** tout le groupe. ***The trip was made by** the whole group.*
Un metteur en scène tournera le film. *A director will make the film.*	**Le film sera tourné par** un metteur en scène. ***The film will be made by** a director.*
Un vin léger accompagne le poisson. *A light wine accompanies the fish.*	**Le poisson fut accompagné d'**un vin léger. ***The fish was accompanied by** a light wine.*
Beaucoup de touristes visiteraient ces pays. *Many tourists would visit these countries.*	**Ces pays seraient visités par** beaucoup de touristes. ***These countries would be visited by** many tourists.*

The past tenses of **être** (**passé composé,** imperfect, pluperfect) when used in the passive voice follow the normal uses of the past tenses (description / completed action).

La ville **était protégée** par les montagnes.
La population **a été surprise** par les nouvelles.

Avoiding the Passive Voice

French usage tends to avoid the passive voice, especially when the agent performing the action is a person.

If the subject of the passive sentence is not a person, you may replace the true passive construction either by using **on** as the subject of the active verb or by making the active verb reflexive.

> **On vend des légumes** au marché.
> **Des légumes se vendent** au marché. } *Vegetables are sold in the market.*

> **On ouvrira les portes** à 20 heures.
> **Les portes s'ouvriront** à 20 heures. } *The doors will be opened at 8 P.M.*

If the subject of the passive sentence is a person, you must use **on** + the active verb construction to replace the passive voice.

> **On a invité mon ami** à la soirée.   *My friend was invited to the party.*
> **On choisira les meilleurs candidats.**   *The best candidates will be chosen.*

Remember that **on** always takes a third-person singular verb even though the corresponding passive construction may have a plural subject and verb.

In English, the indirect object of a verb may be the subject of a sentence in the passive voice.

> *Marcel was sent the money by his parents.*
> *Hélène was promised a promotion.*

However, in French, the object of the preposition **à** can never become the subject of a passive sentence. If the agent of the action is expressed, you may use the passive voice with the direct object of the verb as the subject.

> **L'argent a été envoyé à Marcel par ses parents.**

If the agent is not expressed, you may substitute **on** + the active verb for the true passive construction.

> **On a promis une promotion à Hélène.**

The following verbs are often followed by **à**:

dire	**On lui a dit de partir.**	*He was told to leave.*
demander	**On leur demande de chanter.**	*They are being asked to sing.*
donner	**Cette lettre nous a été donnée par nos amis.**	*We were given this letter by our friends.*
envoyer	**On m'a envoyé des fleurs.**	*I was sent some flowers.*
expliquer	**Le film lui sera expliqué par le metteur en scène.**	*The film will be explained to her by the director.*
promettre	**On a promis une voiture à Sophie.**	*Sophie was promised a car.*
offrir	**On a offert à Robert un poste en Europe.**	*Robert was offered a position in Europe.*

RAPPEL!

You must be aware of when to use the passive voice rather than the active voice. English usage will clearly indicate when the passive voice is required. The unique construction involving a form of the verb *to be* followed by a past participle cannot be confused with the translations of any other verb forms in French. Compare the following examples based on some of the more commonly used tenses.

	ACTIVE VOICE	PASSIVE VOICE
PRESENT	Les étudiants projettent généralement **le film** à 8 heures. *The students* normally *show the film* at 8 o'clock.	Le film est généralement **projeté par les étudiants** à 8 heures. *The film is* normally *shown by the students* at 8 o'clock.
PASSÉ COMPOSÉ	La vedette a interprété le rôle. *The star played the part.*	Le rôle a été interprété par la vedette *The part was played by the star.*
IMPERFECT	Les grèves perturbaient souvent **le service du métro**. *Strikes* often *disrupted metro service.*	Le service du métro était souvent perturbé par les grèves. *Metro service was* often *disrupted by strikes.*
PLUPERFECT	Son père avait vendu la voiture. *Her father had sold the car.*	La voiture avait été vendue par son père. *The car had been sold by her father.*
FUTURE	Le professeur corrigera **l'examen** demain. *The professor will correct the test* tomorrow.	L'examen sera corrigé par le professeur demain. *The test will be corrected by the professor* tomorrow.

A. Ecrivez les phrases suivantes en utilisant la voix passive et en exprimant l'agent dans les phrases.

1. Ce nouvel auteur a écrit un livre.
2. Les étudiants subiront beaucoup d'examens.
3. Les marchands avaient déjà vendu tous les produits.
4. L'agence de voyages propose cette excursion magnifique.
5. Mes parents m'ont offert ce voyage.

B. Ecrivez les phrases suivantes à la voix active. Utilisez le pronom **on** comme sujet de vos phrases.

1. Les touristes sont bien accueillis en Martinique.
2. De nouveaux supermarchés seront construits.
3. L'émission a été présentée à cinq heures.
4. Les paquets vous seront envoyés par avion.
5. Les copains étaient invités à une soirée.

C. Ecrivez les phrases suivantes à la voix active. Utilisez un verbe pronominal *(reflexive verb)* dans vos phrases.

1. Les pâtisseries sont vendues dans une boulangerie.
2. Le français est parlé au Canada.
3. Le train est employé plus souvent en France qu'aux Etats-Unis.
4. Les portes du musée seront ouvertes à dix heures.
5. Cela n'est pas fait ici.

Indirect Discourse

If one relates exactly what another person has said, putting his or her words in quotation marks and not changing any of the original wording, this is called *direct discourse.*

Roger a dit: «Je viendrai ce soir».

If one does not directly quote another person's words but simply relates his or her statement indirectly in a clause, this is called *indirect discourse.*

Roger a dit qu'il viendrait ce soir.

To use indirect discourse in French, you must be aware of the proper sequence of tenses between the introductory statement and the indirect quotation. If the introductory verb is in the present or future, there will be no change in the tenses of the verbs that recount what the person has said.

Marie dit: «Je viendrai».	**Elle dit qu'elle viendra.**
Marie dira: «Je suis venue».	**Elle dira qu'elle est venue.**
Marie dit: «Je viendrais».	**Elle dit qu'elle viendrait.**
Marie dira: «Je venais».	**Elle dira qu'elle venait.**

However, if the introductory verb is in a past tense, there will be certain changes in the tenses of the verbs in the subordinate clause. These tense sequences are summarized below. Note that the tense sequences used in indirect discourse in French correspond in all cases to the tense sequences normally used in indirect discourse in English.

TENSE OF ORIGINAL STATEMENT	INTRODUCTORY VERB IN PAST TENSE	TENSE OF SUBORDINATE VERB
PRESENT **J'arrive** à 2 heures.	Il a dit qu'...	IMPERFECT il **arrivait** à 2 heures.
FUTURE On **aura** un examen demain.	Mon ami avait déjà dit qu'...	CONDITIONAL on **aurait** un examen demain.
FUTURE PERFECT Elle **sera** déjà **partie** avant le déjeuner.	J'expliquais qu'...	PAST CONDITIONAL elle **serait** déjà **partie** avant le déjeuner.
PASSÉ COMPOSÉ Nous **avons fait** nos devoirs.	Le prof a demandé si...	PLUPERFECT nous **avions fait** nos devoirs.

The imperfect, pluperfect, conditional, and past conditional tenses remain unchanged in indirect discourse.

Il **allait faire** les provisions.	Il a dit qu'il **allait faire** les provisions.
Nous **avions** déjà **fait** nos devoirs.	Nous expliquions que nous **avions** déjà **fait** nos devoirs.
Ils **viendraient** si possible.	Elle avait déjà expliqué qu'ils **viendraient** si possible.
J'**aurais** peut-être **trouvé** le numéro.	Il a répondu qu'il **aurait** peut-être **trouvé** le numéro.

If there is more than one verb in the subordinate clause, each verb must be considered separately according to the sequence of tenses outlined above.

Je **suis arrivée** à 3 heures et j'**allais** partir après le dîner.

Elle a dit qu'elle **était arrivée** à 3 heures et qu'elle **allait** partir après le dîner.

A. Complétez les phrases suivantes en employant le temps convenable du verbe original.

1. Le prof annonce: «Il y aura un examen mercredi». Il a annoncé qu'il y _____ un examen mercredi.

2. La présentatrice déclare: «Il fera beau demain». Elle déclare qu'il _____ beau demain.

3. Les étudiants suggèrent: «Nous aurions dû travailler davantage». Ils ont suggéré qu'ils _____ travailler davantage.

4. Nous disons: «Nous avons froid dans cette chambre». Nous lui avons dit que nous _____ froid dans cette chambre.

5. Mes copains annoncent: «On ira ensemble». Ils annoncent qu'on _____ ensemble.

6. Nos parents répondent: «Vous avez eu des problèmes, mais vous réussirez bientôt». Ils ont répondu que nous _____ des problèmes mais que nous _____ bientôt.

7. Ma sœur déclare: «Je viendrai si j'ai les moyens». Elle a déclaré qu'elle _____ si elle _____ les moyens.

8. Je vous l'assure: «Ils arriveront avant nous». Je vous assure qu'ils _____ avant nous.

9. J'ai écrit à mon professeur: «Vous recevrez mon devoir quand je retournerai à l'école». Je lui ai écrit qu'il _____ mon devoir quand je _____ à l'école.

10. Nous demandons: «Vous voulez descendre au café?» Nous avons demandé s'ils _____ descendre au café.

B. Répondez à chaque question en employant le discours indirect.

1. —Il fait du vent.
   —Pardon? Qu'est-ce que vous avez dit?
   —J'ai dit qu'...

2. —Il neigera cet après-midi.
   —Qu'est-ce que vous annoncez?
   —J'annonce qu'...

3. —Nous aurions voulu quitter Paris plus tôt.
   —Qu'est-ce que vous avez déclaré?
   —J'ai déclaré que...

4. —Il y a eu un accident sur l'autoroute ce matin.
   —Qu'est-ce qu'il a annoncé?
   —Il a annoncé qu'...

5. —L'inflation augmentera l'année prochaine.
   —Qu'est-ce qu'on a prédit?
   —On a prédit que...

6. —Nous avions déjà acheté nos billets.
   —Qu'est-ce que vous me dites?
   —Je vous dis que...

7. —Je pourrai vous accompagner.
   —Qu'est-ce qu'elle vous a assuré?
   —Elle m'a assuré qu'...

8. —Cette voiture marche bien.
   —Qu'est-ce qu'il a garanti?
   —Il a garanti que...

9. —Je n'ai pas touché à ses affaires.
   —Qu'est-ce que ton petit frère a juré?
   —Il a juré qu'...

10. —C'est ma place.
    —Pardon? Qu'est-ce que vous dites?
    —Je dis que...

C. Roger et Pierre, qui étudient à l'Université de Bordeaux, partent demain pour passer les vacances de Noël chez Roger en Normandie. Racontez au passé leur conversation en employant le discours indirect.

PIERRRE: As-tu entendu les informations à la radio?

ROGER: Oui, et les nouvelles ne sont pas bonnes.

PIERRRE: Eh bien, qu'est-ce qu'on annonce?

ROGER: Le temps sera encore mauvais, et les autoroutes seront bondées.

PIERRRE: J'espère qu'on n'aura pas de neige en plus.

ROGER: On signale qu'il va tout simplement pleuvoir. Peut-être que nous ferions mieux de prendre les routes secondaires.

PIERRRE: Je me demande si elles seront glissantes.

ROGER: Non, non, il ne fait pas assez froid pour cela. Nous allons faire un bon voyage. Tu vas voir.

PIERRRE: Je l'espère.

Literary Tenses

There are four literary verb tenses in French. Their use is usually limited to written contexts; they are almost never heard in conversation.

It is unlikely that you will be called upon to produce these tenses, but you should be able to recognize them. They appear in classical and much of the contemporary literature that you will read, especially in the **je** and **il** forms. Passive recognition of these tenses is not difficult because the verb endings are usually easy to identify.

The **passé simple** and the **passé antérieur** belong to the indicative mood; the two other tenses are the imperfect subjunctive and the pluperfect subjunctive.

The *passé simple*

As its name indicates, this is a simple past tense, involving no auxiliary verb. You will find the **passé simple** easiest to recognize if you become familiar with the endings of the three regular conjugations and certain irregular forms.

parler	
je parl**ai**	nous parl**âmes**
tu parl**as**	vous parl**âtes**
il / elle / on parl**a**	ils / elles parl**èrent**

1. **Regular Forms.** To form the **passé simple** of regular **-er** verbs, take the stem of the infinitive and add the appropriate endings: **-ai, -as, -a, -âmes, -âtes, -èrent.**

réfléchir	
je réfléch**is**	nous réfléch**îmes**
tu réfléch**is**	vous réfléch**îtes**
il / elle / on réfléch**it**	ils / elles réfléch**irent**

rendre	
je rend**is**	nous rend**îmes**
tu rend**is**	vous rend**îtes**
il / elle / on rend**it**	ils / elles rend**irent**

To form the **passé simple** of regular **-ir** and **-re** verbs, add the appropriate endings to the stem of the infinitive: **-is, -is, -it, -îmes, -îtes, -irent.**

-is	-îmes	-us	-ûmes
-is	-îtes	-us	-ûtes
-it	-irent	-ut	-urent

2. **Irregular Forms.** Most verbs with an irregularly formed **passé simple** have an irregular stem to which you add one of the following groups of endings.

Following is a partial list of the most common verbs in each of the above categories.

<u>-is</u>		<u>-us</u>	
faire	je fis	boire*	je bus
mettre*	je mis	croire*	je crus
prendre*	je pris	devoir*	je dus
rire*	je ris	plaire*	je plus
voir	je vis	pleuvoir*	il plut
écrire	j'écrivis	pouvoir*	je pus
conduire	je conduisis	savoir*	je sus
craindre	je craignis	falloir*	il fallut
naître	il naquit	valoir*	il valut
peindre	je peignis	vouloir*	je voulus
vaincre	je vainquis	vivre*	je vécus
		connaître*	je connus
		mourir	il mourut

Avoir and **être,** which are frequently seen in the **passé simple,** have completely irregular forms.

avoir		être	
j'**eus**	nous **eûmes**	je **fus**	nous **fûmes**
tu **eus**	vous **eûtes**	tu **fus**	vous **fûtes**
il / elle / on **eut**	ils / elles **eurent**	il / elle / on **fut**	ils / elles **furent**

Two additional common verbs with irregular forms in the **passé simple** are **venir** and **tenir.**

venir		tenir	
je **vins**	nous **vînmes**	je **tins**	nous **tînmes**
tu **vins**	vous **vîntes**	tu **tins**	vous **tîntes**
il / elle / on **vint**	ils / elles **vinrent**	il / elle / on **tint**	ils / elles **tinrent**

* Note that the past participles of these verbs may be helpful in remembering the irregular **passé simple** stems.

3. **Use of the *passé simple.*** The **passé simple** is often thought of as the literary equivalent of the **passé composé.** To an extent this is true. Both tenses are used to refer to specific past actions that are limited in time.

> Victor Hugo **est né en** 1802. (**passé composé**)
> Victor Hugo **naquit** en 1802. (**passé simple**)

The fundamental difference between these two tenses is that the **passé simple** can never be used to refer to a time frame that has not yet come to an end. There is no such limitation on the **passé composé.**

Consider the sentence, **J'ai écrit deux lettres aujourd'hui.** This thought can be expressed only by the **passé composé** because **aujourd'hui** is a time frame that is not yet terminated. In contrast, the statement, **Robert Burns a écrit des lettres célèbres à sa femme** could also be expressed in the **passé simple**— **Robert Burns écrivit des lettres célèbres à sa femme**—because the time frame has come to an end.

Descriptions in the past that are normally expressed by the imperfect indicative are still expressed in the imperfect, even in a literary context.

The *passé antérieur*

1. **Formation.** The **passé antérieur** is a compound tense that is formed with the **passé simple** of the auxiliary verb **avoir** or **être** and a past participle.

parler	j'**eus parlé**, etc.
sortir	je **fus sorti(e)**, etc.
se lever	je me **fus levé(e)**, etc.

2. **Use of the *passé antérieur.*** The passé antérieur is used to refer to a past action that occurred prior to another past action. It is most frequently found in a subordinate clause following a temporal conjunction such as **quand, lorsque, après que, dès que, aussitôt que.** The conjunction indicates that the action in question immediately preceded another action in the past. The latter action will generally be expressed in the **passé simple.**

> Hier soir, après qu'il **eut fini** de manger, il **sortit.**

The Imperfect Subjunctive

1. **Formation.** The imperfect subjunctive is most often encountered in the third-person singular. The imperfect subjunctive is formed by taking the **tu** form of the **passé simple,** doubling its final consonant, and adding the endings of the present subjunctive. The third-person singular (**il / elle / on**) does not follow the regular formation. To form it, drop the consonant, place a circumflex accent (^) over the final vowel, and add a **t.**

aller (tu allas → allass-)	
que j'all**asse**	que nous all**assions**
que tu all**asses**	que vous all**assiez**
qu'il / elle / on all**ât**	qu'ils / elles all**assent**

2. **Use of the Imperfect Subjunctive.** Like the other tenses of the subjunctive, the imperfect subjunctive is most often found in a subordinate clause governed by a verb in the main clause that requires the use of the subjunctive. The verb of

the main clause is either in a past tense or in the conditional. For the imperfect subjunctive to be used in the subordinate clause, the action expressed in this clause must occur at the same time as the action of the main verb or later.

> Je **voulais qu'**elle me **répondît.**
> Elle **voudrait qu'**on l'**écoutât.**

The Pluperfect Subjunctive

1. **Formation.** The pluperfect subjunctive is formed with the imperfect subjunctive of the auxiliary verb **avoir** or **être** and a past participle. Like the imperfect subjunctive, this tense is mostly used in the third-person singular.

   > **que j'eusse parlé, qu'il eût parlé,** etc.
   > **que je fusse sorti(e), qu'il fût sorti,** etc.
   > **que je me fusse lavé(e), qu'elle se fût lavée,** etc.

2. **Use of the Pluperfect Subjunctive.** The pluperfect subjunctive, like the imperfect subjunctive, is usually found in a subordinate clause. It is used when the main verb is either in a past tense or in the conditional and the action expressed in the subordinate clause has occurred prior to the action of the main clause.

   > Il **déplora qu'**elle **fût** déjà **partie.**

In reading, you may occasionally encounter a verb form identical to the pluperfect subjunctive that does not follow the usage outlined above. In such cases, you will be dealing with an alternate literary form of the past conditional, and you should interpret it as such.

> Ce n'était pas un baba au rhum qu'il m'**eût fallu,** mais un vrai rhum, celui des condamnés.

In lighter prose and conversation, the imperfect subjunctive is replaced by the present subjunctive, and the pluperfect subjunctive is replaced by the past subjunctive.

> Bien qu'elle **eût** beaucoup **voyagé,** j'insistai pour qu'elle m'**accompagnât.**
> (Bien qu'elle **ait** beaucoup **voyagé,** j'insistai pour qu'elle m'**accompagne.**)

The following excerpt is taken from a twentieth-century French novel by Raymond Radiguet. Here, the author makes liberal use of the **passé simple** and the imperfect subjunctive. Locate and identify these tenses in the passage.

> Jusqu'à douze ans, je ne me vois aucune amourette, sauf pour une petite fille nommée Carmen à qui je fis tenir, par un gamin plus jeune que moi, une lettre dans laquelle je lui exprimais mon amour. Je m'autorisais de cet amour pour solliciter un rendez-vous. Ma lettre lui avait été remise le matin avant qu'elle se rendît en classe. J'avais distingué la seule fillette qui me ressemblât, parce qu'elle était propre, et allait à l'école accompagnée d'une petite sœur, comme moi de mon petit frère. Afin que ces deux témoins se tussent, j'imaginai de les marier, en quelque sorte. A ma lettre, j'en joignis donc une de la part de mon frère, qui ne savait pas écrire, pour Mlle Fauvette. J'expliquai à mon frère mon entremise, et notre chance de tomber juste sur deux sœurs de nos âges et douées de noms de baptême aussi exceptionnels. J'eus la tristesse de voir que je ne m'étais pas mépris sur le bon genre de Carmen, lorsque, après avoir déjeuné avec mes parents qui me gâtaient et ne me grondaient jamais, je rentrai en classe.

> (Raymond Radiguet, *Le Diable au corps*, Grasset)

Special Uses of the Definite Article

In addition to the uses of the definite article presented in *Chapitre 1* (pp. 17–18, 20–21), the articles **le, la, l',** and **les** are also found in grammatical constructions that differ radically from English usage.

- TITLES

  The definite article is used before titles when referring indirectly to people. The article is not used when addressing a person directly.

La reine Elisabeth habite à Londres.	*Queen Elizabeth lives in London.*
Je suis dans le cours **du professeur Dupont.**	*I'm in Professor Dupont's class.*

- LANGUAGES

  The definite article is used before the names of languages, except after the verb **parler** (unmodified) and after the prepositions **en** and **de.**

Nous étudions **le français.**	*We're studying French.*
Il désire enseigner **le russe.**	*He wants to teach Russian.*
BUT:	
Vous parlez **français.** (Vous parlez bien **le français.**)	*You speak French. (You speak French well.)*
Le livre est **en italien.**	*The book is in Italian.*
C'est un professeur d'**allemand.**	*He's a German teacher.*

- PARTS OF THE BODY AND CLOTHING

  The definite article is used with parts of the body and clothing to indicate possession. If the noun is modified, the possessive adjective is used as in English.

Elle ferme **les yeux.**	*She shuts her eyes.*
Il a **les mains** dans **les poches.**	*He has his hands in his pockets.*
BUT:	
Elle ferme ses **yeux bleus.**	*She shuts her blue eyes.*
Il a ses **deux mains** dans ses **poches vides.**	*He has both his hands in his empty pockets.*

A. Complétez les phrases suivantes par l'article défini convenable quand il est nécessaire.

1. Nous étudions _____ français.

2. En classe nous parlons _____ français.

3. Je veux apprendre à parler couramment _____ français.

4. Notre texte est écrit en _____ anglais.

5. Pour le cours de français j'ai _____ professeur (nom de votre professeur). Il / Elle est prof de _____ français depuis longtemps.

B. Complétez le paragraphe suivant par les articles convenables.

_____ empereur Napoléon était un homme intéressant mais curieux. Il est né en Corse et parlait _____ italien et _____ français. Il avait _____ yeux verts, _____ cheveux clairsemés, et il n'était pas grand. Il a fait beaucoup de conquêtes et faisait peur (à) _____ roi Georges d'Angleterre et (à) _____ tsar Nicolas de Russie. Mais pendant une grande bataille, Napoléon fermait _____ yeux et gardait toujours _____ main droite dans sa veste. Tous les grands hommes ont des habitudes particulières.

Appendice B

This appendix contains complete sample conjugations of regular verbs (**-er, -ir,** and **-re**), irregular verbs, and stem-changing verbs.

Regular Verbs

▶ Regular *-er* verb: donner

INDICATIF

PRESENT	IMPARFAIT	FUTUR	PASSE SIMPLE (littéraire)
je donne	je donnais	je donnerai	je donnai
tu donnes	tu donnais	tu donneras	tu donnas
il donne	il donnait	il donnera	il donna
nous donnons	nous donnions	nous donnerons	nous donnâmes
vous donnez	vous donniez	vous donnerez	vous donnâtes
ils donnent	ils donnaient	ils donneront	ils donnèrent

PASSE COMPOSE	PLUS-QUE-PARFAIT	FUTUR ANTERIERUR	PASSE ANTERIERUR (littéraire)
j'ai donné	j'avais donné	j'aurai donné	j'eus donné

CONDITIONNEL

PRESENT	PASSE
je donnerais	j'aurais donné
tu donnerais	
il donnerait	
nous donnerions	
vous donneriez	
ils donneraient	

IMPÉRATIF

donne
donnons
donnez

PARTICIPE PRÉSENT

donnant

SUBJONCTIF

PRESENT	PASSE	IMPARFAIT (littéraire)	PLUS-QUE-PARFAIT (littéraire)
que je donne	que j'aie donné	que je donnasse	que j'eusse donné
que tu donnes		que tu donnasses	
qu'il donne		qu'il donnât	
que nous donnions		que nous donnassions	
que vous donniez		que vous donnassiez	
qu'ils donnent		qu'ils donnassent	

▶ Regular *-ir* verb: finir

INDICATIF

PRESENT	IMPARFAIT	FUTUR	PASSE SIMPLE (littéraire)
je finis	je finissais	je finirai	je finis
tu finis	tu finissais	tu finiras	tu finis
il finit	il finissait	il finira	il finit
nous finissons	nous finissions	nous finirons	nous finîmes
vous finissez	vous finissiez	vous finirez	vous finîtes
ils finissent	ils finissaient	ils finiront	ils finirent

PASSE COMPOSE	PLUS-QUE PARFAIT	FUTUR ANTERIEUR	PASSE ANTERIEUR (littéraire)
j'ai fini	j'avais fini	j'aurai fini	j'eus fini

CONDITIONNEL		IMPÉRATIF	PARTICIPE PRÉSENT
PRESENT	PASSE	finis	finissant
je finirais	j'aurais fini	finissons	
tu finirais		finissez	
il finirait			
nous finirions			
vous finiriez			
ils finiraient			

SUBJONCTIF			
PRESENT	PASSE	IMPARFAIT (littéraire)	PLUS-QUE-PARFAIT (littéraire)
que je finisse	que j'aie fini	que je finisse	que j'eusse fini
que tu finisses		que tu finisses	
qu'il finisse		qu'il finît	
que nous finissions		que nous finissions	
que vous finissiez		que vous finissiez	
qu'ils finissent		qu'ils finissent	

▶ Regular -re verb: attendre

INDICATIF			
PRESENT	IMPARFAIT	FUTUR	PASSE SIMPLE (littéraire)
j'attends	j'attendais	j'attendrai	j'attendis
tu attends	tu attendais	tu attendras	tu attendis
il attend	il attendait	il attendra	il attendit
nous attendons	nous attendions	nous attendrons	nous attendîmes
vous attendez	vous attendiez	vous attendrez	vous attendîtes
ils attendent	ils attendaient	ils attendront	ils attendirent
PASSE COMPOSE	PLUS-QUE-PARFAIT	FUTUR ANTERIEUR	PASSE ANTERIEUR (littéraire)
j'ai attendu	j'avais attendu	j'aurai attendu	j'eus attendu

CONDITIONNEL		IMPÉRATIF	PARTICIPE PRÉSENT
PRESENT	PASSE	attends	attendant
j'attendrais	j'aurais attendu	attendons	
tu attendrais		attendez	
il attendrait			
nous attendrions			
vous attendriez			
ils attendraient			

SUBJONCTIF			
PRESENT	PASSE	IMPARFAIT (littéraire)	PLUS-QUE-PARFAIT (littéraire)
que j'attende	que j'aie attendu	que j'attendisse	que j'eusse attendu
que tu attendes		que tu attendisses	
qu'il attende		qu'il attendît	
que nous attendions		que nous attendissions	
que vous attendiez		que vous attendissiez	
qu'ils attendent		qu'ils attendissent	

Irregular Verbs

acquérir, p. 404
aller, p. 402
apprendre, p. 413
asseoir, s'asseoir, p. 415
avoir, p. 401
boire, p. 407
comprendre, p. 413
conduire, p. 408
connaître, p. 408
construire, p. 408
conquérir, p. 404
courir, p. 407
couvrir, p. 406
craindre, p. 409
croire, p. 409
cuire, p. 408
découvrir, p. 406
décrire, p. 406

détruire, p. 408
devenir, p. 407
devoir, p. 416
dire, p. 410
dormir, p. 403
écrire, p. 410
endormir, s'endormir, p. 403
s'enfuir, p. 405
envoyer, p. 403
être, p. 402
faire, p. 411
falloir, p. 416
fuir, p. 405
lire, p. 411
maintenir, p. 407
mettre, p. 412
mourir, p. 406
naître, p. 412

obtenir, p. 407
offrir, p. 406
ouvrir, p. 406
paraître, p. 408
partir, p. 404
peindre, p. 409
permettre, p. 412
plaindre, p. 409
plaire, p. 413
pleuvoir, p. 417
pouvoir, p. 417
prendre, p. 413
produire, p. 408
promettre, p. 412
recevoir, p. 417
reconnaître, p. 408
renvoyer, p. 403
retenir, p. 407

revenir, p. 407
rire, p. 414
savoir, p. 418
sentir, p. 404
servir, p. 404
sortir, p. 404
souffrir, p. 408
sourire, p. 414
soutenir, p. 407
suivre, p. 414
surprendre, p. 413
tenir, p. 407
traduire, p. 408
valoir, p. 418
venir, p. 407
vivre, p. 415
voir, p. 419
vouloir, p. 419

Avoir and *être*

▶ avoir

INDICATIF			
PRESENT	**IMPARFAIT**	**FUTUR**	**PASSE SIMPLE** (littéraire)
j'ai	j'avais	j'aurai	j'eus
tu as	tu avais	tu auras	tu eus
il a	il avait	il aura	il eut
nous avons	nous avions	nous aurons	nous eûmes
vous avez	vous aviez	vous aurez	vous eûtes
ils ont	ils avaient	ils auront	ils eurent
PASSE COMPOSE	**PLUS-QUE-PARFAIT**	**FUTUR ANTERIEUR**	**PASSE ANTERIEUR** (littéraire)
j'ai eu	j'avais eu	j'aurai eu	j'eus eu

CONDITIONNEL		IMPÉRATIF	PARTICIPE PRÉSENT
PRESENT	**PASSE**	aie	ayant
j'aurais	j'aurais eu	ayons	
tu aurais		ayez	
il aurait			
nous aurions			
vous auriez			
ils auraient			

SUBJONCTIF			
PRESENT	**PASSE**	**IMPARFAIT** (littéraire)	**PLUS-QUE-PARFAIT** (littéraire)
que j'aie	que j'aie eu	que j'eusse	que j'eusse eu
que tu aies		que tu eusses	
qu'il ait		qu'il eût	
que nous ayons		que nous eussions	
que vous ayez		que vous eussiez	
qu'ils aient		qu'ils eussent	

▶ être

INDICATIF			
PRESENT je suis tu es il est nous sommes vous êtes ils sont	**IMPARFAIT** j'étais tu étais il était nous étions vous étiez ils étaient	**FUTUR** je serai tu seras il sera nous serons vous serez ils seront	**PASSE SIMPLE** (littéraire) je fus tu fus il fut nous fûmes vous fûtes ils furent
PASSE COMPOSE j'ai été	**PLUS-QUE-PARFAIT** j'avais été	**FUTUR ANTERIEUR** j'aurai été	**PASSE ANTERIEUR** (littéraire) j'eus été

CONDITIONNEL		IMPÉRATIF	PARTICIPE PRÉSENT
PRESENT je serais tu serais il serait nous serions vous seriez ils seraient	**PASSE** j'aurais été	sois soyons soyez	étant

SUBJONCTIF			
PRESENT que je sois que tu sois qu'il soit que nous soyons que vous soyez qu'ils soient	**PASSE** que j'aie été	**IMPARFAIT** (littéraire) que je fusse que tu fusses qu'il fût que nous fussions que vous fussiez qu'ils fussent	**PLUS-QUE-PARFAIT** (littéraire) que j'eusse été

Verbs in -er

▶ aller

INDICATIF			
PRESENT je vais tu vas il va nous allons vous allez ils vont	**PASSE COMPOSE** je suis allé(e) tu es allé(e) il est allé nous sommes allé(e)s vous êtes allé(e)(s) ils sont allés	**PASSE SIMPLE** (littéraire) j'allai tu allas il alla nous allâmes vous allâtes ils allèrent	
IMPARFAIT j'allais	**PLUS-QUE-PARFAIT** j'étais allé(e)	**FUTUR** j'irai	**FUTUR ANTERIEUR** je serai allé(e)

CONDITIONNEL		IMPÉRATIF	PARTICIPE PRÉSENT
PRESENT j'irais	**PASSE** je serais allé(e)	va allons allez	allant

SUBJONCTIF

PRESENT
que j'aille
que tu ailles
qu'il aille
que nous allions
que vous alliez
qu'ils aillent

IMPARFAIT (littéraire)
que j'allasse
que tu allasses
qu'il allât
que nous allassions
que vous allassiez
qu'ils allassent

▶ envoyer

INDICATIF

PRESENT
j'envoie
tu envoies
il envoie
nous envoyons
vous envoyez
ils envoient

PASSE COMPOSE
j'ai envoyé

PASSE SIMPLE (littéraire)
j'envoyai
tu envoyas
il envoya
nous envoyâmes
vous envoyâtes
ils envoyèrent

IMPARFAIT
j'envoyais

PLUS-QUE-PARFAIT
j'avais envoyé

FUTUR
j'enverrai

FUTUR ANTERIEUR
j'aurai envoyé

CONDITIONNEL

PRESENT
j'enverrais

PASSE
j'aurais envoyé

IMPÉRATIF

envoie
envoyons
envoyez

PARTICIPE PRÉSENT

envoyant

SUBJONCTIF

PRESENT
que j'envoie
que tu envoies
qu'il envoie
que nous envoyions
que vous envoyiez
qu'ils envoient

IMPARFAIT (littéraire)
que j'envoyasse
que tu envoyasses
qu'il envoyât
que nous envoyassions
que vous envoyassiez
qu'ils envoyassent

Renvoyer is conjugated like **envoyer.**

Verbs in -ir

▶ dormir

INDICATIF

PRESENT
je dors
tu dors
il dort
nous dormons
vous dormez
ils dorment

PASSE COMPOSE
j'ai dormi

PASSE SIMPLE (littéraire)
je dormis
tu dormis
il dormit
nous dormîmes
vous dormîtes
ils dormirent

IMPARFAIT
je dormais

PLUS-QUE-PARFAIT
j'avais dormi

FUTUR
je dormirai

FUTUR ANTERIEUR
j'aurai dormi

CONDITIONNEL		IMPÉRATIF	PARTICIPE PRÉSENT
PRESENT	PASSE	dors	dormant
je dormirais	j'aurais dormi	dormons	
		dormez	

SUBJONCTIF

PRESENT	IMPARFAIT (littéraire)
que je dorme	que je dormisse
que tu dormes	que tu dormisses
qu'il dorme	qu'il dormît
que nous dormions	que nous dormissions
que vous dormiez	que vous dormissiez
qu'ils dorment	qu'ils dormissent

Other verbs conjugated like **dormir** include **endormir, s'endormir, partir, servir, sentir, and sortir.**

PRESENT

partir	**servir**	**sentir**	**sortir**
je pars	je sers	je sens	je sors
tu pars	tu sers	tu sens	tu sors
il part	il sert	il sent	il sort
nous partons	nous servons	nous sentons	nous sortons
vous partez	vous servez	vous sentez	vous sortez
ils partent	ils servent	ils sentent	ils sortent

PASSE COMPOSE

je suis parti(e)	j'ai servi	j'ai senti	je suis sorti(e)

► conquérir

INDICATIF

PRESENT	PASSE COMPOSE	PASSE SIMPLE (littéraire)	
je conquiers	j'ai conquis	je conquis	
tu conquiers		tu conquis	
il conquiert		il conquit	
nous conquérons		nous conquîmes	
vous conquérez		vous conquîtes	
ils conquièrent		ils conquirent	
IMPARFAIT	PLUS-QUE-PARFAIT	FUTUR	FUTUR ANTERIEUR
je conquérais	j'avais conquis	je conquerrai	j'aurai conquis

CONDITIONNEL		IMPÉRATIF	PARTICIPE PRÉSENT
PRESENT	PASSE	conquiers	conquérant
je conquerrais	j'aurais conquis	conquérons	
		conquérez	

SUBJONCTIF

PRESENT	IMPARFAIT (littéraire)
que je conquière	que je conquisse
que tu conquières	que tu conquisses
qu'il conquière	qu'il conquît
que nous conquérions	que nous conquissions
que vous conquériez	que vous conquissiez
qu'ils conquièrent	qu'ils conquissent

Acquérir is conjugated like **conquérir.**

► courir

INDICATIF

PRESENT	PASSE COMPOSE	PASSE SIMPLE (littéraire)	
je cours	j'ai couru	je courus	
tu cours		tu courus	
il court		il courut	
nous courons		nous courûmes	
vous courez		vous courûtes	
ils courent		ils coururent	

IMPARFAIT	PLUS-QUE-PARFAIT	FUTUR	FUTUR ANTERIEUR
je courais	j'avais couru	je courrai	j'aurai couru

CONDITIONNEL | **IMPÉRATIF** | **PARTICIPE PRÉSENT**

PRESENT	PASSE		
je courrais	j'aurais couru	cours	courant
		courons	
		courez	

SUBJONCTIF

PRESENT	IMPARFAIT (littéraire)
que je coure	que je courusse
que tu coures	que tu courusses
qu'il coure	qu'il courût
que nous courions	que nous courussions
que vous couriez	que vous courussiez
qu'ils courent	qu'ils courussent

► fuir

INDICATIF

PRESENT	PASSE COMPOSE	PASSE SIMPLE (littéraire)	
je fuis	j'ai fui	je fuis	
tu fuis		tu fuis	
il fuit		il fuit	
nous fuyons		nous fuîmes	
vous fuyez		vous fuîtes	
ils fuient		ils fuirent	

IMPARFAIT	PLUS-QUE-PARFAIT	FUTUR	FUTUR ANTERIEUR
je fuyais	j'avais fui	je fuirai	j'aurai fui

CONDITIONNEL | **IMPÉRATIF** | **PARTICIPE PRÉSENT**

PRESENT	PASSE		
je fuirais	j'aurais fui	fuis	fuyant
		fuyons	
		fuyez	

SUBJONCTIF

PRESENT	IMPARFAIT (littéraire)
que je fuie	que je fuisse
que tu fuies	que tu fuisses
qu'il fuie	qu'il fuît
que nous fuyions	que nous fuissions
que vous fuyiez	que vous fuissiez
qu'ils fuient	qu'ils fuissent

S'enfuir is conjugated like **fuir.**

▶ mourir

INDICATIF			

PRESENT	PASSE COMPOSE	PASSE SIMPLE (littéraire)	
je meurs	je suis mort(e)	je mourus	
tu meurs		tu mourus	
il meurt		il mourut	
nous mourons		nous mourûmes	
vous mourez		vous mourûtes	
ils meurent		ils moururent	

IMPARFAIT	PLUS-QUE-PARFAIT	FUTUR	FUTUR ANTERIEUR
je mourais	j'étais mort(e)	je mourrai	je serai mort(e)

CONDITIONNEL		IMPÉRATIF	PARTICIPE PRÉSENT

PRESENT	PASSE	meurs	mourant
je mourrais	je serais mort(e)	mourons	
		mourez	

SUBJONCTIF	

PRESENT	IMPARFAIT (littéraire)
que je meure	que je mourusse
que tu meures	que tu mourusses
qu'il meure	qu'il mourût
que nous mourions	que nous mourussions
que vous mouriez	que vous mourussiez
qu'ils meurent	qu'ils mourussent

▶ ouvrir

INDICATIF			

PRESENT	PASSE COMPOSE	PASSE SIMPLE (littéraire)	
j'ouvre	j'ai ouvert	j'ouvris	
tu ouvres		tu ouvris	
il ouvre		il ouvrit	
nous ouvrons		nous ouvrîmes	
vous ouvrez		vous ouvrîtes	
ils ouvrent		ils ouvrirent	

IMPARFAIT	PLUS-QUE-PARFAIT	FUTUR	FUTUR ANTERIEUR
j'ouvrais	j'avais ouvert	j'ouvrirai	j'aurai ouvert

CONDITIONNEL		IMPÉRATIF	PARTICIPE PRÉSENT

PRESENT	PASSE	ouvre	ouvrant
j'ouvrirais	j'aurais ouvert	ouvrons	
		ouvrez	

SUBJONCTIF	

PRESENT	IMPARFAIT (littéraire)
que j'ouvre	que j'ouvrisse
que tu ouvres	que tu ouvrisses
qu'il ouvre	qu'il ouvrît
que nous ouvrions	que nous ouvrissions
que vous ouvriez	que vous ouvrissiez
qu'ils ouvrent	qu'ils ouvrissent

Other verbs conjugated like **ouvrir** include **couvrir, découvrir, offrir,** and **souffrir.**

► venir

INDICATIF

PRESENT	PASSE COMPOSE	PASSE SIMPLE (littéraire)	
je viens	je suis venu(e)	je vins	
tu viens		tu vins	
il vient		il vint	
nous venons		nous vînmes	
vous venez		vous vîntes	
ils viennent		ils vinrent	

IMPARFAIT	PLUS-QUE-PARFAIT	FUTUR	FUTUR ANTERIEUR
je venais	j'étais venu(e)	je viendrai	je serai venu(e)

CONDITIONNEL / IMPÉRATIF / PARTICIPE PRÉSENT

PRESENT	PASSE	viens	venant
je viendrais	je serais venu(e)	venons	
		venez	

SUBJONCTIF

PRESENT	IMPARFAIT (littéraire)
que je vienne	que je vinsse
que tu viennes	que tu vinsses
qu'il vienne	qu'il vînt
que nous venions	que nous vinssions
que vous veniez	que vous vinssiez
qu'ils viennent	qu'ils vinssent

Other verbs conjugated like **venir** include **devenir, revenir, tenir, maintenir, soutenir, obtenir,** and **retenir.**

Verbs in -re

► boire

INDICATIF

PRESENT	PASSE COMPOSE	PASSE SIMPLE (littéraire)	
je bois	j'ai bu	je bus	
tu bois		tu bus	
il boit		il but	
nous buvons		nous bûmes	
vous buvez		vous bûtes	
ils boivent		ils burent	

IMPARFAIT	PLUS-QUE-PARFAIT	FUTUR	FUTUR ANTERIEUR
je buvais	j'avais bu	je boirai	j'aurai bu

CONDITIONNEL / IMPÉRATIF / PARTICIPE PRÉSENT

PRESENT	PASSE	bois	buvant
je boirais	j'aurais bu	buvons	
		buvez	

SUBJONCTIF

PRESENT	IMPARFAIT (littéraire)
que je boive	que je busse
que tu boives	que tu busses
qu'il boive	qu'il bût
que nous buvions	que nous bussions
que vous buviez	que vous bussiez
qu'ils boivent	qu'ils bussent

▶ conduire

INDICATIF

PRESENT	PASSE COMPOSE	PASSE SIMPLE (littéraire)	
je conduis	j'ai conduit	je conduisis	
tu conduis		tu conduisis	
il conduit		il conduisit	
nous conduisons		nous conduisîmes	
vous conduisez		vous conduisîtes	
ils conduisent		ils conduisirent	

IMPARFAIT	PLUS-QUE-PARFAIT	FUTUR	FUTUR ANTERIEUR
je conduisais	j'avais conduit	je conduirai	j'aurai conduit

CONDITIONNEL — IMPÉRATIF — PARTICIPE PRÉSENT

PRESENT	PASSE	IMPÉRATIF	PARTICIPE PRÉSENT
je conduirais	j'aurais conduit	conduis	conduisant
		conduisons	
		conduisez	

SUBJONCTIF

PRESENT	IMPARFAIT (littéraire)
que je conduise	que je conduisisse
que tu conduises	que tu conduisisses
qu'il conduise	qu'il conduisît
que nous conduisions	que nous conduisissions
que vous conduisiez	que vous conduisissiez
qu'ils conduisent	qu'ils conduisissent

Other verbs conjugated like **conduire** include **construire, cuire, détruire, produire,** and **traduire.**

▶ connaître

INDICATIF

PRESENT	PASSE COMPOSE	PASSE SIMPLE (littéraire)	
je connais	j'ai connu	je connus	
tu connais		tu connus	
il connaît		il connut	
nous connaissons		nous connûmes	
vous connaissez		vous connûtes	
ils connaissent		ils connurent	

IMPARFAIT	PLUS-QUE-PARFAIT	FUTUR	FUTUR ANTERIEUR
je connaissais	j'avais connu	je connaîtrai	j'aurai connu

CONDITIONNEL — IMPÉRATIF — PARTICIPE PRÉSENT

PRESENT	PASSE	IMPÉRATIF	PARTICIPE PRÉSENT
je connaîtrais	j'aurais connu	connais	connaissant
		connaissons	
		connaissez	

SUBJONCTIF

PRESENT	IMPARFAIT (littéraire)
que je connaisse	que je connusse
que tu connaisses	que tu connusses
qu'il connaisse	qu'il connût
que nous connaissions	que nous connussions
que vous connaissiez	que vous connussiez
qu'ils connaissent	qu'ils connussent

Reconnaître and **paraître** are conjugated like **connaître.**

▶ craindre

INDICATIF

PRESENT	PASSE COMPOSE	PASSE SIMPLE (littéraire)	
je crains	j'ai craint	je craignis	
tu crains		tu craignis	
il craint		il craignit	
nous craignons		nous craignîmes	
vous craignez		vous craignîtes	
ils craignent		ils craignirent	

IMPARFAIT	PLUS-QUE-PARFAIT	FUTUR	FUTUR ANTERIEUR
je craignais	j'avais craint	je craindrai	j'aurai craint

CONDITIONNEL		IMPÉRATIF	PARTICIPE PRÉSENT
PRESENT	PASSE	crains	craignant
je craindrais	j'aurais craint	craignons	
		craignez	

SUBJONCTIF

PRESENT	IMPARFAIT (littéraire)
que je craigne	que je craignisse
que tu craignes	que tu craignisses
qu'ils craigne	qu'il craignît
que nous craignions	que nous craignissions
que vous craigniez	que vous craignissiez
qu'ils craignent	qu'ils craignissent

Peindre and **plaindre** are conjugated like **craindre.**

▶ croire

INDICATIF

PRESENT	PASSE COMPOSE	PASSE SIMPLE (littéraire)	
je crois	j'ai cru	je crus	
tu crois		tu crus	
il croit		il crut	
nous croyons		nous crûmes	
vous croyez		vous crûtes	
ils croient		ils crurent	

IMPARFAIT	PLUS-QUE-PARFAIT	FUTUR	FUTUR ANTERIEUR
je croyais	j'avais cru	je croirai	j'aurai cru

CONDITIONNEL		IMPÉRATIF	PARTICIPE PRÉSENT
PRESENT	PASSE	crois	croyant
je croirais	j'aurais cru	croyons	
		croyez	

SUBJONCTIF

PRESENT	IMPARFAIT (littéraire)
que je croie	que je crusse
que tu croies	que tu crusses
qu'il croie	qu'il crût
que nous croyions	que nous crussions
que vous croyiez	que vous crussiez
qu'ils croient	qu'ils crussent

▶ dire

PRESENT	PASSE COMPOSE	PASSE SIMPLE (littéraire)
je dis	j'ai dit	je dis
tu dis		tu dis
il dit		il dit
nous disons		nous dîmes
vous dites		vous dîtes
ils disent		ils dirent

IMPARFAIT	PLUS-QUE-PARFAIT	FUTUR	FUTUR ANTERIEUR
je disais	j'avais dit	je dirai	j'aurai dit

CONDITIONNEL | | **IMPÉRATIF** | **PARTICIPE PRÉSENT**

PRESENT	PASSE	dis	disant
je dirais	j'aurais dit	disons	
		dites	

SUBJONCTIF

PRESENT	IMPARFAIT (littéraire)
que je dise	que je disse
que tu dises	que tu disses
qu'il dise	qu'il dît
que nous disions	que nous dissions
que vous disiez	que vous dissiez
qu'ils disent	qu'ils dissent

▶ écrire

INDICATIF

PRESENT	PASSE COMPOSE	PASSE SIMPLE (littéraire)
j'écris	j'ai écrit	j'écrivis
tu écris		tu écrivis
il écrit		il écrivit
nous écrivons		nous écrivîmes
vous écrivez		vous écrivîtes
ils écrivent		ils écrivirent

IMPARFAIT	PLUS-QUE-PARFAIT	FUTUR	FUTUR ANTERIEUR
j'écrivais	j'avais écrit	j'écrirai	j'aurai écrit

CONDITIONNEL | | **IMPÉRATIF** | **PARTICIPE PRÉSENT**

PRESENT	PASSE	écris	écrivant
j'écrirais	j'aurais écrit	écrivons	
		écrivez	

SUBJONCTIF

PRESENT	IMPARFAIT (littéraire)
que j'écrive	que j'écrivisse
que tu écrives	que tu écrivisses
qu'il écrive	qu'il écrivît
que nous écrivions	que nous écrivissions
que vous écriviez	que vous écrivissiez
qu'ils écrivent	qu'ils écrivissent

Décrire is conjugated like **écrire.**

▶ faire

<table>
<tr><td colspan="4">INDICATIF</td></tr>
<tr>
<td>PRESENT
je fais
tu fais
il fait
nous faisons
vous faites
ils font</td>
<td>PASSE COMPOSE
j'ai fait</td>
<td>PASSE SIMPLE (littéraire)
je fis
tu fis
il fit
nous fîmes
vous fîtes
ils firent</td>
<td></td>
</tr>
<tr>
<td>IMPARFAIT
je faisais</td>
<td>PLUS-QUE-PARFAIT
j'avais fait</td>
<td>FUTUR
je ferai</td>
<td>FUTUR ANTERIEUR
j'aurai fait</td>
</tr>
</table>

<table>
<tr><td colspan="2">CONDITIONNEL</td><td>IMPÉRATIF</td><td>PARTICIPE PRÉSENT</td></tr>
<tr>
<td>PRESENT
je ferais</td>
<td>PASSE
j'aurais fait</td>
<td>fais
faisons
faites</td>
<td>faisant</td>
</tr>
</table>

<table>
<tr><td colspan="2">SUBJONCTIF</td></tr>
<tr>
<td>PRESENT
que je fasse
que tu fasses
qu'il fasse
que nous fassions
que vous fassiez
qu'ils fassent</td>
<td>IMPARFAIT (littéraire)
que je fisse
que tu fisses
qu'il fît
que fissions
que vous fissiez
qu'ils fissent</td>
</tr>
</table>

▶ lire

<table>
<tr><td colspan="4">INDICATIF</td></tr>
<tr>
<td>PRESENT
je lis
tu lis
il lit
nous lisons
vous lisez
ils lisent</td>
<td>PASSE COMPOSE
j'ai lu</td>
<td>PASSE SIMPLE (littéraire)
je lus
tu lus
il lut
nous lûmes
vous lûtes
ils lurent</td>
<td></td>
</tr>
<tr>
<td>IMPARFAIT
je lisais</td>
<td>PLUS-QUE-PARFAIT
j'avais lu</td>
<td>FUTUR
je lirai</td>
<td>FUTUR ANTERIEUR
j'aurai lu</td>
</tr>
</table>

<table>
<tr><td colspan="2">CONDITIONNEL</td><td>IMPÉRATIF</td><td>PARTICIPE PRÉSENT</td></tr>
<tr>
<td>PRESENT
je lirais</td>
<td>PASSE
j'aurais lu</td>
<td>lis
lisons
lisez</td>
<td>lisant</td>
</tr>
</table>

<table>
<tr><td colspan="2">SUBJONCTIF</td></tr>
<tr>
<td>PRESENT
que je lise
que tu lises
qu'il lise
que nous lisions
que vous lisiez
qu'ils lisent</td>
<td>IMPARFAIT (littéraire)
que je lusse
que tu lusses
qu'il lût
que nous lussions
que vous lussiez
qu'ils lussent</td>
</tr>
</table>

▶ mettre

INDICATIF

PRESENT	PASSE COMPOSE	PASSE SIMPLE (littéraire)	
je mets	j'ai mis	je mis	
tu mets		tu mis	
il met		il mit	
nous mettons		nous mîmes	
vous mettez		vous mîtes	
ils mettent		ils mirent	

IMPARFAIT	PLUS-QUE-PARFAIT	FUTUR	FUTUR ANTERIEUR
je mettais	j'avais mis	je mettrai	j'aurai mis

CONDITIONNEL		IMPÉRATIF	PARTICIPE PRÉSENT
PRESENT	PASSE	mets	mettant
je mettrais	j'aurais mis	mettons	
		mettez	

SUBJONCTIF

PRESENT	IMPARFAIT (littéraire)
que je mette	que je misse
que tu mettes	que tu misses
qu'il mette	qu'il mît
que nous mettions	que nous missions
que vous mettiez	que vous missiez
qu'ils mettent	qu'ils missent

Permettre and **promettre** are conjugated like **mettre**.

▶ naître

INDICATIF

PRESENT	PASSE COMPOSE	PASSE SIMPLE (littéraire)	
je nais	je suis né(e)	je naquis	
tu nais		tu naquis	
il nait		il naquit	
nous naissons		nous naquîmes	
vous naissez		vous naquîtes	
ils naissent		ils naquirent	

IMPARFAIT	PLUS-QUE-PARFAIT	FUTUR	FUTUR ANTERIEUR
je naissais	j'étais né(e)	je naîtrai	je serai né(e)

CONDITIONNEL		IMPÉRATIF	PARTICIPE PRÉSENT
PRESENT	PASSE	nais	naissant
je naîtrais	je serais né(e)	naissons	
		naissez	

SUBJONCTIF

PRESENT	IMPARFAIT (littéraire)
que je naisse	que je naquisse
que tu naisses	que tu naquisses
qu'il naisse	qu'il naquît
que nous naissions	que nous naquissions
que vous naissiez	que vous naquissiez
qu'ils naissent	qu'ils naquissent

▶ plaire

INDICATIF			
PRESENT je plais tu plais il plaît nous plaisons vous plaisez ils plaisent	**PASSE COMPOSE** j'ai plu	**PASSE SIMPLE** (littéraire) je plus tu plus il plut nous plûmes vous plûtes ils plurent	
IMPARFAIT je plaisais	**PLUS-QUE-PARFAIT** j'avais plu	**FUTUR** je plairai	**FUTUR ANTERIEUR** j'aurai plu

CONDITIONNEL		IMPÉRATIF	PARTICIPE PRÉSENT
PRESENT je plairais	**PASSE** j'aurais plu	plais plaisons plaisez	plaisant

SUBJONCTIF	
PRESENT que je plaise que tu plaises qu'il plaise que nous plaisions que vous plaisiez qu'ils plaisent	**IMPARFAIT** (littéraire) que je plusse que tu plusses qu'il plût que nous plussions que vous plussiez qu'ils plussent

▶ prendre

INDICATIF			
PRESENT je prends tu prends il prend nous prenons vous prenez ils prennent	**PASSE COMPOSE** j'ai pris	**PASSE SIMPLE** (littéraire) je pris tu pris il prit nous prîmes vous prîtes ils prirent	
IMPARFAIT je prenais	**PLUS-QUE-PARFAIT** j'avais pris	**FUTUR** je prendrai	**FUTUR ANTERIEUR** j'aurai pris

CONDITIONNEL		IMPÉRATIF	PARTICIPE PRÉSENT
PRESENT je prendrais	**PASSE** j'aurais pris	prends prenons prenez	prenant

SUBJONCTIF	
PRESENT que je prenne que tu prennes qu'il prenne que nous prenions que vous preniez qu'ils prennent	**IMPARFAIT** (littéraire) que je prisse que tu prisses qu'il prît que nous prissions que vous prissiez qu'ils prissent

Other verbs conjugated like **prendre** include **apprendre, comprendre,** and **surprendre.**

▶ rire

INDICATIF

PRESENT	PASSE COMPOSE	PASSE SIMPLE (littéraire)	
je ris	j'ai ri	je ris	
tu ris		tu ris	
il rit		il rit	
nous rions		nous rîmes	
vous riez		vous rîtes	
ils rient		ils rirent	

IMPARFAIT	PLUS-QUE-PARFAIT	FUTUR	FUTUR ANTERIEUR
je riais	j'avais ri	je rirai	j'aurai ri

CONDITIONNEL | IMPÉRATIF | PARTICIPE PRÉSENT

PRESENT	PASSE		
je rirais	j'aurais ri	ris	riant
		rions	
		riez	

SUBJONCTIF

PRESENT	IMPARFAIT (littéraire)
que je rie	que je risse
que tu ries	que tu risses
qu'il rie	qu'il rît
que nous riions	que nous rissions
que vous riiez	que vous rissiez
qu'ils rient	qu'ils rissent

Sourire is conjugated like **rire.**

▶ suivre

INDICATIF

PRESENT	PASSE COMPOSE	PASSE SIMPLE (littéraire)	
je suis	j'ai suivi	je suivis	
tu suis		tu suivis	
il suit		il suivit	
nous suivons		nous suivîmes	
vous suivez		vous suivîtes	
ils suivent		ils suivirent	

IMPARFAIT	PLUS-QUE-PARFAIT	FUTUR	FUTUR ANTERIEUR
je suivais	j'avais suivi	je suivrai	j'aurai suivi

CONDITIONNEL | IMPÉRATIF | PARTICIPE PRÉSENT

PRESENT	PASSE		
je suivrais	j'aurais suivi	suis	suivant
		suivons	
		suivez	

SUBJONCTIF

PRESENT	IMPARFAIT (littéraire)
que je suive	que je suivisse
que tu suives	que tu suivisses
qu'il suive	qu'il suivît
que nous suivions	que nous suivissions
que vous suiviez	que vous suivissiez
qu'ils suivent	qu'ils suivissent

► vivre

INDICATIF

PRESENT	PASSE COMPOSE	PASSE SIMPLE (littéraire)	
je vis	j'ai vécu	je vécus	
tu vis		tu vécus	
il vit		il vécut	
nous vivons		nous vécûmes	
vous vivez		vous vécûtes	
ils vivent		ils vécurent	
IMPARFAIT	PLUS-QUE-PARFAIT	FUTUR	FUTUR ANTERIEUR
je vivais	j'avais vécu	je vivrai	j'aurai vécu

CONDITIONNEL		IMPÉRATIF	PARTICIPE PRÉSENT
PRESENT	PASSE	vis	vivant
je vivrais	j'aurais vécu	vivons	
		vivez	

SUBJONCTIF

PRESENT	IMPARFAIT (littéraire)
que je vive	que je vécusse
que tu vives	que tu vécusses
qu'il vive	qu'il vécût
que nous vivions	que nous vécussions
que vous viviez	que vous vécussiez
qu'ils vivent	qu'ils vécussent

Verbs in -oir

► asseoir

INDICATIF

PRESENT	PASSE COMPOSE	PASSE SIMPLE (littéraire)	
j'assieds	j'ai assis	j'assis	
tu assieds		tu assis	
il assied		il assit	
nous asseyons		nous assîmes	
vous asseyez		vous assîtes	
ils asseyent		ils assirent	
IMPARFAIT	PLUS-QUE-PARFAIT	FUTUR	FUTUR ANTERIEUR
j'asseyais	j'avais assis	j'assiérai	j'aurai assis

CONDITIONNEL		IMPÉRATIF	PARTICIPE PRÉSENT
PRESENT	PASSE	assieds	asseyant
j'assiérais	j'aurais assis	asseyons	
		asseyez	

SUBJONCTIF

PRESENT	IMPARFAIT (littéraire)
que j'asseye	que j'assisse
que tu asseyes	que tu assisses
qu'il asseye	qu'il assît
que nous asseyions	que nous assissions
que vous asseyiez	que vous assissiez
qu'ils asseyent	qu'ils assissent

S'asseoir is conjugated like **asseoir.**

▶ devoir

INDICATIF

PRESENT	PASSE COMPOSE	PASSE SIMPLE (littéraire)	
je dois	j'ai dû	je dus	
tu dois		tu dus	
il doit		il dut	
nous devons		nous dûmes	
vous devez		vous dûtes	
ils doivent		ils durent	

IMPARFAIT	PLUS-QUE-PARFAIT	FUTUR	FUTUR ANTERIEUR
je devais	j'avais dû	je devrai	j'aurai dû

CONDITIONNEL — **IMPÉRATIF** — **PARTICIPE PRÉSENT**

PRESENT	PASSE		
je devrais	j'aurais dû	dois	devant
		devons	
		devez	

SUBJONCTIF

PRESENT	IMPARFAIT (littéraire)
que je doive	que je dusse
que tu doives	que tu dusses
qu'il doive	qu'il dût
que nous devions	que nous dussions
que vous deviez	que vous dussiez
qu'ils doivent	qu'ils dussent

▶ falloir

INDICATIF

PRESENT	PASSE COMPOSE	PASSE SIMPLE (littéraire)	
il faut	il a fallu	il fallut	

IMPARFAIT	PLUS-QUE-PARFAIT	FUTUR	FUTUR ANTERIEUR
il fallait	il avait fallu	il faudra	il aura fallu

CONDITIONNEL — **SUBJONCTIF**

PRESENT	PASSE	PRESENT	IMPARFAIT (littéraire)
il faudrait	il aurait fallu	qu'il faille	qu'il fallût

▶ pleuvoir

INDICATIF

PRESENT	PASSE COMPOSE	PASSE SIMPLE (littéraire)	
il pleut	il a plu	il plut	

IMPARFAIT	PLUS-QUE-PARFAIT	FUTUR	FUTUR ANTERIEUR
il pleuvait	il avait plu	il pleuvra	il aura plu

CONDITIONNEL — **PARTICIPE PRÉSENT**

PRESENT	PASSE	
il pleuvrait	il aurait plu	pleuvant

SUBJONCTIF

PRESENT	IMPARFAIT (littéraire)
qu'il pleuve	qu'il plût

pouvoir

INDICATIF

PRESENT	PASSE COMPOSE	PASSE SIMPLE (littéraire)	
je peux	j'ai pu	je pus	
tu peux		tu pus	
il peut		il put	
nous pouvons		nous pûmes	
vous pouvez		vous pûtes	
ils peuvent		ils purent	
IMPARFAIT	PLUS-QUE-PARFAIT	FUTUR	FUTUR ANTERIEUR
je pouvais	j'avais pu	je pourrai	j'aurai pu

CONDITIONNEL / **PARTICIPE PRÉSENT**

PRESENT	PASSE		pouvant
je pourrais	j'aurais pu		

SUBJONCTIF

PRESENT	IMPARFAIT (littéraire)
que je puisse	que je pusse
que tu puisses	que tu pusses
qu'il puisse	qu'il pût
que nous puissions	que nous pussions
que vous puissiez	que vous pussiez
qu'ils puissent	qu'ils pussent

▶ recevoir

INDICATIF

PRESENT	PASSE COMPOSE	PASSE SIMPLE (littéraire)	
je reçois	j'ai reçu	je reçus	
tu reçois		tu reçus	
il reçoit		il reçut	
nous recevons		nous reçûmes	
vous recevez		vous reçûtes	
ils reçoivent		ils reçurent	
IMPARFAIT	PLUS-QUE-PARFAIT	FUTUR	FUTUR ANTERIEUR
je recevais	j'avais reçu	je recevrai	j'aurai reçu

CONDITIONNEL / **IMPÉRATIF** / **PARTICIPE PRÉSENT**

PRESENT	PASSE	IMPÉRATIF	PARTICIPE PRÉSENT
je recevrais	j'aurais reçu	reçois	recevant
		recevons	
		recevez	

SUBJONCTIF

PRESENT	IMPARFAIT (littéraire)
que je reçoive	que je reçusse
que tu reçoives	que tu reçusses
qu'il reçoive	qu'il reçût
que nous recevions	que nous reçussions
que vous receviez	que vous reçussiez
qu'ils reçoivent	qu'ils reçussent

► savoir

INDICATIF

PRESENT	PASSE COMPOSE	PASSE SIMPLE (littéraire)
je sais	j'ai su	je sus
tu sais		tu sus
il sait		il sut
nous savons		nous sûmes
vous savez		vous sûtes
ils savent		ils surent

IMPARFAIT	PLUS-QUE-PARFAIT	FUTUR	FUTUR ANTERIEUR
je savais	j'avais su	je saurai	j'aurai su

CONDITIONNEL / IMPÉRATIF / PARTICIPE PRÉSENT

PRESENT	PASSE	IMPÉRATIF	PARTICIPE PRÉSENT
je saurais	j'aurais su	sache	sachant
		sachons	
		sachez	

SUBJONCTIF

PRESENT	IMPARFAIT (littéraire)
que je sache	que je susse
que tu saches	que tu susses
qu'il sache	qu'il sût
que nous sachions	que nous sussions
que vous sachiez	que vous sussiez
qu'ils sachent	qu'ils sussent

► valoir

INDICATIF

PRESENT	PASSE COMPOSE	PASSE SIMPLE (littéraire)
je vaux	j'ai valu	je valus
tu vaux		tu valus
il vaut		il valut
nous valons		nous valûmes
vous valez		vous valûtes
ils valent		ils valurent

IMPARFAIT	PLUS-QUE-PARFAIT	FUTUR	FUTUR ANTERIEUR
je valais	j'avais valu	je vaudrai	j'aurai valu

CONDITIONNEL / PARTICIPE PRÉSENT

PRESENT	PASSE	PARTICIPE PRÉSENT
je vaudrais	j'aurais valu	valant

SUBJONCTIF

PRESENT	IMPARFAIT (littéraire)
que je vaille	que je valusse
que tu vailles	que tu valusses
qu'il vaille	qu'il valût
que nous valions	que nous valussions
que vous valiez	que vous valussiez
qu'ils vaillent	qu'ils valussent

▶ voir

INDICATIF

PRESENT	PASSE COMPOSE	PASSE SIMPLE (littéraire)	
je vois	j'ai vu	je vis	
tu vois		tu vis	
il voit		il vit	
nous voyons		nous vîmes	
vous voyez		vous vîtes	
ils voient		ils virent	

IMPARFAIT	PLUS-QUE-PARFAIT	FUTUR	FUTUR ANTERIEUR
je voyais	j'avais vu	je verrai	j'aurai vu

CONDITIONNEL / IMPÉRATIF / PARTICIPE PRÉSENT

PRESENT	PASSE	IMPÉRATIF	PARTICIPE PRÉSENT
je verrais	j'aurais vu	vois	voyant
		voyons	
		voyez	

SUBJONCTIF

PRESENT	IMPARFAIT (littéraire)
que je voie	que je visse
que tu voies	que tu visses
qu'il voie	qu'il vît
que nous voyions	que nous vissions
que vous voyiez	que vous vissiez
qu'ils voient	qu'ils vissent

▶ vouloir

INDICATIF

PRESENT	PASSE COMPOSE	PASSE SIMPLE (littéraire)	
je veux	j'ai voulu	je voulus	
tu veux		tu voulus	
il veut		il voulut	
nous voulons		nous voulûmes	
vous voulez		vous voulûtes	
ils veulent		ils voulurent	

IMPARFAIT	PLUS-QUE-PARFAIT	FUTUR	FUTUR ANTERIEUR
je voulais	j'avais voulu	je voudrai	j'aurai voulu

CONDITIONNEL / IMPÉRATIF / PARTICIPE PRÉSENT

PRESENT	PASSE	IMPÉRATIF	PARTICIPE PRÉSENT
je voudrais	j'aurais voulu	veuille	voulant
		veuillons	
		veuillez	

SUBJONCTIF

PRESENT	IMPARFAIT (littéraire)
que je veuille	que je voulusse
que tu veuilles	que tu voulusses
qu'il veuille	qu'il voulût
que nous voulions	que nous voulussions
que vous vouliez	que vous voulussiez
qu'ils veuillent	qu'ils voulussent

Stem-Changing Verbs

▶ **acheter**

PRESENT	SUBJONCTIF PRESENT	FUTUR
j'achète	que j'achète	j'achèterai
tu achètes	que tu achètes	tu achèteras
il achète	qu'il achète	il achètera
nous achetons	que nous achetions	nous achèterons
vous achetez	que vous achetiez	vous achèterez
ils achètent	qu'ils achètent	ils achèteront

▶ **appeler**

PRESENT	SUBJONCTIF PRESENT	FUTUR
j'appelle	que j'appelle	j'appellerai
tu appelles	que tu appelles	tu appelleras
il appelle	qu'il appelle	il appellera
nous appelons	que nous appelions	nous apellerons
vous appelez	que vous appeliez	vous appellerez
ils appellent	qu'ils appellent	ils appelleront

▶ **commencer (verbs ending in -cer)**

PRESENT	IMPARFAIT	PASSE SIMPLE (littéraire)
je commence	je commençais	je commençai
tu commences	tu commençais	tu commenças
il commence	il commençait	il commença
nous commençons	nous commencions	nous commençâmes
vous commencez	vous commenciez	vous commençâtes
ils commencent	ils commençaient	ils commencèrent

▶ **espérer (préférer, répéter, protéger, etc.)**

PRESENT	SUBJONCTIF PRESENT	FUTUR
j'espère	que j'espère	j'espérerai
tu espères	que tu espères	tu espéreras
il espère	qu'il espère	il espérera
nous espérons	que nous espérions	nous espérerons
vous espérez	que vous espériez	vous espérerez
ils espèrent	qu'ils espèrent	ils espéreront

▶ **essayer (verbs ending in -ayer, -oyer, -uyer)**

PRESENT	SUBJONCTIF PRESENT	FUTUR
j'essaie	que j'essaie	j'essaierai
tu essaies	que tu essaies	tu essaieras
il essaie	qu'il essaie	il essaiera
nous essayons	que nous essayions	nous essaierons
vous essayez	que vous essayiez	vous essaierez
ils essaient	qu'ils essaient	ils essaieront

▶ jeter

PRESENT	SUBJONCTIF PRESENT	FUTUR
je jette	que je jette	je jetterai
tu jettes	que tu jettes	tu jetteras
il jette	qu'il jette	il jettera
nous jetons	que nous jetions	nous jetterons
vous jetez	que vous jetiez	vous jetterez
ils jettent	qu'ils jettent	ils jetteront

▶ lever (mener, emmener, geler, etc.)

PRESENT	SUBJONCTIF PRESENT	FUTUR
je lève	que je lève	je lèverai
tu lèves	que tu lèves	tu lèveras
il lève	qu'il lève	il lèvera
nous levons	que nous levions	nous lèverons
vous levez	que vous leviez	vous lèverez
ils lèvent	qu'ils lèvent	ils lèveront

Lexique français–anglais

Included in the French–English vocabulary are all terms that are not cognates or that would not be immediately recognizable to a student at the intermediate level. The gender of all nouns is indicated by the notation *m* or *f* and the feminine endings of adjectives are given in parentheses. When feminine endings of adjectives require a change in ending or consist of a separate form, these changes are noted. Expressions consisting of more than one word are listed under their principal part of speech. For all expressions that are considered to be slang or popular, the notation is indicated in parentheses following such entries. Grammatical terms and impersonal expressions are also listed.

A

abandonner to give up
abondant(e) abundant
abonné(e) *m, f* subscriber
abonnement *m* subscription
abonner: s'— (à) to subscribe (to)
abord: d'— at first
abricot *m* apricot
absolu(e) absolute
absolument absolutely
abstrait(e) abstract
accent *m* accent
    — aigu acute accent
    — circonflexe circumflex accent
    — grave grave accent
accentué(e) stressed
accompagner to go with
accomplissement *m* accomplishment
accord *m* agreement
    d'— OK
    être d'— to agree
    se mettre d'— to come to an
      agreement
accorder to grant
    s'— to agree
accueil: page d'— *f* home page
accueillir to welcome
achat *m* purchase
acheter to buy
achever to complete
acompte *m* deposit
acquérir to acquire
acquis(e) acquired
acrobaties *f pl* acrobatics
acteur / actrice *m, f* actor / actress
actif(-ive) active
actualités *f pl* news
actuellement presently
addition *f* bill, check
admettre to admit
admis(e) accepted
adresser: s'— à to speak to
adversaire *m, f* adversary, opponent
aérien(ne) air, aerial
aéroport *m* airport
affaires *f pl* business; belongings
    régler des — to take care of
      business
affiche *f* movie poster
affiché(e) posted
afficher to post

affirmativement affirmatively
affirmer to affirm
affreux(-euse) awful
afin de in order to, in order that
afin que in order to, in order that
africain(e) African
âgé(e) old
agence *f* agency
    — de voyages travel agency
agglomération *f* populated area
agir: s'— de to be a question of
agréable agreeable, pleasant
aide *f* help
    à l'— de by means of
aide-mémoire *m* reminder
aider to aid, to help
aile *m* wing
ailleurs elsewhere
    d'— furthermore
aimable pleasant, nice
aimer to like, to love
    — bien to like
air *m* manner, appearance
    avoir l'— to seem
aise *f* ease, convenience
    à leur — at their leisure
ait *pres. subj. of* **avoir**
ajouter to add
album *m* album
    — de coupures de journaux
      scrapbook
alcool *m* alcohol
Algérie *f* Algeria
alimentaire nutritive
aliments *m pl* food
allée *f* aisle
allemand *m* German language
aller to go
    s'en — to go away
aller-retour *m* round-trip ticket
aller simple *m* one-way ticket
allumer to turn on
allusion *f* allusion, hint
    faire — à to allude to
alors then, in that case
Alpes-Maritimes *f pl* region in
    southeastern France
amateur *m* fan
ambitieux(-euse) ambitious
aménager to oversee
amende *f* fine

amener to bring along
américain(e) American
Américain(e) *m, f* American
Amérique du Sud *f* South America
ami(e) *m, f* friend
    petit(e) — boyfriend / girlfriend
amical(e) friendly
amitié *f* friendship
amphithéâtre (amphi) *m* lecture hall
amusant(e) amusing, entertaining
amuser to amuse, to entertain
    s'— to have a good time
an *m* year
    avoir —s to be . . . years old
analytique analytical
ancien(ne) old, former
anglais *m* English language
Angleterre *f* England
anglophone *m, f* English-speaking
    person
année *f* year
    — lumière *f* light year
    — scolaire school year
anniversaire *m* birthday
annonce *f* announcement,
    advertisement
annoncer to announce
antenne *f* antenna
    — parabolique satellite dish
antérieur(e) anterior, preceding
antonyme *m* antonym
août *m* August
apercevoir: s'— to notice
aperçu *past part. of* **apercevoir**
apparaître to appear
appareil *m* device
appartement *m* apartment
appartenir to belong
appeler to call
    s'— to be named
appendice *m* appendix
appliquer: s'— to apply oneself
apporter to bring
apprécier to enjoy
apprendre to learn
    — par cœur to memorize
apprentissage *m* apprenticeship
approcher: s'— to approach
appuyer press
    — sur le bouton to push the
     button

après after

   — que after

après-midi *m* afternoon

arbre *m* tree

argent *m* money

   — de poche spending money, allowance

armée *f* army

arrêt *m* stop

arrêté(e) definite

arrêter: s'— to stop

arrière *m* back, rear

arrivée *f* arrival

arriver to arrive; to happen

article de fond *m* in-depth article

artisanat *m* crafts

as *m* ace

Asie *f* Asia

aspiré(e) aspirated

asseoir to seat

   s'— to sit down

assez quite, rather

   — de enough

assiette *f* plate

assimiler to assimilate

assis(e) seated

   être — to be seated

assister à to attend

assurer to assure, to guarantee

astronomique astronomical

atelier de réparation *m* repair shop

attacher to fasten

attaque *f* attack

attendre to wait for

   s'— à to expect

attentif(-ive) attentive

attention! watch out!

   faire — à to pay attention to

atterrir to land

attirer to attract

aubergine *f* eggplant

aucun(e) not any; not a single

au-dessus de above

au fur et à mesure bit by bit

augmenter to raise; to grow

aujourd'hui today

aussi also

   — bien que as well as

aussitôt que as soon as

autant (de) as many

auteur *m* author

authentique authentic

automne *m* autumn

autonomie *f* autonomy; self-government

autorité *f* authority

autoroute *f* superhighway

autour about

   — de around

autre other

autrement otherwise

avance *f* advance

   d'— in advance

avancer: s'— to advance, to move forward

avant *m* front

avant de before

avant que before

avantage *m* advantage

avec with

avenir *m* future

   à l'— in the future

aventure *f* adventure

aventureux(-euse) adventurous

aventurier *m* adventurer

aviateur / aviatrice *m, f* aviator

avion *m* airplane

   — à réaction jet

   en — by plane

   par — by plane

avis *m* opinion

avocat(e) *m, f* lawyer

avoir to have

   — à to need to, to have to

   — envie de to feel like

   — le trac to be afraid

   en — assez to be fed up

avril *m* April

ayant *pres. part. of* **avoir** having

B

bac *m abbrev. for* **baccalauréat**

baccalauréat *m* diploma based on an exam taken at the end of secondary education

bachelier / bachelière *m, f* baccalaureate holder

bachot *m slang for* **baccalauréat**

bachoter to prepare for an exam

baguette *f* loaf of French bread

baigner: se — to swim

bain *m* bath

bal *m* ball, dance

balader: se — to stroll

baladeur *m* portable cassette player

banal(e) dull

bancaire: carte *f* **—** cash card

bande *f* gang

banlieue *f* suburbs

banque de données *f* data bank

bar *m* snack bar

barbant(e) boring *(colloquial)*

bas(se) low

baser to base

basket *m* basketball *(the sport)*

   — s *f pl* tennis shoes

bateau *m* boat

   en — by boat

bâtiment *m* building

bâtir to build

batterie *f* battery

battre: se — to fight

bavard(e) outgoing, talkative

bavarder to chat

beau / belle beautiful

   faire beau to be nice weather

beaucoup much, many

   — de a lot of

beau-frère *m* brother-in-law

beauté *f* beauty

bébé *m* baby

beignet *m* doughnut

belge Belgian

Belge *m, f* Belgian

Belgique *f* Belgium

belle-mère *f* mother-in-law; stepmother

bénéficier de to benefit from

besoin *m* need, want

   avoir — de to need (to)

bêtise *f* stupidity

béton *m* cement

beurre *m* butter

bibliothèque *f* library

bien well

   — des many

   — que although

   faire du — to be beneficial

bientôt soon, shortly

bière *f* beer

bijou *m* jewel

billet *m* ticket

biscuit *m* cookie

   — salé cracker

bizarre strange

bizutage *m* hazing

blanc(he) white

blesser to hurt

   se — to get hurt

bleu *m* blue cheese

blouson *m* jacket

bœuf *m* beef

boire to drink

   — un verre to have a drink

boisson *f* drink, beverage

boîte *f* can; night club

   — de réception in-box

bon(ne) kind, good

bonbon *m* piece of candy

bondé(e) crowded

bonheur *m* happiness

bonhomme *m* good-natured man

bonté *f* kindness

bord, à — de on board

bouche de métro *f* subway entrance

boucher / bouchère *m, f* butcher

boucherie *f* butcher shop

bouger to stir; to budge

boulanger / boulangère *m, f* baker

boulangerie *f* bakery

bouleversement *m* upheaval

boulot *m* work *(colloquial)*

boum *f* party

bouquin *m* book *(colloquial)*

bouquiner to read *(colloquial)*

Bourgogne *f* Burgundy, region of France

bouteille *f* bottle

bouton *m* button

boxe *f* boxing

   match de — boxing match

branché(e) plugged in; with it *(slang)*

bras *m* arm

brave courageous, nice

bref(-ève) short

en bref in short

brevet de technicien supérieur *m* technical degree obtained at secondary level

brillamment brilliantly

bronzer, se faire to get a tan

brosser: se — to brush

bruit *m* sound

brûler to burn

Bruxelles Brussels

BTS *m abbrev. for* **brevet de technicien supérieur**
bûcher to cram *(slang)*
bureau de renseignements *m* information counter

C

ça that
    — **ne fait rien** it doesn't matter
    — **y est** that's it, it's done
cabas *m* tote bag
cadavre *m* corpse
cadeau *m* gift, present
cadre *m* setting
café *m* coffee
    — **instantané** instant coffee
caisse *f* cash register
caissier / caissière *m, f* cashier
calculer to calculate
calmement calmly
calmer to calm, to quiet
    se — to calm down
camarade *m, f* friend, chum
    — **de chambre** roommate
    — **de classe** classmate
cambriolage *m* breaking and entering
cambrioleur *m* thief
camion *m* truck
campagnard(e) country dweller
campagne *f* campaign; countryside
    à la — in the country
canadien(ne) Canadian
candidat(e) *m, f* candidate
candidature *f*: **présenter sa** — to be a candidate
capitale *f* capital
capturer to capture
car because
car *m* intercity bus
    — **scolaire** school bus
carnaval *m* winter festival
carnet (de tickets) *m* book of tickets
carré(e) square
carrefour *m* intersection
carrière *f* career
carte *f* card, map
    — **bancaire** cash card
    — **(postale)** postcard
    — **d'étudiant** student card
cartouche *f* carton
cas *m* case
    au — **où** in case
casanier(-ère) stay-at-home
cathédrale *f* cathedral
cause: à — **de** because of
ceci this, this thing
ceinture *f* belt, seat belt
cela that, that thing
célèbre celebrated, famous
censure *f* censorship
centaine *f* about a hundred
centre commercial *m* shopping center
cependant nevertheless, however
cercle *m* circle
cérémonie *f* ceremony
cerise *f* cherry

certain(e) definite, particular
    être — to be certain
    il est — it is certain
certainement certainly
C.E.S. (collège d'enseignement secondaire) *m* first level of secondary school (ages 11–14)
cesser to stop
chacun(e) each one
chaîne *f* channel
    changer de — to change channels
    — **stéréo** *f* stereo system
chambre *f* room
champignon *m* mushroom
chance *f* chance, luck
    avoir de la — to be lucky
changement *m* change
chanson *f* song
chanter to sing
chanteur(-euse) *m, f* singer
chaque each
charcuterie *f* delicatessen
charcutier / charcutière *m, f* delicatessen owner
charger to load
chariot *m* shopping cart
charmant(e) charming
chasser to chase
chat *m* cat
château *m* castle
chaud(e) hot
chaud: avoir — to be hot
    faire — to be hot weather
chauffeur *m* driver
chef-d'œuvre *m* masterpiece
chemin de fer *m* railroad
chèque *m* check
    toucher un — to cash a check
cher(-ère) expensive; dear
chercher to look for, to seek
chéri(e) *m, f* darling, dearest
cheval *m* horse
cheveux *m pl* hair
chèvre *m* goat cheese
chez at, to, in, with, among, in the works of
chien / chienne *m, f* dog
chiffre *m* number
Chinois *m* Chinese
choc *m* shock
choisir to choose
choix *m* choice
chômage *m* unemployment
chose *f* thing
chouette neat, nice *(slang)*
chou-fleur *m* cauliflower
cible *f* target
ci-dessous below
ci-dessus above
ciel *m* sky
cinéaste *m, f* producer
ciné-club *m, f* film club
cinéma *m* movies, cinema
cinéphile *m, f* movie buff
cinoche *m* flicks *(slang)*
circonstanciel(le) circumstantial
    complément circonstanciel adverbial phrase

circuler to circulate, move around
cité-dortoir *f* bedroom community
cité universitaire *f* residence hall complex
citer to quote
citoyen / citoyenne *m, f* citizen
classe *f* class
    — **économique** economy class
    — **préparatoire** preparatory class (for the entry exam to the **grandes écoles**)
    — **touriste** second class
    en — in class
classement *m* ordering, classification
classer to classify
classique classical
clé *f* key
    fermer à — to lock
climat *m* climate
clip *m* music video
club *m* night club
cocher *m* coachman
code indicatif de zone *m* telephone area code
coiffer: se — to comb one's hair
coin *m* corner
collectif(-ive) collective
collège d'enseignement secondaire (C.E.S.) *m* first level of secondary school (ages 11–14)
colocataire *m, f* roommate
colon *m* colonist
colonie de vacances *f* summer camp
colonne *f* column
combattre to fight
combien how much
    — **de** how many
commander to order
comme as, like, such as
    — **d'habitude** as usual
    — **il faut** as it should be
commencement *m* beginning
commencer to begin
comment how
commentaire *m* comment
commerçant(e) *m, f* shopkeeper
commerce *m* business
    — **de détail** retail business
    — **de proximité** neighborhood store
commettre to commit
commissaire *m* commissioner
commissariat *m* police station
commode convenient, comfortable
commun(e) common, ordinary
    en commun in common
    communautés *f pl* communities
communiquer to communicate
compagnie *f* company
    — **aérienne** airline
compagnon / compagne *m, f* companion
compartiment *m* compartment
    — **non-réservé** unreserved compartment
complément *m* object *(grammatical)*
    — **d'agent** agent
    — **d'objet direct** direct object

— d'objet indirect indirect object
— circonstanciel adverbial phrase
— déterminatif adjectival phrase
complet(-ète) complete, full
compléter to complete
compliqué(e) complicated
comportement *m* behavior
composer to compose; to compound
composter to punch (a ticket); to validate
comprendre to understand; to include
compris(e) included
y compris including
compter to count
— sur to count on
comptoir *m* ticket counter
concentrer to concentrate
se — sur to focus on
concordance *f* agreement
conditionnel *m* conditional (verb tense)
— présent present conditional (verb tense)
— passé past conditional (verb tense)
conducteur / conductrice *m, f* driver
conduire to drive
conférence *f* lecture
confondre to confuse
congé *m:* **jour de —** day off
congelé(e) frozen
conjugaison *f* conjugation
conjuguer to conjugate
connaissance *f* acquaintance
faire la — de to meet
connaître to know; to understand; to be acquainted with; to experience
conquérir to conquer
conquête *f* conquest
consacrer, se — à to devote oneself to
conscience politique *f* political awareness
conseil *m* piece of advice
— s advice
conseiller / conseillère *m, f* adviser
conseiller to advise
conservateur(-trice) conservative
conserver to preserve
considérer to consider
consommateur / consommatrice *m, f* consumer
consommation *f* consumption; beverage
consommer to use
consonne *f* consonant
constamment constantly
constater to observe
constituer to constitute
construire to build
construit past part. of **construire**
consulter to look up something
se — to confer
conte *m* story
— de fées fairy tale
contenir to contain
content(e) happy
contraire *m* opposite
au — on the contrary
contre against
contre *m* con

contribuer to contribute
contrôle continu des connaissances *m* periodic testing
contrôler to verify, to check
contrôleur / contrôleuse *m, f* conductor
convaincre to convince
convenable suitable, appropriate
convenir à to be suitable to
copain / copine *m, f* friend, pal
copie *f* exam paper
corps *m* body
correcteur / correctrice *m, f* grader
correspondance *f* connection, transfer point
correspondre to correspond; to agree
corriger to correct
côte *f* chop; coast
— de porc pork chop
Côte (d'Azur) *f* Riviera
côté *m* side
à — de by, near
de mon — for my part
de tous les —s from all sides
du — de in the direction of
coton *m* cotton
robe de (en) — cotton dress
côtoyer: se — to be next to each other
coucher to put to bed
se — to go to bed
couchette *f* bunk
couleur *f* color
couloir *m* corridor
couper to cut, to isolate from
courant(e) current, usual
coureur *m* runner
courgette *f* zucchini
courrier électronique *m* e-mail
courir to run
— des risques to take chances
cours *m* course
— magistral *m* lecture by the professor
course *f* race
courses *f pl* errands
faire les — to run errands
court(e) short
court métrage *m* short feature
couteau *m* knife
coûter to cost
couvrir to cover
craindre to fear
crainte *f* fear
avoir — de to be afraid (of, to)
de — (de, que) for fear (of, that)
créateur(-trice) creative
créature *f* creature
créer to create
crémerie *f* dairy
créole *m* Creole language; native language spoken in many Francophone countries
crever to die (slang)
crise *f* crisis
— de nerfs nervous breakdown
critique *f* criticism
critiquer to criticize
croire to believe

crypté(e) scrambled
cuire to cook
cuisine *f* cooking; food
faire la — to cook
curiosité *f* point of interest
cursus *m* course of study

D

dame *f* lady
dangereux(-euse) dangerous
danseur(-euse) *m, f* dancer
de plus en plus more and more
de retour à back at
débat *m* debate
débouché *m* outlet; prospect
debout standing
débrouiller to straighten out
se — to manage
début *m* beginning
au — de at the beginning of
décembre *m* December
décider to decide
décision *f* decision
prendre une — make a decision
déclaration *f* statement
décoller to take off
décor *m* set, scenery
découvert past part. of **découvrir**
découverte *f* discovery
découvrir to discover
décrire to describe
déçu(e) disappointed
dedans in
défaut *m* fault
défendre to prohibit; to defend
défendu past part. of **défendre**
défense *f* prohibition
définitif(-ive) definitive
dehors outside
en — de outside of
déjà already
déjeuner *m* noon meal
déjeuner to eat lunch
délicat(e) delicate, nice
délicieux(-euse) delicious
délinquance *f* delinquency
demain tomorrow
à — see you tomorrow
demander to ask (for)
se — to ask oneself; to wonder
démarrer to start
déménager to move
demi-frère *m* step-brother
démodé(e) old-fashioned
demoiselle *f* young woman
démontrer to demonstrate
dent *f* tooth
dentelle *f* lace
dépannage *m* repairing
atelier de — repair shop
départ *m* departure
département *m* administrative division of France
dépasser to exceed
dépêcher to send quickly
se — to hurry
dépendre (de) to depend (on)
dépenser to spend

dépenses *f pl* expenses
déplacement *m* movement
déplacer, se to get around
déplaire to displease
dépliant *m* brochure, folder
déplu *past part. of* **déplaire**
depuis since; for
dernier(-ière) preceding, final
dernièrement lately
derrière behind
désagréable disagreeable, unpleasant
désastre *m* disaster
descendre to get off; to go down
    — **à une destination** to travel to
    — **quelque chose** to take down
      something
désert *m* desert
désigner to indicate
désir *m* desire
désirer to want, to desire
désolé(e) sorry
désordre *m* disorder, confusion
dès que as soon as
dessin animé *m* cartoon
destination *f* destination
  à — **de** bound for
destiné(e) (à) intended (for)
destinée *f* destiny
détendre: se — to relax
déterminer to determine; to modify
détruire to destroy
Deux chevaux *f* small Citroën
deuxième cycle *m* second level of
  higher education
devant in front of
devanture *f* storefront
développé(e) developed
  sous-— underdeveloped
développement *m* development
devenir to become
déviation *f* detour
deviner to guess
devoir *m* written assignment
devoir to have to; to owe
dévoué(e) devoted
dictionnaire *m* dictionary
différent(e) different, various
difficulté *f* difficulty
  sans — without difficulty
diffuser to broadcast
dimanche *m* Sunday
dîner *m* dinner
dîner to eat dinner
diplomate *m* diplomat
diplôme *m* diploma, degree
  — **d'études universitaires**
    générales degree obtained after
    two years of university study
  — **universitaire de technologie**
    technical degree obtained at
    university level
dire to say, to tell
direct non-stop
  en — live
directeur / directrice *m, f* director;
  principal
discipliné(e) disciplined
discothèque *f* discotheque

discours *m* discourse
  — **direct** direct discourse
  — **indirect** indirect discourse
discret(-ète) discreet
discuter to discuss
disjoint(e) disjunctive
disparaître to disappear
disponible available
disque *m* record
disséminé(e) spread
distinctement distinctly, clearly
distinguer to distinguish
distraction *f* amusement
distraire to amuse
distribuer to distribute, to circulate
distributeur *m* ticket dispenser
divertissement *m* pastime;
  entertainment
diviser to divide
documentaire *m* documentary
dommage *m* damage; loss
  c'est — it's a pity
donc then, therefore
donner to give
  — **un film** to show a film
  se — to give each other
  se — **rendez-vous** to arrange
    to meet
dont of which; of whom; whose
dormir to sleep
dossier *m* record, file
douane *f* customs
doublé(e) dubbed
  version doublée *f* dubbed version
    of a movie
doubler to dub
douceur de vivre *f* pleasant lifestyle
doute *m* doubt
douter to doubt
douteux(-euse) doubtful
d'outre-mer overseas
doux(-ce) sweet; soft
dramatique dramatic
drogue *f* drugs
droit(e) right
droite *f* political right wing
drôle de strange
dû *past part. of* **devoir**
dur(e) harsh; hard
durée *f* duration
durer to last
DUT *m abbrev. for* **diplôme**
  universitaire de technologie

E

eau *f* water
  — **minérale** mineral water
échange *m* change
échouer to fail
éclater to break out; to begin
école *f* school
économie *f* saving
  faire des —s to save money
économique economical
économiser to save (money)
écouter to listen to
écran *m* screen
  petit — TV

écrémé(e) skimmed
écrire to write
  s'— to write to each other
écrit *past part. of* **écrire**
  à l'— in written form
écrivain *m* writer
effectuer to make; to bring about
égal(e) equal
  être égal à not to matter, to be all
    the same
également equally
église *f* church
égoïste egotistic; selfish
élargir to broaden
électrique electrical
électronique *f* electronics
élégamment elegantly
élevé(e) high
élève *m, f* student
élire to elect
élitiste elitist
éloigné(e) distant
éloignement *m* distance
élu *past part. of* **élire**
embarras du choix *m* large selection
émerveiller to amaze; to dazzle
émission *f* TV program
emmener to take along (people)
empêcher to prevent
emploi *m* employment, job; use
  — **du temps** schedule
  — **temporaire** temporary job
employé(e) *m, f* employee
employer to use
emporter to carry away
  à — carry out
encore still
  pas — not yet
  — **que** although
en dehors (de) outside (of)
endormir, s' to go to sleep
endroit *m* place
énergique energetic
enfance *f* childhood
enfant *m, f* child
enfer *m* hell
enfin at last, finally
enfuir: s'— to escape
ennemi *m* enemy
ennuyer to bore; to bother
  s'— to be bored
ennuyeux(-euse) boring
énorme enormous
énormément enormously
enquête *f* inquiry, investigation
enregistrer to check (baggage)
enseignement *m* education
  — **général** general education
  — **supérieur** higher education
enseigner to teach
ensemble together
ensemble *m* whole, mass
ensuite then
entendre to hear
  — **parler de** to hear about
entendu(e) understood
  bien entendu of course
entier *m* whole

entièrement entirely
entracte *m* intermission
entraîner to bring about; to entail
entre between
entrée *f* entrance
    — **libre** free access
entrer to enter
enveloppe *f* envelope
envie *f* desire, longing
    avoir — **de** to feel like
environ approximately
environnement *m* environment
environs *m pl* surrounding area
envoyer to send
épais(se) thick
épicerie *f* grocery store
épicier / épicière *m, f* grocer
épisode *m* episode
époque *f* era
épouser to marry
époux / épouse *m, f* spouse
épreuve *f* test
équilibre *m* balance
équipe *f* team
erreur *f* error
escale *f* stopover
    faire une — to stop over
escalier *m* stairs
escargot *m* snail
espace *m* space
Espagne *f* Spain
espagnol *m* Spanish language
espèce *f* type, sort
    en —**s** in cash
espérer to hope for
esprit *m* spirit, mind, wit
essayer to try
essence *f* gasoline
essentiel *m* the most important thing
essentiel(le) essential
    il est essentiel it is essential
essuyer to wipe; to dry
établir to work out; to establish
établissement *m* establishment
étage *m* floor (of a building)
étape *f* stage; step
état *m* state
Etats-Unis *m pl* United States
été *m* summer
éteindre to turn off; to extinguish
étendre to extend
    s'— to lie down
étiquette *f* label
étonnant(e) startling
    il est étonnant it is startling
étonné(e) amazed
étonner: s'— to be amazed
étrange strange
étranger / étrangère *m, f* stranger
    à l'— abroad
étranger(-ère) foreign, strange
être to be
être en train de to be in the process of
étroit(e) tight; narrow
étroitement closely
études *f pl* studies
    — **secondaires** high school studies
    — **supérieures** graduate school

faire des — **(de)** to study, to major in
    programme d'—**s** course of study
étudiant(e) *m, f* student
    maison d'étudiants residence hall
étudier to study (a subject)
euro *m* European currency
événement *m* event
évidemment evidently
éviter to avoid
évoluer to evolve
évoquer to evoke
examen *m* examination
examinateur / examinatrice *m, f*
    examiner
examiner to examine
exécution *f* execution
exemplaire *m* copy
exemple *m* example
    par — for instance
exiger to require
exister to exist
explétif(-ive) superfluous *(grammatical)*
explication *f* explanation
    — **de texte** literary analysis
expliquer to explain
exploité(e) managed
explorateur / exploratrice *m, f* explorer
exposé *m* classroom presentation
exprimer to express
extrêmement extremely

F

fabriquer to manufacture; to make
fac *f abbrev. for* **faculté**
fâché(e) angry
    être — to be angry
fâcher: se — to get angry
facile easy, quick
facilement easily
façon *f* manner
facultatif(-ive) optional
faculté *f* university division
faible weak
faim: avoir — to be hungry
faire to do; to make
    — **de l'escalade** to go rock
      climbing
    — **du jogging** to go jogging
    — **son possible** to do one's best
    — **une promenade** to take a walk
    — **une promenade en bateau** to
      take a boat ride
    se — to be done, to be made
    s'en — to worry
fait *m* fact
fait *past part. of* **faire**
falloir to be necessary *(impersonal)*
fameux(-euse) famous; infamous
familial(e) pertaining to family
familiarité *f* familiarity
famille *f* family
    en — in the family
fana *m, f* fan
farine *f* flour
fatigant(e) tiring
fatigué(e) tired
faut *See* **falloir**
faute *f* error

fauteuil *m* armchair
faux(-sse) false
favori(te) favorite
fax *m* fax machine
femme *f* wife, woman
fenêtre *f* window
fer *m* iron
    — **forgé** wrought iron
fermer to close
    — **à clé** to lock
fermeture *f* closing
féroce ferocious
festival *m* (film) festival
fête *f* festival; party
fêter to celebrate
feu *m* fire
    — **rouge** stoplight
feuilleton *m* serial
février *m* February
fiche *f* form
fichier *m* file
fier(-ère) proud
filet *m* mesh bag
filiale *f* branch store
fille *f* girl
film *m* film
    — **d'épouvante** horror movie
    le grand — main feature
    — **policier** detective movie
fils *m* son
fin *f* end
    à la — at the end
    de — final
    en — **de** at the end of
fin(e) fine
finalement finally
finir to finish
fixe fixed
flâner to loaf around
fleur *f* flower
flocon *m* flake
fois *f* time
    une — once
fonctionner to work; to operate
fonder to found
football *m* soccer
forfaitaire all-inclusive
formalité *f* form
formation *f* education, academic
    preparation
forme *f* form, shape
former: se — to form, to compose, to
    educate
formidable fantastic
formule *f* construction
formuler to formulate; to express
fort(e) strong
fou / folle crazy
foule *f* crowd
fournir to furnish
foyer *m* home
frais / fraîche fresh
frais d'inscription *m pl* tuition,
    registration fees
fraise *f* strawberry
franc *m* franc, former French currency
franc / franche frank
français(e) French

Français(e) *m, f* French person
F2 (France 2) TV network
F3 (France 3) TV network
francophone *m, f* French-speaking
  person
francophonie *f* French-speaking world
frapper to hit, to strike
freins *m pl* brakes
fréquemment frequently
fréquenter to see often
frère *m* brother
frigo *m* refrigerator *(colloquial)*
fringues *f pl* clothes *(slang)*
frites *f pl* french fries
froid(e) cold
froid avoir — to be cold
  faire — to be cold weather
fromage *m* cheese
frustré(e) frustrated
fuir to flee
fumer to smoke
furieux(-euse) furious
furtivement furtively
futur *m* future *(grammatical)*
  — antérieur future perfect
  — proche immediate future

G

gagner to earn
gamin *m* boy *(colloquial)*
garagiste *m, f* garage operator
garantir to guarantee
garçon *m* boy
garder to keep; to maintain
gardien(ne) *m, f* guardian
gare *f* station
gars *m* guy, boy *(slang)*
gâteau *m* cake
gauche *f* political left wing
gauche left
gazeux(-euse) carbonated
gendarme *m* policeman
gêne *f* difficulty, embarrassment
généreux(-euse) generous
génial neat, cool
génie *m* genius
genre *m* type, gender
gens *m pl* people
gentil(le) nice, gentle
gentilhomme *m* gentleman
géographie *f* geography
gérondif *m* en + present participle
  (grammatical)
gestion *f* management
gîtes *m pl* hostels
glace *f* ice cream
glissant(e) slick, slippery
gloire *f* glory
gorille *m* gorilla
gosse *m, f* kid *(slang)*
gourmand(e) gluttonous
goûter to taste
goutte *f* drop
gouvernement *m* government
graissage *m* greasing, lubrication
  faire le — to lubricate(a vehicle)
gramme *m* gram
  deux cents —s de seven ounces

grand(e) main; big
grand ensemble *m* apartment complex
grande surface *f* very large surburban
  store
grandeur *f* grandeur; size
grand film *m* main feature
grandir to grow up
grand-mère *f* grandmother
grand-père *m* grandfather
gratuit(e) free
grenouille *f* frog
grève *f* strike
griffe *f* designer's label
gris(e) gray
gros(se) big, large
groupe *m* group
  en — in a group
gruyère *m* Swiss cheese
guère hardly
guerre *f* war
  faire la — to fight a war
  Première Guerre mondiale
  First World War
guichet *m* ticket window
Guide Michelin *m* popular French
  travel guide
guillemets *m pl* quotation marks

H

habiller to dress
  s'— to get dressed
habitant(e) *m, f* inhabitant
habiter to live (in)
habitude *f* habit
  d'— usually
  comme d'— as usual
habituellement habitually
habituer: s'— à to get used to
haricot *m* bean
hâte *f* haste
  à la — hastily, hurriedly
hausse *f* rise
haut(e) high; loud
haut-parleur *m* loudspeaker
Le Havre port city in northern France
hebdomadaire *m* weekly
hébergement *m* housing
HEC *abbrev. for* **Ecole des hautes**
  études commerciales prestigious
  business school
héritier *m* heir
héros / héroïne *m, f* hero
hésiter to hesitate
heure *f* hour
  à l'— on time
  à quelle — at what time
  à tout à l'— see you later
  de bonne — early
  demi-— half hour
  —s de pointe rush hour
heureusement happily, fortunately
heureux(-euse) happy
Hexagone *m* the Hexagon (term for
  France stemming from its six-sided
  shape)
hier yesterday
histoire *f* story, history
historique historic

hiver *m* winter
  en — in the winter
HLM *f* subsidized housing
homard *m* lobster
homme *m* man
honnête honest
honorer to honor
honte *f* shame
  avoir — de to be ashamed of
horaire *m* schedule
hors de beyond, outside of
hostilité *f* hostility
hôtelier / hôtelière *m, f* hotel manager
hôtesse *f* flight attendant
huile *f* oil
  — végétale vegetable oil
humour *m* humor
hyperchoix *m* huge selection
hypermarché *m* large supermarket-
  discount store
hypothèse *f* hypothesis

I

ici here
  d'— (à) from now until
idée *f* idea
identifier to identify
idiotisme *m* idiom
il y a there is, there are; ago
île *f* island
imaginaire imaginary
imaginer: s'— to imagine
immeuble collectif *m* multifamily
  housing
immobiliser to immobilize
imparfait *m* imperfect *(verb tense)*
impératif(-ive) imperative
imprimé(e) printed
imprimerie *f* printing
imprimeur *m* printer
inconvénient *m* inconvenience;
  drawback
indéfini(e) indefinite
indépendance *f* independence
indéterminé(e) unmodified, indefinite
indicateur *m* train schedule
indicatif *m* indicative *(mood of a verb)*
indigène native
indiquer to indicate, to point out
individu *m* individual
individualiste individualistic
infiniment infinitely, exceedingly
inflexion *f* modulation
informations *f pl* news (report)
informatique *f* data processing,
  computer science
informer to inform, to acquaint
  s'— to inquire; to investigate
inquiet(-ète) anxious; restless; worried
inquiéter: s'— to worry
inscriptions *f pl* registration
inscrire, s' to enroll, to register
inscrit(e) enrolled
insécurité *f* lack of safety
insertion *f* insertion
  — professionnelle employment
insister to stress, to draw attention (to)
installer, s' to settle down

instant *m* instant, moment
    un — just a minute
instantané(e) instant
Institut universitaire de technologie
    m technical college
instituteur / institutrice *m, f*
    elementary school teacher
instruction *f* education
instrument *m* instrument
    — de musique musical instrument
insupportable unbearable
intégrer: s'— to become part of
intempéries *f pl* bad weather
intensément intensely
interactif(-ive) interactive
interdit(e) forbidden
intéressant(e) interesting,
    advantageous
intéresser: s'— à to be interested in
intérêt *m* interest
interprétation *f* acting
interrogatif(-ive) interrogative
interrompre to interrupt
interrompu *past part. of*
    interrompre
intransitif(-ive) intransitive
intrépide intrepid, bold
intrigue *f* plot
introduire to insert
invité(e) *m, f* guest
inviter to invite
irrégulier(-ière) irregular
italien(ne) Italian
itinéraire *m* itinerary
IUT *m abbrev. for* **Institut**
    universitaire de technologie

J

jamais never
jambe *f* leg
jambon *m* ham
janvier *m* January
japonais(e) Japanese
jeter par la fenêtre to waste
jeton *m* token; coin
jeu *m* game
jeudi *m* Thursday
jeune young
    — fille *f* girl
jeunesse *f* youth
joie *f* joy
joli(e) pretty
jouer to play
    — au bridge to play bridge
    — un rôle to play a part
jour *m* day
    — de l'an New Year's Day
    tous les —s every day
journal *m* newspaper
    — télévisé TV news
journée *f* day
juillet *m* July
juin *m* June
jurer to swear
jusqu'à to
    — ce que until
jusque until
    — là that far

justement justly, precisely
justifier to justify

K

kilo *m* 2.2 pounds
    au — by the kilogram
kilométrage *m* distance in kilometers
kiosque *m* newspaper / magazine stand

L

là there
là-bas there, over there
laboratoire *m* laboratory
    matériel de — laboratory
      supplies
La Fontaine seventeenth-century
    French author
laid(e) ugly
laine *f* wool
laisser to leave
lait *m* milk
laitier / laitière *m, f* milk vendor
lancement *m* launching
lancer to fling, to throw, to launch
lanceur *m* rocket
langage *m* language
langue *f* language
laver to wash
    se — to wash oneself
lèche-vitrines: faire du — to go
    window shopping
leçon *f* lesson
lecteur / lectrice *m, f* reader
    lecteur de disques compacts *m*
      CD player
    lecteur MP3 MP3 player
lecture *f* reading
légende *f* legend
léger(-ère) light
légume *m* vegetable
lendemain *m* the following day
lent(e) slow
lentement slowly
lequel / laquelle which one
lever to raise
    se — to get up
lexique *m* vocabulary list
librairie *f* bookstore
libre free
Licence *f* first diploma after the **bac**
    (**bac** + 3 years of university study)
lien *m* link
lieu *m* place, spot
    au — de instead of
    avoir — to take place
ligne *f* line
    en — online
linguistique linguistic
lire to read
lit *m* bed
    au — in bed
litre *m* liter
littéraire literary
livraison *f* delivery
    — à domicile home delivery
livre *m* book
LMD (licence master doctorat) *m*
    European university system

localisation *f* situating, localizing
locataire *m, f* renter
location *f* rental
    de — rental
locution *f* phrase
logement social *m* public housing
loger to lodge, to live
logiciel *m* software
logique logical
logiquement logically
loi *f* law
loin far
loisir *m* leisure
    —s *m pl* leisure time activities
Londres London
long métrage *m* feature film
longtemps a long while
lorsque when
louer to rent
loup / louve *m, f* wolf
lu *past part. of* **lire**
lundi *m* Monday
lune *f* moon
luxe *m* luxury
    de — luxury
lycée *m* last three years of secondary
    school
lycéen / lycéenne *m, f* student
    at **lycée**

M

machin *m* thing *(slang)*
machiniste *m* driver
magasin *m* store
    — d'habillement clothes store
magazine *m* magazine
Maghreb *m* Arab term for North
    African countries
magnétoscope *m* VCR
mai *m* May
main *f* hand
maintenant now
maintenir: se — to keep up
Maison des jeunes *f* youth center
maison individuelle *f* single family
    house
maître / maîtresse *m, f* elementary
    school teacher
majestueux(-euse) majestic
majeure *f* major
majorité *f* majority
majuscule *f* capital letter
mal *m* pain, ache
    avoir — à to have an ache
    faire — à to hurt
malade sick
maladroit(e) clumsy
mal élevé(e) *m, f* ill-mannered person
malentendu *m* misunderstanding
mal entretenu(e) messy
malgré in spite of
malheureusement unfortunately
malheureux(-euse) unfortunate;
    unhappy
malhonnête dishonest
maman *f* mama
mamie *f* grandma, granny
manger sur le pouce to eat on the run

manière *f* manner
    bonnes —s good breeding
manifestant *m* demonstrator
manifestation *f* demonstration
manifester to demonstrate
    se — to appear
manquer to neglect
manuel *m* manual
    — **de cours** textbook
maquillage *m* makeup
maquilleur / maquilleuse *m, f*
    make-up artist
marchandage *m* haggling
marchand(e) *m, f* merchant
marchandise *f* merchandise
marché *m* open-air market
    faire le — to go grocery shopping
    — **du travail** labor market
marcher to work; to function; to walk
mardi *m* Tuesday
Mardi gras Mardi Gras
mari *m* husband
mariage *m* marriage, wedding
marié(e) married
marier: se — to get married
marin *m* sailor
Maroc *m* Morocco
marque *f* brand
marquer to characterize
marre: en avoir — **de** to have had
    enough *(slang)*
mars *m* March
masse *f* mass
massif(-ive) massive
Massif central *m* Massif Central
    (plateau in central France)
Master *m* second diploma after the **bac**
    (two years beyond the **Licence**)
matériel *m* hardware
maternel(le) native (language)
mathématiques *f pl* mathematics
maths *f pl abbrev. for* **mathématiques**
matière *f* subject
matin *m* morning
matinée *f* morning
mauvais(e) bad
    faire mauvais to be bad weather
maxidiscompte *m* superdiscount
méchant(e) wicked, mean
mécontent(e) displeased, dissatisfied
médecin *m* doctor
médias *m pl* media
médicament *m* medicine
meilleur(e) better
mêler to mix
    se — **à** to have a hand in
    se — **de ses affaires** to mind one's
    business
même -self, same
menacer to threaten
mener to take; to lead
mensuel *m* monthly newspaper or
    magazine
menteur(-euse) lying
mention *f* honors on an exam; degree
    concentration
mentionner to mention
mépris *m* disdain

mer *f* sea
    — **des Antilles** Caribbean Sea
    — **des Caraïbes** Caribbean Sea
mercredi *m* Wednesday
mère *f* mother
mériter to deserve
messagerie *f* email account
métier *m* line of work
mètre *m* meter
métropole *f* mainland France
métropolitain(e) of / from continental
    France
metteur en scène *m* film director
mettre to put
    — **au point** to finalize
    — **en valeur** highlight
    se — to put or place oneself
    se — **à** to begin to
    se — **d'accord** to get to an
    agreement
meuble *m* piece of furniture
meublé(e) furnished
mi-chemin: à — halfway
micro-ordinateur *m* personal
    computer
midi *m* noon
mieux better
    faire de son — to do one's best
milieu *m* middle
mineure *f* minor
Ministère de l'Education nationale
    Department of Education
ministre *m* minister, clergy
minuit *m* midnight
mi-octobre *f* mid-October
mise au point *f* tune-up
mise en réseau *f* networking
misère *f* misery, poverty
mistral *m* strong, cold wind in
    Mediterranean area
mobylette *f* moped
mode *m* style; mood *(grammatical)*
    — **de vie** lifestyle
    — **de transport** means of
    transportation
modique modest
module *m* course unit
moindre least
moins (de) less, fewer
    à — **de (que)** unless
    au — at least
mois *m* month
moitié *f* half
moment *m* moment, instant
    au — **de** at the moment of
    à un — **donné** at a given
    moment
monde *m* world
    Nouveau — New World
    Tiers — Third World
mondialisation *f* globalization
monnaie *f* change
monsieur *m* gentleman, sir
mont *m* mountain
montagne *f* mountain
    en — in the mountains
monter to go up, to climb; to board
    — **en** to get into, to board

montre *f* watch
    — **en or** gold watch
montrer to show
    se — to reveal itself
moquer: se — **de** to make fun of
morceau *m* piece
moto *f abbrev. for* **motocyclette**
motocyclette *f* motorcycle
mot-clé *m* key word
mot de passe *m* password
moteur de recherche *m* search engine
mots croisés *m pl* crossword puzzle
mourir to die
mouvement *m* motion
moyen *m* means
    —s (financial) means
moyenne *f* average
Moyen-Orient *m* Middle East
muet(te) mute, silent
mur *m* wall
musée *m* museum

N

nager to swim
naissance *f* birth
natal(e) native
naître to be born
nationalité *f* citizenship, nationality
nature plain
navet *m* "bomb", unsuccessful movie
    (slang)
navette *f* shuttle
navigateur *m* Web browser
naviguer to sail
ne... jamais never
ne... que only
né(e) born
néanmoins nevertheless
nécessaire necessary
négliger to neglect
neige *f* snow
neiger to snow *(impersonal)*
nerveux(-euse) nervous
net(te) clear, neat
nettoyer to clean
neuf(-ve) brand-new
nez *m* nose
ni... ni neither . . . nor
Nil *m* Nile
niveau *m* level
Noël *m* Christmas
noir black
    en — **et blanc** in black and white
nom *m* name
nombre *m* number
    — **cardinal** cardinal number
    — **collectif** collective number
    — **ordinal** ordinal number
nombreux(-euse) numerous; large
non-accentué(e) unaccentuated,
    unstressed
non-réservé(e) not reserved
Normand *m* Norman
note *f* grade
nourrir to feed, to nourish
nourriture *f* food
nouveau / nouvelle new
La Nouvelle-Orléans *f* New Orleans

nouvelles *f pl* news
novembre *m* November
noyau *m* (nut) pit
nuage *m* cloud
nuit *f* night
numérique digitized
numéroter to number

O

obéir à to obey
objet *m* object
obligatoire compulsory
    matière — required subject
obligé(e) obliged
oblitérer to cancel
obscurcir to obscure, to darken
obtenir to obtain
occasion *f* event
    avoir l'— de to have the
      opportunity to
occidental(e) western
occuper: s'— de to take care of, to
    look after
octobre *m* October
odeur *f* odor
œil *m* (*pl* **yeux**) eye
œuf *m* egg
œuvre *m* works
offrir to offer
    s'— to treat oneself
oignon *m* onion
omettre to omit
optimiste optimistic
or *m* gold
ordinateur *m* computer
ordonner to order
ordre *m* command
orgueilleux(-euse) proud
orientation *f* direction
orienter to direct
    s'— to choose a course of study
original(e) original
    version originale *f* movie in its
      original language
orthographique spelling
où where
oublier to forget
ouest *m* west
outre-Atlantique across the Atlantic
outre-mer *m* overseas
ouvertement openly
ouverture *f* opening
ouvrage *m* work
ouvreuse *f* usherette
ouvrier / ouvrière *m, f* worker
ouvrir to open

P

page d'accueil *f* home page
pain *m* bread
palais *m* palace
pâlir to become pale
palmier *m* palm tree
panier *m* basket
panne *f* breakdown
    en — not working, out of order
par by, through
    — câble cable TV

— contre on the other hand
paradis terrestre *m* paradise on earth
paraître to appear
parapluie *m* umbrella
parc d'attractions *m* amusement park
parce que because
pardon excuse me
pareil(le) similar
parenthèses *f pl* parentheses
    entre — in parentheses
paresseux(-euse) lazy
parfait(e) perfect
parfois sometimes
parfumé(e) flavored
parisien(ne) Parisian
parking *m* parking lot
parler to speak
    se — to speak to each other
parmi among
parole *f* word; spoken word
part *f* behalf
    de la — de from, on behalf of
partager to share
partance *f* departure
    en — pour departing
participe *m* participle
particulier(-ière) special
partie *f* part
    faire — de to be part of
partiel(le) incomplete
partir to depart, to leave
    à — de from, beginning with
partout everywhere
paru *past part.* of **paraître**
pas mal de a good many
passager / passagère *m, f* passenger
passé *m* past
    — composé passé composé (*verb
      tense*)
passer to spend (time); to show (a film)
    — à to go into
    — à la télé to appear on TV
    — à table to go to the table
    — un bon moment to have a good
      time
    — un examen to take an exam
    — un film to show a film
    se — to happen, to be done, to
      take place
    se — de to do without
passionné(e) (de) wild (about)
pâtes *f pl* pasta
patiemment patiently
patinage *m* ice skating
patinoire *f* skating rink
pâtisserie *f* pastry
pâtissier / pâtissière *m, f* pastry chef
patois *m* regional dialect, speech
patrie *f* homeland
patron(ne) *m, f* boss
pauvre poor; unfortunate
payer to pay for
pays *m* country
paysage *m* landscape, scenery
peau *f* skin
pêche *f* peach
pêche *f* fishing,
    aller à la — to go fishing

pédale *f* pedal
peigner: se — to comb one's hair
peindre to paint
peine *f* trouble
    ce n'est pas la — it's not worth it
peintre *m* painter
peinture *f* painting
pendant que while
pendule *f* clock
pensée *f* thought
penser to think
    — à to think about (have in mind)
    — de to think about (have an
      opinion)
percevoir to perceive
perdre to lose
    — son chemin to get lost
    se — to get lost
père *m* father
perfectionner to perfect
période *f* period
    — creuse non-peak (slack) period
périphérie *f* lands outside the mother
    country
permettre to permit
permis de conduire *m* driver's license
permis(e) allowed
perruche *f* parakeet
personnage *m* character
petit *m* little boy
    —s children
petit commerçant *m* small shopkeeper
petit écran *m* TV
petit(e) ami(e) *m, f* boyfriend,
    girlfriend
petits pois *m pl* peas
peu little
    — de few
    un — de a little
peuple *m* people; nation
peur *f* fear
    avoir — de to be afraid of
    de — (de, que) for fear (of, that)
peut: il se — it's possible
peut-être perhaps, maybe
phénomène *m* phenomenon
phrase *f* sentence
pièce *f* play; piece; coin
    la — each
    — de rechange spare part
pied *m* foot
piège *m* trap
pierre *f* stone
piscine *f* swimming pool
piste *f* runway
place *f* seat
    sur — on the spot
plage *f* beach
plaindre, se to complain, to grumble
plaire to please
    se — to enjoy oneself
plaisant(e) pleasant, amusing
plaisir *m* pleasure
    faire — à to give pleasure to
plan *m* map
planche *f* board
    — à voile windsurfing board
    faire de la — à voile to windsurf

plancher *m* floor
plat(e) flat
plateau *m* movie set
plâtre *m* plaster, stucco; plaster cast
plein *m* full
    faire le — to fill the gas tank
plein(e) full
pleurer to cry
pleuvoir to rain *(impersonal)*
plu *past part. of* **plaire** *and* **pleuvoir**
pluie *f* rain
plupart *f* most
    la — des the majority of
pluriel *m* plural
plus more
    en — de in addition to
    —... —... the more ... the ...
    un peu — a little more
plus-que-parfait *m* pluperfect *(verb tense)*
plusieurs several
plutôt rather
pluvieux(-ieuse) rainy
pneu *m* tire
poche *f* pocket
    argent de — *m* spending money
poème *m* poem
poésie *f* poetry
poète *m* poet
point *m* period
poire *f* pear
poisson *m* fish
Poitou *m* region of France
poivron *m* sweet pepper
poli(e) polite
politesse *f* politeness
politique *f* politics
politique political
politisé(e) having a political aspect
polycopié *m* reproduced set of lecture notes
pomme *f* apple
pomme de terre *f* potato
pompiste *m, f* gas station attendant
porte *f* gate
portefeuille *m* wallet
porte-parole *m* spokesperson
porter to carry; to wear
portillon *m* automatic gate
portugais *m* Portuguese language
poser to put
    — une question to ask a question
posséder to own, to possess
possesseur *m* possessor
possessif(-ive) possessive
possibilité *f* possibility
poste *f* post office
    mettre à la — to mail
poste *m* post, position; set
    — de radio radio receiver
    — de télévision television set
poster to mail
postériorité *f* subsequence
poulet *m* chicken
pour for
    — (que) in order to (that)

pour *m* pro
pourboire *m* tip
pour cent percent
pourquoi why
poursuivi *past part. of* **poursuivre**
poursuivre to pursue
pourtant however
pourvu que provided that
pousser to push
pouvoir *m* power
pouvoir to be able
    il se peut it is possible
pratique useful
    travaux —s drill or discussion sections
précédent(e) preceding
précéder to precede
précis(e) specific
préciser to state precisely, to specify
précision *f* detail
précoce precocious
prédire to predict
préférer to prefer
préinscrire to preregister
premier(-ière) first
première *f* premiere, opening night; second year of **lycée**
prendre to take
    — au sérieux to take seriously
    — sa retraite to retire
    — quelque chose to get something to eat or drink
    — rendez-vous to make an appointment
    — une décision to make a decision
    — un pot to have a drink *(colloquial)*
    — un verre to have a drink
préoccupé(e) worried
prépositionnel(le) prepositional
    complément prépositionnel object of the preposition
près close
    de — closely
    — de near
présence *f* presence, attendance
présent(e) present
    à présent now
présentateur / présentatrice *m, f* announcer
présentatif(-ive) introductory
présenter to present, to introduce
    — sa candidature to be a candidate
    se — to introduce oneself, to appear
    se — à to be a candidate for
presque almost
presse *f* press
presser: se — to hurry
pression *f* pressure
prêt(e) ready
prévoir to plan
prévu *past part. of* **prévoir**
principe *m* principle
printemps *m* spring
pris *past part. of* **prendre**
privatisé(e) denationalized
prix *m* price
problème *m* problem

prochain(e) next, following
produire to produce
produit *m* product
profiter de to take advantage of
programme *m* schedule of TV programs
    — d'études course of study
    — de variétés variety show
progrès *m* progress
    faire des — to make progress
projeter to project, to plan
projets *m pl* plans
promener: se — to walk; to travel
    se — en voiture to take a drive
promettre to promise
promotion *f* special offer
pronom *m* pronoun
prononcer to pronounce
propos: à — by the way
    à — de concerning
proposer to propose, to set up
proposition *f* clause
    — principale main clause
    — subordonnée subordinate clause
propre own, clean
propriétaire *m, f* landlord, landlady
provenance *f* origin
    en — de arriving from
Provence *f* region of France
provisions *f pl* groceries
provisoire temporary
provoquer to provoke
publicité *f* advertising commercials, advertisement
pseudo *m* user name
pubs *f pl* commercials *(slang)*
puis then
puisque since
puisse *pres. subj. of* **pouvoir**
punir to punish

Q

quai *m* platform
quand when
quant à as for
quart *m* quarter
quartier *m* neighborhood
que that, which
Québécois(e) *m, f* person from Quebec
quel(le) what, which
quelque some
    —s a few
quelque chose something
    avoir — to have something wrong
quelquefois sometimes
quelque part somewhere
quelques-un(e)s some
quelqu'un someone
qu'est-ce que what
qu'est-ce que c'est? what is it?
qu'est-ce qui what
question *f* question
    en — in question
queue *f* waiting line
    faire la — to stand in line
qui who, whom
quitter to leave

quoi which, what
que whatever
quoique although
quotidien *m* daily newspaper
quotidien(ne) daily

R

rabais *m* discount
raconter to relate, to tell
radical *m* stem *(grammatical)*
   à — irrégulier stem-changing
rafraîchissement *m* refreshment
raison *f* reason
   avoir — to be right
raisonnable reasonable
ralentir to slow down
rame *f* subway train
randonnée *f* hike
rang *m* rank
ranger to put away, to arrange, to put
   in order
rapide *m* express train
rapide rapid
rappel *m* reminder
rappeler: se — to remember
rapport *m* relationship
   par — à in relation to
rapporter to bring back
   se — à to refer to
rapprocher to approach
   se — (de) to get close (to)
raquette de tennis *f* tennis raquet
raser: se — to shave
rassemblement *m* gathering
rater to miss; to fail (an exam)
RATP *f* **(Régie Autonome des
   Transports Parisiens)** Paris bus
   and subway agency
rattraper: se — to make up
raviser: se — to change one's mind
rayon *m* department
réalisateur / réalisatrice *m, f*
   producer
réaliste realistic
récemment recently
récepteur *m* television set
   — en couleurs color TV set
recevoir to receive
   — un diplôme to finish a course
   of study; to graduate
recherche *f* research
réciproque reciprocal
récit *m* story
   faire le — to tell the story
réclame *f* advertisement
réclamer to claim
recommencer to start over
reconnaître to acknowledge
reçu(e) received, admitted; successful
   être — to pass (an exam)
récupérer to pick up
rédaction *f* editing
redoubler to repeat (a year)
réduction *f* discount
réduit(e) reduced
réel(le) real
refaire to do again
réfléchi(e) reflexive

réfléchir à to think about
refléter to reflect
réforme *f* reform
refuser to refuse
regarder to look at
règle *f* rule
réglementé(e) regulated
régler to adjust; to settle; to pay
regretter to regret, to be sorry
régulièrement regularly
reine *f* queen
rejeter to reject
relation *f* relationship
   — amicale friendship
remarque *f* remark
remarquer to notice
remercier to thank
remettre: se — à to get back to
remonter to go back (in time)
remplacer to replace
remplir to fill out
rencontrer to meet by chance
rendez-vous *m* appointment,
   engagement
   avoir un — to have a date
   prendre — to make an
   appointment
   se donner — to arrange to meet
rendre to return, to give back
   — un service to do a favor
   se — à to go to
   se — compte de to realize
renforcer to reinforce, to strengthen
renseignement *m* information
   bureau de —s information
   counter
renseigner to inform
   se — to obtain information
rentrée *f* opening of school
rentrer to come home
renvoyer to send back
réparer to repair
reparler to speak again
repas *m* meal
repêchage *m* second chance
répéter to repeat
réplique *f* reply
répondeur *m* answering machine
répondre to answer
réponse *f* answer, reply
reportage *m* account
reposer: se — to rest
reprise *f* time, occasion
   à plusieurs —s on several
   occasions
requin *m* shark
RER *m* **(Réseau Express Régional)**
   Parisian suburban rapid transit line
réseau *m* network: **— communautaire**
   social networking site
résidence *f* residence, dwelling
   — secondaire vacation home
résoudre to solve
ressembler to resemble
ressentir to feel (an emotion)
ressusciter to resuscitate, to revive
rester to remain; to stay
   — à to be left

Resto U (RU) *m abbrev. for* **restaurant
   universitaire** university restaurant
résultat *m* result
résumer to summarize
retard: être en — to be late
retenir to retain
retirer to obtain; to withdraw
retour *m* return
   de — à back at, having returned to
   être de — to be back
retourner to go back to
retrouver: se — to meet by design
réunion *f* meeting; reconciliation
réunir to bring together again
réussir to succeed; to pass (an exam)
réussite *f* success
rêve *m* dream
réveiller: se — to wake up
revenir to come again, to come back
rêver to dream
révision *f* revision
revoir to see again
révolutionnaire revolutionary
revue *f* magazine
rez-de-chaussée *m* ground floor
rhum *m* rum
rien nothing
rigoler to laugh *(slang)*
rire to laugh
risque *m* risk
   courir des —s to take chances
risquer: se — to risk, to venture
riz *m* rice
robe *f* dress
   — de (en) coton cotton dress
roi *m* king
rôle *m* part
roman *m* novel
romancier *m* novelist
rompre to break
rose pink
rôti(e) roasted
rouge red
rougir to blush
rouler to drive
route *f* road
rue *f* street
ruine *f* ruin
ruse *f* trick
russe Russian

S

SDF *m* **(sans domicile fixe)** homeless
SNCF *f* **(Société Nationale des
   Chemins de fer Français)**
   French national railroad system
sable *m* sand
sac *m* sack
   — à dos backpack
sache *pres. subj. of* **savoir**
sage wise, good
saigner to bleed
sain et sauf safe and sound
saisir to seize
saison *f* season
saisonnier(-ière) seasonal
salade *f* lettuce
sale dirty; sordid

salle *f* room
    — de bains bathroom
    — de cinéma movie house
    — de classe classroom
    — de théâtre theater
salon *m* living room
    — de chat chat room
saluer to greet
salut hi *(colloquial)*
samedi *m* Saturday
sans (que) without
sauf except
sauvegarder to save (a document)
sauver: se — to run off
savoir to know, to know how
savourer to enjoy
science *f* science
    —s humaines social sciences
scolaire school-related
    année — school year
séance *f* showing
sécher to cut (a class) *(colloquial)*
secondaire secondary
seconde *f* first year of **lycée**
secrétaire *m, f* secretary
séduire to attract
séjour *m* stay
sel *m* salt
sélectif(-ive) selective
selon according to
semaine *f* week
sembler to seem
Sénégal *m* Senegal
sens *m* meaning
    — figuré figurative meaning
    — propre literal meaning
sensation *f*: **à —** sensational
sentiment *m* emotion
sentir to feel
séparer to separate
septembre *m* September
série *f* series, succession
sérieux *m* seriousness
sérieux(-euse) responsible; serious
service *m* service
    à votre — at your service
    être en — to be in use
serviette *f* napkin; towel; briefcase
servir to serve
    se — to help oneself
    se — de to use
seul(e) alone
sévère strict
si if; yes
sida *m* AIDS
siècle *m* century
siège *m* seat
sieste *f* nap
signaler to indicate; to signal
signe: faire — to signal
simultanément simultaneously
singulier *m* singular
ski *m* ski
    faire du — to go skiing
société *f* company
socio-économique socioeconomic
sœur *f* sister
soi oneself

soif *f* thirst
    avoir — to be thirsty
soir *m* evening
soirée *f* evening, party
soit *pres. subj. of* **être**
soldat *m* soldier
soleil *m* sun
    faire du — to be sunny
somme *f* sum
sommeil *m* sleep
    avoir — to be sleepy
sondage *m* poll
sonner to sound, to strike
sorte *f* sort, kind
    de — (que) so (as, that)
sortie *f* exit; release
sortir to go out
soudain suddenly
souffrir to suffer
souhaiter to desire, to wish
soulier *m* shoe, slipper
sourd-muet *m* deaf-mute
sourire to smile
souris *f* mouse
sous *m pl* money *(colloquial)*
sous-sol *m* basement
sous-titres *m pl* subtitles
souvenir *m* memory
souvenir: se — de to remember
souvent often
speakerine *f* announcer
spécialisation *f* major field
spécialisé(e) specialized
spectacle *m* show
sportif(-ive) athletic
sport d'hiver *m* winter sport
station balnéaire *f* seaside resort
stimuler to stimulate
strophe *f* verse
structure *f* construction *(grammatical)*
subir to undergo
subjectivité *f* subjectivity
subjonctif *m* subjunctive *(mood of a verb)*
succéder to follow
successif(-ive) successive
sucre *m* sugar
sud *m* south
sud-ouest *m* southwest
suffire to suffice
suggérer to suggest
suite *f* following
    à la — de after
suivant(e) following
suivre to follow
    — un cours to take a course
sujet *m* subject
    au — de about
super neat, cool
supérieur(e) superior
    enseignement supérieur *m* higher
      education
supermarché *m* supermarket
supplément *m* supplementary fee
supplémentaire further
supporter to endure, to bear
supprimer to cancel; to eliminate
sûr(e) sure
    bien sûr of course

surgelé(e) frozen (produce)
surpeuplé(e) crowded
surprenant(e) surprising
surprendre to surprise
surpris(e) surprised
surtout chiefly
sympathique pleasant
système: — d'exploitation *m*
    operating system

T

tableau *m* picture
    — des verbes verb chart
taire: se — to be quiet
tant (de) so much, so many
taper to type
tard late
    plus — later
tarif *m* rate
    — réduit reduced rate
tasse *f* cup
taux *m* rate
taxi *m* **en —** by taxi
teint *m* tone (color of skin)
tel(le) such
    — ou — this or that
télé *f* television
    — par câble cable television
    — 7 jours French *TV Guide*
téléachat *m* home shopping
télécommande *f* remote control
télématique *f* view data processing
téléphone *m* telephone
    au — on the telephone
    — portable cellular phone
téléphoner to telephone
télétravail *m* telecommuting
téléviseur *m* television set
télévision *f* television
    à la — on television
    poste de — *m* television set
tempête *f* storm
    — de neige snowstorm
temple *m* Protestant church
temporel(le) having to do with
    time
temps *m* time; weather; tense
    de — en — from time to time
    en même — que at the same
      time (as)
    il est — it is time
    — libre free time
    — verbal tense
tenez! here!
tenir to hold
    se — au courant to keep oneself
      well-informed
tennis *m* tennis
    faire du — to play tennis
    raquette de — *f* tennis raquet
terminaison *f* ending
terminale *f* last year of **lycée**
terrasse *f* terrace
    à la — on the terrace
terre *f* earth
terrifier to terrify
territoire *m* territory
tête *f* head

TF 1 Télévision Française 1 (TV network)

thé *m* tea

théâtre *m* theater
    pièce de — *f* play

thon *m* tuna

Tiers monde *m* Third World

timide shy

tiret *m* dash

titre *m* title

tomber sur to come upon, to encounter

tonnerre *m* thunder

tort *m* wrong, injustice
    avoir — to be wrong

tôt early
    plus — earlier

totalité *f* entirety

toucher to touch
    — un chèque to cash a check

toujours still

tourisme *m* touring, tourism

tournage *m* shooting (of a film)

tourner to turn
    — un film to make a film

tous all
    — les jours every day

tout(e) all
    en tout in all
    tout à coup suddenly
    tout de même all the same
    tout de suite immediately
    — le, la... all the . . . , the whole . . .
    tout le monde everyone
    tout à l'heure a while ago, in a while

trac: avoir le — to be afraid

traduire to translate

train *m* train
    monter en — to board a train
    par le — by train

traité *m* treaty
    — de paix peace treaty

traiter to treat; to deal with

traiteur *m* caterer, delicatessen

traître *m* villain

trajet *m* trip

tranche *f* slice

tranquille quiet, peaceful

tranquillement peacefully, quietly

transformer to change
    se — to turn into

transitif(-ive) transitive

transports en commun *m pl* mass transport

travail *m* work
    langue de — working language
    marché du — job market
    — bénévole volunteer work

travailler to work

travailleur(-euse) industrious, hard-working

travaux pratiques *m pl* drill or discussion sections

travers: à — through

traverser to cross

trimestre *m* quarter

triste sad
    il est — it is sad

tristesse *f* sadness

tromper to deceive
    se — to be wrong

trompeur(-euse) deceitful

trop (de) too much, too many
    de — too many, excessive

trou *m* hole

trouble *m* disturbance

trouille *f* fear *(colloquial)*
    avoir la — to be afraid *(colloquial)*

trouver to find
    se — to be found, to find oneself; to be located

truc *m* thing *(colloquial)*

type *m* guy, fellow *(colloquial)*

U

uniquement solely

unité de valeur *f* credit

universitaire university
    cité — residence hall complex

utile useful
    être — to be of service (help)

utiliser to use

V

vacances *f pl* vacation
    en — on vacation
    grandes — summer vacation
    forfait — *m* vacation package deal
    — vertes eco-tourism

valable valid

valeur *f* value, worth
    —s values
    unité de — *f* credit

valider to validate

valise *f* suitcase

vallée *f* valley

valoir to be worth
    — la peine to be worth the trouble
    — mieux to be better *(impersonal)*

vaniteux(-euse) vain

varier to vary

variété *f* variety
    —s variety show

vedette *f* male or female star

veille *f* preceding day

vélo *m* bicycle
    faire du — to go biking

vendeur / vendeuse *m, f* salesperson

vendre to sell

vendredi *m* Friday

venir to come

vent *m* wind
    faire du — to be windy

venu *past part. of* **venir**

vérifier to check

véritable real

vérité *f* truth

verre *m* glass
    — à vin wineglass

vers *m* line (of poetry)

vers toward, to

version *f* version
    — doublée dubbed version of a movie
    — originale film in its original language

vestimentaire clothing-related

vêtements *m pl* clothes

veuf / veuve *m, f* widower / widow

veuille *pres. subj. of* **vouloir**

veuillez please be so kind

viande *f* meat

vidange *f* emptying; draining off
    faire la — to change the oil

vide empty

vie *f* life
    style de — lifestyle
    — active working life

vieux / vieille old

vieux *m* old person
    mon — old buddy *(colloquial)*

ville *f* town
    en — downtown

vin *m* wine

virgule *f* comma; decimal point

visage *m* face

vite fast, quick, quickly
    pas si — not so fast

vitesse *f* speed

vivant(e) lively, living

vivre to live
    la douceur de — pleasant lifestyle

voici here is, here are

voie *f* track

voilà there is, there are

voir to see

voisin(e) *m, f* neighbor

voiture *f* car; subway or railway car

voix *f* voice

vol *m* flight

volant *m* steering wheel

voler to steal

voleur / voleuse *m, f* thief

volley *m* volleyball

volontaire *m, f* volunteer

volonté *f* will

volontiers willingly

vols-vacances *m pl* reduced airfares for vacation travel

Vosges *f pl* Vosges Mountains in northeast France

vouloir to want

voulu *past part. of* **vouloir**

voyage *m* trip, travel
    — à forfait vacation package deal

voyager to travel

voyageur / voyageuse *m, f* traveler, passenger

voyelle *f* vowel

vrai(e) true

vraiment really

vu *past part. of* **voir**

W

Web *m* www

western *m* western (movie)

Y

yaourt *m* yogurt

Z

zapping *m* channel surfing

zut! darn it!

Index

Photo Credits

1: Palomba/AgenceImages/Jupiter Images; 2: photos.com; 3: Christoiphe Ena/AP Photo; 9: travelib africa/Alamy; 10: Cengage Learning/Heinle Image Resource Bank; 13: Image copyright Soundsnaps 2009/Used under license from Shutterstock.com; 15: top: Beth Dixson/Alamy, bottom: Ray Stott/The Image Works; 20: Sergio Pitamitz/Alamy; 24: BIOS Bios – Auteurs (droits gérés) Montford Thierry/Peter Arnold Inc.; 26: Kindra Clineff Photography; 28: Brand X Pictures/Burke/Triolo Productions/Getty Images; 35: Laurent Rebours/AP Photo; 37: Directphoto.org/Alamy; 38: Directphoto.org/Alamy; 39: ICONE/The Image Works; 44: Cengage Learning/Heinle Image Resource Bank; 47: Stockbyte/SuperStock; 52: Michel Delacroix "Vieux Paris" 2005 Axelle Fine Arts Ltd. All Rights Reserved.; 53: StockAbcd/Alamy; 57: age fotostock/SuperStock; 59: Cengage Learning/Heinle Image Resource Bank; 65: Ozimages/Alamy; 67: Cengage Learning/Heinle Image Resource Bank; 73: eddie linssen/Alamy; 74: FogStock LLC/Index Open; 75: Associated Sports Photography/Alamy; 81: Cengage Learning/Heinle Image Resource Bank; 87: Burstein Collection/CORBIS; 89: Francis G. Mayer/CORBIS; 92: E.J. Baumeister Jr./Alamy; 93: Image copyright Steve Cukrov 2009/Used under license from Shutterstock.com; 95: Vince Streano/CORBIS; 99: Cengage Learning/Heinle Image Resource Bank; 100: Cengage Learning/Heinle Image Resource Bank; 103: Cengage Learning/Heinle Image Resource Bank; 106: Comstock/SuperStock 114: The Art Archive/Musée d'Orsay Paris/Gianni Dagli Orti/Picture Desk; 117: Directphoto.org/Alamy; 124: Cengage Learning/Heinle Image Resource Bank; 132: Hulton-Deutsch Collection/CORBIS; 133: right: Bettmann/CORBIS, left: ERIC FEFER-BERG/AFP/Getty Images; 134: Adrian Wyld CP/AP Photo; 150: BARIL PASCAL/CORBIS KIPA; 151: center: DesignPics Inc./Index Open, bottom: Fogstock LLC/Index Open; 155: Image copyright Ljupco Smokovski 2009/Used under license from Shutterstock.com; 157: ICP/Alamy; 160: FogStock LLC/Index Open; 161: Jeopardy/HO/REUTERS/Landov; 173: The Granger Collection New York; 185: STOCK MONTAGE/Index Stock Imagery/Photo Library; 186: Paul Almasy/CORBIS; 189: Bettmann/CORBIS; 193: Jacques Brinon/AP Photo; 194: Eric Gaillard/Reuters/CORBIS; 195: FILMS TERRE AFRICAINE LES/THE KOBAL COLLECTION/Picture Desk; 205: right: Paris Claude/Sygma/CORBIS, left: Bettmann/CORBIS; 206: HACHETTE/CAMERA 1/FILMS A2/DD PROD/UGC/The Kobal Collection/Picture Desk; 221: NANA PRODUCTIONS/SIPA; 225: Bettmann/CORBIS; 227: Julian Wasser/Liaison/Getty Images; 229: isifa Image Service s.r.o./Alamy; 230: left: Francois Mori/AP Photo, right: Reuters/CORBIS, top: Vaisse/ICONE/The Image Works; 243: Cengage Learning/Heinle Image Resource Bank; 245: top: The Granger Collection New York, bottom: Franck IREN/Authors Image/Alamy; 246: Art Resource NY; 253: Olaf Protze/Alamy; 256: EGS Media/Magazine des Services Mobiles; 262: Roger Holden/Index Stock Imagery/Photo Library; 264: Bettmann/CORBIS; 266: Bettmann/CORBIS; 269: David R. Frazier Photolibrary Inc./Alamy; 270: left: Muriel Dovic/Sygma/CORBIS, right: Nogues Alain/Sygma/CORBIS; 271: Perry Joseph 2005/Photographers Direct; 272: The Thomson Corporation/Heinle Image Resource Bank/Cengage Learning; 273: The Thomson Corporation/Heinle Image Resource Bank/Cengage Learning; 290: ICONE/The Image Works; 291: Leonard de Selva/CORBIS; 295: walespix/Alamy; 300: Jim West/

Text/Realia Credits